法學概要

陳意/著

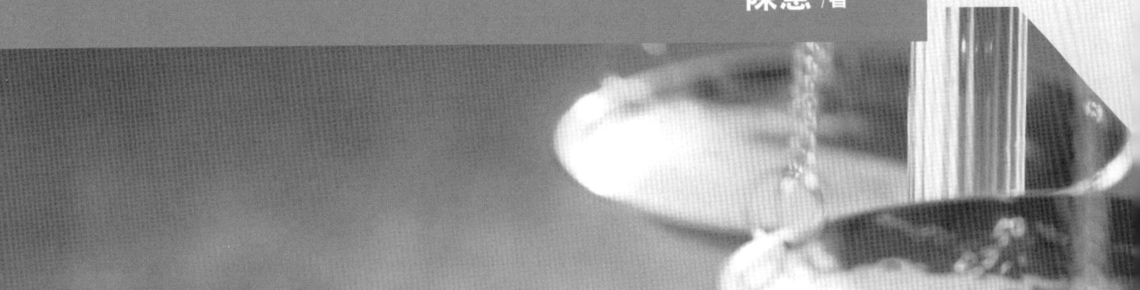

五南圖書出版公司 印行

作者的話

在教學上，為了幫助學生整理歷屆考試重點，往往需要考古題的配合。可是我們發現市面上的考試用書，有兩種形式。

第一種形式，通常會把考古題放在各章節之後，甚至全書之後，這樣對學生來說，必須閱讀完課文，然後自己練習考古題。這種編排形式的缺點，就是有時候在練習考古題時，就算看到答案，也不一定知道關鍵解題理由。

第二種形式，則是以考題解答為主，沒有課文，直接針對不同的考題，在其下面進行解析。但這種編排形式的缺點，則是欠缺課文內容，也欠缺體系架構，只以個別考題為主。

本書就是思考，想要對考題書籍作更進一步的提升，希望更密切結合考題和課文內容，讓學生在學習上發揮最大的綜合效果。

因此，編者就花盡心思，想出一個全新的結合考題和內文的方法。這個方法，就是直接把考題，找出解答該題的關鍵，以「插入註腳」的方式，插入在課文的相關位置處。編者為了編輯這本書，先蒐集了數以千計的考題，然後再以解考題的精神，針對每一題的關鍵解析，去找課文內容。若發現本來的課文內容說明不足，則再補充正文的說明。並要求自己務必做到兩點：1.考題的註腳插在正確的正文處；2.正文也的確清楚解答了該題目。

之所以這樣做的用意，是希望讓讀者可以一邊閱讀課文，一邊搭配考題練習。當然，讀者也可以只練習考題，若每一題都會作不需要閱讀正文，但若出現不會的題目，再找註腳數字座落的內文來看。

這種方式，不只是對想掌握考試重點的學生來說，這種編排非常有趣，對老師教學來說，也可以教完每一概念或一小段，即可指示學生注意這裡考過哪類的考題。

由於這種編排方式非常耗費時間，編者前後花了兩年時間才完成。當然期間也經過許多學生及助理的協助。希望編者編寫本書的用心與誠意，能夠讓讀者感受到。這種編排方式也將出版成一整個系列，若讀者支持這種編法，我們也將盡快出版後續其他科目。

編著者　陳意

目錄

第一章　法律的基本概念

本章學習重點

1. 法律體系
2. 憲法、法律、命令區別
3. 法律制定、公布、修正、廢止
4. 法律與其他社會現象

第一節　法律體系

一、法律

(一) 法律之意義

從人類第一部法典係漢摩拉比法典[1]，至現代民主社會，法律是經過一定的制定程序，以國家權力而強制實行的人類社會生活規範。就形式言，法律須經一定機關依一定的程序制定，且須有條文及定名，僅道德或宗教上的誡命並不屬之，例如十誡、孝順、手足之情等。就實質言，法律爲人類社會生活的規範，其規範包括行爲規範[2]、組織規範、裁判規範，同時亦是強制實行的規範。換言之，法律是以國家權力強制實行的各種規範。而現行有效之法規範又稱爲實證法。法律有廣義與狹義，廣義之法律

---

[1] (D) 下列關於「法的發展」之敘述，何者錯誤？(A)有社會就有法律，有法律就有社會(B)法律的歷史與人類的歷史本身同樣久遠(C)法律是變動不居的(D)人類的第一部法典由希臘哲學家亞里斯多德提出

[2] (B) 法律之作用若在於指示人民於社會上何者應為或何者不應為，則屬於何種規範？(A)裁判規範(B)行為規範(C)倫理規範(D)組織規範

係指制定法與非制定法[3]；狹義之法律指制定法[4]。制定法有憲法、法律、命令[5][6]；非制定法有判例、學說、法理、習慣、解釋[7]。

(二) 法律之形式意義

憲法第 170 條：本憲法所稱之法律，謂經立法院通過，總統公布之法律。

1. 立法院通過

法律需經立法院制定法律的程序（即提案、審查、討論及三讀會之決議等程序），方可稱之爲法律。

2. 總統公布

憲法第 72 條：立法院法律案通過後，移送總統及行政院，總統應於收到後十日內公布之。故總統公布後法律方生效。（憲法第 57 條受憲法增修條文第 3 條第 2 項凍結）

3. 法律之名稱

中央法規標準法第 2 條：法律得定名爲法、律、條例或通則。

(1) **法**：凡法律所規定的事項，含有一般性、普遍性或基本性者，均得定名爲法。現在所有法律中，定名爲法者占最多數，如民法、刑法、公司法等。如教育基本法爲法律位階[8]。

(2) **律**：「律」含有正刑定罪之義，多屬軍事性質之罪刑，較爲嚴峻，現已不多用，如已經廢止之「戰時軍律」。

---

[3] (B) 所謂廣義的法律，包括：(A)法與道德(B)制定法與非制定法(C)法與宗教(D)法與政治

[4] (C) 法律有廣、狹兩義，狹義的法律，係指：(A)自然法(B)寺院法(C)制定法(D)倫理法

[5] (D) 下列何者是制定法？(A)學說(B)法理(C)判例(D)憲法

[6] (D) 就我國現行法制而言，所謂形式意義的法律，並不包括下列何者？(A)憲法(B)法律(C)法規命令(D)裁判

[7] (A) 下列何者是非制定法？(A)判例(B)法律(C)命令(D)憲法

[8] (B) 我國現行法規中之「教育基本法」其性質或定位為：(A)憲法位階(B)法律位階(C)法規命令位階(D)自治條例位階

(3) **條例**：一般就法律已規定事項而爲特別規定者，或暫時規定，或爲補充規定，或就特殊事項規定者，得定名爲條例。如臺灣地區與大陸地區人民關係條例、電子遊戲場業管理條例[9]。

(4) **通則**：凡法律所規定的事項，僅爲原則性或共同性的，尙須根據這種法律，以分別制定個別法規者，得定名爲通則，如地方稅法通則。

(三) 法律之實質意義

法律者，以保障群眾安寧，維持社會秩序爲目的，而通過國家權力以強制實行之一種社會生活規範也。其意義說明如下：

1. **法律是一種社會生活規範**

(1) 社會生活規範是指支配人類社會生活，規律人與人間生活關係的規範，其所包括的範圍甚廣，除法律外尙有宗教、習俗、道德等都是支配社會生活的規範。

(2) 規範與自然法則不同，規範以指示「何者當爲，何者不當爲」爲其內容，其特徵在對於違反規範之人類行爲施予某種反應或制裁。自然法則對人類行爲既不指示「何者當爲，何者不當爲」，當亦無用以制裁人類行爲之可能性。故「種瓜得瓜，種豆得豆」是一種自然法則，受因果律支配，具有必然性。「殺人者死，傷人及盜抵罪」是屬於規範，乃以實現某特定的目的或價値爲前提，並無絕對的必然性。

2. **法律者通過國家權力以強制實行之規範**

法律與其他生活規範不同者在於具有強制力，此強制力來自於國家。

3. **法律者保障群眾安寧，維持社會秩序為目的之規範**

人與人間之衝突往往造成社會之混亂，法律得以保障群眾安寧，維持社會秩序。

(四) 法律之特性

法律之特性分別有，普遍性、確實性、妥當性、持續性、領導性、適

---

9 (D) 下列一般、抽象之規定中，何者居於最高之法位階？(A)違法經營電子遊戲場業裁罰基準(B)臺北縣電子遊戲場業設置自治條例(C)電子遊戲場業公共意外責任險投保辦法(D)電子遊戲場業管理條例

應性、強制性，其中較重要者，有以下三種：

1. **普遍性**：法律爲人類生活的共同規範，其功能在維護人類共同生活的安寧秩序。因此在法律體系之範圍內，均一體適用而受其拘束[10]。
2. **持續性**：又稱安定性，法律既係一般人民行爲之準繩，而且人民應知悉其內容，故法律之存在應有持續性，以便人民遵循，除非有不得已之情況，例如社會需要有新的變動而法律做適當的調整，否則不可率予廢止或變更[11]。
3. **適應性**：有法律斯有社會，法律是針對著社會而存在，所以一切的法律，必隨著社會生活的內容變化而有不同。

(五) 法律之名稱

依中央法規標準法第 2 條規定：「法律得定名爲法、律、條例、通則[12]。」

1. **法**：凡法律所應規定之事項，含有一般性、普通性、基本性者，均得定名爲法，例如：民法、刑法。
2. **律**：凡法律所規定之事項，含有軍事性質且罪刑較爲嚴峻者，均得定名爲律，例如：戰時軍律。
3. **條例**[13]：凡針對法律已規定之事項另爲特別規定、補充規定、暫時規定或就特殊事項而爲規定，均可是名爲條例，如技術人員任用條例、獎勵投資條例、獎勵民間參與交通建設條例等。又如規範台灣與大陸人民間所生之法律事件，係台灣地區與大陸地區人民關係條例[14]，立法

---

[10] (C) 法律是社會各分子共同遵守、一體適用的法則，此稱為法律的：(A)相對性(B)領導性(C)普遍性(D)持續性

[11] (A) 法律的內容，除非為因應新的社會情勢，否則不可予以廢止或變更。此稱為法律的：(A)安定性(B)普遍性(C)強制性(D)相對性

[12] (C) 下列何者為法律之定名？(A)法、章程、條例、律(B)法、律、條例、細則(C)法、律、條例、通則(D)法律、條例、辦法

[13] (B) 依據中央法規標準法規定，就法律之名稱，除了「法」與「律」外，尚可定名為：①條例②細則③通則④準則⑤辦法(A)②⑤(B)①③(C)①②⑤(D)④⑤

[14] (D) 規範台灣與大陸人民間所生之法律事件，依何種法律處理？(A)憲法(B)條例(C)涉外民事法律適用法(D)台灣地區與大陸地區人民關係條例

依據爲憲法增修條文第 11 條[15]。

4. **通則**：凡法律所規定之事項，含有共同性或原則性，尚須據此以制定個別之法規者，均可定名爲通則，在法規範中，其法效力最高[16]。如：省縣自治通則。

二、命令

(一) 命令之意義

乃行政機關依據法律授權或本於職權所爲之公的意思表示，從而對行政客體發生強制力、拘束力之抽象行政行爲。

(二) 命令之種類

1. 依形式分類

(1) **單純命令**：即以命令之形式所發布之命令，並無像法律一樣的條文規定或制定程序，只是單純的對於某種事件的宣告或指示，一般行政機關內部上級對下級之職務命令即是[17]；例如公文程式條例規定有三種，任免令、指令、訓令。

(2) **法規命令**：學理上又稱委任立法[18]，即法律授權行政機關，就一般事項而爲規定，法條之形式所發布之命令，有法律一樣的條文規定，視同法律，其抽象而對外於人民發生強行和拘束的效力[19]。中央法規標準法所稱之命令即是此種，第 3 條規定有七種，即規程、規則、細則、

---

15 (B) 現行「台灣地區與大陸地區人民關係條例」是以下列何者為依據制定的？(A)動員戡亂時期臨時條款(B)中華民國憲法增修條文(C)總統發布之緊急命令(D)政府宣告之戒嚴令

16 (A) 下列法規範中，何者法效力最高？(A)通則(B)細則(C)規則(D)準則

17 (B) 下列何者為上級機關對所屬下級機關發布之命令？(A)法規命令(B)職務命令(C)緊急命令(D)執行命令

18 (A) 法規命令，學理上之一般名稱為下列何者？(A)委任立法(B)自治立法(C)委託立法(D)自主立法

19 (C) 法律授權行政機關制定之抽象而對外發生法規範效力的規定稱為：(A)行政處分(B)一般處分(C)法規命令(D)行政規則

綱要、辦法、準則或標準。行政機關所訂定之法規命令，若逾越法律授權範圍者，其效力違法而無效[20]。

2. **依性質分類**

(1) **緊急命令**：即國家遇到緊急事變，由國家元首發布緊急命令，經行政院會議之決議，以代替法律，其效果超過法律甚至可以停止憲法若干條款之命令[21][22][23]，定於憲法第 43 條。例如民國 38 年爲應付通貨膨脹，由先總統蔣公發布緊急命令者是。

(2) **委任命令**：各機關根據法律的明文規定，所發布的命令，例如法律條文中每有「本法施行細則，由某某機關定之」，則該機關根據這些條文所制定的細則或辦法，其性質便是一種委任命令。此種命令的發布，由於法律上的授權，故又稱爲委任立法。此即中央法規標準法第 7 條規定：「各機關基於法律授權訂定之命令。」

(3) **執行命令**：執行命令乃是各機關本於其固有的職權，不待法律明文的委任，即得發布命令，以爲法律的執行。如已廢止之出版法施行細則。

(4) **行政規則**：機關內部事務之分配及業務處理方式等細節性、技術性等事項，行政機關得自定特別規則[24]。行政規則係上級機關對下級機關或長官對屬官，依其權限或職權爲規範機關內部秩序及運作，所爲非直接對外發生法規範效力之一般、抽象之規定（行政程序法第 159 條第

---

[20] (A) 行政機關所訂定之法規命令，若逾越法律授權範圍者，其效力為何？(A)違法而無效(B)得補正而有效(C)附期限失效(D)附條件失效

[21] (A) 總統為避免國家或人民遭遇緊急危難或應付財政經濟上重大變故，得經行政院會議之決議發布下列何種命令？(A)緊急命令(B)解散國會命令(C)職權命令(D)委任命令

[22] (D) 下列何種命令，其效力可停止現行法律之適用，乃至變更法律之規定？(A)總統府令(B)行政院令(C)司法院令(D)總統所頒之緊急命令

[23] (D) 國家驟遇緊急事變而國會又在閉會期間，由國家元首發布以代替法律之命令，是為下列何者？(A)單純命令(B)委任命令(C)法規命令(D)緊急命令

[24] (D) 以下四者中，得以命令而無須以法律定之，且為憲法所允許者為何？(A)行政執行(B)強制性的行政調查(C)行政處罰(D)機關內部事務之分配及業務處理方式等細節性、技術性等事項

1 項）[25][26]，原則對外不發生效力[27]。例如公立學校之宿舍規則、機關職員之請假規則是。

(三) 命令之名稱

依中央法規標準法之規定，命令可分爲規程、規則、細則、辦法、綱要、標準或準則[28]，茲分述如次：

1. **規程**：關於規定機關組織、處務者屬之，亦即各機關之組織、編制或處理事務的程序。例如「組織規程」、「處務規程」。
2. **規則**：相關規定應行遵守或照辦之事項者屬之，亦即各機關執行法令或處理業務的規定者。例如「會議規則」、「管理規則」；政府之行政機關所訂定的行政規則，其規範位階高於委辦規則[29]。
3. **細則**：關於法規之實行或補充事項屬之，亦即各機關就法規特定範圍內，爲詳細的規定者。例如：「施行細則」（如證券交易法施行細則[30]）、「辦事細則」。
4. **辦法**：關於規定辦理事務之方法、時限或權責者屬之，亦即各機關執行法令時所指示或訂定的方法。例如：「實施辦法」、「處理辦法」。
5. **綱要**：關於規定事件之原則或要項者屬之，亦即各機關處理業務爲提綱挈領或大體概要的規定者。例如：「計畫綱要」、「組織綱要」。

---

[25] (C) 上級機關對下級機關或長官對屬官，依其權限或職權為規範機關內部秩序及運作，所為非直接對外發生法規範效力之一般、抽象之規定，依據行政程序法稱之為：(A)法規命令(B)緊急命令(C)行政規則(D)內部規定

[26] (C) 依行政程序法之規定，行政規則有何效力？(A)具有拘束特定人民之效力(B)具有拘束任何中華民國人民之效力(C)具有拘束訂定機關之下級機關及屬官之效力(D)具有拘束任何機關之效力

[27] (C) 下列何者原則上不對外發生法效果？(A)法規命令(B)自治條例(C)行政規則(D)法律

[28] (A) 下列何者為中央法規標準法中之命令？(A)規則(B)條例(C)律令(D)通則

[29] (C) 中央政府之行政機關所訂定的行政規則，其規範位階高於下列何者？(A)法律(B)自治條例(C)委辦規則(D)自治規則

[30] (D) 下列何者不是中央法規標準法第 2 條所稱之法律？(A)貪污治罪條例(B)公寓大廈管理條例(C)兩性工作平等法(D)證券交易法施行細則

6. **標準**：關於規定一定程度、規格或條件者屬之，亦即各機關就某種業務確立尺度者。例如：「審核標準」、「估價標準」。
7. **準則**：關於規定作爲之準據範式或程序者屬之，亦即各機關就某種業務，明定準繩者。例如：「編製準則」、「測量準則」。

三、命令與法律之區別

法律與命令之區別，有以下六點不同，分述如下：

1. **制定的機關不同**：法律必須由立法機關制定，我國立法院爲國家最高立法機關；至於命令，則任何機關在其職權範圍內，都有發布命令的權力[31]。
2. **制定的程序不同**：法律的制定，須經立法院經過審查、討論或三讀會的通過，始得謂爲制定；至於各機關命令的制定，則並無一定的程序[32]。
3. **公布的程序不同**：法律經立法院通過後，須由總統公布，且必須經行政院院長或行政院院長及有關部會首長之副署，始正式生效；而命令則除由總統所發布者，須依前述副署程序爲之外，其他機關所發布之命令，毋須經前述繁複之程序。
4. **名稱的種類不同**：依中央法規標準法第 2、3 條之規定，法律得定名爲法、律、條例或通則；而各機關發布之命令，得依其性質，稱規程、規則、細則、辦法、綱要、標準或準則。
5. **規定的事項不同**：重要事項之須以法律規定者，不得以命令定之，依照中央法規標準法第 5 條規定，下列事項，應以法律定之：(1)憲法或法律有明文規定應以法律定之者，例如稅徵、兩岸人民法律關係；(2)

---

[31] (B) 法律與命令之區別：(A)法律內容重要，命令內容簡單(B)法律由立法院制定，命令由行政機關訂定(C)法律由國民大會制定，命令由立法院訂定(D)法律由行政院制定，命令由下級機關訂定

[32] (C) 法律與命令二者常被合稱為「法令」，同對人民之權利義務有拘束力，但二者概念上並不相同。以下敘述，何者為非？(A)法律須由立法機關制定之(B)命令係由行政機關訂定(C)命令須經立法院三讀通過(D)條例、通則並非命令

關於人民之權利義務者；(3)關於國家各機關之組織者[33] [34]；(4)其他重要事項之應以法律定之者。

6. **效力不同**：各機關所發布之命令，不得違反、變更或牴觸法律，命令之與法律牴觸者無效[35]，故法律之效力較強，而命令之效力則較弱，惟總統依增修憲法所頒布之緊急命令，及政府依據國家總動員法所發布之命令，則得違反、變更或牴觸法律，其效力可停止現行法律之適用，乃至變更法律之規定。另外，法規命令發布後，立法院未予查照，則法規命令之效力繼續有效[36]。依立法院職權行使法第 61 條第 1 項規定，立法院各委員會審查行政命令，逾期未完成者，視爲已經審查[37]。

命令與法律的區別，有以下幾點不同：

區別項目	法　律	命　令
制定機關	立法機關	任何有其職權的機關
制定程序	提案審議討論三讀通過	無一制定程序
公布程序	由總統公布且經行政院院長及相關部會首長副署	除由總統發布之命令外，多不須經左述繁複過程
名稱總類	法、律、條例、通則	規程、規則、細則、辦法、綱要、標準、準則
規定事項	憲法或法律明文規定者、有關人民權利義務者、關於國家各組織者及其他重要事項	憲法或法律明文規定，應以法律定之者，不得以命令定之
效力不同	效力較強	效力較弱

---

[33] (B) 依中央法規標準法規定，關於國家各機關之組織，其依據：(A)應以命令定之(B)應以法律定之(C)應以憲法定之(D)應以法律或命令定之

[34] (B) 依照憲法規定，我國立法院之組織應如何定之？(A)由立法院黨政協商定之(B)由法律定之(C)由立法院院長定之(D)由立法院內規定之

[35] (C) 命令與憲法或法律牴觸者，其效力為：(A)推定無效(B)暫停使用(C)無效(D)仍為有效

[36] (A) 法規命令發布後，立法院未予查照，則法規命令之效力為何？(A)繼續有效(B)效力未定(C)失其效力(D)不生效力

[37] (B) 依現行立法院職權行使法之規定，立法院各委員會審查行政命令，逾期未完成者，如何處理？(A)予以撤銷(B)視為已經審查(C)違法無效(D)違法失效

四、命令與憲法或法律牴觸之確認程序

憲法爲規範國家基本組織及國家與人民相互間基本權利義務之根本大法，依據「法律位階理論」最高的規範爲憲法[38]，其次爲法律，再者爲命令。

第 171 條前段規定：「法律與憲法牴觸者無效。」第 172 條則明定：「命令與憲法牴觸者無效[39][40]。」換言之，下層法規範牴觸上層法規範的法效果爲無效。此之謂「法律之位階性」，至於其應透過何種法定程序以確認之，分別說明。

(一) 在法律有無牴觸憲法部分，憲法第 171 條後段規定：「法律與憲法有無牴觸發生疑義時，由司法院解釋之[41][42]。」故立法機關通過的法律，得被司法機關宣告無效，是基於憲法賦予司法機關的權限[43]。例如司法院有審查省自治法是否違憲之權，是爲司法監督[44]。

其程序規定如次：1.依司法院大法官審理案件法第 8 條之規定，聲請解釋憲法應以聲請書敘明事由向司法院爲之。2.依前法第 9 條規定；聲請解釋機關有上級機關者，其聲請應經由上級機關層轉，上級機關對於不合規定者不得爲之轉請，其應依職權予以解決者亦同。3.依前法第 11 條之規定關於提會討論之解釋案件，應先由會決定原則，推大法官起草解釋文，會前印送全體大法官，再提會討論後表決之。

---

[38] (D) 規範國家基本組織及國家與人民相互間基本權利義務之根本大法為：(A)行政法(B)民法(C)刑法(D)憲法

[39] (B) 下列四者，何種法律的位階最高？(A)陸海空軍刑法(B)憲法(C)民法(D)刑法

[40] (A) 行政機關所制定的行政命令：(A)不得牴觸法律與憲法(B)得牴觸法律，但不得牴觸憲法(C)得牴觸法律與憲法(D)不得牴觸法律，但得牴觸憲法

[41] (A) 憲法解釋權歸屬於：(A)司法院(B)國民大會(C)立法院(D)總統

[42] (D) 法律與憲法牴觸者無效，有無牴觸發生疑義時，應由誰認定？(A)最高法院(B)立法院(C)行政院(D)司法院

[43] (D) 立法機關通過的法律，得被司法機關宣告無效，是基於：(A)司法機關的民意基礎(B)多數決原則使然(C)司法獨立(D)憲法賦予司法機關的權限

[44] (B) 司法院有審查省自治法是否違憲之權，是為下列何者？(A)行政監督(B)司法監督(C)監察監督(D)考試監督

(二) 在命令與憲法或法律有無牴觸者方面，其確認程序可依三個方面來說明：

1. 上級機關認為下級機關所發布之命令有違憲或違法時，可本於其監督權，撤銷該命令，宣布其為無效。
2. 憲法第 78 條：「司法院解釋憲法，並有統一解釋法律及命令之權[45][46]。」故當憲法條文文義不明時，應聲請由司法院進行解釋[47]。
3. 中央法規標準法第 7 條之規定，立法院得對於各機關依其法定職權或法律授權訂定之命令加以審查；行政機關依法律授權或依職權訂定之命令，發布後並應送立法院備查[48]。

第二節　依法行政

在民主法治國家，行政機關必須依據法律之規定而行使其行政權，稱為依法行政原則[49]。例如主管機關對於違法傾倒垃圾者，應依法處罰[50]。其內涵包括兩項原則應遵循之：

---

45 (D) 下列何者具有對法令統一解釋之權？(A)行政院(B)立法院(C)最高法院(D)司法院

46 (D) 依憲法第 78 條規定，下列何者有解釋憲法之職權？(A)監察院(B)總統(C)各級法院(D)司法院

47 (C) 當憲法條文文義不明時，應聲請由哪一個機關進行解釋？(A)立法院(B)監察院(C)司法院(D)總統府

48 (D) 行政機關依法律授權訂定之命令，發布後，並應送何機關備查？(A)行政院(B)上級機關(C)考試院(D)立法院

49 (C) 在民主法治之國家，行政機關依據法律之規定而行使其行政權者，稱為下列何者？(A)依理行政(B)依情行政(C)依法行政(D)依事行政

50 (D) 主管機關對於違法傾倒垃圾者，未予依法處理，可能違反下列何原則？(A)誠信原則(B)信賴保護(C)比例原則(D)依法行政原則

一、法律優位原則（消極依法行政）

係指行政機關的行爲不得違背法律[51]，國家之內由政府各機關所制定的一切規範中，應有層次分明的位階關係，下級規範不得牴觸上級規範，亦即下位規範不得牴觸上位規範（中央法規標準法 11），牴觸者無效[52][53]。憲法在法律之上，法律在命令之上，命令牴觸法律者，無效[54]。法律優位原則源於主權在民原則[55]。

二、法律保留原則（積極依法行政）

係指行政機關僅於法律有明文規定或授權時，始能有所作爲[56]。亦即限制人民之自由、權利，應以法律爲之（憲法 23）[57][58][59]；關於人民之權

---

[51] (A) 行政機關的行為不得違背法律，是為何種法律原則？(A)法律優位原則(B)民主法治原則(C)法律保留原則(D)權力分立原則

[52] (A) 法體系中，下層法規範牴觸上層法規範的法效果為：(A)無效(B)待補充(C)未定(D)得撤銷

[53] (C) 國家之內由政府各機關所制定的一切規範中，應有層次分明的位階關係，下級規範不得牴觸上級規範，此即：(A)比例原則(B)法律保留原則(C)法律優位原則(D)信賴保護原則

[54] (D) 行政法上所謂法律優位原則係指：(A)法律必要時，得牴觸憲法(B)法律位階最高，故憲法、命令不得牴觸法律(C)行政機關僅得依法律，不得依命令行政(D)法律效力高於命令，命令不得牴觸法律

[55] (A) 「法律優越原則」源於下列何者？(A)主權在民原則(B)信賴保護原則(C)明確性原則(D)比例原則

[56] (A) 行政機關僅於法律有明文規定或授權時，始能有所作為。此種原則稱為：(A)法律保留原則(B)法律優位原則(C)法律不溯既往原則(D)比例原則

[57] (D) 法律未授權或授權之目的、內容及範圍不明確之下，不得以行政機關訂定之命令（行政命令）限制人民權利自由，是屬公法上之：(A)比例原則(B)公益原則(C)信賴保護原則(D)法律保留原則

[58] (B) 我國憲法條文中有時會出現某事項應「……以法律定之」的文字。這樣的用語和規定反映的是下列哪一種憲法原理？(A)憲法保留原則(B)法律保留原則(C)比例原則(D)明確性原則

利、義務事項、國家各機關之組織事項，應以法律定之（中央法規標準法 5）[60]。應以法律明文規定之事項，不得以命令定之（中央法規標準法 6）[61]。憲法上之法律保留原則不僅規範國家與人民之關係，亦涉及行政、立法兩權[62]。例如徵收人民稅捐、警察執行臨檢勤務之規範依據，應以法律定之[63][64]。

第三節　法律之制定、公布、施行、修正與廢止

一、法律之制定

(一) 制定之機關

1. **憲法第 62 條規定**：「立法院爲國家最高立法機關，由人民選舉的立法委員組織之，代表人民行使立法權。」憲法第 63 條規定：「立法院有議決法律案、預算案、戒嚴案、大赦案、宣戰案、媾和案、條約案及

---

59 (D) 下列關於「法律保留原則」的敘述，何者正確？(A)該原則係我國實務界創設出來的(B)只要法律未禁止，在沒有法律授權的情況下，公權力仍得限制人民權利(C)只要事前公告，則得以行政命令規範人民權利(D)只要自由或權利受侵害，應有法律依據

60 (B) 中央法規標準法第 5 條規定，關於人民之權利、義務事項，應以法律定之，學理上稱為：(A)法律位階(B)法律保留(C)法律優位(D)正當法律程序

61 (A) 行政機關僅於法律有明文規定或授權時始能有所作為之法律原則，稱為：(A)法律保留原則(B)法律優位原則(C)信賴保護原則(D)比例原則

62 (A) 依司法院大法官解釋，憲法上之法律保留原則不僅規範國家與人民之關係，亦涉及何者問之權限分配？(A)行政、立法兩權(B)司法、行政兩權(C)立法、司法兩權(D)監察、立法兩權

63 (A) 徵收人民稅捐之規範依據，為下列何者？(A)應由法律定之(B)應由憲法定之(C)應由行政機關就個案決定(D)應由命令定之

64 (B) 下列何事項須以法律規定？(A)公費生返國服務期間(B)警察執行臨檢勤務(C)碩士候選人資格條件(D)課稅事實之認定

國家其他重要事項之權[65][66]。」憲法第 170 條規定：「本憲法所稱之法律，謂經立法院通過，總統公布之法律[67][68]。」又中央法規標準法第 4 條規定「法律應經立法院通過，總統公布。」據此可知，法律均須經立法院制定通過，其他機關均無制定法律之權。除每屆立法委員任期屆滿時，除預（決）算案及人民請願案外，尚未議決之議案，下屆不予繼續審議（立法院職權行使法 13）[69]。

2. **一般人民**：憲法第 17 條規定，人民有創制及複決之權。憲法第 136 條亦規定，創制、複決兩權之行使，以法律定之。惟我國現尚無創、複二權行使之法律。
3. **國民大會**：依憲法第 27 條第 2 項規定，國民大會的職權，俟全國有半數以上之縣市曾經行使創制、複決兩項政權時，由國民大會制定辦法並行使之。

   國民大會依據動員戡亂時期臨時條款的規定，制定「國民大會創制、複決行使辦法」，該辦法的規定，國民大會對於中央法律有創制權及複決權，其所制定的立法原則，仍須咨請總統移送立法院完成立法程序。

(二) 制定之程序

法律的制定程序，乃制定法律時所經過的步驟或階段，就我國現在立

---

[65] (A) 依據憲法第 63 條規定，我國有權議決法律案之機關為何？(A)立法院(B)國民大會(C)監察院(D)司法院

[66] (B) 有權制定刑法的機關是：(A)行政院(B)立法院(C)司法院(D)監察院

[67] (B) 憲法上所謂之法律，須經：(A)公聽會通過，立法院三讀通過(B)立法院通過，總統公布(C)公民複決，總統公布(D)大法官審查通過，總統公布

[68] (C) 下列關於法律制定之敘述，何者錯誤？(A)應經立法院通過(B)立法院經三讀會通過(C)立法院通過之法律，應由行政院院長公布(D)立法委員亦得提出法律案

[69] (A) 立法院所審議之何種議案不適用屆期不連續原則？(A)預算案(B)條約案(C)法律案(D)大赦案

法程序，分爲提案、審查、討論、議決、公布、施行[70]。

1. 提案

所謂提案，乃法律案的提出。有提案權之機關有：(1)立法委員（需三十人連署提出）、(2)行政院、(3)考試院、(4)監察院、(5)司法院[71]。蓋法律的提案權，並不以立法院的立法委員爲限，行政院、司法院、考試院、司法院及監察院均有向立法院提出法律案之權，而立法院提案時，除了立委連署外，立法院黨團也有提案權[72]。依釋字第 3 號解釋：「考試院關於所掌事項，依憲法第 87 條得向立法院提出法律案，基於五權分治平等相維之體制，參以該條及第 71 條之制定經過，監察院關於所掌事項，得向立法院提出法律案。」釋字第 175 號，說明司法院爲國家最高司法機關，基於五權分治彼此相維之憲政體制，就其所掌有關司法機關的組織及司法權行使事項得向立法院提出法律案。

2. 審查

(1) 法定開議人數：立法院會議須有立法委員總額三分之一出席，始得開會（立法院組織法 5）。

(2) 讀會：法律案及預算案均須經三讀會之程序（立法院職權行使法 7）：

第一讀會：依立法院職權行使法之規定，二十人以上連署或附議經表決通過者交付有關委員會審查而逕付二讀，或不予審議[73]。

第二讀會：將議案朗讀，依次逐條提付討論，議案在第二讀時，得就審查意見或原案要旨先做廣泛討論，廣泛討論後，如有出席委員提

---

[70] (C) 下列何者是法律制訂的正當程序？(A)提案、審查、議決、施行、公布(B)審查、提案、議決、施行、公布(C)提案、審查、議決、公布、施行(D)提案、議決、審查、公布、施行

[71] (D) 下列何者有法律案的提案權？(A)司法院(B)考試院(C)監察院(D)以上皆有

[72] (D) 下列何者有法律案的提案權？(A)總統(B)內政部(C)國家安全局(D)立法院黨團

[73] (A) 依立法院職權行使法之規定，若立法委員提出之法律案，經送程序委員會提報院會朗讀標題後，至少有幾人以上連署或附議經表決通過者交付有關委員會審查而逕付二讀？(A)二十人(B)三十人(C)四十人(D)五十人

案，十五人以上連署或附議，經表決通過得重付審查或撤銷之[74]。
第三讀會：除發現內容有互相牴觸，或與憲法及其他法律牴觸者外，衹得爲文字之修正，因此，第三讀會應將議案全案付表決，通過後由總統公布[75][76]。

3. 議決

依照立法院議事規則規定，討論終結或停止討論的議案，主席應即提付表決，或徵得出席委員同意後，定期表決。立法院議案表決方法有口頭、舉手、表決器表決、無記名投票、點名等五種表決。會議之議決，以出席委員過半數之同意行之，可否同數時，取決於主席。

4. 覆議

依憲法第 57 條之規定，行政院具有法律案之退還覆議權[77]，茲說明如次：

(1) 如行政院認爲立法院通過之法律案，窒礙難行時，得經總統之核可，於該決議案送達行政院十日內，移請立法院覆議。
(2) 覆議時，如經出席立法委員三分之二維持原案，行政院院長應即接受該法律案或辭職。

---

[74] (B) 立法院在審議法律案時，哪一讀會是對法律案做逐條討論？(A)第一讀會(B)第二讀會(C)第三讀會(D)第四讀會

[75] (D) 法律案必須經由立法院若干讀會通過後，再咨請總統公布？(A)一讀會(B)二讀會(C)不限讀會(D)三讀會

[76] (C) 立法院審查法律案時，原則上只得為文字之修正者為：(A)第一讀會(B)第二讀會(C)第三讀會(D)第四讀會

[77] (A) 下列有關法律制定程序之敘述，何者正確？(A)立法院通過之法律案行政院得對之提出覆議(B)司法院無法律案之提案權(C)所有法律案通過後須送交司法審查是否違憲(D)法律之公布須經立法院院長之副署

二、法律之公布

(一) 公布機關

1. 現行制度

我國現行制度，法律須由總統公布之。有關內容摘錄如下：

(1) 憲法第 37 條規定：「總統依法公布法律，發布命令，須經行政院院長之副署，或行政院院長及有關部會首長之副署[78]。」

(2) 憲法第 72 條規定：「立法院法律案通過後，移送總統及行政院，總統應於收到後十日內公布之[79][80]。」

(3) 憲法第 170 條：「本憲法所稱之法律，謂經立法院通過，總統公布之法律。」

(4) 中央法規標準第 4 條：「法律應經立法院通過，總統公布[81]。」

(5) 行政院對於立法院決議之法律案、預算案、條約案，如認爲有窒礙難行時，得經總統之核可，於該決議案送達行政院十日內，移請立法院覆議。立法院對於行政院移請覆議案，應於送達十五日內作成決議。如爲休會期間，立法院應於七日內自行集會，並於開議十五日內作成決議。覆議案逾期未議決者，原決議失效。覆議時，如經全體立法委員二分之一以上決議維持原案，行政院院長應即接受該決議（憲法增修條文 3）。

2. 副署制度

總統公布法律，須經由行政院院長的副署，或行政院院長及有關部會首長的副署，始具備公布法律的要件，否則，未經副署而頒布的法律，應認爲無效。

---

[78] (B) 依憲法規定，總統依法公布法律、發布命令時，須經下列何人之副署？(A)副總統(B)行政院院長(C)立法院院長(D)司法院院長

[79] (C) 司法院所提出的法律案，經何種機關通過，總統公布？(A)司法院(B)監察院(C)立法院(D)國民大會

[80] (A) 總統於收到立法院通過之法律案後，應於幾日內公布之？(A)十日(B)五日(C)十五日(D)三十日

[81] (B) 公布法律權屬於：(A)立法院(B)總統(C)行政院(D)國民大會

(二) 公布的時機

依憲法第 72 條之規定，「立法院法律案通過後，移送總統及行政院，總統應於收到後十日內公布之，但總統得依照本憲法第 57 條之規定辦理。」

(三) 法律條文的書寫，其邏輯結構由大到小依序為「條、項、款、目」[82]

三、法律之修正

(一) 依照中央法規標準法第 20 條之規定，法律或規章有下列情形之一者，應予修正

1. 基於政策或事實的需要，有增減內容的必要。
2. 因有關法規的修正或廢止，而應配合修正[83]。
3. 規定的主管機關或執行機關已裁併或變更。
4. 同一事項規定於二以上的之法規，無分別存在的必要。

(二) 機關與程序

法律的修正，亦即為法律案，故關於法律修正的機關與程序，與法律的制定相同[84]。依中央法規標準法第 20 條第 2 項，「法規修正之程序，準用本法有關法規制定之規定[85]。」

---

82 (B) 法律條文的書寫，其邏輯結構由大到小依序為：(A)條、目、項、款(B)條、項、款、目(C)條、項、目、款(D)條、款、項、目

83 (A) 依中央法規標準法之規定，法規有下列何種情形者，修正之？(A)因有關法規之修正而應配合修正者(B)機關裁併，有關法規無保留之必要者(C)法規因有關法規之修正致失其依據，而無單獨施行之必要者(D)同一事項已定有新法規，並公布或發布施行者

84 (C) 修正法律之程序：(A)經立法院二讀程序即可(B)經立法委員會通過即可(C)與制定法律之程序相同(D)依法律修正之內容與條文決定之

85 (D) 法律修正之程序準用何種程序之規定？(A)法律之廢止(B)法律之停止適用(C)法律之當然廢止(D)法律之制定

四、法律之廢止

(一) 理由

依中央法規標準法第 21 條規定，法律或規章有下列情形之一，應予廢止[86]：

1. 機關裁併，有關法規無保留的必要。
2. 法律規定的事項，已執行完畢[87]，或因情勢變遷，無繼續施行的必要。例如省縣自治法[88]。
3. 法律因有關法律的廢止或修正，致失其依據，而無單獨施行的必要。
4. 同一事項已定有新法規並公布或發布施行者。

(二) 方式

關於法律的廢止，依照中央法規標準法第 22 條規定，法律之廢止，應經立法院通過，總統公布[89][90]。命令之廢止，由原發布機關為之[91]。依前二項程序廢止之法規，得僅公布或發布其名稱及施行日期；並自公布或發布之日起，算至第三日起失效。

---

[86] (B) 依中央法規標準法之規定，下列何者非法規廢止之原因？(A)機關裁併，有關法規無保留之必要者(B)法官不予適用(C)法規規定之事項已執行完畢，或因情勢變遷，無繼續施行之必要(D)同一事項已定有新法規，並公布或發布施行

[87] (A) 依中央法規標準法之規定，法規有下列情形之一者，廢止之：(A)法規規定之事項已執行完畢者(B)法規與其他法規內容矛盾者(C)法規解釋上發生重大爭議者(D)法規有窒礙難行之情形者

[88] (B) 以下哪一個法律業經廢除？(A)地方制度法(B)省縣自治法(C)廣播電視法(D)檢肅流氓條例

[89] (D) 依現行法之規定，下列何者須經立法院通過、總統公布？(A)解散立法院(B)內政部部長之任命(C)行政院院長之任命(D)法律之廢止

[90] (A) 法律未定有施行期限者，其廢止應經哪一程序？(A)應經立法院通過，總統公布(B)僅須立法院通過(C)僅須主管機關公告(D)僅須總統公布

[91] (B) 命令之廢止應由何人或何機關為之？(A)行政院(B)原發布機關(C)總統(D)立法院

(三) 當然廢止

依照中央法規標準法第 23 條規定，若法律本身定有施行期限者，其期限屆滿，當然廢止，並失其效力，但應由主管機關公告之[92][93]。此亦謂之附期限立法。例如民國 36 年 12 月 1 日公布施行之房屋租賃條例，其末條明定「本條例自公布日施行，其有效期間爲三年。」則此條例至民國 39 年 12 月 1 日即無效。

(四) 延長期限

依照中央法規標準法第 24 條規定，法律定有施行期限，主管機關認爲需要延長者，應於期限屆滿一個月前送立法院審議[94]。但其期限在立法院休會期內屆滿者，應於立法院休會一個月前送立法院。命令定有施行期限，主管機關認爲需要延長者，應於期限屆滿一個月前，由原發布機關發布之。

第四節　法律與其他社會現象

法律與其他社會現象互有異同及影響，以下就其彼此的交互關係比較分析，其面向包括：

---

[92] (B) 法規定有施行期限者：(A)自期滿當日起算至第三日起廢止(B)期滿當然廢止，但應由主管機關公告之(C)俟主管機關另定廢止日期(D)由總統決定廢止日期

[93] (D) 依中央法規標準法之規定，下列何種情形，法規當然廢止？(A)同一事項已定有新法規，並公布或發布施行者(B)機關裁併有關法規無保留之必要者(C)法規規定之事項已執行完畢，或因情勢變遷，無繼續施行之必要者(D)法規定有施行期限者，期限屆滿

[94] (B) 法律定有施行期限，主管機關認為需要延長者，原則上至遲應於期限屆滿幾個月前送立法院審議？(A)半個月(B)一個月(C)二個月(D)三個月

一、法律與道德

(一) 法律和道德該如何區別？

法律與道德的共同點均是規範人類的生活[95][96]。法律基本上是用國家權力來執行的規則[97]，法律之目的有實現及保障自由（例如民法第 17 條第 1 項表彰自由不得拋棄[98]）、定紛止爭、維繫和平、保障個人權利[99][100][101]。而道德卻不是，道德不訴諸國家權力，而訴諸個人良心，且比法律更具理想性[102]。若長久以來被灌輸某項道德，而違反該道德，就會受到良心的譴責[103]。「法律是最低程度的道德」，反過來說，道德的要求是很高的，也是

---

95 (C) 法律與道德，於下列何者有相同之處？(A)產生方法(B)制裁方式(C)規範人類生活(D)效力

96 (D) 下列有關法律與道德之間關係與差別的敘述，何者錯誤？(A)道德的產生與認定無一定方式，法律則透過一定的立法程序(B)凡是法律所禁止者，在道德上不一定受指責(C)道德沒有國家強制力實現，法律則有國家強制力的實現(D)道德不是人類生活的規範，法律才是人類生活的規範

97 (C) 法律與道德的重要區別，在於道德規範欠缺下列哪種強制力？(A)社會輿論(B)倫理要求(C)國家機關的公權力(D)內在良心

98 (D) 下列有關法律與自由之敘述，何者錯誤？(A)法律限制自由(B)法律保障自由(C)法律實現自由(D)法律拋棄自由

99 (D) 下列何者並非現代民主國家法律之目的？(A)實現自由(B)維繫和平(C)保障個人權利(D)鞏固專制集權政權

100 (B) 荀子曰：「人生而有欲，欲而不得，則不能無求，求而無度量，則不能不爭，爭則亂。」其在說明，法律的主要功能，在於下列何者？(A)興利除弊(B)定紛止爭(C)促進福利國家(D)促進世界大同

101 (D) 下列何者應非現代法律的目的所涵蓋？(A)基本人權之保障(B)公序良俗之確保(C)競爭秩序之維護(D)嚴刑峻罰之達成

102 (A) 社會規範當中，何者最具理想性？(A)道德(B)風俗(C)法律(D)習慣

103 (D) 關於現代法律的定義，下列敘述何者為非？(A)法律是人類社會生活規範之一種(B)是以正義為其存在基礎(C)以國家強制力為其實現的手段(D)與道德為一體兩面

最具理想性的，法律要求相對比較低，也相對較爲客觀[104]，例如無配偶者間之性行爲[105]。符合法律的規定，只滿足了最低的道德標準，不代表是一個道德操守高的人。法律要管的東西，很多與道德無關，而道德要管的東西，也很多沒有法律來約束、制裁[106]。例如果實自落於鄰地者，視爲屬於鄰地[107]。在比例上，道德的規範比法律規範來得多，有時道德概念也會內化成爲法律原則[108]，例如民法中的誠信原則[109]、子女應扶養父母[110]。近年來，法律對於人工授精、借腹生子的科技成就，加以嚴格規範的主要原因，是處理其因而產生的倫理及社會問題[111]。

---

[104] (C) 社會規範當中，何者比較客觀？(A)道德(B)習慣(C)法律(D)倫理

[105] (A) 以下何者係傳統道德不允許，但法律不禁止？(A)無配偶者間之性行為(B)傷害(C)竊取他人財物(D)殺人

[106] (D) 下列何項法律規定與道德無關？(A)子女應扶養父母(B)誠實信用原則(C)竊盜罪(D)滿二十歲為成年

[107] (C) 下列法律規定何者不具有道德觀念？(A)行使權利，履行義務，應依誠實及信用方法(B)子女應孝敬父母(C)果實自落於鄰地者，視為屬於鄰地(D)殺害直系血親尊親屬者，處死刑或無期徒刑

[108] (B) 下列何者非法律之定義？(A)法律為社會生活之規範(B)法律為人類內心之規範(C)法律為通過國家權力以強制實行之規範(D)法律為保障群眾安寧、維護社會秩序為目的之規範

[109] (C) 民法諸原則中，最能顯現法律與道德相關聯者，係下列那一項？(A)契約自由原則(B)損害填補原則(C)誠信原則(D)無過失責任原則

[110] (A) 下列何種規範為法律規範？(A)子女應扶養父母(B)祭拜前應齋戒沐浴(C)學生應尊敬師長(D)受人點滴之恩，當湧泉以報

[111] (B) 法律對於人工授精、借腹生子的科技成就，加以嚴格規範的主要原因，是：(A)限制學術研究自由(B)處理其因而產生的倫理及社會問題(C)壓低其產品售價(D)彰顯國家權威

(二) 法律與道德在性質、範圍、作用、觀念等方面上的差異，詳細比較如下

比較項目	法律	道德
性質	受時空之限制，或因政策之不同，得因時因地而不同	具有永恆性與普遍性，常能超越時空之限制，放諸四海而皆準
範圍	法律爲最低限度之倫理道德	道德可規範法律
作用	拘束人類形乎於外之行爲	支配人類發乎於心之動機
觀念	以權利、義務之關係爲核心	僅重義務之存在，而忽視權利之重要性
產生方法	產生於立法機關之制定，淵源於人爲之力量	存諸於人心，乃自然形成
規範型態	爲有形之規定	爲無形之行爲規範
制裁方法	賴國家公權力以實現其強制力[112][113]，例如民法、刑法等[114]	委之於社會輿論或個人良心而爲制裁
制裁時間	爲現時，是有形、有限的	訴諸未來，是無形、無限的
制裁效果	明確而具體	籠統抽象
目的	求「法治」	「止於至善」
內容	爲「必須如此」之規定	爲「當然如此」、「應然」之規定
技術性	內容涉高度技術性，例如成年之規定	與技術性無涉
精神	爲道德之甲冑	爲法律之靈魂

---

[112] (B) 法律憑藉什麼以做為施行之保障？(A)良心(B)強制力(C)道德觀念(D)自動自發

[113] (B) 法律和道德、習慣、風俗、禮儀、宗教等最大的差別在於何處？(A)法律是無遠弗屆的(B)法律可以透過國家的強制力加以實現(C)法律是安定人心最重要的力量(D)法律存在的歷史是最久遠的

[114] (B) 下列何種社會規範，有國家強制力為其實現的手段？(A)道德(B)民法(C)風俗(D)國民生活須知

二、法律與宗教

(一) 宗教在法律發展史上有極深的影響

人類雖然可以戰勝野獸，但卻未能走出對大自然的恐懼，畏懼於不可知的神秘，因而敬天畏神、祈求平安。祈福過程逐次儀式化而漸成爲宗教，成爲群體中安定人心與約束行爲的力量。因此早期神權時代的法律就帶著神意與宗教，法律與宗教的關係經常是合一的[115]，其歐洲中古世紀的法律，受宗教影響最深[116]，皆不可避免假託神授或依附宗教，其時法律往往被祭司所掌控。法律制度之發達，始自與宗教分離。世界各國，包括我國在宗教自由（信仰自由）的理念下，現法律與宗教已逐漸分開，信仰自由是受到保障的[117]。但宗教亦有留在法律之中，如宣誓制度、褻瀆祀典之處罰。

(二) 法律雖受宗教很大影響，但在作用方式與制裁形式上仍有很多差異，比較如下

比較項目	法律	宗教
產生方式	國家立法機關制定	假託神意以創立規範（神意法說）[118]
作用	約束個人外部之行爲，使之不敢爲惡	約束個人內心，使之向善
主宰者	以人爲主宰	以神爲主宰
規範對象	以人民爲規範對象	以教徒爲規範對象
觀念	以權利義務觀念爲基礎	主張信仰者應純負義務
關係	國民與國家間之關係	教徒對教主之私人關係

---

115 (C) 在古代神權時代，法律與宗教間的關係經常是：(A)相互排斥(B)無關(C)合一(D)中立

116 (B) 歐洲中古世紀的法律，受下列何者影響最深？(A)藝術(B)宗教(C)經濟(D)科技

117 (B) 我國法律對宗教的基本態度是：(A)完全不規範(B)保障信仰自由(C)設立國教(D)不准宗教信仰

118 (B) 何種學說主張法律效力的根據為神意？(A)自然法說(B)神意法說(C)歷史法說(D)命令說

比較項目	法律	宗教
制裁方法	基於公權力之制裁	強調良心制裁，來世之懲罰
制裁時間	現時	未來
制裁效果	制裁具有強制力，故明確而具體	失之籠統抽象，效力亦較不確定

三、法律與政治

(一) 政治影響法律

可就兩個層面說明政治影響法律，1.法律產生之背景言：法律為政治之結果，法律之制定主要係由行政機關先提案，在立法機關審議過程中，再透過政黨政治協商完成法案。2.政治思想影響法律觀念：重要思想家的政治思想每每影響法律制定，尤其是憲法，如孫中山先生的思想影響我國憲法之制定、孟德斯鳩的三權分立學說影響美國憲法。故法律在政權力分配上，發揮無可取代的功能[119]。

(二) 法律影響政治

法律規定是否得宜？法律適用是否適當？往往影響一國政治。法治政治國家，統治者與被統治者均受法律之支配，無法律支配之民主會成為暴民政治，無法律支配之政府會專橫擅斷，以政治奴役法律，導致君主專制，君主的意志就是法律，這表示政治支配法律[120]。到現今民主時代，依「法的統治」(Rule of law) 理論，立法機關制定法律時，仍受到憲法限制[121]。故民主須以法治為基礎，民主而不講法治，會產生力量決定一切的

119 (D) 法律在下列何種領域內，發揮無可取代的功能？(A)親子互動的增進(B)宗教教義的詮釋(C)科學研究的發現(D)政治權力的分配

120 (D) 君主專制時期，君主的意志就是法律，這表示：(A)法律支配政治(B)法律與政治無關(C)法律與政治相抗衡(D)政治支配法律

121 (C) 依「法的統治」(Rule of law) 理論，立法機關制定法律時，仍須受到何者的限制？(A)法律(B)命令(C)憲法(D)神的旨意

暴民政治[122] [123]，故法律之實力與盜匪之實力最大的差別在於合法性或正當性之有無[124]。

法律與政治於方式、程序、性質、型態上的差異，比較如下：

比較項目	法律	政治
產生方式	立法機關之制定而產生	各機關、團體或人民皆可產生政治作用
產生程序	須經三讀會之立法程序	程序未有一定限制
形態	有形的條文規定，亦有判例可循	無形之動態作用
性質	固定	不固定

四、法律與經濟

人類群聚而居，不免產生資源分配與交換的情形，凡此種皆屬於經濟之範疇。人皆有物質之慾，然物質有限，人慾卻無窮，社會紛爭之源則肇始於此，如何定紛止爭，以求市場交易的公平與安全，須賴法律維持經濟的秩序，追求社會正義價值觀的實現[125] [126] [127]，例如：(一)某唱片通路商

122 (D) 民主須以法治為基礎，民主而不講法治，會產生下列何種政治？(A)菁英政治(B)極權政治(C)專制政治(D)暴民政治

123 (C) 「智者詐偽，強者凌弱，老幼孤寡，不得其所」，描述的是什麼？(A)道德決定一切的社會(B)宗教決定一切的社會(C)實力決定一切的社會(D)法律決定一切的社會

124 (C) 法律的實力與盜匪的實力主要差別在於：(A)法的實力有組織地實現，盜匪的實力不一定有組織地實現(B)法的實力一般小於盜匪(C)合法性或正當性之有無(D)知識分子參與上的不同

125 (A) 法律的目的在於實現正義，而「正義」即是一種：(A)價值觀(B)知識(C)方式(D)口號

126 (B) 現代經濟講效率，但法律制度卻不能完全考量效率，而須顧及其他因素，尤其是下列何因素？(A)提高利潤(B)社會正義(C)滿足慾望(D)經濟成長

127 (A) 關於法律與經濟的關係下列敘述何者為錯誤？(A)自由經濟體制下，經濟活動完全不受法律拘束(B)政府可以租稅減免鼓勵投資(C)政府可以依法監督市場經濟活動(D)證券交易法規範股票市場

要求消費者在購買歌手的唱片時，必須連同伴唱帶一起搭售，被主管機關處新台幣三十萬元罰緩，這類經濟活動上的壟斷現象，促進公平交易法之立法，主要係規範事業之獨占、結合、聯合行爲，並防止事業之不公平競爭的出現[128] [129] [130]。(二)現代經濟社會，處理意外所帶來的損失，係依靠保險制度[131]。進而，當人民有所得後，如何保有其財產之安全，亦待法律建立起財產權制度（例如智慧財產權之保障[132]），故法律有規範經濟生活的功能。法律與經濟間的關係應該是互爲依存的，換言之，法律規範經濟生活秩序，經濟變動影響法律之立法與理論發展，二者相互影響[133] [134]。

五、法律與環保

環保可概分爲公害防治與環境保護，公害防治的範圍，包括水污染、空氣污染、土壤土地之污染、噪音、廢棄物處理、酸雨、核能電廠及其廢料造成的各種輻射公害、有毒化學物質等；公害的主要成因不外乎突發性污染物之排放、長期性污染之求償、外力之介入。環境保護的範圍包括國

---

[128] (B) 經濟活動上的壟斷現象，導致哪種法律的出現？(A)民法(B)公平交易法(C)商標法(D)智慧財產權

[129] (C) 經濟行為上的壟斷現象，為維護交易秩序，應直接適用下列何法律予以規範？(A)智慧財產權法(B)民法(C)公平交易法(D)消費者保護法

[130] (B) 某唱片通路商要求消費者在購買歌手的唱片時，必須連同伴唱帶一起搭售，被主管機關處新台幣三十萬元罰緩，是依據何種法規？(A)消費者保護法(B)公平交易法(C)民法(D)智慧財產權法

[131] (B) 現代經濟社會，處理意外所帶來的損失，主要依靠下列何種制度？(A)不當得利制度(B)保險制度(C)信託制度(D)過失責任原則

[132] (C) 關於法律與經濟的關係，下列敘述何者為正確？(A)憲法只規範政治，不規範經濟活動(B)行政法與經濟活動無關(C)智慧財產權的保障對現代經濟非常重要(D)國家不能以刑法制裁經濟犯罪

[133] (D) 法律與經濟的關係是：(A)互不相涉(B)經濟法則決定了法律的內容(C)法律完全宰制經濟活動(D)相互影響

[134] (A) 關於法律與經濟的關係，下列敘述何者為錯誤？(A)法律與經濟活動無關(B)法律保障所有權，有助於經濟發展(C)契約制度保障交易安全(D)「公平交易法」維持市場交易秩序

家公園、自然資源、土壤保護、海岸、山脈、河川、湖泊之保育及野生動物保育等，損害環境的加害行爲絕多非直接性、單一性、即成性或內國性[135] [136]。故環境法之基本原則有預防原則、超國界的環境保護原則、永續性原則[137]。

六、法律與科技

科技發展需要法律的保護，因爲科技的創新是科學與技術的研究成果，若不予以保障，必然有害科技發展與文明進步。所以傳統法律面對科技，基本上可以利用法律中的不確定法律概念或法律的解釋，使得「法隨時而轉」。就此，法律亦須積極制定法規以資因應，例如電磁紀錄足以爲表示其用意之證明，即可論以刑法上之文書[138]。再者關於科技的新進發展日益影響人類生活，例如原子能之事項須受國家管控，我政府設立「原子能委員會」，隸屬於行政院[139]。但科技發展迅速，現有制度難以追上，例如複製等生物技術[140]及電腦等重大影響人類生活型態的科技產品，都有待

---

135 (A) 下列何者不是公害糾紛之主要成因？(A)廠房使用規劃不當(B)突發性污染物之排放(C)長期性污染之求償(D)外力之介入

136 (C) 下列何者不是環境損害之特徵？(A)加害行為之間接性(B)加害行為之複雜性(C)加害行為之即成性與內國性(D)致於他人之損害具有多元性

137 (B) 下列何者不是環境法之基本原則？(A)預防原則(B)契約自由原則(C)永續性原則(D)超國界的環境保護原則

138 (C) 關於法律與技術的關係，下列敘述何者錯誤？(A)法律應隨著科學技術的進步而修正(B)國家可以透過立法促進科技進步(C)電磁紀錄在我國仍不得視為文書(D)法律規範可以採納技術規範作為內容

139 (B) 關係法律與技術的關係，下列敘述何者錯誤？(A)我國有「科學技術基本法」(B)依照「原子能法」原子能的主管機關為經濟部(C)我國有「核子損害賠償法」(D)我國沒有「生物技術管理法」

140 (C) 從複製羊桃莉誕生以來，生物科技可謂突飛猛進，對此相關法律議題，我們應該抱持何種態度？(A)敬而遠之(B)遇到再說(C)積極面對(D)技巧性阻礙發展

立法機關積極面對及立法[141]。

七、法律與藝術

藝術創作爲人類文化生活之結晶，並且受著作權法之保障[142]，對其保障不僅只保障其創作本身的財產利益，亦在保障創作人的表意自由，故而不論雅俗，法律皆應保障其固有表彰之價值[143]。

應考小叮嚀

本章需先了解憲法、法律、命令之區別，尤其法律和命令之比較。另外需熟讀中央法規標準法，了解法律之制定、公布、修正、廢止等規定。

---

[141] (A) 對於電腦等重大影響人類生活型態的科技產品，法律最常見的因應方式為：(A)由立法機關制定相關法規規範之(B)以不變應萬變(C)完全禁止新科技之研發(D)經由立法院創新判例

[142] (B) 關於法律與藝術的關係，下列敘述何者為正確？(A)流行歌曲的創作不受憲法保障(B)著作權法亦保護藝術創作(C)流行音樂不受著作權法的保障(D)我國憲法不保障藝術自由

[143] (D) 關於法律與藝術的關係，下列敘述何者為錯誤？(A)憲法保障藝術創作的自由(B)拍攝電影的自由也受到憲法的保障(C)著作權法也保障藝術創作者的權利(D)藝術創作沒有財產利益

第二章　法學、法系與法源

本章學習重點

1. 各種法學流派
2. 大陸法系
3. 英美法系
4. 成文法源
5. 不成文法源

第一節　法　學

一、法學之概念

法學又稱爲法律學，係以法律爲研究對象之科學，詳言之，法學是研究權利內容爲主的學問[1]，即以有系統之研究方法，研究法律各學科原理原則之社會科學。若予詳細分析，可知法學爲社會科學之一種，蓋因社會科學是研究人類兼社會現象之學問，而法律之規定，即在反應人類之社會生活；再者，法律有許多學門，學門彼此之間有一共通之原理原則，此一共通原則之研究，即爲法學。法學既然是以法律爲研究對象之社會科學，人類在法學的研究方法上必然與一般自然科學不同，派別眾多且不一而足，較重要者計有：自然法學派、歷史法學派、純粹法學派、分析法學派等等。

---

1 (C) 簡言之，法學是研究下列何種內容為主的學問？(A)信仰(B)禮儀(C)權利(D)風俗習慣

二、法學之派別

(一) 自然法學派

自然法學派認爲宇宙間存有萬古不變之法則，萬事萬物皆存有普遍妥當性的法，法律乃本於人類的理性而生[2]。自然法學派最重視的法源爲法理[3]。自然法著重宇宙觀，天地萬物的自然現象均有其確定性與普遍性，故人類的社會秩序應該有一個普遍的道德原理，例如正義、平等之法理。其代表人物有：

1. **格老秀斯**：自然法學派始祖，以人性爲基礎，將自然法自神學中予以解放。同時，其對國際法亦有貢獻，主張國家相互之間的行爲與關係，應該適用自然法的基本原則，加以規範，被譽爲「現代國際法之父」[4]。
2. **洛克、孟德斯鳩**：洛克爲國家契約說的倡導者，認爲國家的權力是有限的，雖然人民將權力委託給國家，但仍應該保留自然狀態的自由，堅決反對專制，確立民主原則，促使美國獨立及法國大革命。孟德斯鳩認爲權力集中，易有濫用的危險，欲資防範，莫若分權制衡，同一政治機構，不得獨攬立法、司法、行政，故而民主必須將之分開，各有職司，不得侵越，即是有名的三權分立理論，成爲美國政治組織的藍圖，《法意》爲其經典作品[5]。

19 世紀是自然法的黑暗時期，分析法學派、歷史法學派等各學派，都以實證法方法，探求法律實在性，紛紛否定自然法，然至 20 世紀，卻又發現欠缺倫理要素的實證法學，無法對抗納粹、法西斯、階級鬥爭等思

---

2 (C) 下列哪一學說認為宇宙間有超越時空之萬古不變的法則存在，法律乃本於人類共通的理性而生？(A)神意法說(B)歷史法說(C)自然法說(D)實證法說

3 (D) 自然法學最重視的法源為：(A)成文法(B)判例(C)習慣(D)法理

4 (B) 下列何人被稱為「現代國際法之父」主張國家相互間的行為與關係，應該適用自然法的基本原則，加以規範？(A)蘇格拉底（Socrates）(B)格老秀斯（Grotius）(C)馬克斯（Marx）(D)馬丁路德（Martin Luther）

5 (B) 經典作品《法意》（De l’Esprit des lois）的作者為誰？(A)亞里斯多德(B)孟德斯鳩(C)盧梭(D)洛克

想，於是自然法又受到重視[6]，代表學者包括富勒及菲尼斯。

(二) 歷史法學派（沿革法學派）

主張法律之現象應推闡歷史上之事實而研究，法律既不是自然存在的，也不是人爲的，而是逐漸生長的[7]。亦即法律之進化有一定之軌跡可尋，法律只能被發現、只能成長，不是自然存在，也不能由人之理性創造，故法律不能與道德混淆；且其亦爲經驗的公式化，是隨民族的精神表現而逐漸成長的歷史產物[8]。以研究法律之淵源及其制度之治革爲目的之學問又稱爲法律史學[9]。

歷史法學派的優點在習慣法之優越性，對法律發生之探討，殊多貢獻。對自然法學派之過於信賴理性，而造成極端之個人主義（在個人以外，別無享受福祉的主體[10]，此爲近代民主法治之思想[11]），及契約說的國家觀念均予以修正。缺點在對法律之繼受無法說明。對立法事業之有待於技術的指導，亦不能予合理解釋。其代表人物有：

1. **薩維尼**：主張民族係有生命之自然存在物，而法律乃民族精神之表現，即法律乃由於民族的法律確信而生，法律與民族富於有機的關聯，可任其成長，不可人爲制定，法律應以習慣法爲主，成文法則不

---

[6] (A) 第二次世界大戰後，鑑於德國納粹及義大利法西斯利用法律實證論，鞏固其統治權，因而產生：(A)自然法的復興(B)宗教法的復興(C)文藝復興(D)宗教復興

[7] (A) 「法律與一個國家的語言、風俗、制度同樣具有民族精神。……無論如何，法律決不是立法者的恣意，而是由民族內在的沉默作用之力量所發展而成的。」此種學說被稱為：(A)歷史法學(B)註釋法學(C)自然法論(D)分析法學

[8] (C) 下列何種學說，認為法律是民族精神的產物？(A)神意法說(B)自然法說(C)歷史法說(D)命令法說

[9] (A) 以研究法律之淵源及其制度之治革為目的之學問稱為：(A)法律史學(B)法律哲學(C)法律社會學(D)比較法學

[10] (A) 主張「在個人以外，別無享受福祉的主體」者，係屬於何種主義？(A)個人主義(B)享樂主義(C)國家主義(D)極權主義

[11] (B) 近世民主法治的基本思想是：(A)家族主義(B)個人主義(C)全體主義(D)軍國主義

足道[12]。

2. **梅因**：以歸納的方法研究法律之歷史，探討法律進化的途徑，而提出「從身分到契約」的重要看法[13]。

(三) 實證法學派

所謂的實證法學，乃是相對於自然法學，認爲法學研究，應著重於實證法之研究。而所謂的實證法，就是人類制定的法[14]。

1. 分析法學派

分析法學派導源於義大利之註釋法學派，始於邊沁，成於奧斯丁，奧斯丁著有《法律範圍論》，認爲法律與道德應嚴加區別，主張「惡法亦法」，法律學爲現實法律之學，其任務在研究「法爲何物」，而不問「法所應爲」，從而其研究對象爲現實法。

這一派的看法，和自然法學派恰恰相反，認爲法律是人爲的，是人類意識的產物。肇始於 12 世紀義大利的註釋學派，他們認爲研究法律，應該就現行法規分析解剖，明瞭它的成分和牽連，不應該脫離現實的範圍，專談玄理，故專以註釋羅馬法爲事。其後因爲自然法學派勢力強大，卑視這種現實淺近的理論，所以附和者甚少。19 世紀以後，分析法學派，始崛起於英國，其中最有名的學者爲奧斯丁。他高倡惡法亦法之說，認爲縱令大家認爲不良的法律，在未經修改廢止以前，仍要遵守不渝，以尊重法律的權威。所以他痛批「違反道德的法律，應該無效」的理論，爲無政府主義的謬論。他說：法律學是現實之學，法律學的任務，是解答「法爲何物」，而不是解答「法所應爲」，只有現實法（人定法），才是法律學研究的對象。總之，分析法學派的主旨，在於攻擊自然法學派的說法，認爲法律不是自然存在的，是人爲的，是主權者的命令。

---

[12] (D) 德國法學家薩維尼主張法乃由於民族固有的確信，經過歷史演變而成，無須編纂人為的共通法典，此說奠定了何種學派的基本立場？(A)社會法學派(B)自然法學派(C)目的法學派(D)歷史法學派

[13] (C) 英國著名法學家梅因（Maine）曾提出法律發展的一項重要趨勢，其內容：(A)由個人到社會(B)由家族到國家(C)由身分到契約(D)由契約到立法

[14] (B) 現行有效的法規範，稱為：(A)神法(B)實證法(C)自然法(D)法則

2. 純粹法學派

純粹法學派由奧地利的凱爾生所創，他的理論主要是要揚棄自然法學理論，主張必須將法學研究限定在對於實定法[15]（實際上適用的法律）的結構分析上，而不是從心理或經濟去解釋法律的條件，也不是從道德或政治對法律作評價。凱爾生認為法是一種人類行為秩序，並且是一種強制秩序，而法是由法律規範構成的體系，是一種金字塔的階層體系，此即「法律位階理論」[16][17][18]，此對現代法律有深遠的影響，從而產生日後的法律實證主義。

凱爾生對強制規範所為之分析，構成了實定法理論的中心，他更由此說明在憲法之上，當然還有一最高頂點，為憲法的創立依據，自憲法以下乃至最低層的一切國法規範，均以之為效力淵源，形成全國法秩序的根本前提。以上所述關於實定法的理論，可謂純粹法學的精義之所在[19]，換言之，純粹法學派認為，除認為法律絕非因社會需要而產生，且法律之效力創設於憲法外，也認為認識法律應專從法律規範為之，適用法律不應伴隨政治、經濟觀點[20]。最堪注意者，乃該派所指實定法階層構造中之最高頂點（基本規範），是憲法以下各級法規效力的淵源，居於最高的創立地位，本身不再受其他規範的創立與限制，可知基本規範的權威更超越於憲法之上，但卻未說明基本規範究竟為何。

---

[15] (C) 按照現代流行的法律實證主義的主張，法學研究的主要對象是什麼？(A)自然法(B)法院判例(C)實定法(D)習慣法

[16] (C) 「法律位階理論」係由誰提倡？(A)洛克（John Locke）(B)霍姆斯（Oliver Wendell Holmes）(C)凱爾生（Hans Kelsen）(D)龐德（Roscoe Pound）

[17] (C) 提出法律規範的階層或位階秩序，但最終並未能說明何謂基本規範的理論的，是下列何者？(A)自由法學理論(B)目的法學理論(C)純粹法學理論(D)歷史法學理論

[18] (C) 何種法學提出法位階理論？(A)社會法學(B)分析法學(C)純粹法學(D)歷史法學

[19] (D) 奧地利著名的法學家凱爾生（Hans Kelsen）創立了下列哪一種法學學說？(A)自由法學(B)歷史法學(C)社會法學(D)純粹法學

[20] (D) 下列何者並非純粹法學之主張？(A)專從法律規範認識法律(B)適用法律排除政治、經濟觀點(C)憲法創設法律的效力(D)法律因社會需要而產生

(四) 自由法學派（主流為利益法學派）

自由法學派乃是針對概念法學派的批評。故先了解概念法學的意義。概念法學，係指法律適用者拘泥於法條文字，機械式地適用法律，自由法學派主張研究法學，不應拘泥於形式的法律文字，應注意實際之社會現象靈活運用。是以有謂自由法學派的貢獻在於指出概念法學的謬誤[21]。

自由法運動之先驅爲耶林，認爲當時之法學爲「概念法學」，以法律之論理的自足性爲前提而視裁判官爲一種機器，法學不能與生活脫節。惹尼主張法律之解釋應於法規之外，以科學的自由探究，易造成法之不定性。利益法學，對自由法運動之不定性提出改善，以海克爲代表，主張應探究生活關係及生活評價；而發現規範，以減輕裁判官之任務，利益權衡及價值判斷。須說明的是概念法學，係指法律適用者拘泥於法條文字，機械式地適用法律，自由法學派主張研究法學，不應拘泥於形式的法律文字，應注意實際之社會現象靈活運用。是以有謂自由法學派的貢獻在於指出概念法學的謬誤。詳言之，其主張法的自由發現，徹底排斥以往偏於概念構成的概念法學，強調法典權威的縮小，與之成對比者，即擴大法官的權威，尤其尊重法官的自由人格。

(五) 社會法學

萊昂・狄驥是法國現代著名法學家、政治學家，現代社會連帶主義法學派的主要代表人物。從 1886 年起，狄驥長期在法國波爾多大學任教授和院長職務，並先後在美國、葡萄牙、阿根廷、羅馬尼亞等國講學。他一生主要從事法學教育工作，教齡達 42 年之久，是著名的法學教育家，對當時法國公法學、法哲學和政治學的發展起了重大作用，在歐美有極大影響。《憲法論》是他的主要著作之一，較爲集中地反映了他的法律思想。

狄驥從實證主義、社會連帶等社會學方法論述私法的變化，認爲「權利」是一種社會職務或社會功能，近代民法典的原則：所有權不可侵犯原則、契約自治原則和個人責任原則，正隨著社會變化而變化，國家干預私

---

21 (C) 自由法學派的貢獻在於下列何者？(A)抑制審判者的地位(B)強調法律的理念(C)指出概念法學的謬誤(D)建立法律的安定性

法漸廣漸深。本書對現代私法基礎理論研究頗具學術價值。狄驥提出社會連帶說，強調社會生活之分工合作，不注重個人權利而注重社會職分、本位，亦使現代法律傾向由權利本位轉至社會本位（義務本位）[22]。

第二節　法　系

一、法系之概念

所謂法系者，乃是指法律的系統之謂，係以各國的法律特色爲著眼點，尋求其相互間的共通性、類似性，將之歸類於某一法律系統中，而予以區別。總概括所有的法系，包括大陸法系、英美法系、印度法系、回教法系、中華法系等。簡單的予以敘述，大陸法系的特色在於，重視議會所制定的法律，英美法系之特色在於，重視個別裁判所形成的判決（判例法）[23]，印度法系的特色在於，以婆羅門教的種性階級制度爲主，回教法系則是以回教教義爲法律中心，中華法系則深受儒家思想的影響。我國雖在歷史上經千年的累積，在儒家文化的薰陶下[24]，形成所謂的中華法系，重視長幼尊卑不同對待[25][26]，發展至唐朝時粲然大備，唐律爲其代表[27]。傳

---

[22] (C) 下列何者為法國法學家狄驥的法律理論？(A)肯定國家主權(B)接受權利觀念(C)提倡義務概念(D)贊成天賦人權

[23] (B) 特別重視「判例法」的法系是：(A)大陸法系(B)英美法系(C)東亞法系(D)回教法系

[24] (A) 中國傳統的法典自唐律以降皆以何種思想為主？(A)儒家思想(B)法家思想(C)道家思想(D)墨家思想

[25] (B) 傳統中國的法律制度重視：(A)個人主義(B)長幼尊卑不同對待(C)平等主義(D)司法獨立

[26] (B) 關於過去的中華法系的敘述，下列何者為非？(A)欠缺獨立的法院(B)中國在傳統上法律重於倫理(C)中國文化特重家族中的倫理秩序(D)儒家經典是解釋法律的精神淵源

[27] (B) 中國法律的黃金時期之結晶為：(A)漢律(B)唐律(C)明律(D)清律

統中國律典上的規定，大多相當於現行法上的刑法[28]。

近代西方國家大多採用羅馬法（大陸法系）或海洋法（英美法系）的系統，我國亦於晚清時大量學習西方之法律制度，依循日本的道路，採用德國之大陸法系的系統[29][30]。然而英美國家所適用的海洋法系，在整個世界法體系中，也占了舉足輕重的地位，換言之，其中現今仍留存於先進國家者，大多是指大陸法系及英美法系，加上我國目前的法律體系也是師承德、日之系統，是屬於羅馬法承襲下來的歐洲大陸法系[31][32]。以下專就大陸法系與英美法系之異同比較分析。

二、法系之分類

什麼是大陸法系？什麼是英美法系？其實大陸法系和英美法系只是一個很粗略的分法。這樣的區分大致上是針對法律是否繼受自羅馬法傳統、是否法典化，以及法官的審判權力而來。大陸法系於普通法院外，另設行政法院；英美法系則無行政法院之設置。[33]

大陸法系和英美法系有一個重要的區分，就是其傳統民刑法的來源。大陸法系的傳統民刑法是成文化的法典，而之所以其爲成文法典，其實淵遠流長。有一句名言曾說，羅馬三度征服世界，第一次用武力，第二次用宗教，第三次用民法。遠從羅馬時期的「查士丁尼法典」和「學說編纂」

---

[28] (A) 傳統中國律典上的規定，大多相當於現行法上的：(A)刑法(B)民法(C)商法(D)訴訟法

[29] (C) 我國歷史上開始積極繼受外國法制及思想，是在下列哪一時期？(A)宋代末期(B)明代末期 C)清代末期(D)民國抗戰之時

[30] (C) 中國在清末民初之際，變法時：(A)僅學習美國法律(B)僅學習英國法律(C)原則上學習歐陸法系國家的法律(D)仍堅持維持中國傳統法律，沒有變化

[31] (C) 我國現行法制基本上屬於：(A)英美法系(B)社會主義法系(C)歐陸法系(D)伊斯蘭法系

[32] (D) 我國法律主要繼受哪一個法系？(A)日本法系(B)英美法系(C)亞洲法系(D)大陸法系

[33] (D) 大陸法系國家與英美法系國家，就司法制度上不同之點而言，英美法系國家原則上：(A)有行政法院之設置(B)行政訴訟歸眾議院管轄(C)行政訴訟歸參議院管轄(D)無行政法院之設置

開始，大陸法系的傳統民法就一直受到其影響，乃至後來的「拿破崙民法典」等等，都有軌跡可循。目前世界上許多國家都繼受自大陸法系，主要原因就是因爲其有清楚體系的法典，讓其他國家較容易學習。像現在我們民法中的一些概念：財產、占有、抵押權、時效、法律不溯既往原則等，都是源自於羅馬法典。目前屬於大陸法系的，主要是歐洲和中南美洲[34]。

而大陸法系也有稱作歐陸法系，主要就是繼受羅馬法傳統，包括法國、德國、奧地利等國均屬之[35][36]，在這之中，我國尤其受到德國影響最深[37][38]。日本也可以算是大陸法系，其強調國會會制定一個成文的法典，法官在審判時只要去適用法條就好，不用自己去找判決先例，也不可以自己發展出新的判決先例。所以，在大陸法系的國家下，法官的權力較小。

英美法系以不成文法爲主，成文法爲輔，以英國、美國爲代表。英國憲法係不成文憲法，美國則是成文憲法[39]。英美法系之所以沒有成文民法典，就是因爲其未受到大陸法系民法典體系的影響。其當初是由英國皇室法院透過判決統一英國各地習慣，普遍適用於英國，所以有人稱爲英美法爲「普通法」。而且，其對於普通法的內容若覺得有不公平之處，法官則可以對之修正，稱爲「衡平」。後來普通法經過一些法官寫的教科書，開始流傳到英國的殖民地，尤其是美國。所以今天所謂的英美法系，就是指英國和它的前殖民地這些國家（包括非洲、亞洲的殖民地）。

所以，英美法系之系統的特殊之處就是其採取所謂的「不成文法」[40]，意

---

[34] (D) 法律不溯既往原則始於何者？(A)拿破崙法典(B)清律(C)日本大寶法(D)羅馬法

[35] (A) 下列國家中，何國為大陸法系國家？(A)德國(B)美國(C)英國(D)澳洲

[36] (D) 我國的民法刑法繼受歐洲大陸的法律，而歐洲大陸各國的法律大多又繼受下列何一類型法律？(A)普通法(B)伊斯蘭法(C)希臘法(D)羅馬法

[37] (C) 影響我國現行法律的繼受與制定，最重要的是哪一個法系？(A)印度法系(B)伊斯蘭法系(C)大陸法系(D)英美法系

[38] (B) 下列何者對我國民法的立法影響最深？(A)法國民法(B)德國民法(C)美國民法(D)英國民法

[39] (C) 下列關於「英美法系」的敘述，何者正確？(A)法源以成文法為主(B)英美兩國的法律制度目前已全然不同(C)美國已訂定聯邦成文憲法(D)傳統上將注意力集中於實體法的規範上

[40] (C) 下列國家的法律，何國以不成文法為基礎？(A)日本(B)德國(C)英國(D)法國

即他們在很多民事糾紛上，沒有一個成文的法典，通常是讓法官根據以前的判決先去找相關的理由來做判決，換言之，即是特別重視「判例法」。所以，當一個新的案子是以前都沒有出現過的時候，法官的權力就很大了，他可以自己透過以前類似的判決先例，作出相同的判決。但是，他也可以說這個新案子與過去舊案子有所不同，所以必須判不同的結果，或出於衡平的理由，所以必須修改以前的判決先例。簡單地說，英美法系的法官有較大的權力。我國的民事訴訟主要是採取當事人進行主義，即訴訟程序之開始、進行及終結，均以當事人之意思爲準。我國的刑事訴訟程序，近年來有一部分受英美法系之影響，採改良式當事人進行主義，如交互詰問即屬之[41]。

以下，便將這兩大世界法系的不同之處，用圖表展現出來：

大陸法系與英美法系之比較	大　陸　法　系	英　美　法　系
法典形式	以成文法爲法源，故有完整法典	以不成文法爲法源，無完整法典
判例效力	補充法	普通法
司法制度	採司法二元主義（公、私法分離）	採司法一元主義（公、私法合併）
訴訟程序	採程序先行主義	重質體輕程序
法官資格	須考試及格任用	有民選產生亦有選自律師
法庭組織	除地方法院外，多採合議制	採獨任制
法官地位	低	高
裁判態樣	採法官審判制度	採陪審制及巡迴裁判制度
民商關係	採民商分離	採民商合一（我國採之）[42]

41 (D) 有關我國的法律體系，下列何項敘述錯誤？(A)我國是屬於大陸法系的國家(B)我國民法條文的部分用語，取材自日本法律中的漢字用語(C)我國的刑事訴訟程序近年來有一部分受到英美法系的影響(D)我國的民事訴訟主要是採取法院職權主義的方式進行

42 (C) 我國民商法的編集體系，係採取：(A)民商分立制度(B)商人優先制度(C)民商合一制度(D)薩克森式立法編制

第三節　法　源

一、法源之意義

法律之淵源，簡稱法源，是指法律產生的來源，其意義有許多說法，包括法律權力之根據、法律存在之形式、法律演進之源流、法律組成之資料，一般以最後一說爲通說。根據通說，法源分爲直接法源與間接法源兩種。所謂直接法源，是指以國家所制頒的法令爲法律淵源，可以直接發生法律的效力，又稱爲成文法源；另外所謂間接法源，乃非直接具有法的效力，須經國家承認始發生法的拘束力，又稱爲不成文法源。

二、法源之分類

制定法律的來源是什麼？法律來源可以分爲成文和不成文兩大類。成文的法源，就是透過權威機關制定出來的正式規則，包括憲法、法律、命令、國際條約和自治法規。而不成文的法源，則包括習慣、法理、判例、學說等。無論係直接或間接法源均會成爲法院判決之依據[43] [44] [45]。

(一) 成文（直接）法源

係指直接發生法律效力者，茲分述其內容如次：

1. 憲法[46]

憲法乃國家根本大法，規定國家基本組織、政治制度，與人民的基本權利及義務。憲法中常規定某事項應以法律定之，故根據憲法之規定，制

---

[43] (B) 下列何者不能作為法院判決時之依據？(A)法律(B)道德(C)習慣(D)法理

[44] (D) 下列關於「法源」的敘述，何者正確？(A)外國法屬於成文法法源之一(B)道德屬於成文法法源之一(C)法理屬於成文法法源之一(D)條約屬於成文法法源之一

[45] (C) 下列何一法律明文規定，法理具有法源地位？(A)刑法(B)刑事訴訟法(C)民法(D)民事訴訟法

[46] (C) 下列何者屬於直接法源？(A)判決(B)外國立法例(C)憲法(D)法學

定其他各種法律。是以憲法為法律之主要法源。例如：憲法第 61 條規定：「行政院之組織以法律定之。」是其適例。

一般認為憲法是一國的根本大法，優於其他法律。所有的法律、命令與憲法牴觸均無效。

不過，這個看法是一般成文憲法的看法。世界上也有少數國家是採用不成文憲法的，最有名的國家就是英國。英國採用的是不成文憲法，實際上他們根本沒有憲法，只有一堆法律，而其內容與其他國家憲法規定內容相同。我們稱英國為不成文憲法。在英國，由於是採不成文憲法，所以沒有憲法優於法律的說法。因為所謂的憲法，其實也就是那些比較重要的法律。

2. 法律[47]

法律，就是指立法機關三讀通過、總統公布的法律。符合這套程序的，才能算是一般所謂的法律。換言之，法律是立法機關依照立法程序制定的，根據已制定法律的規定，亦可制定其他各種法律。例如：根據土地法的規定，以制定土地法施行法；根據兵役法的規定，以制定兵役法施行法；根據國籍法的規定，以制定其施行條例，所以法律亦是法律產生的淵源。

3. 命令

國家為貫徹某種政策或欲實施某種事項，依據命令所規定的事項，而制成法律，亦為習見之事，所以命令亦是法律產生的淵源。命令是行政機關頒布的規則。由於立法機關無法把所有細部的規則都制定為法律，所以需要行政機關透過行政命令補充。一般行政命令分為兩種，一種是法規命令，一種是行政規則。兩者都是行政機關自行頒布的規則，不過法規命令是有得到法律的授權，而行政規則是行政機關基於職權自己頒布的規則。

以前我們台灣的行政命令很浮濫，行政機關都會隨意發布很多命令。但是現在我們強調法治國家，所以很多命令我們都改為用法律來制定，甚至要求大部分的命令都必須得到立法院的授權才可以制定。

---

[47] (C) 直接法源乃指：(A)習慣(B)法理(C)法律(D)學說

4. 自治法規

直轄市法規、縣（市）規章（不包括鄉（鎮、市）規約）就違反地方自治事項之行政義務者，得規定處以罰鍰或其他種類之行政罰（地方制度法 26Ⅱ）[48]。自治法規爲一概括的名詞，有關地方自治事項的法規，或由地方自治監督職權機關所制定，或由自治機關本身基於自治立法權所制定。此種自治法規，如具全國一般性、特殊重要性或永久制度性，國家自得參酌採擇，以制定爲法律，所以自治法規亦爲法律產生的淵源。

國家有國家的法律，而各個地方政府，爲了針對特殊地方的情形，也會制定地方性的法規，拘束地方人民之權利，但是主體非爲地方自治政府者不得爲之，例如鄉（鎮、市）。在我國，地方縣市制定的法規，我們稱爲「地方自治法規」。可以分爲兩種。一種是地方縣市議會通過的，叫做自治條例。另一種是地方行政機關自行通過的，稱爲自治規則。由地方立法機關訂定，則稱爲自律規則[49]。

5. 條約

其實國際法大部分就是指國家與國家之間的契約，也就是說，就是所謂的國際條約。國際條約的問題，在於當有一個國家違背了國際條約時，欠缺有效的制裁機制，看起來就沒什麼法律效果。例如：台灣違背 WTO 的承諾，不開放台灣的進口市場，那麼有什麼制裁嗎？其實是有的，如果台灣真的違背 WTO 的承諾，制裁的方式，就是其他國家也會不開放自己的市場作爲報復。

根據條約的規定，而另制定各種法律，亦爲常事。例如根據關稅條約、通商條約、著作權條約、或工業所有權條約等，可以制定各種有關事的法律，所以條約亦是法律產生的淵源。條約經立法院讀會程序通過，並經總統公布者，在理論上，其位階與效力與法律相同[50][51]。

---

[48] (D) 下列何者之自治條例不得訂定罰則？(A)臺北市(B)臺北縣(C)臺中市(D)臺北縣中和市

[49] (A) 依現行地方制度法之規定，自律規則為何種機關所訂定？(A)地方立法機關(B)地方行政機關(C)內政部

[50] (B) 條約經立法院讀會程序通過，並經總統公布者，在理論上，其位階與效力如何？(A)與法規命令同(B)與法律同(C)與憲法同(D)與行政規則同

條約依法批准公布後，是否即有國內法之效力？依各國現例，有規定於憲法者，有不規定於憲法者，分別敘述如下：

(1)規定於憲法者：如美國憲法第 6 條第 2 項規定「本憲法與依照本憲法所制定的合眾國法律，及以合眾國權利所締結的法律，均爲全國的最高法律，即使與任何州的憲法或法律有牴觸，各州法院推事均應遵守之。」而法國及阿根廷憲法亦有類似的規定。

(2)不規定於憲法者：對於條約效力的實施方法，約有以下幾種：A.條約經依法批准正式公布後，即有法律效力。B.條約批准公布後，仍須依立法程序制定法律，方具有法律效力。C.我國憲法對於條約效力的實施問題，並無規定。條約在國內如何作爲國內法予以實施，現在亦尚無法律規定。惟在慣例上，應依據已批准公布的條約，就其主旨，另行制定爲法律，始具有法律效力。D.釋字第 329 號解釋：「名稱爲條約或公約或用協定等名稱而附有批准條款者，當然應送立法院審議，其餘國際書面協定，除經法律授權或事先經立法院同意簽訂，或其內容與國內法律相同者外，亦應送立法院審議。」

(二) 不成文（間接）法源

須經過國家的承認，始發生效力，茲分述其內容如下：

1. 習慣[52]

民法第 1 條規定：「民事，法律所未規定者，依習慣；無習慣者，依法理[53]。」是指在欠缺法律規定時，習慣是非常重要的。什麼是習慣？所謂的習慣，是指社會上或民間眾人約定成俗的一種慣行，並且具有一定的法律價值，可以補充法律制度不足的地方，久而久之會逐漸被國家承認。基本上來說，習慣能夠成爲一種法源，必須人們對之反覆實施，並且有法

---

[51] (C) 我國與外國政府間所簽署之協定，經送請立法院審議通過，應具有下列何項效力？(A)法規命令(B)行政規則(C)法律(D)行政契約

[52] (C) 下列法源，何者屬於不成文法？(A)法律(B)條約(C)判例(D)法規命令

[53] (A) 民法第 1 條規定，民事，法律所未規定者，依習慣；無習慣者，依：(A)法理(B)判例(C)學說(D)外國法

之確信[54]，加上習慣乃法律沒規定[55]，能夠補充法律，且不違背善良風俗，此乃依照民法第 2 條，適用習慣之限制，以不背於公共秩序或善良風俗者爲限[56]。與習慣相似的，有一種東西，叫做「慣例」。尤其在憲法上，我們有所謂的憲政慣例。由於憲法並不能把所有的情況都詳細的規定，因此，有的時候政治人物自己會發展出某些慣例，後人就繼續遵循這些慣例。行政法上的習慣也可以作爲一種法源[57]。

2. 法理

法理即是一般所稱法律的自然道理或原則，即法律一般性之原理或原則，法理的功能在於補助法律與習慣法或判例不足的地方，例如誠實信用原則、公平正義等概念即是。惟若如在具體案件中可經由解釋而適用法律，則無必要以法理作爲裁判的依據。

法理在法律適用上，也有一定的功用。例如民法第 1 條規定：「民事，法律所未規定者，依習慣；無習慣者，依法理[58]。」民法上的法理，可能包括「當事人自治原則」、「誠實信用原則」、「信賴保護原則」等等共通的道理。如在具體案件中可經由解釋而適用法律，則無必要以法理作爲裁判的依據[59]。外國法院的判例，對我國法院言，可以作爲法理而成爲判

---

54 (D) 習慣成為一種法源，除為反覆之慣行外，尚須：(A)人們的協議(B)彰顯道德的理想(C)社會賢達所認可(D)人們規範上的確信

55 (B) 習慣能成為法源，但有幾項要件，下列何者不包括在這些要件之列？(A)社會上必須有反覆實施的行為(B)必須是法律已經規定的事項(C)必須有法的確信(D)必須不違背善良風俗

56 (C) 「民事，法律所未規定者，依習慣」此所謂習慣，依民法第 2 條規定，以何者為限？(A)符合公平正義者為限(B)以司法院所公布者為限(C)以不背於公共秩序或善良風俗者為限(D)以內政部所公布者為限

57 (D) 下列何者為行政法之不成文法法源？(A)憲法(B)自治法規(C)條約(D)習慣法

58 (D) 民事紛爭極為複雜，法律並不能規定無遺，故我國民法第 1 條規定：民事，法律所未規定者依習慣，無習慣者，依：(A)禮教(B)風俗(C)地方民情(D)法理

59 (A) 下列關於「法理」的敘述，何者正確？(A)如在具體案件中可經由解釋而適用法律，則無必要以法理作為裁判的依據(B)民法禁止援用法理(C)行政法亦禁止援用法理(D)法理已有立法上的定義

決的基礎[60]。

刑法第 1 條規定：「行為之處罰，以行為時之法律有明文規定者，為限。」在學理上一般通稱此規定為罪刑法定主義之規定。基於罪刑法定原則，法理不得援用於刑法[61]。

我們也可以用行政程序法為例。行政程序法的前面幾條，分別規定了行政法的一些基本原則，包括「明確性原則」(第 5 條)、「比例性原則」(第 7 條)、「誠實、信賴原則」(第 8 條)、「有利不利情形應一律注意」(第 9 條)、「行使裁量權之限制」(第 10 條) 等等。這些都是行政法最重要的原則。就算行政法規定得不夠具體，法官在判決行政法的案件時，也會運用這些基本法理，來作出判決。

3. 判例[62]

(1) 判例之意義

法院（指最高法院）經由訴訟過程[63]，根據現行法律對於某一案件所作的判決，以後遇有同樣或類似案件發生時，即相同事件，應相同處理[64]，法官可援引同一判決先例，此一判決先例對法官具有絕對拘束力，亦即所謂「判例拘束原則」。

(2) 「判例拘束」之形成背景

對於判例拘束原則的形成背景，有以下幾點原因：A.就統一見解言：最高法院全國只有一個，較易於統一各級法院對法律之不同見解。B.就審級制度言：我國法院分有地方法院、高等法院及最高法院三級，最高法院對法律所為之見解當為最高見解。C.就判決效力言：假使下級法院的裁

---

[60] (D) 外國法院的判例，對我國法院言：(A)絕無被引用的可能(B)其有與本國法院判決相同的拘束力(C)具有優於本國法院判決的拘束力(D)可以作為法理而成為判決的基礎

[61] (D) 法理乃間接法源之一，但不得援用於：(A)行政法(B)商事法(C)民法(D)刑法

[62] (A) 以下何者屬於間接法源？(A)判例(B)條約(C)命令(D)自治法規

[63] (C) 下列各法源，何者必須經由訴訟過程產生？(A)制定法(B)成文法(C)判例(D)法律學說

[64] (A) 應遵守判例的原則，主要與下列何者有關？(A)相同事件，應相同處理(B)後法優於前法(C)特別法優於普通法(D)法律係主權者的命令

判，不依照上級法院的判例，至上訴時則易被撤銷。D.就群眾心理言：社會群眾的心理，希望判例有相當效力。法院對於相同事件，能作相同處理，俾易遵循。E.以就法資歷言：最高法院的法官，一般而言，經驗多較下級法院法官豐富。

(3) 判例拘束之效力

在英美法系國家，由於所採行者爲「不成文法」，故判例於事實上、法律上均有拘束力。但是法官審理案件應受判例之拘束，但對於不合時宜之判例，原則上仍可由法院以新判例取代之[65]。

我國雖屬大陸法系，惟最高法院之判決，仍具有相當之拘束力，下級法院之裁決，倘無特別卓絕之見解，仍應受最高法院之拘束，我國關於判例之選取與變更，主要規定在法院組織法[66]。依法院組織法第 57 條規定：「最高法院之裁判[67]，其所持法律見解，認有編爲判例之必要者，應分別經由院長、庭長、法官組成之民事庭會議、刑事庭會議或民、刑事庭總會議決議後，報請司法院備查。最高法院審理案件，關於法律上之見解，認有變更判例[68]之必要時，適用前項規定[69]。」

---

[65] (B) 英美法（不成文法）系國家，法官審理案件應受判例之拘束，但對於不合時宜之判例，原則上是：(A)由國家元首宣告其無效(B)由法院以新判例取代之(C)由國會議長宣告其無效(D)由人民投票表決廢棄之

[66] (B) 在我國法制上，判例的選取與變更係基於：(A)憲法規定(B)法律規定(C)行政命令(D)事實

[67] (A) 法院組織法上所稱之「判例」是指：(A)最高法院的判決先例(B)地方法院的判決先例(C)高等法院的判決先例(D)簡易法庭的判決先例

[68] (C) 下列對於判例的敘述，何者為非？(A)作為以後裁判相類似案件所援用的先例(B)為法律的間接法源(C)判例經決議、送備查後，即不得變更(D)最高法院作成決議後，須報司法院備查

[69] (C) 關於判例之變更，下列敘述何者正確？(A)不能變更(B)由司法院院長召集變更判例會議決定可變更之(C)由最高法院召開民事庭會議、刑事庭會議或民、刑事庭總會決議變更後，報請司法備查(D)僅能由司法院大法官會議變更之

應考小叮嚀

關於各種法學流派部分，由於派別很多，學生不易理解，必須清楚區分各種流派。大陸法系和英美法系之比較，特別著重於判例的概念，尤其我國判例之制定。另也須特別了解成文法源與不成文法源之區分與內容。

第三章　法律的分類

本章學習重點

1. 各種法律名詞之熟悉
2. 公法、私法區別
3. 實體法、程序法區別
4. 強行法、任意法區別
5. 普通法、特別法區別

第一節　公法與私法

什麼是公法？什麼是私法？公法，通常是指規範國家和政府機關的行爲，或者是規範國家權力介入管理私人的法律，或者規範訴訟程序的法律。例如：刑法[1]、銀行法[2]、民事訴訟法[3]、刑事訴訟法、行政法[4]、行政訴訟法[5]、公平交易法等[6]。私法，則是指規範私人與私人之間關係的法

---

1 (D) 我國法之體系有公、私法之分，下列何者非屬於私法？(A)民法(B)民事特別法(C)商事法(D)刑法

2 (A) 有關公法與私法之敘述，下列何者錯誤？(A)銀行法是私法(B)勞動法是公法與私法混合的法律(C)我國訴訟裁判管轄關係是區分公法與私法的重要實益(D)英美法系國家的司法裁判管轄體系並不區分公法與私法

3 (B) 程序法如民事訴訟法係為：(A)私法(B)公法(C)既屬私法又屬公法(D)既不屬於私法也不屬於公法

4 (A) 行政法在法律的歸類上，應屬下列何法域？(A)公法(B)私法(C)公、私綜合法(D)商法

5 (B) 下列法律，何者為公法？(A)民法(B)行政訴訟法(C)公司法(D)票據法

律。例如：民法、公司法、票據法、保險法、證券交易法、著作權法、土地法等等。

一、公私法區別的學說

公私法區別的學說，共有舊主體說、利益說（目的說）、權力說、新主體說（歸屬說或特別法規說）等數種，分述如下[7]：

(一) 舊主體說

公法，乃指規定國家或其他公法人之相互關係，及國家或其他公法人與私人間之關係者爲公法；私法，乃指規定私人間之相互關係者爲私法。即國家如果與人民因民法上之租賃契約及賠償費用問題發生爭執時，應由普通法院審理[8]。此說的缺點爲，國家或其他公法人與私人間基於雙方當事者平等之立場，而締結買賣契約或運送契約者不乏其例[9]。例如：1.考試院向某文具廠商價購紙、筆一批，此買賣之法律關係是屬於私法關係[10]。2.政府機關委託民間印刷廠印製法規宣導手冊，於遲延給付約定報酬時，廠商應循民事訴訟程序請求救濟[11]。

---

[6] (C) 憲法、行政法、刑法、刑事特別法、民事訴訟法等是屬於：(A)地方自治法系統(B)私法系統(C)公法系統(D)公法與私法系統

[7] (D) 下列何者不是區分公法與私法的學說？(A)利益說(B)權力說(C)主體說(D)機關說

[8] (B) 國家如果與人民因民法上之租賃契約及賠償費用問題發生爭執時，應由下列何者審理？(A)行政法院(B)普通法院(C)大法官會議(D)司法院

[9] (C) 縣政府購買文具，屬於下列何者？(A)公權力行為(B)行政處分(C)私法行為(D)事實行為

[10] (A) 考試院向某文具廠商價購紙、筆一批，請問此種買賣之法律關係應屬於：(A)私法關係(B)公法關係(C)程序法關係(D)繼受法關係

[11] (B) 政府機關委託民間印刷廠印製法規宣導手冊，於遲延給付約定報酬時，廠商應循何種程序請求救濟？(A)行政訴訟(B)民事訴訟(C)訴願(D)抗告

(二) 利益說（目的說）

公法，乃指保護公益爲目的者爲公法；私法，乃指保護私益爲目的者爲私法。此說的缺點爲：1.公私益之界限不易劃分。2.法律對公私益常同時保護，如刑法爲公法，但刑法亦保護個人私益，如殺人罪、傷害罪。如民法爲私法，但民法第 72 條規定：法律行爲有背於公共秩序或善良風俗者無效。

(三) 權力說

公法，乃指規定不平等關係，亦即權力服從關係者爲公法；私法，乃指規定平等關係，亦即權利義務關係者爲私法[12]。此說的缺點爲：1.國家與國家間之關係，國內公共團體間之關係，不能稱之權力服從關係，但卻是公法關係；2.以此方式區分公私法較不合民主時代之要求。人民與國家間並非單純之權力服從關係，而是互享權利義務之關係。

(四) 新主體說（歸屬說或特別法規說）

對任何人皆可適用，均有發生權利義務之可能者爲私法；公法則係公權力主體或其機關所執行之職務法規，其賦予權利或課予義務之對象僅限於前述主體或其機關，而非任何人。新主體說亦稱爲特別法規說或歸屬說，其首創者爲 H. J. Wolff。對於特別法規說，學者 H. G. Wilde 及 F. Kopp 又先後提出修正意見，而被稱爲新特別法規說，此說與原本之特別法規說之不同，在於將行政法與私法之區別重點，置於立法者於訂立法規之際所作之決定，「若基於公共利益之維護，將特定之範圍或某項規定從一般法律規範即私法中分離，而成爲特別法規，即爲公法」。

---

[12] (D) 以下關於「公法」的論述，何者錯誤？(A)法律關係主體的一方或雙方，為國家或其他公權力主體者，為公法(B)法律關係的性質，為權力支配關係者，為公法(C)法律的內容以規範公益為目的者，為公法(D)法律規定平等關係、社會關係者，為公法

二、公私法的區別實益

區別公法、私法的實益，簡單的說，就是在於發生爭議的時候，該採用哪種訴訟程序。如果是關於公法的話，就採取行政訴訟程序或者是刑事訴訟程序。而如果是關於私法爭議的話，就要採取民事訴訟程序。我們先把刑法擺一邊，因爲是依循刑事訴訟程序，涉及國家刑罰權，比較沒有爭議，當屬公法無疑。但是行政法（公法）和民事法（私法）真的那麼容易區分嗎？往往一個問題出現時，人民很容易搞不清楚，事件的歸屬究竟是公法還是私法？就會不知道要用民事訴訟程序還是用行政訴訟程序。就此，針對幾個重要面向，詳細說明如下。

(一) 從國家與人民之關係言，國家行使統治權，人民有服從之義務，否則人民在法律上對國家無權力服從的關係，將影響國家統治權的行使，換言之，在公法關係中，法律關係並不對等。

(二) 從訴訟管轄制度不同觀察，在採行政裁判制度之國家，公私法之區別，決定爭訟事件管轄之先決問題，私法上權利義務之爭執爲普通法院；公法上權利義務之爭執爲行政裁判機關（我國爲行政法院）[13]。

(三) 強制執行依據亦有不同，因爲公私法強制執行不同，民事所適用之法律爲強制執行法，行政所適用之法律爲行政執行法。

(四) 訴訟法適用之基礎不同，亦即民事適用民事訴訟法[14]；行政適用行政訴訟法。

(五) 損害賠償的依據不同（可否確定國家賠償責任不同）。簡言之，私法上之行爲，例如契約或損害賠償，只能依民法請求賠償。公權力行爲侵害人民權利，且有故意過失，則有國家賠償法之適用。例如當私人與私人間發生損害賠償權利義務關係時，國家公權力機關原則上不主

---

[13] (D) 在我國現行法秩序中，劃分公、私法的實益，並不包含下列何者？(A)影響實體法律規定的適用(B)影響程序法律規定的適用(C)影響訴訟管道的劃分(D)人民之公法上的法律地位必然優於其在私法上的法律地位

[14] (B) 下列何種關係，可以用來說明刑法與民法的差別？(A)普通法與特別法(B)公法與私法(C)程序法與實體法(D)成文法與不成文法

動介入，僅當人民依法請求國家裁判時始介入[15]。

(六) 涉及中央與地方權限之分配，因爲民事與商事之立法權及執行權在中央；行政事項的立法權及執行權，中央與地方皆有。

(七) 關於基本權利之適用亦有不同，憲法之基本權利，人民可以直接適用於所有公法法律關係之公權利。對於私法基本權利僅有間接效力，需透過私法之概括條款，始能產生所謂的第三人效力。然此不代表人民之公法上的法律地位，必然優於其在私法上的法律地位。

(八) 在行政程序法上適用之不同，公法行爲應遵守行政程序法之法定程序（行政程序法 2）；私法行爲則無行政程序法之適用。

(九) 行爲方式有所不同，行政機關於公法內，始能行使公權力作成行政處分；私法關係上，行政機關與人民立於平等地位，不能行使公權力或作成行政處分，例如某政府機關向廠商購買文具，其產生爭議亦應尋民事途徑解決。

三、公私法混合的法律

近世法律關係趨於複雜，純靠私法無法解決私人的法律關係，因此公法往往介入私法，公法私法彼此交織融合，繼而產生新的法律領域，不屬公法；亦不屬私法，而爲公、私法混合的法律，如勞動法[16]、勞動基準法[17]等社會法。

針對公私法混合的社會法型態，就其內容分別有以下幾種情況：(一)

---

[15] (D) 當私人與私人間發生損害賠償權利義務關係時：(A)國家公權力機關主動介入(B)由警察介入處理(C)國家機關根本不加以干涉(D)國家公權力機關原則上不主動介入，僅當人民依法請求國家裁判時始介入

[16] (D) 下面有關我國法律體系的敘述，何者為正確？(A)公、私法並無明確的區分，訴訟時也不分民、刑事訴訟(B)公、私法區分明確，絕對沒有混合的地帶(C)公、私法區分並不明確，由訴訟當事人決定(D)公、私法區分明確，但仍不免有混合的法律，如勞動法等

[17] (B) 近世法律關係趨於複雜，由於純靠私法無法解決私人的法律關係，因此公法往往介入私法領域，稱為社會法，下列何者屬此種法律？A)國家賠償法(B)勞動基準法(C)行政訴訟法(D)法院組織法

基於社會福利國家之理念，積極性的以國民經濟之正常運作目的之經濟立法：如反托拉斯法、證券交易法、工業所有權法（專利法、商標法）、土地法、工廠法等。(二)爲實現個人之實質平等爲目的，以保護經濟上弱者之社會立法：如社會保障法、社會保險法、消費者保護法、環境保護法等。(三)以維護勞工權益爲目的之勞工立法，爲此類法律的早期代表：如工會法、合作社法、農會法、商會法[18]。

第二節　實體法與程序法

一、意義

以法律規定之實質內容爲分類標準，法律可分爲實體法與程序法。然而在概念上，如何分辨什麼是實體法？什麼是程序法？

實體法就是規範實體的法律關係，即有關權利義務實體之法律，亦稱主法[19][20][21]。如民法[22]、刑法、各部門的行政法、消費者保護法[23]就算是實體法[24]。簡單的說，即規定權利義務之發生、變更、效果與消滅之

---

[18] (C) 工會法、合作社法、農會法、商會法等各種社會團體規範屬於：(A)公法(B)私法(C)公法私法的混合(D)地方自治法

[19] (C) 以規定權利義務本體為法分類之標準是：(A)程序法(B)普通法(C)實體法(D)特別法

[20] (D) 法規內容以規定權利義務為主之法律稱為：(A)程序法(B)特別法(C)成文法(D)實體法

[21] (B) 規定權利義務之發生、內容、變更、消滅之法律，稱為：(A)程序法(B)實體法(C)任意法(D)強行法

[22] (B) 我國現行民法性質上屬於：(A)公法(B)實體法(C)程序法(D)特別法

[23] (B) 以下有關我國法律體系中，法律屬於「實體法」或「程序法」性質的區分，哪一個敘述錯誤？(A)強制執行法屬於程序法(B)消費者保護法屬於程序法(C)保險法屬於實體法(D)貪污治罪條例屬於實體法

[24] (C) 有關於程序法與實體法的敘述，下列何者為正確？(A)涉外民事法律適用法是實體法(B)刑法是程序法(C)民法是實體法(D)程序法限於訴訟法

法律。

程序法乃是規定有關權利義務運用手續之法律，亦稱助法或手續法[25]。通常是指法律訴訟程序或行政程序的法律。例如：刑事訴訟法[26]、民事訴訟法[27]、行政程序法、訴願法、行政訴訟法、破產法[28]、強制執行法、涉外民事法律適用法等都算是程序法。

但是實體法與程序法僅爲原則上區分，實體法中有程序法之規定，程序法中亦有實體法的規定[29]。實體法如有修正，其效力通常以不溯及既往爲原則；程序法如有修正，其效力通常採取程序從新原則[30]。例如民法與民事訴訟法[31]。

二、實體法與程序法之關係

此兩者間的關係，互有目的與手段上的區別，但亦非可一概而論，若

---

[25] (A) 下列何者為規定權利義務運用手續之法？(A)程序法(B)原則法(C)例外法(D)實體法

[26] (D) 下列何者非實體法？(A)憲法(B)民法(C)公司法(D)刑事訴訟法

[27] (C) 下列何者為程序法？①憲法②民法③民事訴訟法④刑法⑤刑事訴訟法⑥商事法⑦破產法(A)①③⑤(B)②④⑥⑦(C)③⑤⑦(D)③⑤

[28] (A) 下列何者為程序法？(A)破產法(B)刑法(C)民法(D)商事法

[29] (C) 我國現行法律中實體法與程序法關係為何？(A)實體法與程序法截然劃分，實體法中絕對沒有程序法的規定(B)實體法與程序法區分不明確，由法院自行做區分(C)實體法與程序法原則上區分，但有時實體法中會有程序法的規定，程序法中會有實體法的規定(D)實體法與程序法原則上不區分，只重視實體法

[30] (A) 實體法如有修正，其效力通常以不溯及既往為原則；程序法如有修正，其效力通常採取何種原則？(A)程序從新原則(B)溯及既往原則(C)法官自行判斷原則(D)特別法優於普通法原則

[31] (C) 下列法律（令）間，何者具有「實體法與程序法」之關係？(A)民法親屬編與民法親屬編施行法(B)刑法與刑法施行法(C)民法與民事訴訟法(D)票據法與票據法施行細則

予分析敘述之[32]：(一)實體法爲目的，程序法爲手段，故實體法爲體程序法爲用，如無程序法，實體法無從實現；如無實體法，則程序法失去其存在之價值，兩者乃相輔相成之關係[33]；(二)實體法與程序法爲相對的區別：同一法典中常包括兩者，如民法關於法人登記之規定。兩者非爲絕對之區別。

三、實體法與程序法之區別實益

實體法與程序法雖然沒有辦法予以絕對的區別，但在區別上仍有實益。其相關之理由有：(一)法院不能以實體法無規定爲由，而拒絕裁判，但訴訟上程序法如有缺失，法院不能獨出心裁，便宜行事。實務上，程序法必然先於實體法而爲適用，如就民事案件，須先依民事訴訟法審究其在程序上應否受理，其不應受理者，法院應以裁定予以駁回之；若認爲應依法受理時，再就民法的規定，從實體上以判決其有無理由。(二)實體法之修正效力不溯及既往，程序法之修正則對於舊法時代之法律關係亦適用。

四、訴訟程序與行政程序

(一) 意義

依照行政程序法第 2 條第 1 項規定，本法所稱行政程序，係指行政機關作成行政處分、締結行政契約、訂定法規命令與行政規則、確定行政計畫、實施行政指導及處理陳情等行爲之程序。訴訟程序則是指法院在處理司法案件時，所依循的程序規定之謂。

---

[32] (C) 下列關於實體法與程序法之劃分的說明，何者錯誤？(A)規定法律關係之實體權利義務關係者為實體法(B)規定如何實現實體法律關係之法律為程序法(C)實體法與程序法可以截然劃分(D)程序法適用所謂的「程序從新」原則

[33] (C) 下列關於「實體法與程序法」的敘述，何者正確？(A)實體法規定屬於國家與國家、公法人團體或人民之間的「公權力關係」(B)實體法與程序法的區別是絕對的(C)實體法與程序法兩者之間具有相輔相成的作用(D)法院得以實體法無此規定為理由而拒絕裁判

(二) 行政程序與訴訟程序之不同

這兩種程序之不同點，約略有以下幾個面向：1.訴訟程序中的法院是仲裁的第三者，行政程序中的行政機關是程序的當事人。2.訴訟程序有兩造當事人之對立，其過程具有爭執（爭辯）之性質，行政程序中行政機關的行政處分是單方行政行爲，若作成行政契約更是以雙方一致爲前提。3.訴訟程序採不告不理原則，行政程序之開始除相對人提出外，多數爲行政機關依職權發動。

第三節　強行法與任意法

一、意義

法律以其適用時可否由當事人自行決定爲分類標準，可分爲強行法與任意法[34] [35]。分別敘述如下：

(一) 強行法

所謂強行法，即是凡不問當事人之意思如何，而必須適用法律之強制與禁止規定[36]。如憲法、刑法。

強行法大多是規定國家社會關係爲直接目的，基於公益上之理由，國家必須強制實現其內容。公法大都爲強行法，但因近代公私法之內容日趨複雜，公法亦有任意之規定，如刑法之「告訴乃論」規定，民事訴訟法之

---

[34] (D) 法律以其適用時是否可由私人自由決定為標準，可以區分為：(A)特別法與普通法(B)實體法與程序法(C)國內法與國際法(D)任意法與強行法

[35] (C) 下列有關強行法與任意法的敘述，何者正確？(A)強行法即是公法，任意法即是私法(B)民法屬於任意法，而民事訴訟法則為強行法(C)強行法不論當事人的意思如何應絕對適用，任意法的適用與否則由當事人自行決定(D)強行法的規定僅涉及私人利益，而任意法的規定則多與社會、國家利益有關

[36] (B) 強行法係指：(A)僅有強制規定(B)強制規定及禁止規定(C)僅有禁止規定(D)補充規定及解釋規定

「合意管轄」規定，兩者皆爲公法。但均可依當事人之意思變更適用而爲任意規定[37]。

強行法又可分爲，1.命令法：強制爲某種行爲之法，例如兵役法強制人民服兵役[38]，稅法強制人民納稅[39]。2.禁止法：禁止爲某種行爲之法，例如：(1)刑法禁止人民犯罪；(2)公務員服務法規定公務員不得經營商業或投機事業[40]；(3)民法第 71 條本文規定：「法律行爲，違反強制或禁止之規定者，無效[41][42][43]。」；(4)民法第 72 條規定：「法律行爲，有背於公共秩序或善良風俗者，無效[44][45]。」（甲因長期失業，因此在網路上張貼訊息，將出售其甫出生之女嬰給善心人士。乙、丙結婚多年並未產子，與甲聯絡後以

---

37 (C) 關於強行法與任意法，下列敘述何者為錯誤？(A)強行法區分為強制規定與禁止規定(B)法人非經向主管機關登記不得成立，是民法的強行法(C)合意定訴訟的管轄，是私法內的強行法(D)強行法與任意法的區分，和公法與私法的區分並不一致

38 (C) 兵役法規定人民有服兵役之義務，此法律規定之性質為：(A)補充法(B)禁止法(C)強制法(D)解釋法

39 (B) 所得稅法規定納稅義務人，應按期申報納稅，係：(A)任意規定(B)強制規定(C)禁止規定(D)補充規定

40 (C) 公務員服務法第 13 條關於公務員不得經營商業或投機事業之規定，屬於：(A)補充規定(B)程序規定(C)禁止規定(D)解釋規定

41 (D) 違反強行法規定：(A)法律行為有效(B)法律行為有效與否由當事人決定(C)法院決定是否有效(D)法律行為無效

42 (B) 下列何者並非法律行為原則上無效之原因？(A)違反強制規定(B)違反任意規定(C)違反禁止規定(D)違反善良風俗

43 (A) 法律行為違反強制或禁止規定者，若法律無特別規定其效力時，該法律行為之效果原則為何？(A)無效(B)有效(C)得撤銷(D)效力未定

44 (D) 法律行為若有背於公共秩序或善良風俗者，其效力為：(A)得撤銷(B)效力未定(C)仍得有效(D)無效

45 (B) 法律行為違背公序良俗時：(A)由法院決定其效力(B)無效(C)可撤銷(D)仍為有效

新台幣一百萬買下該女嬰。此一行爲之法律效力違反公序良俗，無效[46]）；(5) 民法第 16 條規定：「權利能力及行爲能力，不得拋棄[47]。」

(二) 任意法

在概念上，適用法律與否受當事人之意思所左右者謂之任意法，如民法、商事法[48]。

任意法大多是規定私人關係爲直接目的，與公益並無影響，國家爲尊重當事人之意思，適用與否，聽任其自由者謂之任意法[49]，例如：1.契約雙方得就爭議達成和解[50]。2.房屋代銷契約中明定以售價之 4% 爲報酬，如消費者討價還價後約定以售價之 3% 爲報酬，則其後約定之效力應適用 3% 爲報酬[51]。私法大都爲任意法，但亦有強行之規定，如民法爲私法，但亦有強行之規定，如未成年人之結婚須得法定代理人之同意（民法 981）。在類型上，任意法又可分爲補充法與解釋法。

(三) 區分

強行法與任意法的區分，和公法與私法的區分並不一致，不能說公法

---

46 (C) 甲因長期失業，因此在網路上張貼訊息，將出售其甫出生之女嬰給善心人士。乙、丙結婚多年並未產子，與甲聯絡後以新台幣一百萬買下該女嬰。試問此一行為之法律效力如何？(A)契約自由，當然有效(B)應經女嬰之母親承認始為有效(C)違反公序良俗，無效(D)應經公證始生效力

47 (A) 民法第 16 條規定：「權利能力及行為能力，不得拋棄」這是屬於：(A)強行法(B)任意法(C)補充法(D)解釋法

48 (B) 下列何者其性質屬於任意法？(A)行政法(B)民法(C)刑法(D)憲法

49 (A) 下列何者並非違反強行法的可能效果？(A)只要當事人之間無異議，則意思表示或行為仍屬有效(B)應處罰，但不妨害其效力(C)無效，但不處罰(D)無效，且應處罰

50 (C) 下列何者非強制規定？(A)禁止工廠排放廢水(B)法律行為，有背於善良風俗者，無效(C)契約雙方得就爭議達成和解(D)禁止遺棄父母

51 (A) 房屋代銷契約中明定以售價之 4% 為報酬，如消費者討價還價後約定以售價之 3% 為報酬，則其後約定之效力為何？(A)適用 3% (B)適用 4% (C)個別磋商條款無效(D)有爭議，效力未定

等於強行法，私法等於任意法；公法領域內有任意法，私法領域內也有強行法。

二、區別實益

(一) 違反規定的效力不同

違反強行法規定的效力，會有三種可能：1.行爲無效或得撤銷，2.行爲無效並處罰當事人，3.行爲有效，但當事人應受罰。但是違反任意法之規定，只要當事人間無異議，並不影響行爲的效力[52]。

(二) 區別時應注意事項

區別強行法與任意法時，有以下幾點應注意之事項，1.兩者之區別並不在於法律效力之強弱，任意法並非法律之效力弱，若當事人一旦適用，其效力與強行法並無不同，只當事人得預先表示反對意思，以免其適用而已。2.兩者與公法私法之範圍不一致，即公法亦有任意之規定，私法亦有強行之規定。3.條文上帶有「應……」、「不得……」、「非……不得……」等字樣者爲強行法。帶有「……另有……者不在此限」、「……者，從其規定」、「得」等字樣者爲任意法。

(三) 區別實益

兩者之區別實益在於法律效果不同。當事人違反任意法規時，若當事人間別無異議，則此種意思表示或行爲仍屬有效[53]。

但若當事人如違反強行法時，其效果有下列四種：1.處罰但不妨礙其效力：如營業行爲違反社會秩序維護法之規定者，須受處罰，但其營業行爲並不因之無效。2.無效，但不處罰：如民法第 71 條：法律行爲違反強制或禁止規定者，無效。民法第 72 條：法律行爲違反公共秩序或善良風俗

---

52 (D) 違反任意法時，如當事人間別無異議，其意思表示或行為之效力為何？(A)無效(B)一部無效(C)效力未定(D)仍屬有效

53 (D) 違反法律之任意規定者，其效力為：(A)絕對無效(B)得撤銷(C)經相對人同意始生效力(D)如當事人間別無異議，則其行為仍有效

者，無效。消費者保護法第 7 條，定型化契約中之條款違反誠信原則，對消費者顯失公平者，無效[54]。3.無效，並處罰：如違反民法第 983 條親屬結婚之規定結婚者無效，如其親屬爲直系或三親等內旁系血親，尙須處五年以下有期徒刑（刑法 230）。4.行爲得撤銷：如男未滿十八歲，女未滿十六歲而結婚者，當事人或其法定代理人，得向法院請求撤銷之。

第四節　普通法與特別法

一、意義

法律依其適用範圍之廣狹大小爲分類標準，亦即依其適用範圍屬於一般的或屬於特殊的，可分爲普通法與特別法[55]。普通法，乃指對於一般人、地、事、時適用者謂之。特別法，乃指對於特殊人、地、事、時適用者謂之。普通法就是比較一般性的法律，在一般情況下，如果沒有其他特別的法律規定，都是適用普通法[56]。相對地來說，特別法，就是針對特別情況制定了特別的法律，那麼就要適用特別法。就人、事、時、地各項區別標準分述如下[57]：

---

[54] (B) 消費者保護法規定，定型化契約中之條款違反誠信原則，對消費者顯失公平者，其效力為：(A)得撤銷(B)無效(C)效力未定(D)仍為有效，但企業經營者一方得主張無效

[55] (B) 以法律適用範圍的大小為標準，法律可分為：(A)強行法與任意法(B)普通法與特別法(C)成文法與不成文法(D)實體法與程序法

[56] (A) 在全國區域內，對於全國人民及一般事項，均可適用之法律，稱為下列何者？(A)普通法(B)固有法(C)強行法(D)特別法

[57] (B) 關於普通法與特別法的敘述，下列何者正確？(A)公司法是證券交易法的特別法(B)可以以人、事、時、地為標準來區分(C)特別法的位階高於普通法(D)一個法律只會有一個特別法

(一) 以人為標準言之

普通法者適用於一般人，如民法、刑法[58]。特別法者適用於特定身分或地位特殊之人，例如：1.公務員服務法、貪污治罪條例及陸海空軍刑法[59] [60]。2.軍人婚姻條例即是民法親屬編關於婚姻之特殊規定[61]。3.少年事件處理法爲刑法針對少年之特殊規定[62]。

(二) 以地為標準言之

普通法者適用於國家領土內各地區之法，如民法。特別法者乃於領土內限定一定地區適用之法，如台灣省內菸酒專賣暫行條例。

(三) 以事為標準言之

就同一事件規定的範圍較爲廣泛，且爲一般性質規定者爲普通法。規定範圍較狹小，且爲專有的特殊的規定者爲特別法[63]。例如三七五減租條

---

58 (C) 法律可分為普通法與特別法，下列何者為普通法？(A)陸海空軍刑法(B)懲治走私條例(C)刑法(D)貪污治罪條例

59 (B) 下列法律間，何者具有「普通法與特別法」之關係？(A)公司法與票據法(B)刑法與陸海空軍刑法(C)民法與民事訴訟法(D)刑法與刑事訴訟法

60 (B) 刑法與陸海空軍刑法，前者為普通法，而後者為特別法。在此例中，其區分之基礎乃在於其「以受法律適用之」何者而來？(A)地(B)人(C)事(D)地及事

61 (B) 軍人婚姻條例對於民法親屬編關於婚姻之規定而言，是：(A)普通法(B)特別法(C)新法(D)程序法

62 (D) 少年事件處理事項係屬：(A)仲裁事件(B)行政審判系統(C)民事審判系統(D)刑事審判系統

63 (C) 有二個以上的法律就同一事項均有規定時，如何區分何者為普通法、何者為特別法？(A)規定內容較詳盡者，為普通法；規定內容較簡略者，為特別法(B)規定範圍較小、且屬特殊規定者，為普通法；規定範圍較廣、且屬一般性質者，為特別法(C)規定範圍較廣、且屬一般性質者，為普通法；規定範圍較小、且屬特殊規定者，為特別法(D)普通法與特別法並無區別實益

例、平均地權條例爲土地法的特別法[64]。或是就同一事件的某一部分內容，規定較爲簡略者爲普通法，規定較爲詳盡者爲特別法，例如國家賠償法與民法損害賠償之關係[65]。普通法者適用於一般事項者，如民法適用於一般民事。特別法者適用於特殊事項者，如公司法等商事法乃適用於特別民事[66]、槍砲彈藥刀械管制條例爲特別刑法等即是。

(四) 以時為標準言之

就同一事件規定屬於平時的或常態的爲普通法；屬於非常態的爲特別法。換言之，凡未限定任何施行時間之法律者爲一般法，如刑法。凡適用於特定時間之法律爲特別法，或稱限時法[67] [68]，如動員戡亂時期貪污治罪條例。

最後，在區別時仍應注意者爲，一般法與特別法之區別乃相對非絕對，一般法中常有特別規定。並且，特別法常因社會之變遷，而成普通法。例如我國民法制定於民國 18 年，冤獄賠償法（現已改名爲刑事補償法）制定於民國 48 年，國家賠償法制定於民國 69 年。當人民因公務員之侵權行爲被羈押時，應優先適用刑事補償法[69]。

---

[64] (D) 普通法與特別法的關係，下列敘述何者錯誤？(A)特別法優於普通法(B)普通法補充特別法(C)特別法只適用於特定的人、事、時、地(D)土地法是平均地權條例的特別法

[65] (D) 國家損害賠償，除國家賠償法之規定外，另可適用下列何種法律補充之？(A)刑法(B)行政訴訟法(C)刑事訴訟法(D)民法

[66] (B) 商事法乃係指公司法、票據法、保險法與海商法等法律，試問此商事法是下列哪一種法律的特別法？(A)憲法(B)民法(C)公法(D)訴訟法

[67] (C) 因特別原因而制定，限定於一定期間內有效施行的法律，稱為：(A)原則法(B)例外法(C)限時法(D)普通法

[68] (B) 何謂「限時法」？(A)限定在一定期間之後才發生效力的法律(B)預先確定施行一定期間的法律(C)決定新舊法適用原則的法律(D)規定生效日的法律

[69] (A) 我國民法制定於民國 18 年，冤獄賠償法制定於民國 48 年，國家賠償法制定於民國 69 年。當人民因公務員之侵權行為被羈押時，請問應優先適用何者？(A)刑事補償法(B)民法(C)國家賠償法(D)均不適用

二、區別實益

主要實益在於，確認哪一個法規優先適用[70]。簡單的說，特別法必然優於普通法，亦即同一事件，一般法與特別法都有規定時，先適用特別法[71][72][73]。如票據爲民法之特別法，故關於票據之糾紛應先適用票據法，以民法爲補充[74]。中央法規標準法第 16 條：法規對其他法規所規定之同一事項，而爲特別之規定者應優先適用。即使一般法有新修正（新法）亦優先適用未修正之特別法（舊法），中央法規標準法第 16 條後段即規定：其他法規修正後，仍應優先適用[75]。

雖然一般認爲特別法應該優先於普通法適用。不過，偶爾我們也會看到有人說：普通法是基本原則，我們應該重視這些基本原則，反而應該優先於特別法適用。尤其，當特別法沒有修正，普通法卻修正時，那麼普通法是新法，根據「新法優於舊法」，是否該適用普通法而排除特別法呢？一般認爲，如果新法爲普通法，則必須在新法中明文規定廢止舊特別法或排斥舊特別法的適用時，新普通法才能優於舊特別法，這是所謂「新普通法不變更舊特別法原則」。簡單的說，普通法與特別法在適用上，有三項

---

[70] (A) 特別法與普通法區別之實益在於：(A)法律適用之先後順序(B)是否可實現實體法之目的(C)是否可發揮程序法之功能(D)判斷公法與私法之標準

[71] (B) 某一案件，在普通法與特別法均有規定時，普通法與特別法之適用原則，應以下列何者為是？(A)任擇其一適用(B)特別法優於普通法適用(C)普通法與特別法同時適用(D)普通法優於特別法適用

[72] (B) 普通法與特別法的效力關係為何？(A)普通法優於特別法(B)特別法優於普通法(C)兩者效力相等(D)普通法原則上優於特別法，例外時特別法優於普通法

[73] (B) 同一個犯罪行為普通刑法以及特別刑法都有規定時，法官定刑處罰的依據是：(A)普通刑法(B)特別刑法(C)自己選擇其一(D)被告選擇其一

[74] (A) 有關特別法的敘述，下列何者為正確？(A)票據法是民法的特別法(B)民事訴訟法是民法的特別法(C)訴願法是行政訴訟法的特別法(D)行政訴訟法是行政程序法的特別法

[75] (C) 下列關於特別法與普通法之敘述，何者為正確？(A)先公布之法優先於後公布之法(B)法規對於其他法規所規定之同一事項而為特別規定者，讓其他法規應「優先適用」即為特別法優先於普通法原則(C)修正之特別法應優先於普通法適用(D)修正之普通法應優先於特別法適用

原則，其一爲，特別法與普通法具有相對性；其二爲，特別法與普通法並不以不同之法律規範爲限，同一法律規範中也會有特別法與普通法之關係；其三爲，特別法與普通法是屬同一位階。

第五節　其他重要分類

一、國內法與國際法

(一) 國內法

由一個國家制定，並在其範圍內行使者[76]。另國際私法係以本國主權之立場，對於不同國籍之當事人間，對所發生之私法上權利義務之事件，確定法律究係應適用何國法律，予以規定。如我國涉外民事法律適用法，故國際私法仍爲國內法之一部分，性質上屬程序法[77][78][79]；涉及國籍認定的國籍法，亦爲國內法[80][81][82]。

(二) 國際法

於國際團體承認，其行使不以一國範圍爲限，而係國際上各國一致行使者。國際法又可區分爲平時國際法與戰時國際法，平時國際法是規定國際間和平時期所應相互遵守的法則，如國家獨立權、平等權、自衛權、相

---

[76] (A) 法律由一個國家所制定，僅能在其領土內行使者，稱之為：(A)國內法(B)固有法(C)例外法(D)母法

[77] (B) 國際私法乃屬於：(A)國際法(B)國內法(C)習慣國際法(D)約定國際法

[78] (C) 以下所列舉者，何者不是國際法？(A)條約(B)聯合國憲章(C)國際私法(D)公約

[79] (D) 國際私法之性質屬於下列何者？(A)實體法(B)私法(C)國際法(D)程序法

[80] (D) 涉外民事法律適用法之性質是：(A)國際法(B)習慣法(C)不成文法(D)國內法

[81] (A) 涉外民事法律適用法的性質屬於：(A)國際私法(B)國際公法(C)國際禮儀(D)國際條約

[82] (C) 下列何者並非國際法？(A)公民及政治權利國際盟約(B)世界人權宣言(C)國籍法(D)聯合國憲章

互尊重權，及在彼此國境內互設使館或其他代表機構、派駐人員，及行使國際禮節等[83] [84]。戰時國際法是規定國際間戰爭時期所應相互遵守的法則，如關於戰俘的處理、外交關係公約、制止非法劫持航空器公約、聯合國憲章等[85]。

(三) 國內法與國際法效力之強弱

國內法與國際法的規定，其內容相互牴觸時，其效力如何？兩者孰應優先適用？有下列三說：

1. **國內法優於國際法**：由於國家主權的行使，國家的主權乃至高無上，不受任何限制，故國內法若與國際法有牴觸時，應適用國內法排斥國際法。此爲二元論之說法，認爲國際法與國內法是兩種不同的法律秩序，從淵源、主體與性質上言，兩者完全不同，因此國際法如未獲得國內法的接受，不能爲國內法院所採用，如國際法與國內法相衝突則國內法將優先適用。
2. **國際法效力強於國內法**：因爲國際法既爲各國所承認，即有相互遵守之義務，兩者若有衝突，國際法自當優先適用。此爲一元論之見解，認爲國際法只是一個單純的法律秩序，只是一個法律觀念的兩種表現，基本性質上並無區別。例如，歐洲聯盟的法律對於其成員國之國內法有優先性。
3. **就規定之內容而定**：應就規定之內容，分別從法理及事實上認定；國內法之規定若不涉及國際性質者，應先適用國內法，又國際法規定事項如與國家主權的意思相違反，或含有強制壓迫或凌辱等性質時，自無遵守之義務與必要。國內法規定事項若涉及國際性質，如領海範圍

---

[83] (B) 關於國際法之敘述，下列何者不正確？(A)係規範國家與國家間關係之法律(B)由立法機關依照法定程序所制定(C)除了條約之外，大部分只有原理原則，未整理成具體之法典(D)國際法之當事人原則上為國家

[84] (C) 下列有關國際法之敘述，何者為錯誤？(A)條約是國際法的法源之一(B)「涉外民事法律適用法」並非國際法(C)國際法具有絕對強制力(D)各國公認的法的慣例，是國際法的重要來源

[85] (A) 下列何者不是國際法？(A)台灣關係法(C)外交關係公約(B)制止非法劫持航空器公約(D)聯合國憲章

之規定，若與國際法有牴觸時，應以國際法效力爲強。

(四) 國內法與國際法之關係

1. 國內法與國際法互爲補充，亦即二者在適用時，對於某種名詞或某種事例的定義，常常相互援引，或彼此作爲依據，以爲認定，又國內法得規定對於某類事項，在國內法無規定時，得參照國際法辦理。如郵政法第 13 條：關於各類郵政及其事務，如國際郵政公約或協定有規定者，依其規定。
2. 國內法與國際法互爲淵源，亦即如國際間關於領土移轉的規則，國際法即受羅馬法之影響；各國關於罪犯引渡之法律，又多採國際法的原則，即政治犯不得爲引渡的對象。
3. 國內法補助國際法之執行，亦即國際法在執行上，常常有賴於國內法的補助，如關於外交使節所享有之治外法權，有賴國內法之規定，用以實現國際法之要求。
4. 國內法有時須受國際法之限制，亦即國內法在立法時，其涉及國際事項者，有時須受國際法的限制，如電信、領海在國際法上有一定的含義與範圍，國內法對此等定義或範圍，不得爲擴充或變更。

(五) 國內法與國際法之區別

1. 當事人不同，亦即國內法關係之當事人是一國內之政府與人民，例如美國的台灣關係法；國際法關係之當事人係國家。
2. 有無整理成具體法典之不同，亦即國內法大部分都有整理成具體之法典；國際法除條約外大部分只有原理原則。
3. 有無立法機關之不同，亦即國內法有立法機關；國際法無立法機關，大部分爲習慣法。
4. 制裁方式之不同，亦即國內法以國家權力爲背景對違法者加以制裁；國際法只能由被侵權國家或國際組織採取交涉、調停、報復乃至戰爭等行爲。
5. 效力範圍不同，亦即國內法及於國內；國際法只對依明示或默示而合意之國家有拘束力，對於未參與制定條約之第三國無國際法上之效力。

二、成文法與不成文法

大抵上主要依其制定程序或表現形式爲分類標準，大陸法系以成文法爲主，英美法系以不成文法爲主，區分方式以法律制定的程序和形成[86]。其有幾項區別之標準，詳細分析如下[87]：

(一) 視其是否經過立法程序。成文法須經一定之立法程序，如我國法律須經立法院三讀通過，並由總統公布，又稱爲制定法[88][89][90]。不成文法不須經立法程序，爲非制定法。

(二) 視其有無書面文字或完備的法典。成文法，有書面文字或完備法典[91]，例如地方自治法規[92]。不成文法則無。

(三) 其內容是否屬於一般性之規定。成文法通常都以一般性、抽象性之條文以爲規定。不成文法，就具體而個別案件認定。

(四) 兩者在先後適用順序上有所不同。成文法，在大陸法系國家原則上先適用成文法。不成文法，大陸法系國家於成文法未規定時，始適用不成文法，如我國民法第 1 條：民事，法律所未規定者，依習慣，無習慣者依法理。

(五) 兩者的適用範圍亦有所不同。簡言之，成文法在民、刑事皆可適用。但是不成文法則僅民事上可以適用。

---

[86] (A) 成文法與不成文法係以何種標準加以區分？(A)法律制定的程序和形成(B)法律適用的時機(C)法律規定的內容(D)法律的名稱

[87] (B) 以法律之制定及公布為標準，法律可分為：(A)固有法與繼受法(B)成文法與不成文法(C)普通法與特別法(D)原則法與例外法

[88] (C) 成文法亦稱：(A)實體法(B)程序法(C)制定法(D)普通法

[89] (C) 自立法機關依一定程序，制定成條文形式，並由國家依一定程序公布的法律是：(A)習慣法(B)法理法(C)成文法(D)強行法

[90] (A) 區分「制定法」與「非制定法」的標準，在於法律是否：(A)有制定機關(B)有解釋機關(C)具書面文字形式(D)有適用範圍

[91] (D) 區分「成文法」與「不成文法」的標準，在於法律是否：(A)有適用範圍(B)有制定機關(C)法官有裁量可能性(D)具書面文字形式

[92] (A) 成文法除了憲法、法律和命令外，尚包括下列何者？(A)地方自治法規(B)外國立法例(C)外國判決(C)本國地方習慣

三、母法與子法

(一) 意義

法律依其相互間的淵源關係爲分類標準，凡一種法律直接根據他種法律而產生者，其所根據的法律爲母法，其被產生的法律爲子法。憲法與國家賠償法、大學法與大學法施行細則[93]、國家賠償法與該法施行細則[94]、少年事件處理法與少年事件處理法施行細則均屬之[95]。

(二) 母法與子法之關係

母法與子法間之關係，有兩種面向：1.淵源關係：此兩者有其產生的淵源關係，此種淵源關係得稱之爲母子關係。2.補充關係：母法所規定的事項，均得以子法規定補充之。一種母法可以產生多種子法，其中包括法律或命令性質的規章，以補充母法規定之不周。

(三) 母法與子法之區別

母法與子法之區別，可從三個地方觀察之：1.制定先後之不同：母法制定時期恆先於子法，但公布施行日期彼此有相同者。2.內容詳略之不同：母法多爲原則性、基本性規定；子法多爲具體性、細節性及個別性的規定，而具有補充作用。3.效力強弱之不同：母法修正或廢止，影響子法的修正或存在；反之，子法的修正或廢止，對母法的存在，並無影響。

(四) 區別實益

在表現彼此的淵源關係及補充關係，從而明瞭其相互間的效力，原則

---

[93] (D) 下列法律（令）間，何者具有「母法與子法」之關係？(A)刑法與貪污治罪條例(B)民法總則與民法物權(C)刑法與刑事訴訟法(D)大學法與大學法施行細則

[94] (A) 國家賠償法與該法施行細則的關係是：(A)母法與子法(B)原則法與例外法(C)實體法與程序法(D)強行法與任意法

[95] (D) 下列法律（令）間，何者具有「母法與子法」之關係？(A)刑法與貪污治罪條例(B)刑法與刑事訴訟法(C)刑事訴訟法與陸海空軍刑法(D)少年事件處理法與少年事件處理法施行細則

上，子法不得牴觸、變更或違反母法之規定。

四、原則法與例外法

(一) 意義

原則法，乃指關於某特定事項一般的適用之法；例外法，乃指例外除去而不適用此原則之法。以下分從兩個面向敘述之。

1. 規定在不同條文中者，例如：人之權利能力，其始期爲出生（民法6）[96]，其例外爲未出生之胎兒（民法7）。
2. 規定在同一條文中者，又分成但書與除外兩種情況[97]，(1)關於但書規定，大都是原則的例外規定[98]。例如：法人解散後，其財產之清算，由董事爲之。但其章程有特別規定或總會另有決議者，不在此限（民法37）。條文中附有但書者，即爲例外法[99]；(2)關於除外規定，例如：如憲法第 130 條：……除本憲法及法律別有規定者外，年滿二十三歲者有依法被選舉之權。

(二) 區別實益

首先，例外法必須從嚴解釋，不得擴張或類推解釋，應以有明文規定者爲限。再者，倘若適用原則法，其舉證責任在原告，倘若適用例外法，其舉證責任則在被告。

---

[96] (B) 民法第 6 條規定：「人之權利能力，始於出生，終於死亡。」這條規定係屬何種性質的法律？(A)例外法(B)原則法(C)程序法(D)特別法

[97] (C) 法律上某條文附「但書」，這是下列何者的分類？(A)普通法與特別法(B)成文法與不成文法(C)原則法與例外法(D)實體法與程序法

[98] (B) 下列關於「原則性與例外法」的敘述，何者正確？(A)某一法律依據其他法律而產生，所依據的法律即是原則法，所產生的法律即是例外法(B)「但書」的規定，大都是原則的例外規定(C)適用原則法與例外法均由原告負舉證責任(D)原則法須從嚴解釋，例外法則可從寬解釋

[99] (A) 民法規定，夫妻互負同居之義務。但有不能同居之正當理由者，不在此限。此項「但書」規定是：(A)例外法(B)原則法(C)普通法(D)特別法

應考小叮嚀

本章乃說明各種法律分類。其中較有爭議者，為公法、私法之區分。需注意民事訴訟程序，屬於公法而非私法。而現今一般的各行各業立法，都混合了私法、行政法、刑罰等規定，屬於公私法混合現象。至於其他名詞分類，應注意其區別實益。

第四章　法律的解釋

本章學習重點

1. 行政解釋和司法解釋之不同
2. 各種解釋方法

第一節　有權解釋

一、行政解釋

行政解釋者謂行政機關對法令所爲之解釋，以適用法令時對該法令本身發生疑義之解釋爲限。依解釋主體之不同，法律的解釋可分成機關解釋（有權、法定、強制解釋）及個人解釋（無權、學理解釋）。有權解釋，包括行政解釋、立法解釋及司法解釋[1][2]。就此，可從以下幾個面向，予以詳細分析之。

首先，從效力上來看，行政解釋只在同一系統的行政機關之間發生拘束力。再者，從權限上，亦即範圍面上來看，可看出以下幾點特色。

(一) 行政解釋以法令爲限，亦即行政解釋僅能解釋法令，解釋憲法爲司法院大法官之職權[3]。故行政機關適用憲法，或適用法律命令有無牴觸憲法之疑義，應聲請大法官解釋。

(二) 行政解釋法令以涉及行政者爲限，究其緣由在於，行政性質之法律，

---

1 (B) 下列何者非屬於有權解釋？(A)行政解釋(B)學理解釋(C)立法解釋(D)司法解釋

2 (C) 下列何者不是有權解釋？(A)立法解釋(B)行政解釋(C)監察解釋(D)司法解釋

3 (A) 行政解釋之範圍，以下列何者為是？(A)只限於本級機關主管法令(B)凡本國法令均得予以解釋(C)只限於解釋法律(D)只限於解釋判例

行政機關就其適用時所發生之疑義，行政機關有解釋之權；如與立法、司法、考試或監察主管機關就適用同一法令所持見解有差異時，只得聲請司法院大法官為統一解釋。

(三) 行政解釋下級機關應受上級機關拘束，因為行政機關於其職權範圍內所為之解釋，下級機關應服從之；上級機關得變更或撤銷下級機關之解釋；行政機關之解釋不得與憲法或法律相牴觸。

最後，行政解釋在方法上亦互有利弊，其優點有，(一)切合適用，亦即行政機關對於行政法規的素養較深，富行政經驗，所為法規之解釋，易於切合適用。(二)迅速處理，亦即行政事件須迅速處理，行政機關有權解釋行政法規，足以迅赴事功。(三)深研法令，因為行政機關有權解釋法令，足以使其自動深切研究法規之適用，而加強其責任感，且可免除以轉請解釋為藉口，故意推諉拖延，足以促進行政效率。

但是行政解釋在方法上亦有缺點，其可能產生的缺陷有，(一)未必正確，因為行政機關解釋法規，其見解未必正確，甚或藉有權解釋，以曲解或辯護。(二)易生歧見，簡單的說，適用法規的行政機關見解不一，解釋難免彼此歧異，致行政事件的處理，不免發生彼此歧異的結果，影響政府威信。(三)矇蔽專橫，因為行政機關因有解釋法令權，原須向上級核示而不必請求，上級亦無從行使其指揮監督之權，養成下級矇蔽專橫的流弊。

關於行政解釋之效力究為？法官應否受其拘束？就此，通說見解與實務見解，分別各有其看法。以下約略敘述之。

(一) 通說見解採取否定說，認為法官毋須受此種解釋的拘束，其理由大致為，1.憲法規定，法官依據法律獨立審判，法官可不受其拘束。2.行政機關之解釋為數甚多，常有為圖一時便利而頒發者，內容未必妥善，故法官應加以審酌，做適當的判決。

(二) 實務見解則做出幾項相關的解釋，首先在釋字第 38 號解釋，其認為憲法第 80 條之規定，旨在保障法官獨立審判，不受任何干涉。所謂依據法律者，係以法律為審判之主要依據，並非除法律以外，與憲法或法律不相牴觸之有效規章，均行排斥而不用。至縣議會行使縣立法之職權時，若無憲法或其他法律之根據，不得限制人民之自由權利。其次在釋字第 137 號解釋，其認為法官於審判案件時，對於各機關就其職掌，所作有關法規釋示之行政命令，固未可逕行排斥而不用，但仍得依據法律，表示其合法適當之見解。並且在釋字第 216 號解釋，主張司法行政機關所發司法行政上之命令，如涉及審判上之法律見解，僅供法官參考，法官於審判案件時，亦不受其拘束。

二、立法解釋

立法解釋，即立法機關針對法律所為之解釋[4]；即使用法律條文，對其一用語加以解釋，例如憲法第 170 條規定：「本憲法所稱之法律，謂經立法院通過，總統公布之法律[5]。」

(一) 同法自行規定

1. 民法第 66 條：「稱不動產者，謂土地及其定著物。不動產之出產物，尚未分離者，為該不動產之部分[6]。」
2. 民法第 67 條：「稱動產者，為前條所稱不動產以外之物。」
3. 民法第 69 條：「稱天然孳息者，謂果實，動物之產物，及其他依物之用法所收穫之出產物。」
4. 民法第 553 條規定：「稱經理人者，謂由商號之授權，為其管理事務及簽名之人[7]。」
5. 刑法第 10 條：「稱以上、以下、以內者，俱連本數或本刑計算。」
6. 刑法第 14 條：「行為人雖非故意但按其情節，應注意並能注意，而不注意者為過失。」

---

[4] (A) 有權做立法解釋者之機關為：(A)立法機關(B)行政機關(C)司法機關(D)總統府

[5] (B) 使用法律條文，對其一用語加以解釋，例如憲法第 170 條規定「本憲法所稱之法律，謂經立法院通過，總統公布之法律」稱為：(A)行政解釋(B)立法解釋(C)司法解釋(D)學說解釋

[6] (B) 民法第 66 條規定：「稱不動產者，謂土地及其定著物。不動產之出產物，尚未分離者，為該不動產之部分。」上述之規定，屬於何種解釋？(A)司法解釋(B)立法解釋(C)行政解釋(D)文理解釋

[7] (D) 民法第 553 條規定：「稱經理人者，謂由商號之授權，為其管理事務及簽名之人。」此種規定屬於何種解釋？(A)司法解釋(B)行政解釋(C)文理解釋(D)立法解釋

7. 對於何種行爲構成了刑法第 278 條第 1 項重傷罪的規定，必須同時參考刑法第 10 條有關重傷定義的規定，始能加以解釋[8]；以及同條亦規定，稱公務員者，謂依法令從事於公務之人員，針對貪瀆等罪章做出解 釋[9]。
8. 使用法律條文，對其一用語加以解釋，例如憲法第 170 條規定「本憲法所稱之法律，謂經立法院通過，總統公布之法律」。
9. 行政程序法第 2 條：「本法所稱行政機關，係指代表國家、地方自治團體或其他行政主體表示意思，從事公共事務，具有單獨法定地位之組織。」針對例如行政處分之做成者做出定義[10]。
10. 少年事件處理法第 2 條，本法稱少年者，謂十二歲以上，十八歲未滿之人，用以限縮法律適用之主體[11]。

(二) 其他法律規定

1. 刑法施行法第 1 條：「本法稱舊刑法者，謂中華民國 17 年 9 月 1 日施行之刑法；稱刑律者，謂中華民國元年 3 月 10 日頒行之暫行新刑律；稱其他法令者，謂刑法施行前與法律有同一效力之刑事法令。」
2. 民法總則施行法第 10 條：「依民法總則規定法人之登記，其主管機關爲該法人事務所所在地之法院。」
3. 民法第 30 條：「法人非向主管機關登記，不得成立。」

---

[8] (D) 對於何種行為構成了刑法第 278 條第 1 項重傷罪的規定，必須同時參考刑法第 10 條有關重傷定義的規定，始能加以解釋。這裡運用了何種法律解釋的方法？(A)類推適用(B)準用(C)體系解釋(D)立法解釋

[9] (A) 刑法第 10 條規定：「稱公務員者，謂依法令從事於公務之人員。」上述之規定，屬於何種解釋？(A)立法解釋(B)司法解釋(C)行政解釋(D)文理解釋

[10] (B) 行政程序法第 2 條，本法所稱行政機關，係指代表國家、地方自治團體或其他行政主體表示意思，從事公共事務，具有單獨法定地位之組織。稱為：(A)私法解釋(B)立法解釋(C)行政解釋(D)論理解釋

[11] (B) 少年事件處理法第 2 條「本法稱少年者，謂十二歲以上十八歲未滿之人。」此係何種解釋？(A)行政解釋(B)立法解釋(C)司法解釋(D)學說解釋

三、司法解釋

所謂「司法解釋」，即司法機關對於法律所爲之解釋。司法解釋又可以其性質與內容爲區分標準，而爲如下之區分：

(一) 以解釋之「性質」為標準而為區分

1. 審判解釋（判例）

即法院在審理案件的時候，對於所依據的法律，加以闡明的解釋。法官於審判案件時，對於法律之疑義，依其自己的正確意見，加以解釋[12]。因法官有獨立審判之權，故於適用法律時，自有其解釋權，不過此項解釋之拘束力僅及於訴訟當事人。但上級法院所爲之判決，下級法院當受其拘束，而最高法院之判決，則全國法院均須遵從。例如：(1)刑法第 10 條之「毀敗嗅能」所指爲何？40 年臺上字第 73 號：指嗅能全部喪失效能而言。(2)公務員懲戒委員會委員在具體懲戒案件，所適用之法律解釋[13]。

2. 質疑解釋（解釋例）

由司法機關對於憲法及法令等所爲之解釋，現代憲政國家的司法審查制度起源於美國[14]，簡言之，即人民或政府機關，對於法律條文的含義，有疑義時向司法機關詢問，司法機關據以解釋，此項解釋權屬於司法院，在我國是由大法官會議解釋之[15][16]。換言之，其係人民或各機關，對於法

---

[12] (A) 下列敘述中，何者為有權解釋？(A)承審法官對案件所涉法律釐清涵義(B)律師對案件所涉及之法律向當事人所為之解釋(C)大學法律系教授課堂中對特定法律條文闡釋其見解(D)優遇法官就親友所涉案件解明其法律關係

[13] (B) 公務員懲戒委員會委員在具體懲戒案件中，就欲適用之法律所為之解釋，屬於下列何者？(A)行政解釋(B)司法解釋(C)個人解釋(D)立法解釋

[14] (D) 現代憲政國家的司法審查制度起源於下列哪一個國家？(A)德國(B)法國(C)英國(D)美國

[15] (C) 我國憲法之解釋，係由下列何機關負責？(A)國民大會(B)立法院(C)司法院(D)總統府

[16] (C) 法律與憲法有無牴觸發生疑義時，我國目前之解決制度為何？(A)總統命令解決(B)最高行政法院判決定之(C)司法院大法官解釋(D)最高法院判決定之

律條文有疑義時，向法院詢問，法院據而予以答覆的解釋。此種解釋，理論上原僅對於該案件，具有拘束人民和機關的效力，然因我國現制，以司法院爲統一解釋法令的機關，所以司法院對於法令的解釋，有如最高法院的判決，事實上恆爲各級官署和人民所共守，而具有拘束官署和人民的效力，和立法解釋相差無幾（參見釋字第 185 號解釋）[17]。

(二) 依解釋之「內容」為標準而為區分

1. 解釋憲法

我國憲法解釋，主要是由司法院大法官會議行使該項職權，我國司法院大法官的人數有十五人[18]。司法院大法官由總統提名，立法院同意[19][20]。大法官統一解釋法律及命令，應有大法官現有總額過半數之出席，及出席人過半數之同意，方得通過（司法院大法官審理案件法 14 II）[21][22]，其內涵主要有以下幾點，分別敘述之。

(1) 解釋憲法事項，主要有三種事項需要憲法的解釋。其一，關於適用憲法發生疑義之事項。其二，關於法律或命令有無牴觸憲法之事項。其三，關於省自治法、縣自治法、省法規及縣規章有無牴觸憲法之事項。

---

17 (C) 司法院大法官為維護憲政秩序，在闡明憲法真義上所作出的憲法解釋，具有何種效力？(A)效力僅及於司法機關，不包括立法與行政機關(B)效力及於全國各機關，但不及於人民(C)具有拘束全國各機關及人民之效力(D)不具任何效力，僅供全國各機關及人民參考用

18 (C) 依憲法增修條文第 5 條第 1 項規定，我國司法院大法官的人數有幾？(A)十一人(B)十三人(C)十五人(D)十七人

19 (B) 司法院大法官由誰提名？(A)司法院院長(B)總統(C)監察院院長(D)立法院院長

20 (A) 大法官係由總統提名，由何機關行使同意權？(A)立法院(B)國民大會(C)監察院(D)司法院

21 (A) 憲法及法令發生疑義時的最終解釋機關為：(A)司法院(B)行政院(C)立法院(D)適用機關

22 (D) 司法院大法官統一解釋法律及命令，其議決方式為何？(A)全部出席並過半數同意(B)四分之三出席及出席人員過半數同意(C)三分之二出席及出席人員過半數同意(D)二分之一出席及出席人員過半數同意

(2) 關於聲請解釋，是指有以下情形之一者，得聲請解釋憲法（參見司法院大法官審理案件法 5）：

A. 機關聲請：中央或地方機關，於其行使職權適用憲法發生疑義，或因行使職權與其他機關之職權，發生適用憲法之爭議，或適用法律與命令發生有牴觸憲法之疑義者。

B. 人民聲請：人民、法人或政黨於其憲法上所保障之權利遭受不法侵害，經依法定程序提起訴訟，對於確定終局裁判所適用之法律或命令，發生有牴觸憲法之疑義者[23]。

C. 立法委員之聲請：依立法委員現有總額三分之一以上之聲請，就其行使職權，適用憲法發生疑義，或適用法律發生有牴觸憲法之疑義者[24]。

D. 法院聲請：最高法院或行政法院就其受理之案件，對所適用之法律或命令，確信有牴觸憲法之疑義時，得以裁定停止訴訟程序，聲請大法官解釋。各級法院法官在處理個案涉及法律，確信有牴觸憲法時，也可聲請解釋[25]。

E. 自動解釋：即憲法第 114 條規定：「省自治法制定後，須即送司法院，司法院認爲有違憲之處，應將違憲條文宣布無效。」

(3) 關於解釋憲法有無界線，有以下兩種情況，重大政治問題（釋字第 328 號、第 419 號）、議會自律（釋字第 342 號），係司法自我抑制之產物，非屬違憲審查之範圍。

---

[23] (D) 人民得於下列何條件下聲請大法官會議解釋？(A)關於適用憲法發生疑義之事項(B)關於法律或命令，有無牴觸憲法之事項(C)人民於其憲法上所保障之權利，遭受不法侵害(D)對於合法確定終局裁判所適用之法律或命令發生有牴觸憲法之疑義者

[24] (B) 經立法委員現有總額至少多少比例以上可聲請大法官解釋憲法？(A)二分之一(B)三分之一(C)四分之一(D)五分之一

[25] (B) 法官於審理案件，對於應適用之法律，依其合理之確信，認為有牴觸憲法之疑義者，應如何處理？(A)簽請長官批示(B)聲請解釋憲法(C)宣告法律違憲(D)自行變動法律內容

2. 統一解釋法令

由司法院大法官會議行使該項職權（司法院大法官審理案件法 7）[26]，有以下情形之一者，得聲請統一解釋法令：

(1) 中央或地方機關就其職權上適用法律命令所持見解，與本機關或他機關適用同一法律或命令時所已表示之見解有異者，得聲請統一解釋[27][28]。但該機關依法應受本機關見解之拘束，或得變更其見解者，不在此限。

(2) 人民、法人或政黨於其權利遭受不法侵害，認確定終局裁判適用法律或命令所表示之見解，與其他審判機關之確定終局裁判，適用同一法律或命令時所已表示之見解有異者。但得依法定程序聲明不服，或後裁判已變更前裁判之見解者，不在此限。

(3) 大法官統一解釋法律及命令，應有大法官現有總額過半數之出席，及出席人過半數之同意，方得通過（司法院大法官審理案件法 14Ⅱ）。

(三) 我國法官有無審查命令或法律違憲之權？

1. 法官之命令審查權（分權制）

依照釋字第 137 號解釋的意旨，法官於審判案件時，對於各機關就其職掌所作有關法規釋示之行政命令，固未可逕行排斥而不用，但仍得依據法律表示其合法適當之見解。

---

[26] (C) 下列何者具有對法令統一解釋之權？(A)行政院(B)立法院(C)司法院(D)最高法院

[27] (C) 各機關對所適用之法律或命令見解歧異，互不受拘束，而有歸整之必要時，憲法第 78 條賦予司法院大法官解釋的權限稱為：(A)行政解釋(B)立法解釋(C)統一解釋(D)學理解釋

[28] (A) 中央機關適用同一法律或命令，所持見解與本機關或他機關適用同一法律或命令時，所已表示見解有異者，得聲請下列何種之解釋？(A)統一解釋(B)立法解釋(C)行政解釋(D)論理解釋

2. 法官之法律違憲審查權（獨占制）

依憲法增修條文第 5 條第 2 項之規定，司法院大法官的任期爲八年，任期屆滿後，不得連任[29][30]。釋字第 371 號解釋，憲法爲國家最高規範，法律牴觸憲法者無效，法律與憲法有無牴觸發生疑義而須予以解釋時，由司法院大法官掌理，此觀憲法第 173 條、第 78 條及第 79 條第 2 項規定甚明。法官爲終身職，不得因考績處分，予以免職[31]。又法官依據法律獨立審判，憲法第 80 條定有明文，故依法公布施行之法律，法官應以其爲審判之依據，不得認定法律爲違憲而逕行拒絕適用[32][33]。惟憲法之效力既高於法律，法官有優先遵守之義務，法官於審理案件時，對於應適用之法律，依其合理之確信，認爲有牴觸憲法之疑義者，自應許其先行聲請解釋憲法，以求解決。是遇有前述情形，各級法院得以之爲先決問題裁定停止訴訟程序，並提出客觀上形成確信法律爲違憲之具體理由，聲請本院大法官解釋。司法院大法官審理案件法第 5 條第 2 項、第 3 項之規定，與上開意旨不符部分，應停止適用。

釋字第 572 號解釋，按法官於審理案件時，對於應適用之法律，依其合理之確信，認爲有牴觸憲法之疑義者，各級法院得以之爲先決問題，裁定停止訴訟程序，並提出客觀上形成確信法律爲違憲之具體理由，聲請大法官解釋，業經本院釋字第 371 號解釋在案。其中所謂「先決問題」，係指審理原因案件之法院，確信系爭法律違憲，顯然於該案件之裁判結果有影響者而言；所謂「提出客觀上形成確信法律爲違憲之具體理由」，係指聲請法院應於聲請書內詳敘其對系爭違憲法律之闡釋，以及對據以審查之

---

[29] (D) 司法院大法官的任期：(A)終身制(B)三年(C)六年(D)八年

[30] (C) 依現行憲法增修條文第 5 條第 2 項，司法院大法官任期屆滿後：(A)連選得連任(B)僅得連任一次(C)不得連任(D)無連任之規定

[31] (A) 法官為終身職，不得基於下列何者原因予以免職？(A)考績處分(B)刑事處分(C)懲戒處分(D)禁治產宣告

[32] (B) 我國憲法第 80 條規定，法官須超出下列何者以外，依據法律獨立審判，不受任何干涉？(A)宗教(B)黨派(C)階級(D)種族

[33] (D) 司法獨立乃司法權之本質，其主要方式為保障法官職務獨立。因此憲法第 80 條規定：(A)法官須超出黨派以外(B)依據法律、獨立審判(C)不受任何平涉(D)以上皆是

憲法規範意涵之說明，並基於以上見解，提出其確信系爭法律違反該憲法規範之論證，且其論證客觀上無明顯錯誤者，始足當之。如僅對法律是否違憲發生疑義，或系爭法律有合憲解釋之可能者，尚難謂已提出客觀上形成確信法律爲違憲之具體理由。本院釋字第 371 號解釋，應予補充。

第二節　解釋方法

一、文義解釋

依據法律條文之字義或文義而爲之解釋，亦稱文字解釋[34]。解釋的對象有憲法、法律、命令等[35]。法規以文字表示，故解釋文字即解釋法規。在解釋法條時，文義解釋是解釋的第一步，也是解釋的界限。所謂文義解釋，就是說，解釋要從法條的文字及文法結構出發，而最後解釋的結果也不能離文字太遠[36]。倘若文義解釋可能有很多答案，則就要配合其他解釋方法。文義解釋以外的其他解釋方法，都可以概括稱爲「論理解釋」，而論理解釋就說說道理，只要說得出道理，其實有很多種解釋方法。至於要選擇哪一種解釋方法，則沒有一定的順序。例如「十四歲以上未滿十八歲人之行爲，得減經其刑」其所稱「得減輕其刑」一語，應解釋爲「可減輕」，亦可「不減輕」之意[37]。

然而，此種解釋亦有其應注意之事項。其一，應注意其專門性：法律條文有其專門性術語，有其特殊意義，自不可依通常之。例如：民法上之

---

34 (D) 解釋之技術或觀點之一，乃依照法律文字用語及通常使用方式，據以確定其法律之意義。學說上稱此種技術為：(A)體系解釋(B)目的論解釋(C)比較法解釋(D)文義解釋

35 (A) 解釋之對象不包括下列何者？(A)事實(B)憲法(C)法律(D)命令

36 (A) 就法律條文所表達的文字、文法結構而為的解釋，是為：(A)文義解釋(B)論理解釋(C)歷史解釋(D)目的性解釋

37 (C) 「十四歲以上未滿十八歲人之行為，得減輕其刑」其所稱「得減輕其刑」一語，應解釋為「可減輕」，方可「不減輕」之意，其屬何種解釋？(A)擴充解釋(B)限制解釋(C)文義解釋(D)當然解釋

「善意」與「惡意」分別指不知情與知情[38]。其二，應注意其通常性：除專門性術語外，應以通常平易之意義爲主，依一般社會上之觀念爲之。其三，應注意其進化性：法律條文應與時俱新，否則不足以因應社會需要。

二、論理解釋

論理解釋，乃是指不拘於法律條文之字句，而以法律秩序之全體精神爲基礎，依一般推理作用，以闡明法律之真義[39]。即是參酌法律制定的原因、理由或沿革，及其他和法律有關的一切事情，以闡明法律條文之真義。案件涉及之法律中常有不確定法律概念（如「公序良俗」）。法院在適用之前應釐清其具體涵義稱爲解釋[40]。

但是法律真義應向何處求，有兩種途徑。其一，立法者之意思，即主觀解釋法。其二，法律本身之意思，不受立法者意思之拘束，即客觀解釋法。

論理解釋仍應有幾項必須注意的原則。其一，探求法律真義。其二，研究與其他法律之關聯。其三，不拘泥於文字，力求與社會意識相吻合。其四，解釋目的在探究法律的真義，是以解釋單一法條不限於單一的解釋方法，而且各種解釋方法之間亦無優先的適用順序。

論理解釋有以下幾種類型，分別敘述如下[41]。

---

38 (A) 民法上所稱「善意」、「惡意」一般是指：(A)知情或不知情而言(B)心地善良或惡毒而言(C)道德上善良與否而言(D)故意或過失而言

39 (B) 不拘泥於法律條文之字句，而以法秩序之全體精神為基礎，依一般推理作用，以闡明法律真意之解釋方法，其名稱為何？(A)文義解釋(B)論理解釋(C)機關解釋(D)個人解釋

40 (B) 案件涉及之法律中常有不確定法律概念（如「公序良俗」）。法院在適用之前應釐清其具體涵義，吾人稱此一釐清涵義之操作為：(A)適用(B)解釋(C)推定(D)漏洞填補

41 (A) 下列何者並非法律解釋的技術方法？(A)大法官解釋(B)歷史解釋(C)體系解釋(D)文義解釋

(一) 擴張解釋

法律意義如僅依文字解釋則失之過窄，而不足以表示立法之真意時，乃擴張法律條文之意義，以爲解釋之謂。例如：1.「領土」之意義應擴充解釋爲包括領海與領空[42]。2.最高法院 24 年上字第 1670 號判例：「煙灰含鴉片餘質，仍可吸食抵癮，縱僅出售煙灰，亦無解於販賣鴉片之罪責。」該案判決中，就「鴉片」認立法之真義實應包含煙灰[43]。但例外規定不可擴張解釋[44]。

(二) 限制（縮）解釋

即法律條文字義失之過寬而與社會實情不符，不得不縮小其意義，以爲解釋者。例如：1.憲法第 20 條：人民有依法律服兵役之義務，人民僅指男性[45]。2.憲法第 17 條：人民有選舉、罷免、創制、複決之權。人民指中華民國人民，且指公民。

(三) 歷史解釋（沿革解釋）

歷史解釋則是要參考立法當時的歷史、過程、立法資料、法制史資料[46]，或者參考立法者的原本意圖來解釋。就法規制定經過及其沿革，以

---

42 (B) 所謂「領土」，非僅指國家所有之土地而已，尚包括領海及領空。此種解釋，屬於下列何者？(A)反面解釋(B)擴張解釋(C)限縮解釋(D)補正解釋

43 (A) 最高法院 24 年上字第 1670 號判例：「煙灰含鴉片餘質，仍可吸食抵癮，縱僅出售煙灰，亦無解於販賣鴉片之罪責。」該案判決中，就「鴉片」認立法之真義實應包含煙灰。依此種解釋技術或解釋觀點所為之解釋，稱為：(A)擴張解釋(B)歷史解釋(C)限縮解釋(D)體系解釋

44 (B) 下列何種規定，應從嚴解釋，不可擴張解釋？(A)原則規定(B)例外規定(C)概括條款(D)例示規定

45 (C) 人民有服兵役之義務（憲法第 20 條）。此處「人民」專指男子而言。於此所應用之主要的解釋技術或觀點，稱：(A)類推解釋(B)歷史解釋(C)限縮解釋(D)擴張解釋

46 (C) 由立法資料及法制史料探討某條文的真意所在之解釋方法，係指：(A)文義解釋(B)目的解釋(C)沿革解釋(D)體系解釋

爲解釋法律條文之真義，有助於文義解釋[47]。例如立法時草案之理由書，以探求法律條文之真意[48]，就是一種歷史解釋。在解釋憲法時也有歷史解釋法，則是要探討制憲者原本的意思；例如司法院大法官審理案件第 13 條規定：「大法官解釋案件，應參考制憲、修憲及立法資料[49]。」即是法律要求大法官應採用的解釋方法。

(四) 當然解釋

法律條文雖無明白規定，但衡諸事理，認爲某種事項當然包括在內者之解釋法，像是「舉輕以明重」或是「舉重以明輕」等原則[50]。例如刑法第 262 條規定吸食鴉片者有罪，則吞食者亦當然有罪。法律禁止私製手槍，私製大砲亦是禁止之列。公園中的告示「公園內禁止攀折花木」，則亦禁止將整株花木拔走[51]。

(五) 反對（面）解釋

對於法律條文規定之事項，就其反面而爲之解釋[52]。例如：憲法第 22

---

[47] (D) 下列關於歷史解釋方法的敘述，何者錯誤？(A)得參考立法資料以探求法律條文之真意(B)得參考法制史資料以探求法律條文之真意(C)其立論基礎乃是由經濟與社會關係以及法律狀態，探求立法者所欲實現之政策目的(D)此一解釋方法乃是對於法條之文義進行解釋

[48] (B) 對現今刑法某條規定有疑義時，可蒐集制定刑法草案的理由書，以探求條文的真意。這是屬於：(A)補正解釋(B)歷史解釋(C)草案解釋(D)類推解釋

[49] (B) 司法院大法官審理案件第 13 條規定：「大法官解釋案件，應參考制憲、修憲及立法資料。」是屬於何種法律解釋方法？(A)反面解釋(B)歷史解釋(C)當然解釋(D)限制解釋

[50] (D) 解釋義務、責任時，「舉輕以明重」此等解釋為：(A)擴充解釋(B)限制解釋(C)文義解釋(D)當然解釋

[51] (B) 公園中的告示如下：「公園內禁止攀折花木」，則亦禁止將整株花木拔走，係何種解釋？(A)文義解釋(B)當然解釋(C)歷史解釋(D)擴充解釋

[52] (B) 下列對於類推適用的說法，何者有錯誤？(A)類推適用主要係民法法律漏洞的補充方法之一(B)類推適用即是反面解釋(C)類推適用原則上不適用刑法(D)類推適用可以運用在民法領域

條：凡人民之其他自由及權利，不妨害社會秩序公共利益者，均受憲法之保障。所以凡妨害社會秩序公共利益者，自均不受憲法保障。又如民法第 12 條：滿二十歲者爲成年人，所以未滿二十歲者爲未成年人[53]。又較明顯的事例爲，民法第 222 條規定：「故意或重大過失之責任，不得預先免除。」故而其真義爲，非故意或非重大過失之責任，得預先免除[54]。

此外，法律條文對於類似之甲乙兩事項初則同爲規定，繼則僅對甲有規定，對乙並無規定，此時吾人應認爲應與甲得相反之結果。如：民法第 92 條第 1 項：因被詐欺或被脅迫而爲意思表示者，表意人得撤銷其意思表示。同條第 2 項規定：被詐欺而爲之意思表示，其撤銷不得以之對抗善意第三人，對脅迫應解釋爲得對抗善意第三人。

(六) 體系解釋

文義解釋要參考文字的脈絡，也包括整個法條的結構。所以文義解釋推廣，就是體系解釋[55]。也就是說，要參考整個法案結構作出解釋，亦即法條跟法條之間的前後關聯性，此目的在於，儘可能使法律成爲一個完整、不矛盾的規範結構[56][57]。舉例而言，刑法第 271 條第 1、2 項規定「殺人者，處死刑、無期徒刑或十年以上有期徒刑。前項之未遂犯罰之」，從第 2 項處罰未遂犯規定可知，第 1 項之既遂罪應含有「死亡結果」之不成

---

[53] (D) 民法第 12 條規定，滿二十歲為成年。因此凡未滿二十歲者，即為未成年。此種解釋，係屬下列何者？(A)補正解釋(B)當然解釋(C)限制解釋(D)反面解釋

[54] (A) 民法第 222 條規定：「故意或重大過失之責任，不得預先免除。」下列敘述，何者正確？(A)依反對解釋，「非故意或非重大過失之責任，得預先免除」(B)依當然解釋，「輕過失責任，當然亦不得預先免除」(C)依限縮解釋，「輕過失責任，不得預先免除」(D)依擴張解釋，「無過失，亦應負責」

[55] (C) 綜觀系爭之法律條文前後關連位置，或相關法條之法意，藉以闡明規範意旨，學說上依此種解釋技術或解釋觀點所為之解釋為：(A)反對解釋(B)比較解釋(C)體系解釋(D)文義解釋

[56] (C) 由法條相互間，或法條與法典間之關聯性，從事解釋法條的方法，稱為：(A)文義解釋(B)歷史解釋(C)體系解釋(D)目的論解釋

[57] (C) 下列何種解釋方法的目的在於儘可能使法律成為一個完整不矛盾的規範結構？(A)文義解釋(B)歷史解釋(C)體系解釋(D)目的論解釋

文要素[58]。又例如刑法第 349 條第 1 項規定「收受、搬運、寄藏、故買贓物或媒介者，處……」，第 2 項規定「因贓物變得之財物，以贓物論」，得將「贓物」解釋爲「犯罪直接所得之原物」。再舉一較特殊的例子，依刑法第 262 條規定，吸食鴉片者有罪，倘不吸食而吞食者，應當如何，或可認爲舉輕以明重而認爲其有罪，從體系論上觀察，亦可認爲吸食應當包含吞食，無論如何，皆係有罪[59]。另外，刑法第 275 條只處罰教唆或幫助他人自殺，並處罰未遂犯，但自殺行爲卻無規定，按照體系解釋，自殺未遂行爲係不需負刑事責任[60]。

(七) 目的解釋

目的解釋就是要參考立法的目的意旨[61]，來針對法律條文作目的性的解釋[62]。這種解釋，可能會包括目的性的擴張、目的性的限縮等等[63]。例如：1.定型化契約規定於民法與消費者保護法中，若產生疑義時，法院自

---

58 (C) 刑法第 271 條殺人罪第 1 項規定「殺人者，處……」，第 2 項規定「前項之未遂犯罰之」依據何種解釋方法，可得知第 1 項之既遂罪應含有「死亡結果」之不成文要素？(A)文義解釋(B)歷史解釋(C)體系解釋(D)目的論解釋

59 (D) 依刑法第 262 條規定，吸食鴉片者有罪，倘不吸食而吞食者，又如何？(A)罪刑法定主義，既未吸食，當然無罪(B)類推適用，有罪(C)擴張解釋，有罪(D)體系解釋，有罪

60 (B) 依刑法第 271 條第 1、2 項規定「殺人者，處死刑、無期徒刑或十年以上有期徒刑。前項之未遂犯罰之」試問：自殺未遂行為係就下列何種解釋而不需負刑事責任？(A)文義解釋(B)論理解釋(C)當然解釋(D)反面解釋

61 (C) 依據法律條文之立法意旨，以解釋法律條文之意義，此種解釋方法如何稱呼？(A)歷史解釋(B)合憲解釋(C)目的解釋(D)論理解釋

62 (C) 從整體法律規範目的，來闡明法律規範意旨的解釋技術，稱為：(A)文義解釋(B)歷史解釋(C)目的解釋(D)合憲解釋

63 (B) 下列敘述何者較符合對「目的論解釋」之描述？(A)依照法律文字字面文義及通常使用方式而為解釋(B)從整體法律規範目的出發，闡明規範意旨之解釋技術(C)綜觀系爭之法律條文前後關聯位置，或相關法條之法意，藉以闡明規範意旨(D)參考立法史及立法過程之資料，藉以探求立法者之價值判斷，期能探求法文之真義

應依相關法律的立法目的予以解釋，作有利於消費者的解釋[64]。2.保險契約若是由定型化約款及個別磋商約款所共同組成，其中定型化約款該依照定型化約款使用對象的一般了解來解釋[65]。3.攜帶凶器之加重竊盜罪，依其立法目的，若攜帶硫酸等危險物品，亦當屬之[66]。目的性解釋有一特色，亦極其有整合各種解釋方法的功能。

(八) 比較解釋

是指參考外國法律或判決，而對我國法律作出解釋。由於我國許多法律都是繼受自德國、日本、美國，所以在解釋相關法律時，也可以參考外國的經驗。

(九) 合憲解釋

一般我們有所謂的「合憲解釋」，意思是說，如果法律的兩種解釋方法中，A 解釋出來的結果可能違憲，B 解釋出來的結果可能合憲，那我們就選擇 B 的解釋，避免宣告該法律違憲。需注意者爲，合憲性解釋，係指有多種解釋之結果時，應避免選擇導致法律違憲之解釋而言，此種方法非僅有司法院大法官才能使用。

三、法律的漏洞（漏洞的補充）

(一) 意義

所謂法律漏洞係指「關於某一個法律問題，法律依其內在目的及規範

---

64 (B) 企業經營者所使用之定型化契約條款，若產生疑義時，法院應依何項原則加以解釋？(A)有利於國家稅收(B)有利於消費者(C)有利於企業經營者(D)有利於弱勢團體

65 (B) 保險契約若是由定型化約款及個別磋商約款所共同組成，其中定型化約款應該如何解釋？(A)應該探求要保人的真意(B)應該依照定型化約款使用對象的一般了解(C)應該依照定型化約款的起草者的原意(D)應該依照保險人的真意

66 (D) 法律有規定「攜帶兇器竊盜罪」依何種解釋方法，可將鹽酸、硫酸解釋為「兇器」？(A)文義解釋(B)歷史解釋(C)體系解釋(D)目的論解釋

計畫，應有所規定，而未設規定[67]。」這是指法律構成要件採用意義不明確之字詞者，即不確定法律概念[68]，法律漏洞係就法律依其自身見解與內涵之目的觀察，並不完備而有待補充，而其補充不違反法律所欲之限制者，即可認定有漏洞之存在，即漏洞乃某一範圍之規範，未就某一問題加以規定，而依此規範之關聯或系統上的觀察，本應加以規定時，始具法律意義。漏洞也就是依整體現行法規之尺度衡量，存在於實證法中非計畫性之不完備。

法律漏洞與立法上之缺陷，應嚴予區別，如作監護宣告，依我國民法規定僅限於心神喪失或精神耗弱至不能處理自己事務之人，學者有認爲對聾啞盲者，亦應爲禁治產之宣告，然此僅爲立法上之得失問題，立法者自有權衡，法官不得自爲變更，至於漏洞之塡補則爲法院之權利與義務。

故而，必須注意的是，法律的解釋，係指法律條文於適用時發生疑義，依立法意旨探究真義，以期正確適用而言。法律的補充，係指由於立法者的疏失，未能預見，或情況變更，致使某一法律事實未設規定，造成法律漏洞，應由司法者予以補充[69]。此外，法律補充與法律解釋不同，法律補充在法律適用（時間）之後再解釋，與解釋不相容[70]。換言之，立法規範如能以解釋方法使其文義確定，則該規範不需「補充」而須（漏洞）補充者，必無法解釋。

(二) 法律漏洞發生之原因

法律漏洞發生之原因計有兩種，其一爲，出於立法者之認識或意思者

[67] (B) 法律依其內在目的及規範計畫，對於特定問題，應有所規定，但因立法者之疏忽，卻未規定。此在法學方法論上通常被稱為何？(A)法律錯誤(B)法律漏洞(C)法律競合(D)欠缺意思表示

[68] (A) 法律構成要件採用意義不明確之字詞者，為下列何者？(A)不確定法律概念(B)法律原則(C)行政裁量(D)空白授權

[69] (A) 關於某一法律問題，若法律無直接規定，因而產生法律漏洞，法官依法律之目的及事實之類似性，而比附援引相類似之規定而適用者，稱為：(A)類推適用(B)擴張解釋(C)文理解釋(D)目的論解釋

[70] (D) 關於法律之解釋與補充，下列何者為正確？(A)二者方法相同(B)由法官決定孰先孰後(C)先補充再解釋(D)先解釋，有漏洞時再補充

（故意的漏洞），亦即立法者對於某項問題，認爲當時不宜詳細規定，應讓判例學說加以解決。例如民法第 72 條的公序良俗，其內涵即有待解釋加以填補。其二爲，出於立法之疏失未能預見（非故意的漏洞）。

(三) 實例

民法物權編抵押權章第 879 條：爲債務人設定抵押權之第三人，代爲清償債務，或因抵押權人實行抵押權致失抵押物之所有權時，依關於保證之規定，對於債務人，有求償權。

而在同編質權章，雖無同樣之規定，但質權與抵押權性質相似，如遇有第三人爲債務人設定質權，而因代爲清償債務，或因質權實行，至喪失質物所有權時，自應比照第 879 條之法意，賦予第三人求償權。

(四) 漏洞之填補

遇法律有漏洞，法官於適用時應運用解釋技術，以確定其義。其大致的方法爲[71]：1.類推適用，亦即比附援引相類似的法規範之法律效果；2.法律續造（法官造法、判例），法官運用司法解釋的功能，表達個人意見，使法律得以延續適用；3.目的性限縮，亦即依據該法律的立法目的，將其未規定之事項予以限縮，換言之，即是對法律可能適用的事項，依目的性考慮，排除不加適用，使之漏洞得以填補。但是在民刑事應異其適用，亦即刑法上，需注意罪刑法定主義（刑法 1），亦即法律未規定，應即宣告無罪；民法上，則依習慣、法理（民法 1）爲之[72]。

---

71 (A) 下列何者不屬於一般所稱法律漏洞之補充方法？(A)論理解釋(B)類推適用(C)目的限縮(D)法律續造

72 (D) 法學方法論上，對於法律漏洞的填補，有所謂目的性限縮，對於目的性限縮，下列何者正確？(A)與限縮解釋，名異實同(B)與類推適用，方法相同(C)將法律未規定之事項，依目的性考慮，加以適用(D)對法律可能適用的事項，依目的性考慮，排除不加適用

(五) 適用、準用、類推適用

1. 適用

單純之適用乃法律明定關於某一事項之規定，直接規定其法律效果。如民法第 87 條：虛僞意思表示，隱藏他項法律行爲者，適用關於該項法律行爲之規定。

2. 準用

法律條文中常有「準用」字樣，此乃爲避免法律條文之重複而立法之方便，特將某種事項明定準用其類似事項已有之規定者。準用並非完全適用，乃依事件的性質而爲變通之適用。如民法第 41 條：清算之程序，除本通則有規定外，準用股份有限公司清算之規定。

3. 類推適用

對於法律無直接規定事項，擇其關於類似事項之規定，以爲適用者。法律規定不完備時，比附援引以應用之，即指在本條文之外，援引另一條文，以比附適用[73]。即 M（法律要件），有 P（法律效果）。S 與 M 類似，故 S 亦有 P[74]。如甲乙兩個類似事項，法律僅對甲有規定，對乙無規定，而吾人對於乙如認爲應與甲得相同之結果，即應用類推解釋。如民法第 3 條：依法律規定有使用文字之必要者，得不由本人自寫，但必須親自簽名。此與代理人簽名之規定不符，此時援用民法第 553 條之規定：稱經理人者，謂有商號管理事務及爲其簽名之權利之人。得到代理人之簽名亦屬有效。又例如若某一法律規定「四足動物」傷人者，飼主必須負損害賠償責任。現有「二足動物」之駝鳥傷人，依此解釋方式，亦得請求駝鳥之畜主負損害賠償責任[75]。但需注意的是，類推解釋應特別慎重，尤其刑

---

[73] (C) 對於法規沒有明文規定的事項，援引類似的條文，而比附適用的解釋，稱為：(A)擴張解釋(B)當然解釋(C)類推解釋(D)限縮解釋

[74] (C) M（法律要件），有 P（法律效果）。S 與 M 類似，故 S 亦有 P。這裡運用何種推論(A)文義解釋(B)體系解釋(C)類推適用(D)歷史解釋

[75] (C) 若法律規定「四足動物」傷人者，畜主須負損害賠償責任。現有「二足動物」之駝鳥傷人，若要根據前述規定，請求駝鳥之畜主負損害賠償責任，應根據下列何種推論方式？(A)文義解釋(B)體系解釋(C)類推適用(D)歷史解釋

法，應遵守罪刑法定主義，不可採取類推解釋[76]。

應考小叮嚀

本章命題多集中於有權解釋中之立法、司法解釋，以及論理解釋中之各種解釋方法。偶有命題的法律漏洞、填補漏洞的方法，常為考生所忽略。

---

[76] (B) 下列何者不屬於刑法解釋的方法？(A)文義解釋(B)類推解釋(C)歷史解釋(D)體系解釋

第五章　法律的適用與效力

本章學習重點

1. 推定與擬制
2. 行政機關和司法機關適用法律之態度
3. 法律不溯及既往原則

第一節　法律的適用

一、意義

法律適用係指將抽象的法律規定，適用具體的社會現象，即對某種具體事實引用法律條文，使生某種法律效果之過程[1][2]。所以，對於某種具體事實，引用法律條文，以便演繹某種法律效果之過程，便是法律適用。簡單的說，即係對個別具體之社會事實，引用抽象之法律規定，使之產生一定之法律效果，是謂法律的適用。中央法規標準法關於法規之適用，其相關的規定有[3]：

(一) 特別法優於普通法，前特別法優於後普通法。依照中央法規標準法第 16 條：「法規對於其他法規所規定之同一事項，而為特別之規定者，

---

[1] (B) 將抽象之法律規範應用於具體之社會事實，稱之為下列何者？(A)法律之制裁(B)法律之適用(C)法律之效力(D)法律之分類

[2] (C) 下列何者係將抽象之法律規範應用於具體之社會事實？(A)法律之分類(B)法律之效力(C)法律之適用(D)法律之體

[3] (A) 依中央法規標準法規定，適用法律應注意：(A)特別法優於普通法適用，從新從優原則(B)普通法優於特別法適用，從舊從重原則(C)普通法優於特別法適用，從新從優原則(D)特別法優於普通法適用，從舊從重原則

應優先適用之。其他法規修正後，仍應優先適用[4]。」

(二) 法規修正後之適用或準用。依照中央法規標準法第 17 條：「法規對於某一事項，規定適用或準用其他法規之規定者，其他法規修正後，適用或準用修正後之法規[5]。」

(三) 從新從輕（優）原則。依照中央法規標準法第 18 條：「各機關受理人民聲請許可案件，適用法規時，除依其性質應適用行爲時之法規外，如在處理程序終結以前，據以准許之法規有變更者，適用新法規。但舊法有利於當事人，而新法規未廢除或禁止所聲請之事項者，適用舊法規。」

(四) 法規適用之停止或恢復。依照中央法規標準法第 19 條：「法規因國家遭遇非常事故，一時不能適用，得暫停適用其一部或全部。法規停止或恢復適用之程序，準用本法有關法規廢止或制定之規定。」

惟應注意的是，法律的適用與準用之間有所區別，適用爲法律之運用過程，務必於確定事實後而對法律運用之；而準用爲立法技巧，爲謀立法上之便宜，法律爲了避免重複規定以求精簡，乃規定將來某種具體事實，間接引用其已有明文規定之相類似具體事實所適用之法律規定[6]。

二、法律適用之方式

應依邏輯學上之三段論法爲之，即以法律爲大前提，以具體事件爲小前提，而推得其結論[7]。簡單的說，就是先搞清楚大前提，也就是法律到底規定了什麼。然後在搞清楚小前提，亦即到底發生了什麼事情。最後才

---

4 (A) 下列何者為中央法規標準法所規定之適用原則？(A)特別法優於普通法之原則(B)從新從重原則(C)罪刑法定原則(D)一事不再理原則

5 (C) 訂定行政規則，在性質上屬於下列何者？(A)立法行為(B)司法行為(C)法律適用行為(D)行政處分

6 (B) 法律為了避免重複規定以求精簡，乃規定將來某種具體事實，間接引用其已有明文規定之相類似具體事實所適用之法律規定。此種立法技術稱為：(A)適用(B)準用(C)視為(D)推定

7 (B) 法律適用三段論中的小前提，所指為下列何者？(A)法律規範(B)具體事件(C)涵攝過程(D)最後結論

能作出判斷，判斷本案適不適合用那一條法律。將具體的案例事實，置於特定法律要件之中，以獲得一定之結論，這段過程叫做「涵攝」[8][9]。

例如：刑法規定殺人者處死刑、無期徒刑或十年以上有期徒刑（大前提），今有某甲殺人之事實（小前提），故某甲應處死刑、無期徒刑或十年以上有期徒刑（結論）。

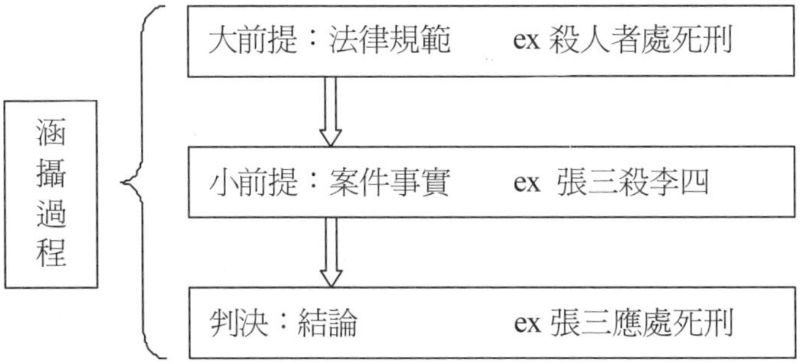

雖然這個過程好像很標準，但實際上一個個案到底適不適用該法條，往往是不清楚的。所以實際適用時，有時候可能得先搞清楚事實，再從事實的關係中想想是不是該法條想要規範的。

三、確定事實之方式

一般法律條文須先透過解釋方法確定其真義，屬於法律解釋之問題，事實之確定以證據爲基礎，但證據之尋求往往不易，法律乃有凡主張有利於己之事實者，應負舉證責任之規定，如民事訴訟法第 277 條：「當事人主張有利於己之事實者，就其事實有舉證之責任。但法律別有規定，或依其情形顯失公平者，不在此限。」但證據之真僞常因時間等因素難以辨

---

[8] (B) 下列對於法律三段論法的說明，何者錯誤？(A)至三段論法係邏輯學上的推論規則(B)操作法律三段論法時，並不涉及到涵攝作用(C)事實為小前提(D)法規為大前提

[9] (C) 法律適用過程中，將具體的案例事實，置於特定法律要件之中，以獲得特定之結論。此稱為：(A)準用(B)外延(C)涵攝(D)舉例

明，故尙須採推定、視爲以及法定證據三種，分別說明如下。

(一)推定

法律的推定，是指對於某種事實之存在或不存在，因無顯明之證據，基於公益需要、簡化法律關係，而就事實存在或不存在先爲之假設規定[10][11]。例如民法第 1063 條第 1 項：妻之受胎，係在婚姻關係存續中者，推定其所生之子女爲婚生子女。但此推定若有反證，自可推翻[12]。所以民法第 1063 條第 2 項：前項推定，夫妻之一方或子女能證明子女非爲婚生子女者，得提起否認之訴。須注意者爲，推定可以反證推翻[13]。

(二)視為（擬制）

爲法律上不動的推定，是指基於公益上之需要，對於某種事實之存在或不存在，依據法的政策，而爲之擬定，不容許以反證推翻[14]，法文中會使用「視爲」[15]之字樣。採用擬制之規定，通常是確認一非真實存在之事

---

[10] (C) 下列關於「推定」之陳述，何者錯誤？(A)可倒置舉證責任(B)受不利推定之一造可舉反證排除之(C)法律之用語稱「視為」(D)受有利推定之一造於他造舉反證前，毋庸舉證

[11] (C) 法律基於公益需要、簡化法律關係，而就事實存在或不存在先為之假設規定。稱為：(A)擬制(B)反致(C)推定(D)目的限縮

[12] (D) 對於某種事實的存在與否，法律依一般之常理予以推論認定，但容許主張者舉反證推翻之者，稱為：(A)適用(B)準用(C)視為(D)推定

[13] (D) 法律條文如有「視為」之字樣者，其與「推定」之區別何在？(A)可舉反證推翻(B)須經公證始生效力(C)需另補充書證始生效力(D)不容舉反證推翻

[14] (C) 若基於公益上之需要，對於某種事實之存在或不存在，依據法的政策，予以擬定，不容以反證推翻之者，法律條文上常用的文句是：(A)推定(B)不在此限(C)視為(D)亦同

[15] (C) 下列關於「擬制」之敘述，何者為正確？(A)乃在倒置舉證責任(B)擬制乃真實發生有該等之事實(C)法律之用語稱「視為」(D)受不利推定之一造可舉反證以排除之

實，從而就特定事件得出根本不存在之法律效果[16]。縱與真的事實相反，亦不容舉反證推翻。例如，民法第 80 條：前條契約相對人（指與限制行爲能力人訂立契約之人）得定一個月以上期限，催告法定代理人，確定是否承認。對於前項期限內，法定代理人不爲確答者，視爲拒絕承認。於此若超過期限不問法定代理人之原意爲何，概以「拒絕」處理；民法第 154 條第 2 項規定「貨物標定賣價陳列者，視爲要約[17]。」；民法第 7 條規定「胎兒以將來非死產者爲限，關於其個人利益之保護，視爲既已出生[18][19]。」

綜合以上所敘述，推定與視爲須法有明文規定者爲限，但推定可舉反證推翻之，而視爲（擬制）則不可舉反證推翻[20]。

(三)法定證據

即指關於事實之確定，以法律定其證據者稱之。如民法第 4 條，關於一定之數量，同時以文字及號碼表示者，其文字與號碼有不符合時，如法院不能決定何者爲當事人之原意，應以文字爲準。

---

[16] (C) 藉法律規定，確認一非真實存在之事實，從而就特定事件得出根本不存在之法律效果。此種方法稱為：(A)推定(B)類推(C)擬制(D)反面解釋

[17] (B) 民法第 154 條第 2 項規定「貨物標定賣價陳列者，視為要約。」此處所稱之「視為」可否證據推翻之？(A)可以(B)不可以(C)視情況而定(D)由法官決定

[18] (A) 胎兒以將來非死產者為限，關於其個人利益之保護應如何呢？(A)視為既已出生(B)推定既已出生(C)視為完全行為能力人(D)推定完全行為能力人

[19] (A) 民法第 7 條規定「胎兒以將來非死產者為限，關於其個人利益之保護，視為既已出生。」此處之「視為」即係為：(A)擬制(B)推定(C)臆測(D)判決

[20] (A) 有關「推定」與「擬制」的敘述，何者正確？(A)推定可以舉反證推翻之，擬制不可(B)擬制可以舉反證推翻之，推定不可(C)二者均可以舉反證推翻之(D)二者均不可以舉反證推翻之

四、行政機關適用法律之原則[21]

(一) 積極依法行政[22]

有三項特色，表現在行政機關積極主動這方面，分別敘述之。1.主動適用法律[23]，應無待請求，亦即應適用者雖無人民請求，亦須適用[24]；不應適用者雖有人民請求，亦不得適用。亦有基於人民請求始得適用者，例如訴願。2.適用法律得自由裁量，亦即行政機關在不牴觸憲法情形下，有廣泛的裁量權。3.適用法律得隨時發布命令，亦即行政機關適用法律時，得依據法律另訂施行辦法或施行細則，以爲補充。

(二) 在消極被動方面

有兩項特色，表現在行政機關消極被動這方面，分別敘述之。1.適用法律應遵循依法行政原則：依法行政爲近代民主法治國家行政權運作之基本規範，故行政機關自應依法行政，即應遵守「法治行政」、「依法平等」、「依法限制」、「依法裁量」、「依法負責」等原則。簡言之，即依法行政，遵守原則性之規定。2.適用法律應受到上級之指揮監督，依照公務員服務法第 2 條，長官就其監督範圍以內所發之命令，屬官有服從之義務；但屬官對於長官所發命令，如有意見，得隨時陳述[25]。（另請參見公務人員保障法第 17 條所規定之報告義務）

---

[21] (C) 下列何者非行政機關適用法律之原則？(A)依法行政原則(B)為執行法律得發布命令(C)不告不理原則(D)服從上級機關或長官指示

[22] (C) 下列何者是行政機關適用法律的原則？(A)依法獨立審判(B)不告不理(C)積極依法行政(D)只能依據法律不能制頒命令

[23] (C) 下列何者不屬於行政機關適用法律的原則？(A)受上級指揮監督(B)適用法律時可以發布命令(C)不告不理(D)依合義務性裁量

[24] (B) 行政機關適用法律應注意下列何種原則？(A)不告不理(B)無待請求(C)公布法律(D)獨立審判

[25] (B) 行政機關適用法律之原則為：(A)應採取不告不理原則(B)適用法律應受上級之指揮監督(C)只能依據法律不得發布命令(D)只能適用法律不得自由裁量

五、司法機關適用法律之原則[26]

(一) 不告不理[27]

不論何種案件[28]，非經合法之起訴，則法官縱明知有違法之案件，亦不得自動審理[29]。在民事須經原告之請求，或被告之反訴；在刑事須經檢察官之公訴，或被害人之自訴，司法官始得審理，否則無適用法律而爲裁判之餘地[30] [31]。例如：1.地方法院刑事庭的法官私下知悉鄰居販毒，應向檢察官告發由檢察官提起公訴，法院方得受理而爲裁判[32]。2.某大學發生校園溜鳥事件，即使有論者主張該行爲已觸犯刑法公然猥褻罪，但基於不

---

[26] (C) 以下何者非屬司法機關所適用法律之原則？(A)不告不理(B)一事不再理(C)適用法律，應無待請求(D)不得拒絕審判

[27] (D) 下列何者是司法審判機關適用法律的原則？(A)無法律規定即可拒絕審判(B)必須受上級指揮監督(C)當事人未起訴事項，基於公平正義仍須加以審理(D)不告不理

[28] (D)「不告不理」原則是司法機關適用法律的原則。它：(A)僅適用於民事案件(B)僅適用於刑事案件(C)僅適用於部分之刑事案件(D)適用於所有的訴訟案件

[29] (B) 法官縱知有民事糾紛存在或犯罪存在，但未經合法起訴，亦不得自動審理之原則為：(A)告訴乃論原則(B)不告不理原則(C)法律不溯既往原則(D)一事不再理原則

[30] (B) 法院適用法律完全處於被動，非經當事人請求，不得對法律爭議逕為裁判，此一原則稱為：(A)一事不再理原則(B)不告不理原則(C)罪刑法定主義(D)審判獨立原則

[31] (B) 依法律之適用原則，非經當事人之請求或檢察官之起訴，則法官不得自行審理是為：(A)告訴乃論(B)不告不理(C)不溯既往(D)一事不再理

[32] (B) 地方法院刑事庭的法官私下知悉鄰居販毒，下列何種處理方式為合法？(A)主動直接開庭審理判決(B)向檢察官告發由檢察官提起公訴，法院方得受理而為裁判(C)不須經檢察官提起公訴，主動行使法官職權調查犯罪事實，若證據確鑿即審判(D)因須迴避，請法院同事主動直接開庭審理判決

告不理原則，非經檢察官提起公訴，法院不得審判[33]。

(二) 一事不再理

凡案件一經判決，即有確定之效力，判決之法院，對於同一案件，即不得再予審理[34]。當事人對於已受判決之事項，亦不得再行起訴[35]。判決須經過上訴期間而未上訴時，始發生判決確定之效力。例如民事訴訟法第253 條規定，當事人不得就已起訴之事件，於訴訟繫屬中更行起訴[36]。

但此原則亦有例外，依其原因可分三種情況。其一爲，特定之法定原因。參見刑事訴訟法第 420 條到第 422 條等規定，例如因發現確實之新證據等情況；以及民事訴訟法第 496 條到第 498 條等規定，例如適用法規顯有錯誤等情況。其二爲，提起非常上訴者。此情況主要是指刑事訴訟法第441 條，判決確定後，發現該案件之審判係違背法令者，最高法院檢察署檢察總長得向最高法院提起非常上訴。其三爲，在國外之審判。依照刑法第 9 條，同一行爲雖經外國確定裁判，仍得依本法處斷。

(三) 不得拒絕審判

依照我國憲法第 16 條規定，人民有請願、訴願及訴訟之權。訴訟爲人民之一種公權（訴訟基本權），法官不能剝奪之。但若遇法律不明時，則應運用解釋技術，以確定其義，不得以法規未規定而拒絕審判[37][38]。但須注

---

33 (C) 某大學發生校園溜鳥事件，即使有論者主張該行為已觸犯刑法公然猥褻罪，但非經檢察官提起公訴，法院不得審判，係基於下列何種原則？(A)信賴保護原則(B)罪刑法定原則(C)不告不理原則(D)誠信原則

34 (D) 法院受理案件，一經裁判確定，當事人即不得對之再為同一訴訟。此即所謂：(A)訴外裁判(B)不告不理(C)拒絕適用法律(D)一事不再理

35 (C) 當事人對於已受判決確定之事項，不得再行起訴，此為下列何者？(A)既判力效力原則(B)告訴乃論原則(C)一事不再理原則(D)拒絕審判原則

36 (D) 民事訴訟法第 253 條規定，當事人不得就已起訴之事件，於訴訟繫屬中更行起訴。此規定為何種原則之例？(A)一罪不二罰原則(B)當事人恆定原則(C)無罪推定原則(D)一事不再理原則

37 (C) 對於任何訴訟案件，遇有法律規定不明時，法官應如何審理？(A)得置之不理(B)得拒絕審判(C)運用解釋，闡明法之意義(D)逕行駁回

意的是，民刑事應異其適用。刑事依刑法第 1 條的罪刑法定主義，法律未規定，應即宣告無罪，不能證明被告有罪者，亦同[39]。例如法官於審判時，雖有懷疑，但不能證明被告有罪，應宣告被告無罪[40]。民事依民法第 1 條的法律適用順序，亦即無法律則依習慣、法理[41]。

(四) 不得拒絕適用法律

法律之正當與否屬立法權之範圍，法官不得以法律之不善不正為理由而拒絕適用[42]，否則易生流弊[43]。但法官若遇法律違憲應裁定停止訴訟程序，聲請大法官解釋（釋字第 371 號解釋參照）[44]。

(五) 獨立審判

係指法官審判案件，不受任何外力干預，而影響其審判意旨。不受行政機關之干涉，上級法院亦不得干涉。司法獨立主要內容包括實質獨立、身分獨立、內部獨立與集體獨立。以下分別敘述之。

---

[38] (B) 下列何者非司法機關適用之原則？(A)不告不理(B)法官得以法律未規定而拒絕審判(C)一事不再理(D)依法審判

[39] (D) 下列原則何者為非？(A)特別法優於普通法原則(B)後法優於前法原則(C)從新從輕原則(D)罪刑意定原則

[40] (A) 法官於審判時，雖有懷疑，但不能證明被告有罪，應：(A)宣告被告無罪(B)適用「罪疑惟輕」，減輕被告刑罰(C)引用習慣法或法理，據以審判(D)中止審判，提請大法官會議解釋

[41] (B) 法院對於民事問題的審斷，應依下列為標準？(A)憲法、法律、命令(B)法律、習慣、法理(C)法律、民情、禮節(D)誠信、公序、良俗

[42] (A) 下列何者不屬司法機關適用法律之原則？(A)法院認定法律違憲時，得逕為違憲之宣告而不適用(B)法院不得就未經請求之事項加以裁判(C)法院不得以法律不明拒絕裁判(D)法院依據法律獨立審判，但不以形式意義之法律為唯一依據

[43] (B) 下列何者非司法機關適用法律之原則？(A)不告不理原則(B)法院有權拒絕審理案件(C)一事不再理原則(D)法官依據法律獨立審判

[44] (B) 依據法律獨立審判，當法官發覺法律違憲時，則下列何者是正確的作法？(A)可宣告違憲並拒絕適用(B)無權逕行拒絕適用，但可聲請釋憲(C)可逕行拒絕適用(D)可宣告違憲，但尚不能逕行拒絕適用

1. **實質獨立**：指法官依據法律獨立審判，不受任何干涉，我國憲法第 80 條規定：「法官需超出黨派以外，依據法律獨立審判，不受任何干涉。」即爲此意；法官實質獨立之重點在於法官之裁判只受憲法與法律之拘束，不受法院院長之行政拘束與行政機關之意志拘束。當法官發覺行政機關之行政釋示違憲或違法時，得依據法律表示其合法適當之見解[45]。
2. **身分獨立**：對於法官之職位與薪給予以特別之保障，使其無後顧之憂，一般亦稱爲法官之身分保障，例如我國憲法第 81 條規定：「法官爲終身職，非受刑事或懲戒處分或禁治產之宣告，不得免職，非依法律，不得停職、轉任或減俸。」即是爲了使法官無所憂慮，爲其所應爲而設計；由於法官之身分獨立，尤其我國法官具有終身職之保障，除非有法定事由，不得免職、停職、轉任或減俸，因此法官在裁判之時更能不受干涉，無須擔憂生活所需。
3. **內部獨立**：是有關於司法行政之監督與法院內部事務之管理，由法官自治，一方面強化法官之自治，減低司法行政上之權威色彩，另一方面要求法官之自律，以提升法官素質，淨化司法風氣。
4. **集體獨立**：就司法權整體來看，司法權與其他國家權力間的互動關係應爲獨立，換句話說，司法權在人事、預算等等軟硬體需求互動間，應該在政治間的角力中，取得司法最大的集體獨立；尤其是關於司法預算的部分，憲法增修條文第 5 條規定，司法預算由行政權形式上提出預算，交由代表民意機關之立法權加以審查，而行政權僅爲轉手之過程，應頗能符合司法獨立之要求。

(六) 審判須在法庭公開為之

依照法院組織法第 84 條規定，法庭開庭於法院內爲之。並依法院組織法第 86 條，訴訟之辯論及裁判之宣示，應公開法庭行之。但有妨害國

---

[45] (D) 憲法第 80 條「法官須超出黨派以外，依據法律獨立審判，不受任何干涉。」當法官發覺行政機關之行政釋示違憲或違法時，下列何者是正確作法？(A)可宣告違憲，但尚不能逕行拒絕適用(B)可宣告違憲(C)無權逕行拒絕適用(D)得依據法律表示其合法適當之見解

家安全、公共秩序或善良風俗之虞時，法院得不予公開。

第二節　法律的效力

一、關於時的效力[46]

關於時的效力，即法律在什麼時候發生效力的問題。概括說來，法律因公布施行而發生效力，因廢止而失卻效力。以下就關於法律的效力與應遵守的原則（法律不溯及既往以及新法優於舊法[47][48][49]），分別敘述之。

(一) 法律之生效

法律之效力始於公布施行，依照中央法規標準法第 12 條規定，法規應規定施行日期，或授權以命令規定施行日期[50]。關於法律之生效，中央法規標準法定有相關規定，其情形有三種[51][52]：

---

[46] (A) 法律不溯及既往的原則是規範法律的何種效力？(A)對時的效力(B)對人的效力(C)對地的效力(D)對事的效力

[47] (A) 新法變更舊法原則，是規範法律的何種效力？(A)對時的效力(B)對人的效力(C)對地的效力(D)對事的效力

[48] (C) 「法律不溯及既往原則。」是屬於法律的何種效力？(A)人之效力(B)地之效力(C)時之效力(D)物之效力

[49] (C) 「新法優於舊法」原則是屬於法律的何種效力？(A)人之效力(B)事之效力(C)時之效力(D)地之效力

[50] (A) 法律一經公布後，何時發生效力？(A)法律定有施行日期者，自該特定日起生效(B)法律未特別規定施行日之時間者，自公布日起發生效力(C)法律定有施行日期者，自該特定日起算至第三天發生效力(D)法律未特別規定施行日者，該法律不生效力

[51] (A) 依中央法規標準法之規定，法律生效日期有三種，下列何者不包括在內？(A)法律公布當日生效(B)法律規定特定施行日期(C)法律授權以行政命令規定施行日期(D)法律自公布日施行者，自公布日之日起算第三日起發生效力

[52] (C) 關於法律生效日期的規定見諸下列何者？(A)行政院組織法(B)立法院組織法(C)中央法規標準法(D)憲法

1. 自公布之日起，實施於全國，該法律公布之日即其施行之日，即中央法規標準法第 13 條規定：「法規明定自公布或發布日施行者，自公布或發布之日起，算至第三日起發生效力[53][54][55][56]。」例如某法規於某年 5 月 5 日公（發）布施行，其生效日期爲 5 月 7 日[57]。
2. 自公布以後，尚須經過相當的時期，始實施於全國者，即中央法規標準法第 14 條規定：「法規特定有施行日期，或以命令特定施行日期者，自該特定日起發生效力[58]。」例如行政程序法第 175 條規定：「本法自中華民國 90 年 1 月 1 日施行。」依中央法規標準法之規定，生效日期即爲 90 年 1 月 1 日[59]；又例如民國 94 年 2 月 5 日總統令公布的

---

[53] (A) 依照我國中央法規標準法第 13 條的規定，法規明定自公布或發布日施行者，是指從何時起發生效力？(A)自公布或發布之目起算至第三日起發生效力(B)自公布或發布日當日起發生效力(C)自公布或發布之日起算至第七日起發生效力(D)自公布或發布到達機關或人民時發生效力

[54] (A) 依據我國中央法規標準法第 13 條的規定，法規明定自公布或發布日施行者，自公布或發布之日起算至第幾日起發生效力？(A)第三日(B)第五日(C)第六日(D)第七日

[55] (C) 依中央法規標準法規定，法律若未特別規定施行日之時間，僅規定自公布日施行，那麼該法律何時生效？(A)公布日開始生效(B)依公文到達各地方日期決定生效日(C)自公布日起算至第三日起發生效力(D)自公布日起算至第十日起發生效力

[56] (C) 法律未特別規定施行日，僅規定自公布日施行者，法律係自何日發生效力？(A)自該公布日(B)自該公布日起算至第二日起(C)自該公布日起算至第三日起(D)自該公布日起算至第四日起

[57] (B) 依中央法規標準法之規定，如某法規於某年 5 月 5 日公（發）布施行，其生效日期為下列何者？(A)5 月 5 日(B)5 月 7 日(C)5 月 6 日(D)5 月 8 日

[58] (C) 一般法律效力之發生時，大別有二：一為自公布之日施行，其二為何？(A)自議決之日(B)自核可之日(C)公布後另訂施行日期，以命令公布之(D)自行政機關同意之日

[59] (A) 行政程序法第 175 條規定：「本法自中華民國 90 年 1 月 1 日施行。」依中央法規標準法之規定，行政程序法之生效日期為哪一天？(A)中華民國 90 年 1 月 1 日(B)中華民國 90 年 1 月 2 日(C)中華民國 90 年 1 月 3 日(D)中華民國 90 年 1 月 4 日

「性騷擾防治法」，其附則規定「本法公布後一年施行」，應指自民國 95 年 2 月 5 日開始生效[60]。此種另定生效時間之條款，通常我們叫這種爲「日出條款」。

3. 規定到達期間，以距離公布地區的遠近，而異其實施的期間：即中央法規標準法第 15 條規定：「法規定有施行區域，或授權以命令規定施行區域者，於該特定區域內發生效力。」

原則上，法律得等總統公布起三天後開始生效。但須注意的是，釋字第 161 號解釋指出，中央法規標準法第 13 條所定法規生效日期之起算，應將法規公布或發布之當日算入。例如：社會秩序維護法中第 94 條規定「本法自公布日施行」，該法於民國 80 年 6 月 29 日總統令公布，則其生效日期爲民國 80 年 7 月 1 日[61]。

法律效力終於法律之廢止，法律未定有廢止期間者，若予廢止，必須先經立法院決議後，由總統公布廢止之；若法律原已定有施行期限者，期滿若不經立法院審議延長其施行，則期滿當然廢止，毋須經立法院決議及總統公布，惟應由主管機關公告之。

法律廢止的日期，並非即爲法律喪失其效力的日期，亦仍須自公布其廢止之日起算至第三日內，始喪失其效力，此點與法律的公布施行，尚須自公布之日起算至第三日起，始得生效相同，關於法律之廢止方式，依照中央法規標準法之相關規定，有以下幾種。

1. **公布廢止（明示的廢止）**

依照中央法規標準法第 21 條規定，法規有左列情形之一者廢止之：(1)機關裁併，有關法規無保留之必要者。(2)法規規定之事項已執行完畢，或因情勢變遷，無繼續施行之必要者。(3)法規因有關法規之廢止或修正，失其依據，而無單獨施行之必要者。(4)同一事項已定有新法規，並公

---

[60] (B) 民國 94 年 2 月 5 日總統令公布的「性騷擾防治法」，其附則規定「本法自公布後一年施行」。請問該法從哪一天開始生效？(A)民國 95 年 2 月 4 日(B)民國 95 年 2 月 5 日(C)民國 95 年 2 月 6 日(D)民國 95 年 2 月 7 日

[61] (B) 社會秩序維護法第 94 條規定「本法自公布日施行」，該法於民國 80 年 6 月 29 日總統令公布，請問應於何時開始生效？(A)80 年 6 月 29 日(B)80 年 7 月 1 日(C)81 年 1 月 1 日(D)80 年 7 月 29 日

布或發布施行者。

另依照中央法規標準法第 22 條之規定，有上述原因之廢止需經立法院通過，總統公布，且自公布或發布日起算至第三日失效[62]。

2. 當然廢止（默示的廢止）

依照中央法規標準法第 23 條規定，法規定有施行期限者，期滿當然廢止，不適用前條之規定，但應由主管機關公告之。此種定有停止時間者，到期失效，通常我們稱為「日落條款」。

(二) 法律不溯及既往原則[63]

1. 意義

在一切法律領域[64]只能適用於公布施行以後所發生之事項，不能溯及適用於公布施行以前發生之事項[65][66]。法律不溯既往原則的精義，在於同一事項，新舊兩法異其規定時，新法只能支配其實施以後的事項，新法實施以前的事項，仍歸舊法支配[67]。例如行為時為合法的行為，不能因為行

---

62 (B) 依據我國中央法規標準法第 22 條規定，經廢止之法規，得僅公布或發布其名稱及施行日期，並自何時起失效？(A)自公布或發布日當日起失效(B)自公布或發布日起算至第三日失效(C)自公布或發布日起算第七日失效(D)自公布或發布到達機關或人民時失效

63 (B) 適用法律時，對於時之效力，應注意下列何原則？(A)母法優於子法(B)法律不溯及既往(C)固有法優於繼受法(D)強行優於任意法

64 (D) 有關法律不溯既往原則之適用範圍，下列何者正確？(A)僅適用於行政法(B)僅適用於刑法(C)僅適用於民法(D)原則上得適用於一切法律領域

65 (A) 法律適用於施行以後所發生之事件，至於施行以前所發生之事件則不適用之，此為何種法律適用原則？(A)法律不溯及既往(B)特別法優於普通法(C)後法優於前法(D)不告不理

66 (B) 一項法律對於其未施行前所發生的具體案件，原則上不可加以適用，此原則為：(A)法律溯及既往原則(B)法律不溯及既往原則(C)從新從優原則(D)一體適用原則

67 (C) 法律自施行之日起發生效力，其效力約束之對象僅及於法律生效後所發生之事件。稱之為：(A)比例原則(B)法律保留原則(C)不溯及既往原則(D)不告不理原則

爲後的法律，認該行爲爲犯罪之故，乃科行爲人以刑罰是。這個原則肇始於羅馬法，確立於法、普等國民法，成爲各國法律所共同崇奉的原則，得適用於一切之法領域。

但是法律不溯及既往的原則，只是法律適用上的原則，並非立法上的原則，即行政官和司法官，雖不能使法律溯及既往，引用新法，適用於其實施以前的事項，立法機關，則可制定法律溯及既往的條文[68 69 70]。因爲國家之制定法律，所應適應時勢的需要，有時因政治上、社會上、經濟上、乃至道德上的種種理由，有使某種法律溯及既往的必要。

2. 存在的理由

(1) 保障發生於舊法時的合法行為

如新法之效力能溯及既往而課罰，則非但人民之自由易受侵害，且將動搖人民遵守法律之心理，並使法律失其威信，故自公平正義及實利之觀點言，法律皆當嚴守不溯既往之原則。

(2) 對於「既得權不得侵犯」原則的尊重

既得權，是依舊法已取得的權利，爲「法律不溯及既往」原則之當然結果。法律不溯既往原則的成立，亦具有保護既得權之意，爲該原則之主要目的[71]。故他雖只是法律適用上的原則，但人民的既得權，卻不能以立法機關的意思，制定新法，加以侵害，以保障人民權利。

---

[68] (A) 下列關於「時之效力」的敘述，何者正確？(A)立法者有權制定溯及既往的法律(B)不溯及既往原則僅適用於刑法(C)新法優於舊法原則不允許有例外的規定(D)法規定有施行期限者，期滿之廢止應經立法院通過，總統公布，始生效力

[69] (B) 法律不溯及既往原則，係屬：(A)既是法律適用原則，亦是立法之限制(B)僅為法律適用原則，而非立法之限制(C)僅為立法之限制，而非法律適用原則(D)既非法律適用原則，亦非立法之限制

[70] (B) 法律不溯及既往的原則，係為：(A)立法上的原則(B)法律適用上的原則(C)新法變更舊法的原則(D)普通法與特別法衝突時的處理原則

[71] (B) 關於法律之「時的效力」之敘述，下列何者正確？(A)法律不溯既往原則僅適用於研刑事法律(B)立法機關制定溯及既往之法律時，應兼顧既得權的保障(C)新法優於舊法的原則並無例外(D)法律定有施行期限者，期滿仍應經立法院通過廢止案，始喪失效力

但若已確定之權利，爲將來可得權利之希望，則不在不可侵犯的原則內。若基於國策或社會需要，對既得權亦可以新法變更或消滅之。如憲法第 23 條：以上各條列舉之自由權利，除爲防止防礙他人自由、避免緊急危難、維持社會秩序、或增進公共利益所必要者外，不得以法律限制之[72]。

3. **現行法律之規定**

在刑事法方面，刑法第 1 條明定：行爲之處罰，以行爲時之法律有明文規定者爲限。此一規定正表明「法律不溯既往」之基本原則[73]。

民法各編施行法皆於首條明揭之。例如，民法總則施行法第 1 條：民事在民法總則施行前發生者，除本施行法有特別規定外，不適用民法總則之規定，其在修正前發生者，除本施行法有特別規定外，亦不適用修正後之規定。民法債編施行法第 1 條即明定：民法債編施行前發生之債，除本施行法有特別規定者外；不適用民法債編之規定。

4. **例外規定**

值得特別說明的是，所謂「法律不溯既往」原則，僅係法律適用之原則，而非立法原則，故立法時仍得基於國策或社會之需要，明定法律具溯及的效力。茲舉例如次：(1)民法總則第 3 條第 1 項規定：「民法總則第 8 條、第 9 條及第 11 條之規定，於民法總則施行前失蹤者，亦適用之。」(2)民法親屬編施行法第 4 條第 1 項規定：「民法親屬編關於婚約之規定，除第 973 條外，於民法親屬編施行前所訂之婚約，亦適用之。」(3)刑法第 2 條第 1 項：行爲後法律有變更者，適用行爲時之法律（從舊原則）[74]。但行爲後之法律有利於行爲人者，適用最有利於行爲人之法律（從輕原則[75]）。

---

72 (D) 對於人民既得權利的限制，下列何者是正確的？(A)絕對不得限制(B)得任意限制(C)得自行政機關決定是否限制(D)僅得依據憲法第 23 條規定，加以限制

73 (C) 我國刑法第 1 條規定「行為之處罰，以行為時之法律有明文規定者，為限。」係屬：(A)從優原則(B)從新原則(C)法律不溯既往原則(D)既得權益保障原則

74 (B) 依刑法第 2 條第 1 項本文規定，行為後法律有變更者，適用行為時之法律，稱為：(A)從輕主義(B)從舊主義(C)屬地主義(D)屬人主義

75 (A) 依刑法第 2 條第 1 項但書規定，行為後之法律有利於行為人者，適用最有利於行為人之法律，稱為：(A)從輕主義(B)從新主義(C)屬地主義(D)屬人主義

此外，上述討論的是法律的溯及既往，至於法規命令的溯及既往，大法官於釋字第 525 號解釋中，提到制定命令溯及既往時，必須注意信賴保護原則。所謂信賴保護原則就是對於信賴原本法律秩序的人，當新法要溯及適用時，必須保護他們的既得利益。

(三) 後法優於前法原則

1. 意義：在一國之內，對於同一事項，不能有兩種不同的法律規定，縱令有之，其必有時間的先後，則公布施行在後之法律，應優先於公布施行在前之法律而適用，此時推定國家以後出的意思，適用新法，而不適用舊法。即所謂「後法優於前法」之規定，其又稱爲「新法廢止舊法原則」。依中央法規標準法第 18 條前段之規定：「各機關受理人民聲請許可案件適用法規時，除依其性質應適用行爲時之法規外，如在處理程序終結前，據以准許之法規有變更者，適用新法規[76]。」
2. 究其存在的理由，後法之所以優先適用於前法，係由於公布施行後者，必爲國家最新之決定，可推定爲已更改以前之決定，故其自宜優先於前法而適用。但以下有兩種例外，乃改依從舊原則。
3. 例外：

(1) 舊法有利於當事人（中央法規標準法 18 但書）。亦即於同一事項，如有兩種規定不同之法律，則新法應優先於舊法而適用之。惟如舊法規有利於當事人，而新法規未廢除或禁止所聲請之事項者，適用舊法規。此即爲保障當事人利益而設。例如：依照 95 年 7 月 1 日修正之刑法第 2 條第 1 項規定，行爲後法律有變更者，適用行爲時之法律。但行爲後之法律有利於行爲人者，適用最有利於行爲人之法律，此又稱

---

[76] (C) 有關「法律對於某一事項的規定有所修正，則修正後法規的效力，是否能溯及於法規修正前所發生的事件」的問題，下列敘述何者錯誤？(A)法律有特別規定時，修正後法規的效力可以溯及既往(B)刑法上，對於修正前的法律不予處罰的行為，不能以修正後的法律為依據加以處罰(C)各機關受理人民申請許可案件時，即使舊法規較有利於當事人，亦應一律適用新法規(D)新法規的效力若一律溯及既往，將破壞法規的安定性，並可能違反當事人的信賴保護

爲從舊從輕原則[77] [78]。

(2) 舊法爲特別法（中央法規標準法 16 後段），又可稱新普通法不得變更舊特別法原則，亦即若兩個法律，立於普通法和特別法的關係，及一爲普通法，一爲特別法，則仍適用舊的特別法，而不適用新的普通法，此爲「新普通法不得變更舊特別法的原則」。當依中央法規標準法第 16 條之規定：「法規對其他法規所規定之同一事項而爲特別之規定者，應優先適用之。其他法規修正後，仍應優先適用。」新公布之普通法，並不能排除特別法之優先適用效力。

二、關於事的效力

(一) 意義

關於事的效力，簡單的說，就是指對於法律所規定之事項發生其效力，如兵役法僅對兵役事項發生效力。故而，事的效力首要的基本原則爲，以法律有明文規定者爲限，但是亦有例外情況，例如甲乙兩個類似事項，法律僅對甲有規定，對乙無規定，而吾人對於乙如認爲應與甲得相同之結果，即應用類推解釋[79]。就此，在法律上關於事的效力，可分爲刑事、民事、行政案件，三種情形。

在刑事案件上，應以明文規定之事項爲限，此即刑法上必須嚴守之原則，刑法第 1 條規定：「行爲之處罰，以行爲時之法律有明文規定者爲限。」是爲「罪刑法定主義」，對犯罪行爲之認定及處罰不得比附援引、

---

[77] (C) 依據民國 95 年 7 月 1 日施行之修正刑法規定，行為後法律有變更的話，該依據何原則決定適用新法或舊法？(A)一律從重(B)一律從舊(C)從舊從輕(D)從新從輕

[78] (B) 我國現行刑法第 2 條第 1 項規定：「行為後法律有變更者，適用行為時之法律。但行為後之法律有利於行為人者，適用最有利於行為人之法律。」此稱之為：(A)罪刑法定主義(B)從舊從輕主義(C)禁止類推原則(D)微罪不舉原則

[79] (C) 甲、乙兩個相類似事項，法律僅對甲事項有規定，對乙事項無規定，而吾人對於乙事項如認為應與甲事項得相同之結果時，即應用何種解釋方式？(A)適用(B)準用(C)類推適用(D)併用

類推適用，非有法律明文規定，不得科以罪刑[80][81][82][83]。故對於刑事案件，法院就法律無明文規定之行爲應諭知無罪[84]。例如最高法院 67 年度第 8 次刑庭庭推總會議決議，私運匪僞物品進口，屬未經公告管制進口之物品，縱屬匪貨，其私運進口者，亦不應成立懲治走私條例私運管制物品逾公告數額罪[85]。

在民事案件上，民法並無「罪刑法定主義」原則之適用，民法第 1 條規定：「民事，法律所未規定者依習慣，無習慣者，依法理[86]。」可見民法之適用並不以法律所明文規定者爲限，凡習慣或法理，具有法律價值者，均得以類推之方式，對於法律無直接規定事項，擇其關於類似事項之規定，援引適用使其發生相同之法律效果。

在行政事件上，其與民事事件相同，須視事件之性質及法律之規定，以斷定其是否以法律所明文規定者爲限而發生效力，亦得以類推適用其他法規。例如法中的公平誠信原則，可以被應用於公法上[87]。

---

80 (C) 對行為人造成不利益之類推適用，不應該適用在下列何種法律領域？(A)公司法(B)票據法(C)刑法(D)民法

81 (B) 類推適用的方法，不能運用在下列哪一種法律？(A)民法(B)刑法(C)行政法(D)憲法

82 (D) 民事案件，法律無明文規定時，可依習慣、法理解決；刑事案件則：(A)亦可依習慣及法理解決(B)只能依習慣解決(C)只能依法理解決(D)應宜判無罪

83 (C) 下列何種訴訟，禁止法官為不利被告之類推？(A)民事訴訟(B)專利訴訟(C)刑事訴訟(D)海商訴訟

84 (B) 對於刑事案件，法院就法律無明文規定之行為應如何處置？(A)不受理(B)諭知無罪(C)引用類似法條審理(D)聲請司法院大法官解釋

85 (A) 最高法院 67 年度第 8 次刑庭庭推總會議決議，私運匪偽物品進口，屬未經公告管制進口之物品，縱屬匪貨，其私運進口者，亦不應成立懲治走私條例私運管制物品逾公告數額罪，係何種原則的展現？(A)禁止類推適用(B)禁止溯及既往(C)禁止適用習慣法(D)禁止不定期刑

86 (A) 民事糾紛之適用，應以何順序為正確？(A)法律－習慣－法理(B)習慣－情理－法理(C)法理－情理－事理(D)習慣－法理－法律

87 (A) 私法中的公平誠信原則，可以被應用於公法上，係使用何種法學方法而得出的結論？(A)類推適用(B)擬制(C)推定(D)解釋

然而，法律在事的效力上，亦有兩項原則必須遵守，分別敘述如下。

(二) 一事不再理原則

關於一事不再理原則，即凡同一機關對同一法律關係，所已確定之同一事件，同一當事人不得再有所請求，機關亦不得再予受理[88][89]。如法院對已判決確定之民刑事訴訟案件，除合於再審要件外，即不得再予受理。又行政機關對訴願已爲實體決定，或當事人已經撤回，該行政機關對該事件不得再受理。簡單的說，就是當事人對於已受判決確定之事項，不得再行起訴。例如民事訴訟法第 253 條規定，當事人不得就已起訴之事件，於訴訟繫屬中更行起訴。

一事不再理原則的適用，有以下幾項要件必須符合：1.須同一事件，即前後兩案之當事人及其內容全然一樣。2.須前案裁判，係有效之裁判。3.須前案裁判爲本國法院之裁判。4.須前案裁判係實體之裁判（指裁判內容就當事人爭訟目的，法院已爲決定）。

(三) 一事不二罰原則

關於一事不二罰原則，即此原則乃指對於同一的違法處罰事件，不得以二種以上性質、種類相同或刑名相同的罰則而言[90]。若對於同一犯罪的事實，而處以二種刑名不同的刑罰者，則並無不可。例如同時處以刑期與罰金。

但是此一原則仍有例外，我國刑法第 9 條規定：「同一行爲雖經國外確定裁判，仍得依本法處斷；但在國外以受刑之全部或一部執行者，得免其刑之全部或一部之執行。」

---

[88] (A) 法院受理案件，一經裁判確定，當事人即不得對之再為同一訴訟，此原則稱為：(A)一事不再理原則(B)不告不理原則(C)審判獨立原則(D)審判迴避原則

[89] (B) 對已決定或撤回的訴願，重行提起訴願者，違反下何原則？(A)誠實信用原則(B)一事不再理原則(C)既判力原則(D)禁反言原則

[90] (A) 凡對於同一的違法案件，不得處以二種以上性質相同或刑名相同之罰則，稱為：(A)一罪不二罰原則(B)從新從優原則(C)一事不再理原則(D)不告不理原則

三、關於地的效力

(一) 意義[91]

法律關於地之效力者，乃法律現實行使之領域範圍的問題。關於地的效力，不外乎三種類型，其一爲，屬地主義：凡在該國領土範圍之內，不問其爲本國人或外國人，一律適用該國之法律。其二爲，屬人主義：凡屬本國的人民，不問其在國內或國外，一律適用本國的法律。其三則爲混合的折衷主義。

一般來說，只要在「中華民國領土」內，都適用本國的法律。原則上我國的法律只能管到我國而已，管不到外國的行爲[92]。這就是施行區域上的限制。以刑法爲例，刑法第 3 條就規定：「本法於在中華民國領域內犯罪者，適用之。在中華民國領域外之中華民國船艦或航空器內犯罪者，以在中華民國領域內犯罪論[93][94]。」第 4 條則規定：「犯罪之行爲或結果，有一在中華民國領域內者，爲在中華民國領域內犯罪。」簡單的說，我國係以屬地主義爲原則，兼採折衷主義。

---

[91] (C) 下列有關我國刑法「地之效力」的說明，何者錯誤？(A)刑法適用於中華民國領域內之犯罪(B)刑法適用於在我國船艦、航空器內之犯罪(C)犯罪行為雖發生在中華民國領域內，但犯罪結果卻在中華民國領域外，該犯罪即不適用中華民國刑法(D)刑法適用於我國領空、領土或領海內之犯罪

[92] (D) 凡外國人，只要居住於本國內，均應受本國法律支配。此項原則稱為：(A)折衷主義(B)民族主義(C)屬人主義(D)屬地主義

[93] (C) 對我國刑法地的效力，下列敘述何者是正確的？(A)適用於我國領土內，不及於我國領海、領空的犯罪(B)適用於外國領域的犯罪(C)適用於我國領域內的犯罪，以及我國領域外的我國船艦、航空機內的犯罪(D)適用於外國船艦及航空機在我國領域外的犯罪

[94] (A) 下列何者與屬地主義有關？(A)刑法第 3 條規定，本法於中華民國領域內犯罪者，適用之(B)立法委員行為法規定，立法委員在院內依法行使職權所為之議事行為，享有免責權(C)軍事審判法規定，非現役軍人不受軍事審判(D)刑法第 6 條規定，我國公務員在中華民國領域外犯偽造文書罪，適用本法

(二) 屬地主義之原則與領域觀

一國法律以行使於該國之全領域爲原則[95]。所謂領域指下列各項：1.領土（包括領水），領土如我國憲法上所稱之固有疆域；領水則指江河及內湖而言，介於兩國之間者，通例以中線爲界。2.領海，海洋在國際法上以潮退時距海岸 3 海浬爲領海（即通例以春季平均低潮線向外 3 海浬，亦有謂 6 海浬者，各國不一致，但大多數爲 3 海浬）。現已擴充爲 12 海浬（我國於 68 年 9 月 6 日宣布領海爲 12 海浬）；200 海浬爲經濟海域。3.領空，以圍繞該國領土領海之界線與天空之垂直線，爲領空之範圍。

(三) 折衷主義之適用

1. 屬地主義之例外，在下列情形，我國的法律可及於國外：

(1) 本國船艦或航空機：軍艦及軍用飛機，不問其是否在外國領域內，在國際慣例上皆享有治外法權，而應適用中華民國法律。具有中華民國國籍之商船及民用航空機，如在無主公海或公空或符合於我國刑法第 5 條至第 8 條之情形，應適用我國之法律。

(2) 中華民國駐外使館：依國際法上之慣例，各國駐外大使館、公使館皆享有治外法權，但在慣例上本國對於在駐外使館內犯罪者能否實施其刑事管轄權，常以駐在國之是否同意放棄其管轄權爲斷[96]。若有明顯之事證，足認該駐在國已同意放棄其管轄權者自不得以在本國領域內犯罪論（最高法院 58.8.25 民刑庭總會決議）。

(3) 中華民國軍隊占領地：對於因戰爭而占領之外國領域，我國亦得行使審判權。如陸海空軍刑法第 5 條[97]。

(4) 無主地，對不屬於任何國家領域內之土地，各國對其均得適用本國法律，故針對此等地域亦有我國法之適用。

---

[95] (B) 法律的效力，以一國領土為其支配所及之領域，此稱為何種主義？(A)屬人主義(B)屬地主義(C)保護主義(D)世界主義

[96] (B) 一國法律以行使於該國之全領域為原則，但不包括：(A)領空(B)外國使館(C)領土(D)領海

[97] (D) 凡在我國領域內犯罪，不論其為本國人或外國人，均受本國（我國）刑法之制裁，稱為：(A)保護主義(B)世界主義(C)屬人主義(D)屬地主義

2. 於領域內國法只行使於一部分地區之例外，其類型包括，(1)基於經濟、政治或其他理由將全領域劃分爲若干法域，如各省市之自治法。(2)基於社會、經濟或其他理由，使某種法律先擇某地區先實施或限某地區實施，如平均地權條例第 85 條：本條例施行區域由行政院以命令定之。(3)平時之法律不適用於戒嚴時期或戒嚴地區。
3. 屬人主義[98]，我刑法除以屬地主義爲原則外，亦輔以屬人主義[99]：(1)刑法第 6 條：「本法於中華民國公務員在中華民國領域外犯左列各罪者，適用之；一、第 121 條至第 123 條、第 125 條、第 126 條、第 129 條、第 131 條、第 132 條及第 134 條之瀆職罪[100][101]。二、第 163 條之脫逃罪。三、第 213 條之僞造文書罪。四、第 336 條第 1 項之侵占罪。」(2)刑法第 7 條：「本法於中華民國人民在中華民國領域外犯前二條以外之罪，而其最輕本刑爲三年以上有期徒刑者，適用之[102][103]。」例如具我國國籍的甲男因經商之便認識美國籍女子乙，二人並於美國租屋同居，甲妻丙女於知悉後，由台灣飛往美國將乙殺害，檢察官則應在丙返國後，

---

[98] (C) 凡本國人，不論其居於國內或國外，均應受本國法律支配，此項原則稱為：(A)折衷主義(B)民族主義(C)屬人主義(D)屬地主義

[99] (C) 關於刑法對人的適用範圍之效力，以下列何者為是？(A)不採屬人主義亦不採屬地主義(B)兼採屬人主義與屬地主義(C)以屬地主義為原則，以屬人主義為例外(D)以屬人主義為原則，以屬地主義為例外

[100] (C) 刑法第 6 條規定：「本法於中華民國公務員在中華民國領域外犯左列各罪者，適用之。」此一規定主要係下列何種原則的應用？(A)屬國原則(B)屬地原則(C)屬人原則(D)屬法原則

[101] (A) 在中華民國領域外犯下列何罪者，仍有刑法之適用？(A)內亂罪(B)公然污辱罪(C)誹謗罪(D)重婚罪

[102] (D) 中華民國人民在中華民國領域外犯下面哪一種罪，不適用中華民國刑法？(A)公務員收受賄賂罪(B)海盜罪(C)公務員登載不實罪(D)詐欺罪

[103] (B) 中華民國人民在中華民國領域外犯下面哪一種罪，不適用中華民國刑法？(A)行使偽造公文書罪(B)普通傷害罪(C)公務員縱放人犯罪(D)濫權追訴罪

依刑法殺人罪之規定將丙起訴[104]。

4. 保護主義，即該罪雖係外國人在我國領域外犯之者，惟由於其所侵害者為我國之生存、公務、信用、財產等重要法益或侵害我國人民法益情節較重者，故應適用中國之法律，學說上稱之。其有以下事例，(1)刑法第 5 條：「本法於凡在中華民國領域外犯下列各罪者，適用之：一、內亂罪。二、外患罪。……五、偽造貨幣罪。六、第 201 條至第 202 條之偽造有價證券罪。七、第 211 條、第 214 條、第 218 條及第 216 條行使第 211 條、第 213 條、第 214 條文書之偽造文書罪。……」(2)刑法第 8 條：「前條之規定，於在中華民國領域外對於中華民國人民犯罪之外國人，準用之。」
5. 世界主義，依我國刑法第 5 條第 8 款之毒品罪、第 296 條及第 296 條之 1 之妨害自由罪及第 333 條與第 334 條之海盜罪等法律上認為萬國之公罪，不論何國，皆得予以處罰[105]。
6. 基於政治、經濟、社會或其他理由，明定應以某特定地區為範圍者，依中央法規標準法第 15 條規定：「法規定有施行區域，或授權以命令規定施行區域者，於該特定區域內發生效力。」此即法律限於在特定區域始發生效力之依據。

四、關於人的效力

(一) 立法主義

在立法論上，法律關於「人」之效力，有「屬人主義」、「屬地主義」及「折衷主義」，分別敘述如下：

---

[104] (B) 具我國國籍的甲男因經商之便認識美國籍女子乙，二人並於美國租屋同居。甲妻丙女於知悉後，由台灣飛往美國將乙殺害。檢察官得否在丙返國後，依刑法殺人罪之規定將丙起訴？(A)不可以(B)可以(C)若丙已被美國檢方起訴，則不可以(D)需視中美雙方談判結果而定

[105] (C) 下列何種犯罪，行為人若在中華民國領域外犯之者，仍適用我國刑法？(A)輕傷罪(B)通姦罪(C)海盜罪(D)竊盜罪

1. 屬人主義

以人爲標準而決定法律所及之人，爲國家行使「人民主權」之結果。法律專用於本國人民，而不適用於外國人民。本國人民不問其所在地如何（國內或國外），均受本國法律支配。原則上是以國籍爲準，依此標準凡具有該國國籍之人，亦即其本國人民，不問其所在之地爲何，均須受其本國法律之支配。但亦有例外，可分爲居住國內之本國人的例外，以及本國人僑居外國之例外。

關於居住國內之本國人的例外，又包括有特殊身分之人、無特殊身分者、有特定原因者共三種例外，分別敘述如下。

(1) 有特殊身分之人

總統以其國家元首身分受憲法之特別保障，常非法律效力之所及，其非在特種情形下，不負法律責任。國會議員，依憲法通例，言論及身體之自由亦應受特別保障。憲法第 51 條規定：「總統除犯內亂罪或外患罪外，非經罷免或解職，不受刑事之訴究。」憲法第 32 條：「國民大會代表在會議時所爲之言論及表決，對會外不負責任。」憲法第 33 條：「國民大會代表除現行犯外，在會期中非經國民大會許可，不得逮捕或拘禁。」憲法第 73 條：「立法委員在院內所爲之言論及表決，對院外不負責任。」憲法增修條文第 4 條：「立法委員除現行犯外，在會期中，非經立法院許可，不得逮補或拘禁。」

(2) 無特殊身分者

關於特殊身分之人的特別立法，其效力只能及於具有該項身分之人，餘則不受其拘束。例如憲法第 9 條：「人民除現役軍人外，不受軍事審判。」非有軍人身分，則不受軍法審判；非有公務員身分，則不適用公務員服務法；及非從事於勞動職業者，多與勞動之法令無關。

(3) 有特定原因者

即無行爲能力人之例外。如民法第 13 條規定，未滿七歲之未成年人及受監護宣告之人，無行爲能力，不能產生法律效果。刑法第 18、19 條規定，未滿十四歲人及心神喪失之人，其行爲不罰。

關於本國人僑居外國之例外，依屬人主義，本國人雖僑居外國，亦應受本國法律之支配，但實際上身在外國而仍受其本國法律之支配者，僅限於憲法上所規定之義務，如服兵役、納稅之義務；及刑法中所規定之特定犯罪，如內亂罪、外患罪、僞造貨幣罪、僞造文書印文罪、妨害自由罪及海盜罪等，或民法上關於身分、能力、親屬、繼承等事項，仍應受其居住國的法律支配，此爲屬人主義之例外。

2. 屬地主義

以地爲標準而決定法律所及之人，爲國家行使「領土主權」之結果。原則上是以領域爲準，凡以此標準在該國領域居住之人，即不問其國籍爲何，均需受該國法律之支配[106] [107] [108]。但其亦有例外，可包括國際慣例上的例外，以及國際條約上的例外。

關於國際慣例上的例外，即是各國爲敦睦邦交，維持和平，特設治外法權，使下列三種人不受居住國法律之拘束：(1)外國元首及其同伴家屬與非駐在國籍者；(2)外國之使節隨員及其同伴家屬與非駐在國籍者；(3)經停泊國承認之外國軍艦及其因公登陸之外國軍艦。故而一般外國人在我國違法，仍然應該受我國法律的制裁。

關於國際條約上的例外，即是外國人雖無上述之情形，但仍不受其駐在國法律之支配，而受其本國領事之裁判者，是謂領事裁判權。其行使範圍恆依條約之所定。此制度最先行於土耳其，我國及日本亦曾受此種不平等條約之束縛。

3. 折衷主義

各國大多原則上是採用以屬地主義爲原則，屬人主義爲例外之折衷主

---

[106] (C) 對於法律適用的說明，下列何者正確？(A)法律僅適用於居住本國的本國人民(B)法律僅適用於任何居住本國的外國人(C)法律原則上適用於居住本國的本國人及外國人(D)法律僅適用於本國以外的外國人

[107] (C) 下列關於法律之「人的效力」的敘述，何者正確？(A)我國單採屬地主義原則(B)外國使節之隨員，在我國仍受我國法律拘束(C)一般外國人在我國違法，仍應受我國法律制裁(D)外國元首之隨行家屬，在訪問我國期間，仍受我國法律拘束

[108] (C) 下列關於「人之效力」的敘述，何者正確？(A)我國單採屬地主義(B)外國元首及其隨行家屬於訪問我國期間，受到我國法律的約束(C)普通外國人民在我國犯罪，需接受我國法律的制裁(D)在國外就學之我國役齡男子，不需負憲法上所規定的服兵役之義務

義，即居住外國之外人不受本國法律之拘束，但其亦有例外。依照折衷主義，對於居住外國之外人，當然非本國法律所能支配，但對某種特定犯罪，仍應受被害人所屬國法律之制裁，然關於此一問題，因各國間所採取之主義不同，其結果亦異。有採承認主義者，如大陸法系國家，承認被害國有訴追處罰之權；有採不承認主義者，如英美法系國家，即不承認被害人所屬國有訴追處罰之權。

(二) 對人效力之原則

我國法律關於人之效力，採用折衷主義，以「屬地主義」為原則，即凡在中華民國領域內，無論其國籍，一律以適用我國法律為原則。惟例外地併用「屬人主義」為輔助。

簡言之，有關憲法上所定之義務（納稅、服兵役等義務）、刑法中所定之特定犯罪（內亂、外患罪等）、民法上之屬人事項（關於身分問題，例如家長、家屬、父母子女及夫妻關係，及因而發生之繼承順序、扶養義務等。能力問題，例如成年、未成年、受監護宣告人、監護、婚姻能力、收養子女能力、財產取得與處分能力、遺囑能力等其餘受僑居國法律之約束），則一律適用當事人之本國法（屬人主義）。

應考小叮嚀

本章包括法律的適用與法律的效力兩大主題，國考試題多屬基本概念的題型，命題重點集中於推定與擬制、行政機關與司法機關適用法律之原則、法規之生效、法律不溯及既往、一事不再理原則及屬人、屬地主義者。

第六章　法律關係

本章學習重點

1. 各種法律關係
2. 自然人與法人
3. 權利客體
4. 各種權利分類

第一節　緒　論

一、法律關係

法律所規範的社會生活關係，是謂法律關係。人類互動所產生之生活關係包括政治、經濟、社會、宗教等，每每須以法律規範，法律關係是指法律所規律人與人之間的生活關係[1]。法律關係之主體、客體、內涵（權利及義務）乃法律關係之要素[2]。法律關係之核心概念爲權利與義務，且隨時代發展有不同之內容。法律關係（權利義務）係基於法律事實而發生。

(一) 違法行為

人的行爲（有意識的行爲）通常是法律關係發生的主要原因，大體上

---

1 (D) 下列有關法律關係的敘述，何者正確？(A)物與自然的關係(B)依社會傳統所定，規範人與人的生活關係(C)依禮儀所定，規範人與人的生活關係(D)法律所規定人與人的生活關係

2 (C) 下列何者非法律關係之要素？(A)法律關係之主體(B)法律關係之客體(C)法律關係之位階(D)法律關係之內涵

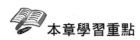

可分爲適法行爲和違法行爲兩類。違法行爲可發生公私法上的制裁效果，例如侵權行爲、債務不履行、行政法上的違法行爲、犯罪行爲。

(二) 適法行為

適法行爲以發生私法上之權利義務關係爲主，又可分爲事實行爲及表示行爲。

1. **事實行為**

事實行爲乃未意識到法律效果，只事實上有所行動法律即予其效果，例如無主物先占[3]。

2. **表示行為**

表示行爲乃有意識到法律效果，可分爲：(1)觀念通知：即表意人表示對事實之觀念，例如承諾遲到之通知（民法 159）。(2)意思通知：即表意人雖非直接欲發生法律關係，但已意識到某種法律效果，因之爲表示行爲，作爲效果發生之準備，例如要約之拒絕（民法 155）。(3)情感表示：即表示情感之行爲間，有能發生法律效果者，例如通姦之宥恕（民法 1053）[4]。(4)意思表示：即表意人意欲發生一定的法律效果，因之而表示其意思，僅此項屬於法律行爲，其他則爲準法律行爲。

二、法律行為

(一) 意義

依據當事人之意思表示發生一定私法上法律效果之法律事實，是謂法律行爲。也就是說，法律行爲是以意思表示爲要素，以發生私法上法律效果爲目的之一種法律要件，即法律行爲乃以欲發生私法上效果之意思表示

---

[3] (C) 民法中有所謂事實行為，係指因自然人的事實上動作而發生一定法律效果的行為。下列何者為事實行為？(A)召集社員總會的通知(B)對債務人的請求(C)無主物先占(D)授與代理權的通知

[4] (B) 民法中有所謂感情表示，係指表示人一定感情的行為。下列何者為感情表示？(A)對法定代理人的催告(B)被繼承人的宥恕(C)債權讓與的通知(D)對要約的拒絕

爲要素之一種適法的行爲。可分以下各點述之。

1. 法律行爲是法律要件的一種，凡適用法律而能發生法律效果者稱爲法律要件，法律行爲是諸多足以發生法律效果的法律要件之一種。
2. 法律行爲乃一種適法的行爲，法律行爲係人之行爲，所謂行爲乃吾人身體上有意識的動靜。行爲有適法行爲（如買賣）與違法行爲（如侵權行爲）之分，法律行爲乃一種適法行爲。
3. 法律行爲乃以意思表示爲要素之適法行爲，適法行爲可分爲以意思表示爲要素者，與不以意思表示爲要素者兩種，前者即法律行爲，後者如事實行爲。
4. 法律行爲乃發生私法上法律效果之行爲，吾人之行爲在公法上發生效果有之（如行使選舉權之投票是），在私法上發生效果者有之，所謂法律行爲即屬後者，允許當事人在一定範圍之內，創設私人之間的法律關係[5]，例如買賣（一種契約，亦爲一種法律行爲）即發生民法之清償債務是。
5. 關於法律行爲的生效，可分一般生效要件及特別生效要件。前者係指一般法律行爲之生效，均須具備之要件（當事人須有行爲能力、標的須適當、意思表示須無瑕疵）；後者係指法律行爲之生效，應特別具備之要件（要式行爲、要物行爲等，例如收養須經法院之認可）。

(二) 分類

法律行爲依其構成的方式，可分爲單獨行爲或契約、債權行爲或物權行爲、要式行爲與不要式行爲、要物行爲與不要物行爲、有償行爲與無償行爲，以下分別予以敘述之。

1. 單獨行為或契約

單獨行爲係指依照當事人一方之意思而成立者，故僅當事人一方負有給付義務之契約，爲無償行爲之單務契約。例如：解除、撤銷、贈與、遺

---

5 (A) 下列關於「法律行為」之敘述，何者正確？(A)允許當事人在一定範圍之內，創設私人之間的法律關係(B)法律行為必定是契約行為(C)契約行為沒有意思合致亦能成立(D)所有法律行為的生效均須具備一般要件及特定要件

囑等即屬之[6][7]。契約，係指當事人雙方意思表示合致始可成立者而言，故動產及不動產之買賣均爲雙務契約。例如：買賣、贈與、租賃等即屬之。

2. 債權行為或物權行為

債權行爲乃發生債的關係爲目的之法律行爲，又稱爲負擔行爲，例如：買賣、租賃、拍賣等。物權行爲乃發生物權直接變動爲目的之法律行爲，例如依據買賣契約移轉占有買賣物、債務承擔、債務免除、債權讓與等[8]。債權行爲與物權行爲可以同時存在，例如向小販購買水果，其中即有一個債權行爲（買賣契約），二個物權行爲（移轉價金、水果所有權）[9]。

3. 要式行為與不要式行為

要式行爲乃意思表示依一定方式爲之始能成立之法律行爲，可分爲：依法律規定的方式者，爲法定要式行爲，例如結婚應有公開儀式及二人以上之證人；依當事人約定的方式者，爲約定要式行爲。不要式行爲乃意思表示無須依一定方式爲之者。

4. 要物行為與不要物行為

要物行爲乃於意思表示之外，尚須有物之交付始能成立，例如，消費借貸與使用借貸。不要物行爲乃僅意思表示即可成立者。

5. 有償行為與無償行為

有償行爲乃當事人一方爲財產上的給付而取得他方對待給付，通常具有交換利益的性質，亦即一方之給付取決於他方的給付，例如，買賣[10]。但無償行爲則無此情形，例如贈與。

---

[6] (C) 下列何者為單獨行為？(A)締結贈與契約(B)決議變更章程(C)撤銷錯誤之意思表示(D)修繕租賃標的物

[7] (C) 下列何者屬於單獨行為？(A)出賣土地(B)保證他人債務(C)遺囑(D)委託代書辦理不動產移轉登記

[8] (D) 下列何者為負擔行為？(A)債務承擔(B)債務免除(C)債權讓與(D)不良債權之拍賣

[9] (C) 甲向小販購買水果一斤，付款一百元，提著水果離去，甲與小販之間共有幾個法律行為？(A)一個(B)二個(C)三個(D)四個

[10] (B) 一般動產買賣契約之性質為：(A)單務契約(B)有償契約(C)要物契約(D)強制契約

三、權利之行使

關於權利的行使，主要見於民法第 148 條之規定，權利之行使，不得違反公共利益，或以損害他人爲主要目的（民法 148 I）。行使權利，履行義務，應依誠實及信用方法（民法 148 II）[11]。分別敘述如下。

(一) 禁止違反公共利益之原則

依我國民法第 148 條第 1 項前段：「權利之行使，不得以違反公共利益爲主要目的。」又憲法第 22 條：「凡人民之自由權利，不妨害社會秩序公共利益者，均受憲法之保障。」另憲法第 23 條則謂受憲法保障之自由權利，除爲防止妨害他人自由、避免緊急危難、維持社會秩序或增進公共利益所必要者外，不得以法律限制之。蓋法律除保護個人權益外，尚以維持社會秩序及增進公共利益爲目的，足見現代法律思想，已承認權利社會化理論。

(二) 禁止權利濫用之原則

依我國民法第 148 條第 1 項後段規定：「權利之行使，不得以損害他人爲主要目的[12]。」是即爲權利濫用之禁止。設行使權利雖使他人蒙受其害，惟該損害非其主要之目的時，即非上述條文所禁止之範圍，惟被害人仍得請求回復原狀或損害賠償。

(三) 誠實信用原則

誠信原則乃民法中之帝王條款[13]。依我國民法第 148 條第 2 項規定：

---

[11] (D) 關於人民權利義務之行使，下列敘述何者正確？(A)權利之行使，無須受到國家法令的限制(B)權利之行使，得以損害他人為主要目的(C)權利之行使，優於公共利益之保護(D)權利之行使，應依誠實及信用方法

[12] (B) 依我國法律規定，權利人行使權利的限制為何？(A)漫無限制(B)禁止權利濫用(C)靠自我節制，國家法律不規範(D)由權利人的父母對之加以節制

[13] (B) 民法中所謂之「帝王條款」，係指：(A)平等原則(B)誠信原則(C)特別法優先原則(D)情事變更原則

「行使權利，履行義務，應依誠實及信用方法[14]。」例如債權人於債務人爲分期之部分清償債務時，因遲延三十分鐘拒絕受領，而主張應清償全部未到期債款，此時依我國實務見解，其行使債權可能違背誠信原則[15]。而所謂「誠實信用」之原則，具下列兩種意義：

1. 「誠實」：即對法律關係的維持與履行，應誠實行之，此不但保護當事人間的信用利益，即使是第三人或公眾信用利益，亦應受到保護。
2. 「信用」：相對人對於其所相信者，應不被欺騙，對於正當利益之期待者，應不予失望。權利人或義務人之任何一方，應顧及他方之利益，並衡量他方所期待於另一方者爲何。蓋誠信原則爲法律最高指導原則，故如遇法律關係不符合公共利益或社會公平時，應本於誠實信用原則，使其法律關係臻於公平合理。

第二節　權利主體

法律關係之主體，即所謂權利義務之主體，係指能享受權利負擔義務，即具有權利能力，而於法律上具有人格者而言[16][17]。具有法律上之人格者有兩種人：即自然人與法人[18][19]。

---

[14] (D) 我國民法規定，行使權利、履行義務，應依何種原則為之？(A)不告不理(B)有利於己(C)相互利益(D)誠實及信用

[15] (A) 債權人於債務人為分期之部分清償債務時。因遲延三十分鐘拒絕受領，而主張應清償全部未到期債款，此時依我國實務見解，其行使債權可能違背：(A)誠信原則(B)正當防衛(C)公益原則(D)緊急避難

[16] (D) 在法律上得享受權利、負擔義務之資格，稱為：(A)行為能力(B)責任能力(C)意思能力(D)權利能力

[17] (B) 在法律上得享受權利與負擔義務之能力，稱之為：(A)行為能力(B)權利能力(C)當事人能力(D)責任能力

[18] (B) 下列何者為權利的主體？(A)僅法人，自然人不得為權利主體(B)包括自然人及法人(C)僅自然人，法人不得為權利的主體(D)包括自然人、法人及物

[19] (C) 下列何者得為私法上權利主體？(A)僅自然人得為權利主體(B)僅法人得為權利主體(C)自然人與法人均得為權利主體(D)自然人、法人與物均得為權利主體

一、自然人

(一) 出生死亡

自然人者，即由母體出生後，能存於自然界之人類。不論其出生、性別、種族、國籍或信仰是如何，均爲法律上所謂之自然人，並具有人格，而能爲權利義務之主體，具有權利能力。所謂權利能力，係指於法律上得享受特定權利之資格或地位。我民法第 6 條規定：「人之權利能力，始於出生，終於死亡[20][21][22][23]。」死亡除了自然死亡之外，也包括死亡宣告。依照民法第 8 條之規定，失蹤人生死不明經過相當期間後，法院得因檢察官或利害關係人之聲請，宣告失蹤人死亡，謂之死亡宣告，與死亡之效果相同[24]。惟爲保障胎兒之權益。同法第 7 條並規定：「胎兒以將來非死產者

---

[20] (D) 自然人之權利能力始於何時？終於何時？(A)始於成年，終於死亡(B)始於出生，終於成年(C)始於滿七歲，終於死亡(D)始於出生，終於死亡

[21] (D) 幾歲以上的自然人始享有權利能力？(A)十四歲(B)七歲(C)二十歲(D)任何自然人均享有權利能力

[22] (A) 我國法律對於人死亡後，是否享有權利能力的規定為何？(A)不再享有權利能力(B)仍然享有權利能力(C)如果有子孫則仍然享有權利能力(D)如果立遺囑則享有權利能力

[23] (A) 民法上常常有關於各種能力之說明與比較，現在請就下列之各敘述中，選出一個正確的敘述：(A)所稱之權利能力，乃謂得享權利、盡義務之資格。但凡為人則生而即有之(B)所稱之行為能力，則謂得以獨立之意思，為法律行為之資格，但凡為人則生而即有之，故不生所謂有無或限制行為能力之問題(C)我國民法關於所謂行為能力之有無或限制，針對自然人與法人均為相同之區分(D)所謂之意思能力，乃稱能判斷自己行為會生如何結果之精神能力。然而有無意思能力，與有無行為能力二者相互間，在判斷上並無任何牽連

[24] (C) 依照我國法律，下列敘述何者為正確？(A)胎兒並非權利主體(B)卵子視為一般的權利主體(C)受死亡之宣告者，與真實死亡發生同等效果(D)對法人亦得為死亡宣告

爲限，關於其個人利益之保護，視爲既已出生[25][26]。」

(二) 行為能力

得獨立有效爲法律行爲之資格或地位，是謂行爲能力，無行爲能力者則不得爲例如訂定契約等法律行爲，但涉及權利能力者，例如契約當事人、繼承財產，或事實行爲者，例如占有動產，仍可爲之。自然人的行爲能力，則依照意思能力而做區分，所謂之意思能力，乃稱能判斷自己行爲會生如何結果之精神能力。意思能力因年歲而有差別。未滿七歲之未成年人（民法 13 Ⅰ）、受監護宣告之人（民法 15），無行爲能力[27][28]。滿七歲以上之未成年人，有限制行爲能力（民法 13Ⅱ）[29]。滿二十歲爲成年人（民法 12）或未成年人已經結婚者（民法 13Ⅲ），有行爲能力[30][31][32]。雖非無行爲能力人，而其意思表示，係在無意識或精神錯亂中所爲者，亦同無行爲能力。根據民法第 187 條第 1 項前段規定，受監護宣告之人不法侵害他人

[25] (B) 自然人之權利能力始於出生，胎兒是否有權利能力？(A)只要不是死胎都有權利能力(B)以將來非死產者為限關於其個人利益之保護視為已有權利能力(C)胎兒尚未出生因此無權利能力(D)只要是受胎即有權利能力

[26] (C) 人之權利能力，始於出生終於死亡，但胎兒有何例外？(A)權利義務均視為已出生(B)以將來非死產者為限，權利、義務均視為已出生(C)以將來非死產者為限，關於其個人利益之保護視為既已出生(D)義務負擔視為既已出生

[27] (C) 受監護宣告之人之行為能力為：(A)限制行為能力(B)有行為能力(C)無行為能力(D)由檢察官決定

[28] (B) 對於未滿七歲的人，下列敘述何者正確？(A)不得為契約當事人(B)不得自行締結契約(C)不得繼承財產(D)不得占有動產

[29] (A) 下列何種人為我國民法上之限制行為能力人？(A)七歲以上未結婚之未成年人(B)十八歲以上之未成年人(C)十四歲以上之未成年人(D)十二歲以上之未成年人

[30] (A) 依民法規定我國的成年年齡是：(A)滿二十歲(B)滿六歲(C)滿十八歲(D)滿十七歲

[31] (A) 依我國法律規定，下列何人享有行為能力？(A)滿二十歲之人及已結婚的未成年人(B)僅限於滿二十歲之人(C)滿十四歲之人(D)滿十八歲之人

[32] (B) 滿二十歲之人，稱之為何？(A)未成年人(B)成年人(C)限制行為能力人(D)限制責任能力人

權利者，若須對受害人負賠償責任，必須於行爲時，需具有識別能力[33]。

二、法人

(一) 意義

法人者，乃得爲權利義務之主體的一種具有人格之社會組織，其形成乃由於社會經濟結構與型態之轉變。法人具有法律上獨立人格，乃具有人格的社會組織而得爲權利義務之主體也。在刑法上，自然人得擁有生命法益及財產法益，然法人只有財產法益。例如：1.刑法第 320 條竊盜罪所規定「他人之動產」的「人」，包括自然人與法人[34]。2.刑法第 271 條殺人罪所指之「人」係指自然人[35]。法人與自然人均係由法律賦予權利能力，能負擔義務，故爲權利義務之主體，具有法律上人格。法人是一種集合的團體，然團體未必皆爲法人，其未由法律賦予權利能力者，不能稱爲法人，一般稱之爲非法人團體。法人之權利能力既爲法所賦予，其權利能力原則上自應與自然人相同，然自然人與法人究屬有別，基本上，法人於法令限制內，有享受權利、負擔義務之能力，但專屬於自然人之權利義務[36]，例如繼承權[37]、親權、扶養義務，法人當無從享有或負擔（民法 26）[38]，且

---

[33] (C) 禁治產人不法侵害他人權利者，若須對受害人負賠償責任，必須於行為時具有何能力？(A)權利能力(B)行為能力(C)識別能力(D)犯罪能力

[34] (C) 解釋刑法第 320 條竊盜罪所規定「他人之動產」的「人」：(A)僅指自然人(B)僅指法人(C)包括自然人與法人(D)自然人與法人均不包括在內

[35] (A) 刑法第 271 條殺人罪所指之「人」係指下列何者？(A)僅指自然人(B)僅指法人(C)包括自然人與法人(D)自然人與法人均不包括在內

[36] (D) 關於法人，下列敘述何者正確？(A)法人與自然人享有完全同樣的權利(B)只有民法有法人制度(C)國家並非法人(D)並非所有自然人得享有之權利，法人都可以享有

[37] (D) 民法規定法人於法令限制內，有享受權利、負擔義務之能力。但專屬於自然人之權利義務，不在此限。所以下列何種權利法人不得主張之？(A)債權(B)物權(C)無體財產權(D)繼承權

[38] (A) 法人所享有的權利能力與自然人是否相同？(A)在法令限制內，原則上享有與自然人相同的權利能力，但專屬於自然人的權利義務不在此限(B)完全不相同(C)完全相同(D)以上皆非

自然人有意思能力，法人則無[39]。關於法人之權利能力，始於設立登記[40]，終於解散。依民法規定，法人對於其董事或其他有代表權之人因執行職務所加於他人之損害，應與該行為人負連帶賠償之責任[41] [42]。

(二) 種類

依我國人民團體法規定，人民團體係分政治團體、社團團體、職業團體法人[43]。依其設立所依據之法律為區分標準，分為公法人與私法人。

1. 公法人

即依據公法而設之法人，國家及其他地方自治團體皆可為之，但其下設之機關則非法人，例如台北市政府。公法人不僅為公權之主體，亦可為私權之主體，例如國家亦得為財產所有人。

2. 私法人

即依據私法（例如民法或公司法）而設立之法人，如公司是。私法人不僅為私法之主體，亦可為公權之體，如公司亦得依法提起訴訟，而享有公權。私法人又可以其成立之基礎（或目的）為分類標準，分為社團法人與財團法人[44]。須附註者，法人亦有本國法人與外國法人之分，例如依照外國法律組織登記，並經中華民國政府認許，在中華民國境內營業之公司

---

[39] (D) 法人無下列何能力？(A)權利能力(B)行為能力(C)侵權行為能力(D)意思能力

[40] (A) 法人之權利能力始於何時？(A)設立登記(B)聲請登記(C)訂定章程(D)主管機關許可

[41] (C) 依民法規定，法人對於其董事或其他有代表權之人因執行職務所加於他人之損害，應負何種責任？(A)具體輕過失責任(B)不用負任何責任(C)與該行為人連帶負賠償之責任(D)過失責任

[42] (C) 對於董事或其他有代表權之人因執行職務所加於他人之損害，應由誰負賠償之責任(A)行為人單獨負責(B)法人單獨負責(C)行為人與法人連帶負責(D)行為人與法人其他董事連帶負責

[43] (A) 依我國人民團體法規定，人民團體係分為：(A)政治團體、社團團體、職業團體(B)社會團體與宗教團體(C)社會團體與職業團體(D)政治團體與職業團體

[44] (C) 依我國民法規定，有關法人的敘述，下列何者為正確？(A)法人可分為社團及組織(B)法人可分為財團及合夥(C)法人可分為財團和社團(D)法人可分為財團和民間團體

即屬之；法人必備之機關爲代表人、董事及監察人[45]；但社團有意思機關（總會）及執行機關（董事）；財團僅有執行機關（董事）[46]。公益社團法人及財團法人，向主管登記機關爲設立登記以前，須先得到目的事業主管機關許可[47]。

(1)　社團法人

根據公司法規定，公司係指以營利爲目的，依照公司法組織、登記、成立的社團法人[48][49]。以社員爲成立基礎，爲人的集合，設立人即其構成份子，是爲社員。由其社員組織意思機關，訂立章程。其目的及組織可以隨時變更，所以社團富有彈性。社團法人又可依成立目的分爲公益社團及營利社團[50][51]。前者如律師公會[52]；後者如公司[53][54]、商業銀行[55]。

---

[45] (C) 法人必備之代表機關為：(A)社員總會(B)捐助人(C)董事(D)監察人

[46] (D) 下列何者非財團法人應（得）設之機關？(A)董事(B)監察人(C)代表人(D)總會

[47] (B) 公益社團法人及財團法人，於向主管登記機關為設立登記以前，須先得到目的事業主管機關：(A)裁定(B)許可(C)登記(D)認許

[48] (B) 根據公司法規定，公司係指以營利為目的，依照公司法組織、登記、成立的：(A)自然人(B)社團法人(C)財團法人(D)非法人團體

[49] (C) 依公司法成立的公司，為：(A)公法人(B)財團法人(C)營利社團法人(D)公益法人

[50] (D) 民法之社團法人依其事業目的可能屬於：(A)僅有公益法人(B)財團法人與營利法人兼有之(C)僅有營利法人(D)公益法人與營利法人兼有之

[51] (A) 法人之種類中，依法人設立之目的為標準者為：(A)公益法人與營利法人(B)社團法人與財團法人(C)公法人與私法人(D)公法人與公益法人

[52] (B) 下列何者為「非營利之社團法人」？(A)銀行(B)律師公會(C)私立學校(D)公司

[53] (A) 公司係屬下列何種法人？(A)營利團體法人(B)營利財團法人(C)公益社團法人(D)公益財團法人

[54] (A) 下列關於公司性質的敘述，何者為正確？(A)公司為一以營利為目的之社團法人組織(B)由於公司之股東須繳納股款或出資額，所以公司為一以財產結合為基礎之財團法人組織(C)由於公司為一財團組織，所以股東僅得以現金或公司需財產出資，不得以勞務或個人信用出資(D)公司之國籍係以公司代表人之國籍定之

[55] (C) 商業銀行係屬於何種法人？(A)公益性社團(B)中間性社團(C)營利性社團(D)公益性財團

(2) 財團法人

無須社員，而以捐助財產爲其成立基礎，故爲財產的集合[56][57][58]。其目的及其組織，乃由捐助行爲而確定，原則上應訂立捐助章程，始得設立[59]。至成立後，設立人既非其構成份子，亦別無所謂意思機關。其目的及組織，不得隨時變更，所以較富有固定性。例如基金會、寺廟、學會、私立學校等屬之，其一定是公益法人。

第三節 權利客體

一、意義

所謂權利與義務之客體，即權利義務內容之對象是。例如債權乃請求特定人爲特定給付之權利，則其客體即爲特定債務人之作爲或不作爲。得爲權利、義務之客體者爲「物」與「行爲」[60]。

法律上所稱之「物」，係就物與人之關係而觀察，係指能滿足吾人社會生活之所需，有爲人力支配之可能性，且存在於吾人身體以外者而言。其包括有體物與無體物[61]。法律上之物爲一種社會觀念，可因時因地而有不同，但須具以下要件：

---

56 (A) 以捐助一定財產為組織基礎，目的在實現特定的公益事業之法人，法律上稱為：(A)財團法人(B)社團法人(C)公法人(D)慈善法人

57 (A) 關於法人，下列敘述何者為錯誤？(A)財團法人必是營利性法人(B)台北市政府並非法人(C)股份有限公司與完成法人登記的學會，都一樣是社團法人(D)公法人亦得享有私權

58 (B) 以捐助財產供一定目的而成立的組織體，謂之：(A)社團法人(B)財團法人(C)營利法人(D)公益法人

59 (C) 下列關於法人的敘述，何者為正確？(A)財團法人是因財產之集合產生的(B)財團法人是由人集合產生的(C)財團法人原則上應訂立捐助章程，始得設立(D)法人與自然人享有完全相同的權利

60 (C) 以下何者為權利之客體？(A)人、物(B)動產、不動產(C)物、行為(D)人、行為

61 (D) 依通說，下列何者不可稱為法律上之物？(A)放射線(B)瓦斯氣(C)磚瓦(D)太空中之日、月、星球

(一) 須在人力所能及之範圍

如日月星辰雖其不失爲物理上之物，但非人力所能及，仍不能謂爲法律上之物。然其範圍隨科技發達，日漸擴張，自然力若能由人力支配，亦得成爲「物」而爲權利義務之客體，例如電力是。

(二) 須足供吾人所需

凡能爲權利義務之客體者，必能滿足吾人生活之需要也，否則不構成法律上之物，例如一滴之酒、一粒之米，雖不失爲物理上之物，然以其不能滿足吾人生活需要。

(三) 須為獨立之物體

須爲獨立之個體，非物之成分。惟原物解體後，其成分倘能獨立爲一體，而足供吾人生活之需要者，亦仍爲權利義務之客體，例如房屋拆毀之木料、磚瓦是，倘尚足爲吾人經濟上之所需者，亦可爲物。

(四) 須為外界之一部，非屬於人身

即指不能以人之身體或其部分爲物權之客體而言，否則即視人爲奴隸[62]。但是屍體於符合公序良俗或法律許可要件下，得爲法律關係之客體，其繼承人對之僅具依習俗祭拜、埋葬、焚化等之權利義務[63][64][65]；若以身體之一部分分割而爲處分之標的，倘不違背公序良俗，亦可成立契約，即得爲「物」。例如已剪下之胎毛，即得爲交易客體[66]。

---

62 (A) 下列何者不能為物權之客體？(A)人身(B)動產(C)土地(D)建築物

63 (D) 下列何者不能為物權之客體？(A)無體財產權(B)動產(C)不動產(D)人身

64 (C) 屍體在民法上是否為法律關係之客體？(A)無條件可以肯定成為法律關係的客體(B)不可能成為法律關係的客體(C)如果符合公序良俗或法律許可要件，得為法律關係之客體(D)依個案由警察機關決定之

65 (D) 屍體為物，故為死者之繼承人所有。繼承人：(A)得為使用之標的(B)得為收益之標的(C)得為處分之標的(D)僅具依習慣祭拜、埋葬、焚化等之權利義務

66 (B) 下列何者非權利義務之客體？(A)地熱(B)口中之假牙(C)已剪下之胎毛(D)房屋拆毀之木料

法律上所稱之「行爲」，在權利義務方面，例如在公法上，參政權之客體即爲參加政治活動之行爲；在私權利義務方面，債之客體即債務人之清償行爲。此外，行爲又可分積極行爲（行爲人有所作爲）與消極行爲（行爲人之不作爲，例如民法第199條之不作爲亦得爲給付）。

二、學理上物之分類

(一) 融通物與不融通物

此係以物之能否爲私權客體而爲區分。凡得爲私權之客體，並得爲交易之標的者，謂之「融通物」，如一般之物是；凡不得爲交易之客體者，稱「不融通物」，如公有物、公用物，違建原則上不得爲「融通物」。

(二) 代替物與不代替物

此係以物之能否以他物替代交易爲標準而爲區分。凡得以同種類之他物代替之物，稱爲「代替物」，如柴、米、油、鹽是；凡不得以同種類之他物代替者，稱爲「不代替物」，如犬、牛、羊等是。

(三) 可分物與不可分物

此係以物之得否分割爲標準而爲區分。凡不須變更其原來之性質或減少其價值，而仍得將物分割者，稱爲「可分物」，例如土地[67]；凡一經分割，即變更其性質，並減少其價值者，稱爲「不可分物」，如房屋、汽車等是。

(四) 特定物與不特定物

此係以物之是否得依主觀之意思具體指定爲標準而爲區分。凡於交易時，依當事人之意思或他事實而具體指定之物，稱「特定物」，如交易中指定購買某一物件是；凡於交易時，僅以品質、種類、數量……抽象指定之物，則爲「不特定物」，如指名購米一包之未具體確定某一包者是。

---

[67] (A) 依學理上之分類，下列何者為「可分物」？(A)土地(B)房屋(C)牛(D)雞

(五) 消費物與不消費物

此係以物之是否因使用而消滅爲標準而爲區分。凡依通常方法，使用一次即行消滅而不得再重行使用者，稱「消費物」，如米、燃料是；凡依通常使用方法，用後仍不失其形體者，則爲「不消費物」，如汽車、書本、餐具是。

三、民法上物之分類

(一) 不動產

關於不動產，依照民法第 66 條規定：「稱不動產者，謂土地及其定著物[68]。不動產之出產物，尚未分離者，爲該不動產之部分。」就其內涵，可以分爲以下三部分討論。1.所謂土地者：係指地球之一部，且人力所能支配者。土地，除地表外，亦包括地上與地下，土地原係無限連續，在其未依正常權限予以分割之前，應視爲一個不動產。如地上之砂石。但地中之礦爲國家公權之客體。2.所謂土地之定著物者，係非土地之構成部分，而繼續地密接附著於土地，獨立供人使用之物是，例如房屋或屋頂尚未完工的房屋[69] [70]。故而節慶所臨時搭設的牌樓爲動產，又樣品屋[71]、爲供表演臨時搭建之舞台[72]，均因不具繼續性而同屬動產。定著物則須社會觀念上視爲獨立之物；故與土地密著而成爲一體之物，例如樹木、橋樑、井、岩石等，不可稱爲定著物，不得獨立爲物權之客體。3.所謂不動產之出產物，若與該不動產尚未分離者，爲該不動產之部分，例如樹之果實，種植

---

[68] (B) 民法規定，所謂不動產係指：(A)動產以外之物(B)土地及其定著物(C)專指房屋(D)由法官視個案自行決定

[69] (B) 下列何者為不動產？(A)船艙及房屋(B)土地及房屋(C)船艙及飛機(D)房屋及飛機

[70] (A) 下列何者為不動產？(A)屋頂尚未完全完工的房屋(B)未定著於土地之樣品屋(C)機器人(D)與土地分離之果樹

[71] (A) 下列何者為動產？(A)樣品屋(B)土地(C)附著於土地上之果樹(D)附著於房屋屋頂之空中花園

[72] (C) 為慶祝雙十節國慶，在凱達格蘭大道前所搭建的牌坊，為下列何者？(A)既非動產亦非不動產(B)既為動產亦為不動產(C)動產(D)不動產

於農田而尚未收割之稻穀即是[73]。

(二) 不動產

關於動產，依我國民法第 67 條規定，所謂「動產」，即是不動產以外之物皆屬之，就其所有的公示外觀以占有爲足。故在買賣契約中，買方取得所有權的時點，乃以交付移轉占有時爲準，但是依照民法第 758 條之規定，不動產物權之變動（例如設定抵押權）則須經書面之登記（登記主義），否則不生效力[74][75][76][77][78][79][80][81]。例如 1.甲將房屋賣給乙後再賣給丙，但辦理移轉登記給丙，仍是由丙取得所有權[82][83][84]。2.甲死亡，留有

---

73 (B) 種植於農田而尚未收割之稻穀，屬於：(A)動產(B)不動產(C)主物(D)從物

74 (A) 民法規定，不動產權之移轉或設定，應具備：(A)書面(B)僅口頭即可(C)僅有人證即可(D)交付

75 (A) 下列何項法律行為，一定要以書面為之？(A)不動產之移轉(B)結婚(C)僱傭契約(D)買賣契約

76 (B) 依法律行為取得不動產所有權者，何時生效力？(A)先占即生效力(B)須經登記，始生效力(C)交付即生效力(D)經一定時間，則生效力

77 (B) 甲將自用轎車出賣與乙，乙應為何行為始能成為該汽車所有權人？(A)辦過戶登記(B)受汽車交付(C)書面締約(D)交付償金

78 (C) 下列何項法律行為，一定要以書面為之？(A)僱傭契約(B)結婚(C)不動產之移轉(D)借貸契約

79 (A) 依民法規定，下列何者須辦理登記，否則不生效力？(A)房屋所有權移轉(B)鑽石所有權移轉(C)股票所有權移轉(D)名畫所有權移轉

80 (B) 下列何者必須登記才生效力？(A)買賣房屋(B)設定抵押權(C)結婚(D)租賃

81 (B) 我國民法規定，依法律行為而為不動產物權之變動，其生效要件採何種主義？(A)占有主義(B)登記主義(C)意思表示主義(D)原創主義

82 (B) 甲向乙買房屋時，何時甲取得房屋的所有權？(A)甲付清買屋款給乙後(B)甲乙訂定物權移轉書面契約並辦理移轉登記手續後(C)甲與乙以書面訂物權契約後(D)乙將房屋鑰匙交給甲時

83 (C) 甲將房屋賣給乙後再賣給丙，但辦理移轉登記給丙。請問：本題中誰取得房屋所有權？(A)甲(B)乙(C)丙(D)乙丙共同取得

84 (A) 甲將其房屋所有權讓與乙，則該所有權之讓與：(A)非經登記，不生效力(B)非經登記，不得對抗善意第三人(C)非經公證，不生效力(D)非經公證，不得對抗善意第三人

房屋一間，其繼承人非經登記，不得處分房屋所有權[85]。惟法律對若干動產，作與不動產相似之處理，而就其登記及抵押，設特別規定，例如臨時搭建的工寮[86]、桌椅[87]、懸掛在牆上的畫[88]、船舶及航空器[89]。

(三)主物與從物

1. 主物

關於主物，乃具有獨立效用之物，我民法關於主物之意義無直接規定，僅能於從物之規定上見之，蓋從物以外之物，均屬主物。

2. 從物

關於從物，依照民法第 68 條第 1 項規定：「非主物之成分，常助之物之效用，而同屬於一人者，為從物[90]。但交易上有特別習慣者，依其習慣。」茲析言如下，(1)須非主物之成分：即與主物相獨立之物始得謂之從物，例如棟樑之於房屋，抽屜是書桌之重要部分，即不得謂為從物。汽車與備胎為主物與從物的關係，汽車與引擎則非[91]。(2)須常助主物之效用：非僅以補助一時為目的之物（如牆上之畫），例如鎖之於鑰，鎖常助鑰之效用，以及遙控器之於錄影機或遙控器之於電視，皆為從物[92][93]。反之，

---

[85] (B) 甲死亡，留有房屋一間，其繼承人對該屋之法律關係為何？(A)非經登記，不得取得房屋所有權(B)非經登記，不得處分房屋所有權(C)非經登記，不得對抗善意第三人(D)非經登記，不得對抗善意占有人

[86] (C) 下列何者係屬於動產？(A)房屋(B)果樹林木(C)臨時搭建的工寮(D)土地

[87] (A) 下列何者動產？(A)桌椅(B)房屋(C)高架道路(D)生長中的樹木

[88] (C) 下列何者為動產？(A)種植在土地上的果樹(B)果樹上的蘋果(C)懸掛在牆上的畫(D)公園的一座涼亭

[89] (A) 下列何者動產？(A)船舶及飛機(B)電視及房屋(C)土地及房屋(D)電視及土地

[90] (D) 非主物之處分，常助主物之效用而同屬於一人者稱為：(A)附屬物(B)附著物(C)添附物(D)從物

[91] (D) 下列何者非主物與從物的關係？(A)汽車與備胎(B)眼鏡與鏡盒(C)電視及遙控器(D)汽車與引擎

[92] (B) 下列何者具有主物與從物的關係？(A)土地與房屋(B)錄影機與遙控器(C)汽車與車庫(D)鉛筆與鉛筆盒

[93] (B) 下列何者具有主物與從物的關係？(A)土地與房屋(B)電視機與其遙控器(C)書桌與抽屜(D)住家與書桌

若兩者相依爲用，並無輔助之關係者，如碗之於箸，則無主從可言。(3)須與主物同屬於一人：法律所以爲主物與從物之區分者，乃在使從物服從主物之命運；易言之，即對主物之處分的效力應及於從物。但習慣上不視爲從物者，不得爲從物，如錶與鍊。

(四) 原物與孳息

1. 原物

關於原物於民法中並未規定，須從孳息之反面見之。究其真意，原物係指能產生孳息之實物或法律關係，即產生收益之物或權利而言。而原物所產生之收益，則稱爲孳息。

2. 孳息

孳息可分爲「天然孳息」與「法定孳息」兩種：(1)所謂天然孳息，謂果實、動物之產物[94]，及其他依物之用法所收穫之出產物（參見民法 69 I），詳言之，其包括：A.果實：如離枝之果；B.動物之產物：如雞之卵；C.依物之用法所收穫之出產物：如開礦得金。(2)所謂法定孳息：謂利息、租金及其他因法律關係所得之收益（參見民法 69 II）[95][96][97][98]。

至於孳息之收取，凡有收取天然孳息權利之人，在其權利存續期間內，取得與原物分離之孳息；至於有收取法定孳息權利者，則按其權利存續期間之日數取得其孳息。

---

[94] (B) 果實、動物之產物，及其他依物之用法，所收穫之出產物稱為：(A)法定孳息(B)天然孳息(C)主物(D)從物

[95] (A) 利息、租金及其他因法律關係所得之收益，稱為：(A)法定孳息(B)天然孳息(C)動產(D)從物

[96] (D) 利息、租金、及其他因法律關係所得之收益稱為：(A)主物(B)從物(C)天然孳息(D)法定孳息

[97] (C) 因使用物或權利，而由該法律關係所獲得之對價，例如因銀行存款而獲有利息等之收益，稱為：(A)從物(B)主物(C)法定孳息(D)天然孳息

[98] (C) 關於利息，下列敘述何者為錯誤？(A)孳息分為天然孳息與法定孳息兩種(B)果實是天然孳息的一種(C)利息是天然的孳息(D)房租是法定孳息的一種

第四節　權利義務

一、意義

權利與義務是一種相對名詞，以權利所根據之法律爲標準而區分[99]；根據公法之規定者爲公權，根據私法之規定者爲私權。公權依其享受的主體分爲國家之公權與人民之公權；私權則不予區分，蓋國家亦得享有私權。國家之公權，依其權利施行的範圍，又可分爲國內法的公權以及國際法的公權。關於義務，一般而言，人民的公權相對即是國家的義務，而人民的義務，主要可以分爲公法上的義務以及私法上的義務。以下分別敘述之。

二、國家之公權

(一) 國內法之公權

國內法上之公權，即統治權，包括行政、立法、司法（我國加上考試及監察），依公權之作用，可分爲下列各項：

1.命令權（下命權）：國家命令人民爲特定行爲或不行爲之權利，如服兵役、納稅。2.制裁權：國家對於違反法律或命令者，有制裁之權利，如行政上之制裁。3.形成權：是爲他人形成某種法律上力量，或參與其形成之權利。如任命某人爲公務員，使他在某一範圍內，有代表國家爲某種行爲的權利。簡言之，國家以其行爲形成人民在法律上之某種效力之權利，如授與榮典、公務員之任命、准許營業等。4.公法上物權：公物權爲固定存在於特定有體物，而可對抗世人之公法上權利，故又稱爲「公法上之物權」。可分爲三種：(1)相當於所有權之公法上物權。例如：國境內之湖、海、河、川爲國家之所有，國家對其有使用收益及處分之權利。(2)相當於使用物權或限制物權之公法上物權。例如：國家徵借私人之土地作爲公用。(3)相當於擔保物權之公法上物權。例如：稅務機關將欠稅之物品扣

---

[99] (B)　下列有關權利與義務的敘述，何者正確？(A)毫無相關的兩個概念(B)是一種相對名詞(C)僅在特殊情形有相關(D)以上皆非

留，以爲繳稅之擔保。(4)相當於限制物權之公法上物權。例如：海關扣留未繳關稅之物品以爲繳稅之擔保。(5)公法上之經營權：公企業之經營權爲國家對某種公共企業之專營權。例如郵政、鐵路、電信及其他有獨占性質之企業等經營權均是。

(二) 國際法上之公權

所謂「國際法上之公權」，即國家基於獨立自主權，對於國際社會所得主張之權利。茲舉其要者如次：1.生存權：此乃國家之基本權利，亦可謂爲其他權利之淵源，細分爲「自保權」與「自衛權」兩種。此外國家在國際法上尚有財產權及保護僑民等權，亦屬於生存權。2.獨立權：國家獨立存在，不受任何干涉，其亦可謂爲國家之「自由權」。3.平等權：乃國家於國際間以平等之地位享有權利負擔義務之謂也。惟此之所謂平等僅指法律上之平等而言 在政治上尚難免不平等之現象存在。4.其他尚有外交權、締約權等。

三、人民之公權[100][101]

人民之公權者，乃人民對於國家所享有之權也，此種權利國家不得以權利侵犯，故亦稱「基本人權」。各國大都列於憲法中，依我國憲法之規定，有下列各項[102][103]。

(一) 生存權

乃人民有要求國家維護其生命、充實其生活、繁殖其生息之權利

---

[100] (A) 人民的公權利包括：(A)自由權、平等權、生存權及參政權(B)自由權、平等權及服兵役的義務(C)親權(D)債權及物權

[101] (B) 下列何者非屬於憲法第二章所例示規定的權利？(A)平等權(B)自主權(C)生存權(D)訴訟權

[102] (B) 我國憲法中未明文列舉保障之人民自由或權利為：①知的權利②生存權③環境權④請願權(A)①②(B)①③(C)①④(D)③④

[103] (C) 以下何者非屬於憲法第二章所例示規定保障之自由？(A)秘密通訊之自由(B)信仰宗教之自由(C)發展人格之自由(D)集會結社之自由

也[104]。

(二) 平等權

依照憲法第 7 條規定，人民在法律上不受任何歧視或享有任何特權，而由國家取得均等機會之權利。不因男女、宗教、種族、黨派、階級而有不同[105]。憲法增修條文第 10 條第 6 項規定，國家應維護婦女之人格尊嚴，保障婦女之人身安全，消除性別歧視，促進兩性地位之實質平等[106]。

(三) 自由權

是要求行政或司法機關，非依據法律不得侵害人民自由的權利。參見憲法第 8 至 14 條，乃係關於人身自由、居住及遷徙自由、意見自由、秘密通訊自由、信仰宗教自由、集會結社自由[107]。以及憲法第 15 條之財產權。例如：1.我國工會法規定外籍勞工不可自組工會，係限制了外籍勞工的結社自由[108]。2.政府勸請人民在颱風期間，不要到海邊或山上釣魚或遊玩，不聽勸離者，將處以罰鍰，這是政府對於人民自由權之限制[109]。

---

[104] (D) 人民有要求國家積極保護其生命、充實其生活、繁殖其生息之權利，此種權利為：(A)財產權(B)自由權(C)平等權(D)生存權

[105] (A) 為了改善個人因階級、身分與門第不同，而遭受國家權力不同待遇，憲法創設何種權利？(A)平等權(B)自由權(C)隱私權(D)參政權

[106] (C) 國家應維護婦女之人格尊嚴，保障婦女之人身安全消除性別歧視，促進兩性地位之實質平等。此一規定見諸：(A)憲法第二章「人民之權利義務」(B)憲法第十三章「基本國策」(C)憲法增修條文(D)性別平等法

[107] (D) 下列何者是公法上的「權利」？(A)物權契約(B)繼承人之地位(C)債權契約(D)某甲向警察機關提出集會之申請

[108] (B) 我國工會法規定外籍勞工不可自組工會，係限制了外籍勞工的何種基本權利？(A)集會自由(B)結社自由(C)人身自由(D)財產自由

[109] (B) 政府勸請人民在颱風期間，不要到海邊或山上釣魚或遊玩，不聽勸離者，將處以罰緩，這是政府對於人民何種權利的限制？(A)平等權(B)自由權(C)受益權(D)參政權

(四) 受益權[110] [111]

是人民爲其自己的利益，請求政府機關爲某種行爲的權利，包括行政、司法、經濟、教育、社會上之受益權。參見憲法第 15、16、21 條之規定，可分爲以下幾個部分。1.行政上受益權：請願[112]、訴願[113]；2.司法上受益權：民、刑事訴訟，例如刑事被告享有詰問證人之權利，人民權利受損害時，向法院提出訴訟，請求爲一定裁判，以及行政訴訟，即訴訟權[114] [115]；3.教育上受益權：基本國民教育，此亦爲人民之義務[116] [117] [118]；4.經濟上受益權：生存權、工作權、財產權。

(五) 參政權

是人民參與國家或地方自治團體公務的權利，與公民投票制度建立息息相關，參見憲法第 17、18 條之規定[119]，包括：1.公民權[120]：選舉、罷

---

110 (B) 下列何者為公權？(A)物權(B)受益權(C)債權(D)非財產權

111 (D) 下列各項權利中，何者屬於公法上之權利？(A)人格權(B)身分權(C)債權(D)受益權

112 (D) 解嚴後，人民請願活動增加不少，請願是屬於憲法中人民之何種權利？(A)自由權(B)平等權(C)參政權(D)受益權

113 (B) 依憲法規定，我國人民有請願與訴願之權利。此種權利是屬於：(A)司法上之受益權(B)行政上之受益權(C)裁判上之受益權(D)訴訟上之受益權

114 (B) 刑事被告享有詰問證人之權利，是屬於憲法上何種基本人權的保障？(A)訴願權(B)訴訟權(C)自由權(D)審問處罰權

115 (B) 人民權利受損害時，向法院提出訴訟，請求為一定裁判之權利，是為何種權利？(A)請願權(B)訴訟權(C)訴願權(D)言論自由權

116 (C) 下列何者為人民之權利也是義務？(A)服公職(B)服兵役(C)受國民教育(D)選舉

117 (C) 人民接受國民教育，屬：(A)權利(B)義務(C)既是權利也是義務(D)既非權利也非義務

118 (C) 下列何種權利為我國憲法所明定兼具「權利與義務」雙重性質？(A)工作權(B)財產權(C)國民教育權(D)參政權

119 (C) 公民投票制度之建立，與下列何種基本權利之關係最為密切？(A)工作權(B)平等權(C)參政權(D)請願權

120 (C) 下列何種權利屬於公民權？(A)名譽權(B)財產權(C)參政權(D)姓名權

免、創制（性質類似公投）、複決[121] [122]；2.應考試服公職。

(六) 其他權利

憲法中雖未明文列舉，但是透過司法院大法官的解釋，也建立了幾種權利類型，例如隱私權、知識權、環境權等，例如釋字第 603 號解釋認爲全民指紋建檔的法令違憲，即是侵犯人民的資訊隱私權[123]。

四、私權[124] [125]

(一) 依權利的標的（內容）為區分標準

1. 人身權

即以人身上之利益爲內容，與人身不得分離（不得移轉）之權利，其包括人格權及身分權，爲不可移轉之一身專屬權，且具有得對抗任何人之對世（絕對）效力[126]。如以權利是否具有可移轉性爲標準，可將權利區分爲一身專屬權與非一身專屬權[127]。

(1) 人格權

即爲存在於權利人自己身體上之權利，即以人格爲標的之權利。乃與

---

121 (D) 我國憲法規定人民有選舉、罷免、創制及複決之權，此等權利屬於：(A)自由權(B)受益權(C)平等權(D)參政權

122 (C) 罷免權屬於下列何者？(A)公義務(B)私權利(C)公權利(D)既是公權利也是私權利

123 (B) 我國司法院大法官釋字第 603 號解釋認為，全民指紋建檔的法令違憲，理由是它侵犯人民哪一種基本權利？(A)言論自由權(B)資訊隱私權(C)財產權(D)人身自由權

124 (A) 身分權屬於下列何者？(A)私權利(B)公權利(C)公義務(D)既是公權利也是私權利

125 (A) 下列何者不屬於私權？(A)受益權(B)身分權(C)物權(D)人格權

126 (D) 關於權利之敘述，下列何者為正確？(A)只有國內法有公權(B)私權僅是指財產權(C)債權是一種對世權(D)身分權為專屬權

127 (D) 如以權利是否具有可移轉性為標準，可將權利區分為哪兩類？(A)對世權與對人權(C)物權與債權(B)主權利與從權利(D)一身專屬權與非一身專屬權

權利人人格不可分離，且人格權與權利人之人格相始相終，因出生而取得，因死亡而消滅，在權利關係存續中，不可以讓與、繼承或拋棄，與權利能力的規定相同，專屬於權利人一身[128][129]。權利人以其自身之人格利益之享受爲目的之權利。包括生命權、身體權、名譽權[130][131][132]、姓名權、信用權、肖像權等。例如某媒體報導某知名女星不欲爲人所知的傷心往事，則媒體的行爲侵害了女星的隱私權[133]。

(2) **身分權**

即存在於特定人身分關係上之權利，其主要係存在於親屬的身分關係上，亦可稱爲親屬權[134]。即與一定身分不可分離，且身分權與權利人的身分相始相終，例如家長權，以具有家長身分的權利人始能享有，從具有家長身分開始到不具有家長身分之期間，均享有家長權。另外尙有親權、監護權、繼承權均是。身分權與人格權同爲專屬權，不得爲移轉或拋棄。例如登報聲明脫離親子關係即爲無效[135][136]。

2. **財產權**

即以財產上利益爲內容之權利，其包括債權、物權、準物權及無體財產權。

---

[128] (D) 下述權利中，何者是專屬權？(A)所有權(B)抵押權(C)質權(D)人格權

[129] (B) 下列權利，何者不得繼承？(A)財產權(B)人格權(C)準物權(D)無體財產權

[130] (C) 下列何者不是財產權？(A)債權(B)物權(C)名譽權(D)著作權

[131] (D) 請問以下何權利屬於「一身專屬權」？(A)財產權(B)債權(C)所有權(D)名譽權

[132] (D) 下列何者不是憲法所規定之人民公權？(A)平等權(B)自由權(C)生存權(D)名譽權

[133] (D) 某媒體報導某知名女星不欲為人所知的傷心往事。媒體的行為侵害了女星的：(A)身分權(B)姓名權(C)信用(D)隱私

[134] (B) 下列何者為私權？(A)制裁權(B)身分權(C)參政權(D)受益權

[135] (B) 經登報聲明與其親生兒子脫離父子關係者。此種聲明：(A)具法律上效力(B)無法律上效力(C)若父子雙方協議終止父子關係，則具法律效力(D)須視個案而定

[136] (B) 甲父與乙子不睦，甲刊登廣告：「斷絕父子關係」。雙方斷絕的關係是：(A)姻親(B)無法斷絕關係(C)旁系血親(D)直系血親

(1) **債權**

以特定人之行爲或不行爲爲標的之權利，即特定人對特定人，要求特定行爲的能力[137][138]。例如某乙約定爲某甲做工，某甲即對他享有要求做工的權利是。如金錢給付之債權。有請求權者爲債權人，被相對要求者爲債務人。債權爲一種相對權而非絕對權（對世權），只能對特定人爲之，所以也無排他性，得對同一債務人有多數之內容債權併存[139][140]。例如甲擔任乙之家庭教師，爲乙補習英文。甲於約定之時日至乙處，乙卻外出未歸。因不可歸責於債務人之事由，致給付不能者，債務人免給付義務（民法 225 I），是以甲不必補課。當事人之一方因可歸責於他方之事由，致不能給付者，得請求對待給付（民法 267），是以甲得請求乙給付報酬[141]。

(2) **物權**

所有人在法令之範圍內得自由使用、收益、處分，即以對於特定物得享受一定利益爲內容之權利。如所有人對於其所有物，得於法令限制範圍內，自由使用收益處分的所有權是。物權計有八種：所有權、地上權、不動產役權、農有權、抵押權、典權、留置權及質權。物權爲一種絕對權（對世權），具有排他性，不容許其他同種類的權利並存。

(3) **準物權**

直接存於一定權利上之權利，非爲物權，但法律上之保障與物權相

---

[137] (B) 民法上特定人得請求特定人為一定給付的權利，稱為：(A)地上權(B)債權(C)抵押權(D)專利權

[138] (D) 甲對乙有新台幣十萬元之債權，該債權於我國民法上：(A)屬於不動產(B)屬於動產(C)既屬動產，亦屬不動產(D)既非屬動產，亦非屬不動產

[139] (D) 下列有關債權之敘述，何者錯誤？(A)債權是相對權(B)債權有不可侵害性(C)債權無排他性(D)對同一債務人不得有多數之內容債權併存

[140] (D) 下列關於得以對抗任何不特定人權利之對世權，何者敘述為錯誤？(A)絕對權(B)人格權(C)身分權(D)債權

[141] (A) 甲擔任乙之家庭教師，為乙補習英文。甲於約定之時日至乙處，乙卻外出未歸。此時甲與乙的權利義務關係如何？(A)甲不必補課，乙仍應給付報酬(B)甲不必補課，乙亦毋須給付報酬(C)甲應補課，始得請求乙給付報酬(D)甲應補課，乙不必給付報酬

同，而得爲支配之權。例如漁業權（漁業權被視爲物權，準用民法關於土地之規定[142]）、礦業權（礦業權被視爲物權，除礦業法有特別規定外，準用關於不動產之規定[143]）、或對他人之債權。

(4) **無體財產權（智慧財產權）**

無體財產權亦稱「專用權」，是個人精神智能的作品，爲其內容的權利，受私法保障，其取得多須經主管機關之註冊登記[144][145]。例如著作權[146][147]、專利權、商標權、商號權……等智慧財產權[148][149]。

(二) 依權利之作用為區分

1. 支配權

亦稱管轄權，直接支配權利客體之權利，權利人既有其權利，原則上即自得支配其權利之客體，直接對權利標的物爲支配的權利，是謂支配權。亦即得直接支配權利客體，使權利發生作用之權。民法中之人格權、身分權、物權即爲支配權[150]。尙有禁止他人妨礙其支配之作用，稱之禁止權。

---

[142] (B) 下列何者非民法上的物權，但準用民法關於不動產物權的規定之準物權？(A)農育權(B)漁業權(C)典權(D)質權

[143] (B) 以下何者不屬於無體財產權？(A)專利權(B)礦業權(C)商標權(D)著作權

[144] (A) 下列何者為私法所保護的財產權？(A)無體財產權(B)自由權(C)身分權(D)受益權

[145] (A) 以精神創作為客體之權利，稱為：(A)無體財產權(B)身分權(C)受益權(D)所有權

[146] (B) 民法上的權利為數眾多，下列何者屬於無體財產權？(A)所有權(B)著作權(C)抵押權(D)身分權

[147] (D) 下列何者不是人格權？(A)生命權(B)姓名權(C)身體權(D)著作權

[148] (A) 下列何者不屬於智慧財產權？(A)抵押權(B)專利權(C)著作權(D)商標權

[149] (D) 智慧財產權在權利的分類下屬於下列何者？(A)債權(B)物權(C)有體財產權(D)無體財產權

[150] (C) 下列何者不屬於支配權？(A)抵押權(B)所有權(C)撤銷權(D)商標權

2. 請求權

得請求特定人爲一定之作爲或不作爲之權利，是謂請求權[151][152]。其有由債權發生關係者，如債權人對於債務人請求債務之履行；有由物權關係者，如所有人請求他人勿占有其所有物[153]；有由親權發生者，如親權受到侵害時之除去妨害請求權。公法上亦有請求權，例如公務員之退休金請求權。若一定期間不行使，他方則得拒絕請求之一方，謂之消滅時效[154][155]。

3. 形成權

即依當事人一方之意思表示，使某種已成立之法律關係產生（得）發生、消滅（喪）、變更效力之權利，是謂形成權[156][157]。形成權並非獨立之權利，只不過附隨某一法律關係，藉以求法律關係之發展或使之歸於終結，主張被詐欺或被脅迫而爲意思表示。形成權乃一般權利之先驅，僅具手段作用，故亦稱副權利。不得單獨讓與。解除、終止、撤銷權[158]等屬之。例如：(1)無代理權代本人所爲的行爲，本人加以承認，而使之對於本人發生一定效果。(2)因被詐欺或被脅迫而爲意思表示者，表意人得撤銷其

---

151 (C) 以權利之作用為標準，則下列何者不是形成權？(A)撤銷權(B)解除權(C)請求權(D)繼承權之拋棄

152 (A) 要求他人為特定行為的權利，稱為：(A)請求權(B)抗辯權(C)形成權(D)支配權

153 (C) 關於請求權之敘述，下列何者為錯誤？(A)請求權之內容可為不作為(B)請求權不等於債權(C)物權當中不包含有請求權(D)公法中也有請求權

154 (D) 關於權利之敘述，下列何者為錯誤？(A)所有權是一種支配權(B)宗教自由是一種憲法保障的基本人權(C)身分權也是一種權利(D)公法上沒有請求權

155 (A) 下列何者為消滅時效之客體？(A)請求權(B)形成權(C)抗辯權(D)選擇權

156 (B) 可由權利人一方之意思表示使法律關係直接創設變更或消滅之權利稱：(A)請求權(B)形成權(C)支配權(D)抗辯權

157 (B) 依照當事人一方之意思表示，使某種權利產生、得、喪、變更的效果者，稱為：(A)抗辯權(B)形成權(C)絕對權(D)請求權

158 (C) 以權利的作用為區分標準，民法上的撤銷權是屬於：(A)請求權(B)支配權(C)形成權(D)抗辯權

意思表示（民法 92 I ）[159]。

4. **抗辯權**

對於請求權具有反抗拒絕作用之一種債務人之特別權利，亦附隨於一定之法律關係而存在。簡言之，即拒絕他人之請求權，使其不得履行之權利。亦即妨礙他人行使請求權的對抗權，是謂抗辯權[160]。例如：(1)承租人以出租人未交還押租金爲理由，拒絕交還房屋是[161]。(2)民法第 264 條：因契約互負債務者，於他方當事人未爲對待給付前，得拒絕自己之給付（本條又稱同時履行抗辯權）。例如承租人以出租人拒絕交還押金爲理由，拒絕返還房屋；永久抗辯權乃具有永久拒絕他人請求權之作用。例如，消滅時效完成後債務人之抗辯權（民法 144）。此二者均有實體法上之效力。

抗辯權又可分爲永久抗辯權及一時（延期）抗辯權。延期抗辯權乃具有暫時拒絕他人請求權之作用，僅使相對人之請求權利之效力，一時的被排除。

五、義務

所謂義務，乃是法律上所課之一定作爲或不作爲之拘束[162]。以義務所依據之法律爲標準，可將義務區分爲公法義務與私法義務，憲法上所明文僅係例示性質[163]。(一)公法義務乃依據公法之規定而負擔之義務，如憲法

---

[159] (B) 主張被詐欺或被脅迫而為意思表示者，可行使何種權利？(A)回復原狀(B)行使撤銷權(C)主張無效(D)損害賠償

[160] (B) 民法中妨礙他人行使請求權的一種對抗權，係為：(A)撤銷權(B)抗辯權(C)形成權(D)解除權

[161] (B) 承租人以出租人拒絕交還押金為理由，拒絕返還房屋，這種權利屬於：(A)形成權(B)抗辯權(C)支配權(D)請求權

[162] (C) 法律上所課之一定作為或不作為之拘束，稱為：(A)責任(B)擔保(C)義務(D)權利

[163] (B) 憲法規定人民有納稅、服兵役、受教育之義務，通說認為其規定之性質為下列何者？(A)列舉性質(B)例示性質(C)概括性質(D)兼採列舉性質及概括性質

中所定人民應盡之義務有：納稅、服兵役、受國民教育[164] [165]（憲法 19～21）。通說認爲憲法規定之性質爲例示性質。(二)公務員應誠實清廉、謹慎勤勉，不得有驕恣貪惰、奢侈放蕩等行爲，即爲保持品位之義務[166]。(三)私法義務乃依據私法之規定而負擔之義務，如一般金錢債務[167]。私法上的義務可依約定而免除或移轉，但有人身專屬性之義務則不得爲之，例如勞務給付義務以及親子之間的義務[168]。

應考小叮嚀

本章是民法總則編的縮影，多屬基本概念，包括權利能力與行為能力、動產與不動產、單獨行為與契約、債權與物權區分等，皆為常命題之考試重點，必須搭配民法總則重要條文一起研讀。

---

[164] (D) 下列何者非為憲法本文明定之人民義務？(A)納稅(B)服兵役(C)受國民教育(D)強制繳納保險費

[165] (C) 下列何者並非憲法上所列舉的人民公法義務？(A)納稅(B)服兵役(C)參加全民健保(D)受國民教育

[166] (B) 公務員應誠實清廉、謹慎勤勉，不得有驕恣貪惰、奢侈放蕩等行為，係屬何種義務？(A)執行職務之義務(B)保持品位之義務(C)忠實服務之義務(D)服從命令之義務

[167] (D) 以下何者為可移轉之義務？(A)某名歌星應聘登上舞台獻唱(B)某名人應聘公開演講(C)親子之間的義務(D)一般金錢債務

[168] (B) 民法規定「父母對於未成年之子女有保護教養之權利與義務」。父母此項權利義務：(A)得任意拋棄(B)不得拋棄(C)得與子女協議拋棄(D)向與親屬會議協議部分拋棄

第七章　法律之制裁

本章學習重點

1. 民事制裁類型
2. 刑事制裁類型
3. 行政制裁類型

第一節　制裁之意義

一、意義

法律制裁者，乃國家爲確保法律之效力，而對於違法者，所加之惡報。即國家對違反法律者所予之懲罰。我國法律的主要制裁包括，民事制裁、刑事制裁及行政制裁[1]。例如行政制裁針對違反道路交通管理處罰條例行爲之罰鍰[2]。

法律制裁者，惡報也，法律因人有畏懼惡報之心理，乃設有種種制裁，使未違法者，有所忌憚而不敢嘗試；已違法者，遭受懲罰而不敢再犯。法律制裁者對於違法者所加之惡報也，法律制裁之對象，僅爲違法者而已，違法者並不以自然人爲限，即國家與其他法人亦包括在內。而違法須有違法之事實，始能構成法律制裁之原因。若違反道德、宗教等規範，

---

1 (B) 我國法律的主要制裁包括：(A)民事制裁、刑事制裁及道德制裁(B)民事制裁、刑事制裁及行政制裁(C)民事制裁、刑事制裁及神的制裁(D)行政制裁、民事制裁及道德制裁

2 (B) 下列何者是「制裁」？(A)強制犯罪嫌疑人到案說明(B)針對違反道路交通管理處罰條例行為之罰鍰(C)基於預防緊急危難，強制拆除危險建築物(D)為了特定目的，強制駕駛人停車查驗證件

則非爲法律制裁之範疇。法律制裁者國家所加之惡報也，此種惡報爲國家所加，即一切對違法之制裁，唯有仰賴公權力。法律制裁者國家爲確保法律之效力，所加之惡報也，制裁爲一種手段，其本身並非目的，確保法律之效力乃其目的，以免國家法律形同具文。

二、原因

我國法律上的制裁，大約可以分爲刑事制裁、民事制裁與行政制裁[3]。違反法律之事實分爲：公法上之制裁，有憲法制裁、刑事制裁、行政制裁[4]；私法上之制裁，有民事制裁。褫奪公權、無期徒刑均係刑法上之制裁，公務員懲戒處分係行政法上之制裁（對公務員之制裁），同屬公法上之制裁。

違反法的事實，是否屬於公法或私法，與其所受法律之制裁，是否爲公法或私法的制裁，並無一定關係。(一)違反公法，受私法制裁者，如犯刑法上之毀棄損壞罪，故受刑事制裁，亦受私法上損害賠償之制裁。(二)違反私法，受公法制裁者，如重婚之一方，他方得請求強制離婚，亦受刑法上重婚罪之制裁。(三)一種違法的事實，同時受各種制裁者，公務人員之瀆職，發生懲戒處分之行政制裁，亦構成刑事制裁的瀆職罪，亦發生民事制裁的損害賠償。此時若係同一行爲受不同法律之處罰，另須考慮處罰之競合問題，例如：1.某甲酒醉駕車，可否同時處行政罰之罰鍰又科以刑罰之罰金？依行政罰法第 26 條規定：一行爲同時觸犯刑事法律及違反行政法上義務規定者，依刑事法律處罰之。故本案甲僅得科以罰金。2.意圖販賣而製作盜版光碟，同時有民事及刑事責任[5]。3.十九歲的王五，因積欠房租，深夜又經常將音樂放得很大聲，房東要求改善，致生衝突，夜裡王

---

[3] (C) 下列何者並非公務人員違法侵害人民自由權利時，應負之責任？(A)懲戒責任(B)民事責任(C)政治責任(D)刑事責任

[4] (A) 以下何項係屬公法上的制裁？(A)行政制裁與刑事制裁(B)行政制裁與民事制裁(C)民事制裁與刑事制裁(D)民事制裁與輿論制裁

[5] (A) 意圖販賣而製作盜版光碟一萬片，會有何種法律責任？(A)刑事責任及民事責任(B)只有行政責任，沒有刑事責任(C)只有民事責任，沒有刑事責任(D)有民事及行政責任，沒有刑事責任

五竟縱火燒屋洩憤，王五可能觸犯刑法、民法及社會秩序維護法[6]。

第二節　民事制裁

一、概說

制裁依主體作區分標準，可分公力制裁及私力制裁。公力制裁依制裁所依據之法律不同，又分私法制裁（民事制裁）及公法制裁。民事制裁亦稱私法上之制裁，即國家違反私法上之義務者，所加之制裁。

私法上之制裁與公法上之制裁的不同：

(一)性質不同

私法，違反私法上義務或有侵權行爲造成他人損害，應負損害賠償責任；公法，行爲人違反國家行政法規規定之義務或觸犯刑事法規，所受之處罰等。

(二)根據不同

私法，民事或民事特別法；公法，行政法規或刑事法規。

(三)發動的程序不同

私法，基於當事人之請求，國家爲被動；公法，除法律特別規定（告訴乃論）國家主動發動。

(四)效果不同

私法，私權之得、喪、變更或履行義務之效果；公法，1.公權喪失。

---

[6] (A) 十九歲的王五，因積欠房租，深夜又經常將音樂放得很大聲，房東要求改善，致生衝突，夜裡王五竟縱火燒屋洩憤。請問王五的行為可能屬犯哪種法律？①刑法②民法③勞動基準法④少年事件處理法⑤社會秩序維護法(A)①②⑤(B)①③④(C)②③⑤(D)③④⑤

2.處罰且需履行公法上義務（如納稅）。3.處罰（犯刑法上之罪）。

二、民事制裁之種類

(一) 權利之制裁

係指對於違法行爲或不履行義務者，積極的或消極的剝奪其權利之制裁。

1. 人格權之剝奪（法人之解散）

專對法人而施（因法人之人格爲法律所賦予，自然人之人格與生俱來，終其一生而存在），民法第 36 條規定，法人之目的或其行爲，有違反法律、公共秩序或善良風俗者，法院得因主管機關、檢察官或利害關係人之請求，宣告解散。被解散後法人之人格權因此消滅。

2. 身分權之剝奪（停止權利之行使）

因身分所得行使之權利，法律對之予以剝奪之制裁。行爲人違反民法規定，得剝奪其基於一定身分所得享有之權利。如「父母之一方濫用其對於子女之權利時，法院[7]得依他方、未成年子女、主管機關、社會福利機構或其他利害關係人[8]之請求或依職權，爲子女之利益，宣告停止其權利之全部或一部」（民法 1090）[9]。又如民法上之剝奪繼承權[10]（民法 1145）。

---

[7] (B) 依民法規定，父母濫用其對於子女之權利，其最近尊親屬或親屬會議，得糾正之。糾正無效時，得請求何者宣告停止其權利之人全部或一部？(A)社會福利機構(B)法院(C)親屬會議(D)檢察官

[8] (C) 父母之一方濫用其對於子女之權利時，下列何者無權請求法院宣告停止該父母一方之權利？(A)未成年子女(B)主管機關(C)戶政機關(D)其他利害關係人

[9] (D) 當父母因濫用其對於未成年子女權利而被停止親權時，係屬何種制裁？(A)刑事制裁(B)道德制裁(C)行政制裁(D)民事制裁

[10] (D) 父母濫用其對子女之權利，經法院宣告停止其權利之全部或一部。此屬於何種類型之民事制裁？(A)回復原狀(B)金錢賠償(C)契約解除權之行使(D)身分權之剝奪

3. 法律行為之無效及撤銷

使某種不適法或不正當之法律行爲不生效力。無效係指法律上當然且確定的不發生其效力——某種行爲不發生法律上之效果，即某種法律行爲缺乏有效要件，致不生法律上效果[11]。民法第 72 條規定，法律行爲背於公共秩序或善良風俗者無效。例如簽訂人口買賣契約，依本條無效[12]。

撤銷係指意思表示有欠缺（瑕疵），有撤銷權人得行使撤銷權，將之撤銷，使之自始消滅其效力。撤銷權之行使，自意思表示後經過一年而消滅，此爲除斥期間[13]，係民法對法律行爲撤銷之限制。某種行爲經撤銷[14]後，失去其法律上之效力。例如：民法第 74 條第 1 項之規定，法律行爲，係乘他人之急迫、輕率或無經驗，使其爲財產上給付，依當時情形顯失公平者之暴利行爲，法院得因利害關係人之聲請，撤銷其法律行爲或減輕其給付[15][16]。撤銷又分制裁性撤銷及非制裁性撤銷，前者係指法院因利害關係人之聲請，撤銷其法律行爲。依民法第 92 條之規定，因被詐欺或被脅迫，而對他人爲負擔債務之意思表示者，表意人得撤銷其意思表示；後者如民法第 89 條之規定，表意人因傳達人或傳達機關傳達不實者，表意人得將其意思表示撤銷。法律行爲有錯誤或不自由者，得撤銷該法律行

---

[11] (B) 法律行為當然且確定不發生其效力者，稱為：(A)得撤銷(B)無效(C)效力未定(D)得終止

[12] (B) 甲乙雙方簽訂人口買賣契約，此買賣契約的效力如何？(A)有效(B)無效(C)效力未定(D)得撤銷

[13] (A) 撤銷權之行使，自意思表示後經過一年而消滅，此一年期間稱為：(A)除斥期間(B)消滅時效期間(C)附停止條件(D)時效中斷

[14] (D) 對於已發生效力的法律行為使其溯及失效，稱為：(A)無效(B)撤回(C)廢止(D)撤銷

[15] (C) 法律行為，係乘他人之急迫、輕率或無經驗，使其為財產上之給付，或為給付之約定，依當時情形顯失公平者，稱為：(A)詐欺行為(B)意思行為(C)暴利行為(D)權利行為

[16] (B) 法律行為係乘他人之急迫、輕率或無經驗，使其為財產上之給付，或為給付之約定，依當時情形顯失公平者，此項法律行為之效力為何？(A)當然無效(B)利害關係人得聲請法院，撤銷其法律行為或減輕其給付(C)向後失效(D)須經法定代理人之同意，始生效力

爲[17]，如民法第 246 條規定，以不能之給付爲契約標的者，其契約爲無效[18]。

4. 契約之解除[19]

契約的當事人，若一方不履行義務，或履行不完全時，他方得通告解除其契約。解除權係對於對方債務之不履行而設，故爲一種權利上之制裁，可分爲法定解除權（基於法律上規定解除者）及約定解除（基於契約上之保留者）。

(二) 財產上之制裁

對於違法行爲或不履行義務者，予以財產上之損失，以爲制裁。

1. 返還利益

如民法第 179 條規定，無法律上之原因而受利益，致他人受損害者，應返還其利益。此即不當得利，係指無法律上之原因而受利益，致他人受損害者稱之。不當得利之受領人，應將利益返還受益人。其當事人係指受領人，爲受利益人（債務人）；其受損害人爲債權人。成立要件有：(1)受領人需受有利益。(2)致他人受損害。(3)無法律上之原因（如繼承）。

2. 損害賠償[20]

回復或塡補他人所受之損害，即私法上對於侵權行爲或債務不履行者之制裁。如民法第 184 條規定，因故意或過失，不法侵害他人之權利者，負損害賠償責任。故意以背於善良風俗之方法，加損害於他人者，亦同。此即「侵權行爲」。例如甲走在路上被乙之汽車撞傷，甲可向乙主張侵權

---

17 (B) 關於法律行為之撤銷，下列敘述何者正確？(A)法律行為違反公共秩序或善良風俗者，得撤銷該法律行為(B)法律行為有錯誤或不自由者，得撤銷該法律行為(C)法律行為之撤銷，只能由法院為之，以示慎重(D)法律行為未撤銷前，即屬無效

18 (B) 以自始客觀不能之給付為契約標的者，契約效力如何？(A)有效(B)無效(C)效力未定(D)得撤銷

19 (B) 下列何種制裁屬於民事制裁？(A)罰鍰(B)解除契約(C)停止營業(D)罰金

20 (C) 下列何者是民事制裁？(A)沒收(B)懲戒(C)損害賠償(D)罰鍰

行爲[21]。侵害生命權之財產上損害賠償，包括醫療費、殯葬費（民法 192 Ⅰ）及扶養費（民法 192Ⅱ）。被害人喪失或減少勞動能力或增加生活上之需要，係屬侵害身體、健康權之財產上損害賠償之範圍（民法 193）[22]。

(1) 損害賠償發生原因：A.基於法律行爲而發生，如保險契約。B.基於法律之規定，如侵權行爲及債務之不履行。在民事法律關係中，私權遭受侵害主要以損害賠償爲主要的制裁手段[23]。

(2) 賠償之方法：A.原則上採回復原狀：賠償義務人對於被害人，回復其損害發生前之原狀。B.例外採金錢賠償（償金）：賠償義務人對於被害人，給付相當之金錢，以塡補其損害[24]。如民法第 213 條第 1 項規定，負損害賠償責任者，除法律另有規定或契約另有訂定外，應回復他方損害發生前之原狀。損害賠償不能回復原狀或回復顯有重大困難者，應以金錢賠償其損害[25]。此處之法律另有規定，如侵害人格權之賠償，應賠償相當之金額；契約另有訂定，指當事人對於損害賠償之方法以特約另定者，如當事人約定於債務不履行時，應支付違約金。

(3) 過失可分爲「重大過失」（一般人注意之義務）、「具體輕過失」（與處理自己事物同一注意之義務）與「抽象輕過失」（善良管理人之注意義務）。

(三) 其他之制裁方式

1. 強制執行

(1)執行機關運用國家之強制力，使債務人履行法律上所期之效果，以

---

[21] (A) 甲走在路上被乙之汽車撞傷，問甲可向乙主張何種權利？(A)損害賠償(B)瑕疵擔保(C)懲罰性違約金(D)返還利益

[22] (D) 侵害生命權之財產上損害賠償範圍不包括下列何者？(A)殯葬費(B)醫療費(C)扶養費(D)喪失勞動能力

[23] (A) 在民事法律關係中，私權遭受侵害，以何者為主要之制裁手段？(A)損害賠償(B)罰金(C)拘役(D)沒收

[24] (A) 民法所規定之損害賠償責任：(A)以回復原狀為原則，金錢賠償為例外(B)以金錢賠償為原則，回復原狀為例外(C)僅金錢賠償(D)僅須回復原狀

[25] (A) 損害賠償不能回復原狀或回復顯有重大困難者，則：(A)應以金錢賠償其損害(B)應以代替物賠償其損害(C)應賠償非財產上之損害(D)無庸賠償損害

達實現保護確定之私權爲目的之行爲。由債權人聲請，以確保其債權。向債務人請求履行，並得向法院提起請求給付之訴，若債務人仍置若罔聞，國家可用其強制力使債務人爲之履行。例如甲男長期以電話騷擾乙女，致乙女精神受有極大傷害，經向法院起訴，法院判決禁止甲男再打電話給乙女[26]。(2)依強制執行法爲之，包括動產的執行、不動產的執行、其他財產權的執行、物之交付請求權的執行、行爲及不行爲請求權的執行、假扣押及假處分的執行。(3)直接強制，依國家之強制力，不問債務人之意思如何，以直接實現債之內容。以給與之債務爲限（行爲之債務不用此方法），如關於金錢債權，處分債務人之財產，調取一定之金額交與債權人。關於物之交付請求權的執行，解除債務人之占有，以移轉債權人。(4)代替執行，以債務人之費用，使債權人或第三人實現債之內容。對行爲之債務中得由第三人爲之以達其目的者適用之。如代拆除建物。(5)間接強制，命爲損害賠償，處以過怠金，或以拘提管收之方式，對於債務人加以身心上之壓迫，以使其實現給付。對於行爲之債務中非他人所能代替履行，或不行爲之債務始得適用之。如不於一定土地上建造房屋之債務，但性質上不許強制執行者不在此限，如婚姻之預約。

2. 拘提管收

強制債務人到案謂之拘提。拘束債務人於一定之場所，以督促其履行債務，謂之管收。非債務人有特定情形者不得爲之。例如債務人受合法之傳喚，無正當理由而不到場者，執行法院得拘提之[27]。債務人顯有逃匿之虞，經法院令其提出擔保，無相當擔保者，得管收之[28]。

3. 查封拍賣

4. 代履行或強制履行（強制執行法 127～129）

---

[26] (D) 甲男長期以電話騷擾乙女，致乙精神受有極大傷害，經向法院起訴，法院判決禁止甲再打電話給乙。此為：(A)行政制裁(B)刑事制裁(C)行政處分(D)民事制裁

[27] (B) 依強制執行法第 21 條規定，債務人受合法之通知，無正當理由而不到場者，執行法院得採取下列何種行為？(A)拘役(B)拘提(C)拘留(D)拘去

[28] (D) 拘束債務人之身體於一定場所，以督促其履行債務，屬於下列何者？(A)拘提(B)羈押(C)拘役(D)管收

三、民事上之自力救濟

(一) 自衛

1. 正當防衛

對於現時不法之侵害，爲防衛自己或他人之權利所爲之行爲，不負損害賠償之責；但已逾越必要程度者，仍應負相當賠償之責（民法 149）。要件如下：(1)須有加害行爲，且爲不法之侵害與現時之侵害。(2)須有防衛行爲，且爲防衛自己或他人之權利所爲之行爲，及未逾必要之程度。

2. 緊急避難

因避免自己或他人生命、身體、自由或財產上急迫之危險所爲之行爲，不負損害賠償之責（民法 150）。

(二) 自助[29]

1. 一般自助行為

爲保護自己權利，對於他人自由或財產，施以拘束、收押或毀損者，謂之自力救濟行爲。

(1) 事前限制

爲保護自己權利，對於他人自由或財產，施以拘束、押收或毀損者，不負損害賠償之責。但以不及受法院或其他有關機關援助，並非於其時爲之，則請求權不得實行或其實行顯有困難者爲限（民法 151）。

(2) 事後限制

依前條之規定，拘束他人自由或押收他人財產者，須即時向法院聲請處理。前項聲請被駁回，或其聲請遲延者，行爲人應負損害賠償之責（民法 152）。

2. 特殊自助行為

(1) 留置權

如不動產出租人之留置權（民法 445）、土地所有權人之留置權（民法

---

29 (A) 下列何者屬於自力救濟行為？(A)自助行為(B)訴願(C)民事訴訟(D)請願

791)、場所主人之留置權(民法 612)、土地所有權人之刈除權(民法 797)。

(2) 追止權

依民法第 960 條規定，占有物被侵奪者，如係動產，占有人得就地或追蹤向加害人取回之。

第三節　刑事制裁

一、概說

國家對於違反刑事法律規範者，所加諸之處罰，是謂刑事制裁，同時也是制裁中最爲嚴厲，其與憲法上之制裁(彈劾、罷免)、行政法上之制裁，共構成公法制裁。國家對犯罪之人可施以逮捕、拘禁等手段，是謂國家之強制權。依刑法第 1 條明示:「行爲之處罰，以行爲時之法律有明文規定者爲限。」此爲刑法罪刑法定原則，其派生原則有習慣法禁止原則、罪刑明確原則、禁止類推適用原則、禁止溯及既往原則[30]。國家對於違反刑事規定者所爲之處罰，包括普通法與特別法。刑罰，分爲主刑及從刑(刑法 32)。主刑之種類爲:一、死刑。二、無期徒刑。三、有期徒刑:二月以上，十五年以下。但遇有加減時，得減至二月未滿，或加至二十年。四、拘役:一日以上，六十日未滿。但遇有加重時，得加至一百二十日。五、罰金:新台幣一千元以上，以百元計算之(刑法 33)。無期、有期徒刑、拘役均爲自由刑，罰金則爲財產權。未滿十八歲人或滿八十歲人犯罪者，不得處死刑或無期徒刑。

---

[30] (C) 下列何者非刑罰之重要原則?(A)法律不溯既往原則(B)罪刑法定原則(C)類推適用原則(D)審判獨立原則

二、刑事制裁之種類

(一) 主刑[31] [32]

1. 生命刑（死刑）

指剝奪犯人生命之刑，爲刑法中最重者。但對於未滿十八歲或滿八十歲人犯罪，不得處死刑或無期徒刑（刑法 63）[33]，故在我國，死刑並未廢除。死刑是否應廢除？義大利刑法學者貝加利亞（Beccaria）於 1764 年著《犯罪與刑罰》一書中提倡廢除死刑後，關於死刑應否廢止即引起廣泛討論，並爲許多國家接受。

2. 自由刑[34] [35]

指國家剝奪犯人身體自由之刑罰，包括：

(1) 無期徒刑

指終身剝奪犯人自由之刑罰[36]，但未滿十八歲或滿八十歲人犯罪，不得處無期徒刑[37]（刑法 63）。

(2) 有期徒刑

指一定期間內，監禁犯人，使其失去自由之刑。二月以上，十五年以下。但遇有加減時，得減至二月未滿，或加至二十年。受羈押期間算入刑

---

[31] (D) 下列何者非刑法所規定之主刑？(A)死刑(B)有期徒刑(C)罰金(D)沒收

[32] (B) 以下何者不屬於主刑？(A)拘役(B)褫奪公權(C)罰金(D)有期徒刑

[33] (A) 對於未滿幾歲之人不得處以死刑？(A)十八歲(B)十六歲(C)十四歲(D)二十歲

[34] (C) 我國刑法上的自由刑係指：(A)死刑(B)褫奪公權(C)無期徒刑、有期徒刑、拘役(D)沒收

[35] (C) 下列何者並非刑罰當中「自由刑」處罰之種類？(A)無期徒刑(B)有期徒刑(C)死刑(D)拘役

[36] (C) 刑事制裁中有所謂自由刑，係指：(A)勒令歇業(B)人格權的剝奪(C)無期徒刑(D)強制工作

[37] (B) 刑法上對於年滿八十歲的人犯罪時，得予：(A)免除其刑(B)減輕其刑(C)赦免(D)保安處分

期[38]。

(3) 拘役[39]

與有期徒刑之不同，拘役之時間較短，拘役不生累犯問題。累犯依刑法第 47 條，受徒刑之執行完畢，或一部之執行而赦免後，五年以內故意再犯有期徒刑以上之罪者，爲累犯，加重本刑至二分之一。第 98 條第 2 項關於因強制工作而免其刑之執行者，於受強制工作處分之執行完畢或一部之執行而免除後，五年以內故意再犯有期徒刑以上之罪者，以累犯論。

3. 財產刑

即「罰金」[40]，依刑法第 42 條第 1 項規定，罰金[41]應於裁判確定後，兩個月內完納[42]。刑法中科罰金[43]之方法有四：

(1) 專科罰金

對犯罪人只科以罰金，不加他種刑罰。對輕微犯罪人爲之。如刑法第 148 條，於無記名之投票，刺探票載之內容者，處三百元以下罰金。

(2) 選科罰金

就其刑罰之輕重，就有期徒刑、拘役或罰金中擇一處罰。如刑法第 158 條，冒充公務員而行使其職權者，處三年以下有期徒刑、拘役或五百元以下罰金。

(3) 併科罰金

指與徒刑等一併處罰，如刑法第 129 條，公務員對於租稅或其他入款

---

38 (C) 甲因案被羈押一年，經過法院審理後，遭判刑一年六個月確定，問甲仍應服刑之期間為何？(A)一年(B)一年六個月(C)六個月(D)立即釋放

39 (D) 依照我國刑法第 33 條規定，下列何者非自由刑？(A)有期徒刑(B)無期徒刑(C)拘役(D)拘留

40 (B) 下列何者不是民事制裁？(A)違約金(B)罰金(C)損害賠償(D)繼承權的剝奪

41 (D) 下列何者為我國刑法所規定之財產刑？(A)罰鍰(B)怠金(C)代金(D)罰金

42 (A) 罰金應於裁判確定後，下列何期限內完納？(A)兩個月內(B)三個月內(C)四個月內(D)六個月內

43 (B) 對於一定之犯罪行為，判令犯罪者繳納一定金錢之刑罰為下列何者？(A)罰鍰(B)罰金(C)罰款(D)罰錢

明知不應徵收而徵收者，處一年以上七年以下有期徒刑，得併科七千元以下罰金。

(4) 易科罰金

指以罰金代徒刑之處罰，刑法第 41 條，犯最重本刑為五年以下有期徒刑以下之刑之罪，而受六個月以下有期徒刑或拘役之宣告者，得以新台幣一千元、二千元或三千元折算一日，易科罰金。但確因不執行所宣告之刑，難收矯正之效，或難以維持法秩序者，不在此限。前項規定於數罪併罰，其應執行之刑未逾六月者，亦適用之。

4. 宣告刑

係指被告犯罪時，法院依照被告犯罪時的法律條文，宣判的刑期[44]。刑之加重及減輕者，適用上先加後減[45]。

(二) 從刑

刑法第 36 條第 1 項，從刑為褫奪公權[46][47]。

褫奪公權屬於一種資格刑（能力刑）[48]，乃剝奪或限制犯人公法上之權利和能力[49]。褫奪公權，於裁判時併宣告之，可分為終身褫奪與有期褫奪（一至十年）。刑法第 36 條第 2 項：褫奪公權者，褫奪下列資格：一、為公務員之資格；二、公職候選人之資格。刑法第 37 條：宣告死刑或無期

---

[44] (A) 依刑法第 271 條第 1 項規定：「殺人者，處死刑、無期徒刑或十年以上有期徒刑。」今某甲殺人，法院判處甲十二年有期徒刑，稱為：(A)宣告刑(B)執行刑(C)法定刑(D)何妨日刑

[45] (D) 刑有加重及減輕者如何適用？(A)同時加減(B)不再加減(C)先減後加(D)先加後減

[46] (B) 刑可分為主刑與從刑；以下何者屬於從刑？(A)死刑(B)褫奪公權(D)拘役(D)罰金

[47] (D) 褫奪公權係：(A)行政制裁中的從刑(B)刑事制裁中的主刑(C)民事制裁中的主刑(D)刑事制裁中的從刑

[48] (C) 刑罰中之褫奪公權，係屬於何種制裁？(A)生命刑(B)自由刑(C)資格刑(D)財產刑

[49] (D) 刑法上的能力刑指：(A)死刑(B)拘役(C)沒收(D)褫奪公權

徒刑者，宣告褫奪公權終身[50]。宣告一年以上有期徒刑，依犯罪之性質認爲有褫奪公權之必要者，宣告一年以上十年以下褫奪公權。褫奪公權，於裁判時併宣告之。褫奪公權之宣告，自裁判確定時發生效力。依第 2 項宣告褫奪公權者，其期間自主刑執行完畢或赦免之日起算。但同時宣告緩刑者，其期間自裁判確定時起算之[51]。

(三)沒收

沒收從過去的從刑，改爲獨立的制裁手段。

刑法第 38 條：違禁物，不問屬於犯罪行爲人與否，沒收之（Ⅰ）。供犯罪所用、犯罪預備之物或犯罪所生之物，屬於犯罪行爲人者，得沒收之。但有特別規定者，依其規定（Ⅱ）。前項之物屬於犯罪行爲人以外之自然人、法人或非法人團體，而無正當理由提供或取得者，得沒收之。但有特別規定者，依其規定（Ⅲ）。前二項之沒收，於全部或一部不能沒收或不宜執行沒收時，追徵其價額（Ⅳ）。

第 38 條之 1：犯罪所得，屬於犯罪行爲人者，沒收之。但有特別規定者，依其規定（Ⅰ）。犯罪行爲人以外之自然人、法人或非法人團體，因下列情形之一取得犯罪所得者，亦同：一、明知他人違法行爲而取得。二、因他人違法行爲而無償或以顯不相當之對價取得。三、犯罪行爲人爲他人實行違法行爲，他人因而取得（Ⅱ）。前二項之沒收，於全部或一部不能沒收或不宜執行沒收時，追徵其價額（Ⅲ）。第 1 項及第 2 項之犯罪所得，包括違法行爲所得、其變得之物或財產上利益及其孳息（Ⅳ）。犯罪所得已實際合法發還被害人者，不予宣告沒收或追徵（Ⅴ）。

第 38 條之 2：前條犯罪所得及追徵之範圍與價額，認定顯有困難時，得以估算認定之。第 38 條之追徵，亦同（Ⅰ）。宣告前二條之沒收或追徵，有過苛之虞、欠缺刑法上之重要性、犯罪所得價値低微，或爲維持受宣告人生活條件之必要者，得不宣告或酌減之（Ⅱ）。

---

[50] (A) 宣告無期徒刑者，如何褫奪公權？(A)應宣告褫奪公權終身(B)應宣告褫奪公權十年以上(C)應宣告褫奪公權十五年以上(D)應宣告褫奪公權二十年以上

[51] (C) 非屬宣告死刑或無期徒刑者，其褫奪公權之執行，自何時起算？(A)判決確定起算(B)主刑執行開始日(C)主刑執行完畢或赦免之日起算(D)羈押日起算

第38條之3：第38條之物及第38條之1之犯罪所得之所有權或其他權利，於沒收裁判確定時移轉爲國家所有（Ⅰ）。前項情形，第三人對沒收標的之權利或因犯罪而得行使之債權均不受影響（Ⅱ）。第1項之沒收裁判，於確定前，具有禁止處分之效力（Ⅲ）。

第40條：沒收，除有特別規定者外，於裁判時併宣告之（Ⅰ）。違禁物或專科沒收之物得單獨宣告沒收（Ⅱ）[52]。第38條第2項、第3項之物、第38條之1第1項、第2項之犯罪所得，因事實上或法律上原因未能追訴犯罪行爲人之犯罪或判決有罪者，得單獨宣告沒收（Ⅲ）。

(四) 保安處分[53]

保安處分係指對於爲犯罪行爲，或其他類似行爲而具有危險性之人，爲防止他發生危險，侵害社會秩序起見，在刑罰之外，將他治療及隔離，以預防再犯，防衛社會之處分，刑之執行完畢或赦免後，開始執行[54]。1.刑罰以外之處分。2.目的和刑罰同，在於防衛社會，預防再犯。3.以具有特殊危險性爲條件。4.將受處分人施以治療或隔離：如(1)感化教育（刑法86）、(2)監護（刑法87）、(3)禁戒（刑法88～89）、(4)強制工作（刑法90）、(5)強制治療（刑法91、91-1）、(6)保護管束（刑法92、93）、(7)驅逐出境（刑法95）。茲整理如下表[55][56]。

---

[52] (B) 下列何物不得沒收？(A)違禁物(B)違建物(C)因犯罪所得之物(D)供犯罪預備之物

[53] (A) 下列何者為刑事制裁？(A)保安處分(B)宣告解散(C)損害賠償(D)降級

[54] (B) 驅逐出境處分，係於何時開始執行？(A)受有期徒刑以上之宣告後(B)刑之執行完畢或赦免後(C)發現犯罪時(D)起訴之後

[55] (B) 下列何者並非我國刑法上的保安處分種類？(A)驅逐出境(B)社區服務(C)禁戒(D)保護管束

[56] (B) 我國刑法有關保安處分之規定，不包括下列何者？(A)感化教育處分(B)假釋(C)監護處分(D)強制治療處分

	目的	客體	期間	處所
感化教育	藉感化以改善其惡性	1.未滿十四歲而不罰者[57] 2.未滿十八歲而減輕其刑者	三年以下	有家庭式、學校式、軍營式之分
監護處分	藉監禁保護以防其危害社會	1.心神喪失而不罰者 2.精神耗弱或瘖啞而減輕其刑者	五年以下	受處分人之家庭、學校、精神醫院或其他處所
禁戒處分	禁絕戒除不良嗜好以根除犯罪原因	1.煙毒犯 2.酗酒犯	一年以下	相當處所，普通以醫院或勒戒所爲主
強制工作[58]	培育其刻苦耐勞德性以及一技之長，糾正不良積習	1.習慣犯 2.常業犯 3.遊蕩成習而犯罪者 4.懶惰成習而犯罪者	三年以下	公營農場、工廠、習藝所、教養院或其他勞動處所
強制治療	治療傳染病	1.犯第 285 條之罪者（傳染花柳病、痲瘋罪） 2.妨害性自主罪	1.至治癒爲止 2.至其再犯危險顯著降低爲止	公私立醫院、痲瘋療養院或其他相當處所
保護管束	對於受保護管束人之行爲，加以觀護保護，以使其過適法生活	1.假釋人 2.受緩刑宣告人 3.代替其他保安處分	三年以下	警察機關、自治團體、慈善團體、本人之最近親屬或其他適當之人行之
驅逐出境	預防犯罪	受有期徒刑以上刑之宣告之外國人	不受限制	

57 (B) 刑法中之感化教育係針對犯罪者？(A)因心神喪失而不罰者所為之保安處分(B)因未滿十四歲而不罰者所為之保安處分(C)因有犯罪習慣者於刑之執行完畢後所為之保安處分(D)犯罪者之宗教課程

58 (B) 強制工作屬於下列何者？(A)道德感化(B)保安處分(C)行政制裁(D)民事制裁

三、刑法上之自力救濟

(一) 自力救濟之意義

一般法學上所謂之「自力救濟」，是指當權利受侵害時，因事出非常，來不及依國家所定之法律程序請求救濟，而以自己的力量直接對違反義務人予以制裁，以防止權利被侵害或促使履行義務。在法律上得稱自力救濟者，在民法上有自衛行爲與自助行爲；在刑法上有正當防衛與緊急避難。另社會秩序維護法亦有正當防衛與緊急避難。而國際法上之自力救濟有戰爭前之手段（停止邦交、報復、報仇、封鎖、經濟制裁）及戰爭。

(二) 刑法上自力救濟之類型

我國法律原則上對於違反法律規定者的制裁交由國家行使，但法律允許在正當防衛及緊急避難的情形下自力救濟[59]。以風險分擔爲原則[60]，以法益權衡爲核心思想[61]。

1. 正當防衛

刑法第 23 條：對於現在不法之侵犯，而出於防衛自己或他人權利之行爲不罰；但防衛行爲過當者，得減輕或免除其刑。要件如下：(1)須對於現在之侵犯；(2)須對於不法之侵犯；(3)須出於防衛自己或他人權利之行爲；(4)須其防衛不過當。如小偷乙趁夜間侵入甲住宅行竊後正逃走之際，爲甲發覺，甲遂予以強制拉住並毆倒使其不能逃逸，則甲對傷害乙之行爲

---

[59] (B) 我國法律原則上對於違反法律規定者的制裁交由國家行使，但法律允許在何種情況下有自力救濟的可能？(A)正當防衛及復仇(B)正當防衛及緊急避難(C)緊急避難及復仇(D)戰爭與緊急避難

[60] (D) 關於責任之敘述，下列何者為正確？(A)政治責任等同法律責任(B)我國在憲法當中規定有國家賠償責任(C)民事責任就是債務履行(D)刑事責任以風險分擔為原則

[61] (A) 緊急避難作為阻卻違法事由的核心思想為何？(A)法益權衡(B)制度保障(C)誠信原則(D)信賴保護

主張正當防衛。[62]如甲以為想替自己拍掉肩上頭皮屑的乙要打自己，將乙推倒，致乙摔傷骨折，甲可能成立因誤想防衛而成立過失傷害罪[63]。

2.緊急避難

刑法第 24 條：因避免自己或他人生命、身體、自由、財產之緊急危難，而出於不得已之行為，不罰。但避難行為過當者，得減輕或免除其刑[64][65][66]。前項關於避免自己危難之規定，於公務上或業務上有特別義務者，不適用之。如船長對於船上乘客有救助義務，不可為自己的緊急危難而避難[67]。如甲、乙同舟，遇風將溺，乙奪甲之救生圈，致甲溺死，乙之行為可以主張緊急避難[68]。如甲某日突然察覺其鄰居乙之屋內濃厚的瓦斯味，甲為救人起見，立即持磚塊將乙屋之窗戶打破讓新鮮空氣流入，甲可

---

[62] (D) 小偷乙趁夜間侵入甲住宅行竊後正逃走之際，為甲發覺，甲遂予以強制拉住並毆倒使其不能逃逸，則甲對傷害乙之行為可以如何主張以免受制裁？(A)心神喪失(B)緊急避難(C)依法令之行為(D)正當防衛

[63] (C) 甲以為想替自己拍掉肩上頭皮屑的乙要打自己，將乙推倒，致乙摔傷骨折，甲成立何罪？(A)成立故意傷害罪(B)因正當防衛而不成立犯罪(C)因誤想防衛而成立過失傷害罪(D)成立重傷罪

[64] (D) 因避免自己或他人何種權利之急迫之危險所為之行為，不負損害賠償之責。但以避免危險所必要，並未逾越危險所能致之損害程度者為限。此即民法規定緊急避難之情形？(A)限於名譽權、姓名權之急迫(B)一切權利之急迫(C)限於非財產權之急迫(D)生命、身體、自由或財產上之急迫

[65] (C) 為避免自己或他人生命、身體、自由或財產上急迫之危險而出於不得已之行為，稱為：(A)自衛行為(B)正當防衛(C)緊急避難(D)自助行為

[66] (C) 刑法第 24 條所規定，因避免自己或他人生命、身體、自由、財產之緊急危難而出於不得已之行為？(A)不管是否過當均不處罰(B)要加以處罰(C)若未過當則不罰(D)由法官自由決定是否處罰

[67] (A) 下列何種人員，刑法上規定，不得為自己的緊急危難而避難？(A)船長(B)老師(C)領隊(D)市長

[68] (A) 甲、乙同舟，遇風將溺，乙奪甲之救生圈，致甲溺死，乙之行為應受到何種制裁？(A)不罰(B)罰鍰(C)六個月以下有期徒刑(D)罰金

主張依刑法「緊急避難」之規定阻卻違法[69]。如甲男與乙女結婚週年搭乘豪華郵輪出國旅遊，豈料船難，數百人海中載沉載浮，甲爲救其愛妻搶奪瘦弱之丙的救生圈，丙因而溺斃，甲可主張緊急避難[70]。如甲駕車行進中，突然有小朋友爲撿拾飛盤而衝出巷口，甲爲避免撞上該小朋友，緊急將方向盤往左打死，不得已撞上對向駛來之公車，致甲所駕駛之車與公車車頭凹陷，幸無人傷亡，甲可主張緊急避難[71]。

第四節　行政制裁

一、概說

行政制裁係指對於違反行政法規或行政處分所加之制裁。依制裁對象作區分標準，又可分爲對人民之制裁、對公務員之制裁及對行政機關之制裁。例如人民因爲行爲不檢被科處的警察罰即屬之[72][73]。又如因違規穿越

---

[69] (C) 甲某日突然察覺其鄰居乙之屋內濃厚的瓦斯味，甲為救人起見，立即持磚塊將乙屋之窗戶打破讓新鮮空氣流入，甲之行為：(A)仍構成毀損罪，但應減輕其刑(B)可依法「正當防衛」之規定阻卻違法(C)可依刑法「緊急避難」之規定阻卻違法(D)可依刑法「業務上正當行為」之規定阻卻違法

[70] (D) 甲男與乙女結婚週年搭乘豪華郵輪出國旅遊，豈料船難，數百人海中載沉載浮，甲為救其愛妻搶奪瘦弱之丙的救生圈，丙因而溺斃。甲之行為符合下列何者？(A)構成殺人罪(B)構成正當防衛(C)構成自救行為(D)構成緊急避難

[71] (B) 甲駕車行進中，突然有小朋友為撿拾飛盤而衝出巷口，甲為避免撞上該小朋友，緊急將方向盤往左打死，不得已撞上對向駛來之公車，致甲所駕駛之車與公車車頭凹陷，幸無人傷亡。甲之行為於法律上構成：(A)正當防衛(B)緊急避難(C)自助行為(D)侵權行為

[72] (D) 人民因為行為不檢被科處的警察罰，屬於何種制裁？(A)刑事制裁(B)民事制裁(C)道德制裁(D)行政制裁

[73] (C) 對於人民違反行政法規所施以之制裁，主要以何種方式為之？(A)罰金(B)拘役(C)罰鍰(D)保安處分

快車道，被處罰鍰六百元及三小時的講習，即屬行政上之秩序罰[74]。

二、對人民之制裁

(一) 行政罰

係指行政機關對於違反行政上應履行義務之特定人，基於職權所爲且爲維持行政上之秩序，達成國家行政之目的，對違反行政上義務者所科之制裁[75]。分爲罰鍰、沒入、其他種類之行政罰（行政罰法 1～2）屬之[76]。行政罰又稱秩序罰（或行政秩序罰），係指爲維持行政上之秩序，達成國家行政之目的，對違反行政上義務者，所科之制裁。行政罰法第 1 條：「違反行政法上義務而受罰鍰、沒入或其他種類行政罰之處罰時，適用本法。但其他法律有特別規定者，從其規定[77][78]。」社會秩序維護法第 9 條第 1 項，「左列各款之人之行爲，得減輕處罰：一、十四歲以上未滿[79]十八歲人。二、滿七十歲人。三、精神耗弱或瘖啞人。」其要素包括：(1)針對違反行政義務之行爲。(2)對違反行政義務但尙未構成犯罪之行爲所實施之高權行爲。(3)指「罰鍰」、「沒入」或「其他種類之行政罰」之手段。

1. 種類可分為罰鍰[80]、沒入[81]及其他種類之行政罰

行政罰法第 2 條：「本法所稱其他種類行政罰，指下列裁罰性之不利處分：一、限制或禁止行爲之處分：限制或停止營業、吊扣證照、命令停

---

[74] (C) 因違規穿越快車道，被處罰鍰六百元及三小時的講習。請問這種處罰屬於：(A)刑事罰(B)行政刑罰(C)行政上的秩序罰(D)自由刑罰

[75] (C) 行政機關對於違反行政上應履行義務之特定人，基於職權所為之制裁，稱為：(A)行政上強制執行(B)行政契約(C)行政罰(D)行政命令

[76] (D) 下列何者不是主刑之種類？(A)徒刑(B)死刑(C)罰金(D)罰鍰

[77] (C) 下列何者不是刑法上之制裁？(A)罰金(B)褫奪公權(C)罰鍰(D)沒收

[78] (A) 罰鍰屬於何種制裁？(A)行政制裁(B)民事制裁(C)道德制裁(D)刑事制裁

[79] (B) 按照行政罰法規定，未滿幾歲人之行為，不予處罰？(A)十二(B)十四(C)十八(D)二十

[80] (C) 下列何者為行政法上之制裁？(A)褫奪公權(B)拘役(C)罰鍰(D)罰金

[81] (A) 下列敘述何者為正確？(A)沒入是行政制裁的一種(B)罰金是警察罰的一種(C)留置是拘束人身自由的刑罰(D)羈押是由行政機關直接決定的行政罰的一種

工或停止使用、禁止行駛、禁止出入港口、機場或特定場所、禁止製造、販賣、輸出入、禁止申請或其他限制或禁止為一定行為之處分。二、剝奪或消滅資格、權利之處分：命令歇業、命令解散、撤銷或廢止許可或登記、吊銷證照、強制拆除或其他剝奪或消滅一定資格或權利之處分。三、影響名譽之處分：公布姓名或名稱、公布照片或其他相類似之處分。四、警告性處分：警告、告誡、記點、記次、講習、輔導教育或其他相類似之處分。」社會秩序維護法第 19 條，「處罰之種類有：一、拘留：一日以上，三日以下（對人民裁處拘留處分，是由法院為之）[82]；遇有依法加重時，合計不得逾五日。二、勒令歇業[83]。三、停止營業：一日以上，二十日以下。四、罰鍰：新台幣三百元以上，三萬元以下；遇有依法加重時，合計不得逾新台幣六萬元。五、沒入。六、申誡：以書面或言詞為之[84] [85]。」此類處分為行政作為中之行政處分[86]。

2. 行政罰與刑罰之競合

行政罰與刑罰之性質以往實務均採質別說，認為兩者本質不同，故可併罰。晚近學說皆採量別說，認為兩者本質並無不同，僅有量的差別，故兩者競合時，應以刑罰為準。行政罰法第 26 條：一行為同時觸犯刑事法律及違反行政法上義務規定者，依刑事法律處罰之。但其行為應處以其他種類行政罰或得沒入之物而未經法院宣告沒收者，亦得裁處之。前項行為如經不起訴處分或為無罪、免訴、不受理、不付審理之裁判確定者，得依

---

[82] (C) 社會秩序維護法內對人民裁處拘留處分，係由下列何機關為之？(A)各縣市警察局(B)警政署(C)法院(D)監察

[83] (D) 下列何者為社會秩序維護法中所定之處罰種類？(A)有期徒刑(B)強制工作(C)罰金(D)勒令歇業

[84] (D) 下列何者，非屬社會秩序維護法規定處罰的種類？(A)拘留(B)勒令歇業(C)停止營業(D)拘役

[85] (D) 下列何者不是社會秩序維護法所可處罰的行為？(A)虐待動物，不聽勸阻(B)跨越巷道晾掛衣物，不聽禁止(C)以針孔攝影機偷窺他人如廁(D)哄抬米酒價格
解析：(A)社會秩序維護法 79③。(B)社會秩序維護法 79②。(C)社會秩序維護法 83①。

[86] (B) 罰鍰在行政作為內，歸為下列何種行為？(A)職務命令(B)行政處分(C)授益處分(D)直接強制處分

違反行政法上義務規定裁處之[87] [88]。

3. 行政罰之競合：指同一行為可否科處二次行政罰？

行政罰法第 24 條：一行爲違反數個行政法上義務規定而應處罰鍰者，依法定罰鍰額最高之規定裁處。但裁處之額度，不得低於各該規定之罰鍰最低額。前項違反行政法上義務行爲，除應處罰鍰外，另有沒入或其他種類行政罰之處罰者，得依該規定併爲裁處。但其處罰種類相同，如從一重處罰已足以達成行政目的者，不得重複裁處。一行爲違反社會秩序維護法及其他行政法上義務規定而應受處罰，如已裁處拘留者，不再受罰鍰之處罰。行政罰法第 25 條：數行爲違反同一或不同行政法上義務之規定者，分別處罰之。釋字第 503 號解釋：行爲如同時符合行爲罰（未開統一發票）及漏稅罰（漏報銷售額逃稅）之處罰要件時，除處罰之性質與種類不同，必須採用不同之處罰方法或手段，以達行政目的所必要者外，不得重複處罰[89]。

4. 行政罰之責任條件

行政罰是否須以故意或過失爲要件，現採肯定說：認爲行政罰乃對過去不法行爲之贖罪，故應與「責任」之有無具有密切的關聯。行政罰法第 7 條：違反行政法上義務之行爲非出於故意或過失者，不予處罰。法人、設有代表人或管理人之非法人團體、中央或地方機關或其他組織違反行政

---

[87] (D) 下列關於數行為違反行政法上義務以及競合之敘述，何者正確？(A)數行為違反同一行政法上義務之規定者，加重處罰之(B)數行為違反不同行政法上義務之規定者，加重處罰之(C)一行為同時觸犯刑事法律及違反行政法上義務規定者，依刑事法律處罰之。得沒入之物而未經法院宣告沒收者，主管機關即不得裁處沒入(D)一行為同時觸犯刑事法律及違反行政法上義務規定者，如經無罪、不受理之裁判確定者，仍得依違反行政法上義務規定裁處之

[88] (D) 依行政罰法之規定，一行為同時觸犯刑事法律及違反行政法上義務者，應如何處罰？(A)應僅課予行政制裁(B)應僅依刑事法律處罰(C)應依刑事法律處罰，但仍得裁處罰鍰(D)應依刑事法律處罰，但仍得裁處其他種類行政罰

[89] (C) 關於行政罰之一事不二罰原則，下列敘述何者正確？(A)在台北往高雄的高速公路上被測速照相器拍到超速多次，僅能罰一次(B)機車騎士未戴安全帽並紅燈右轉，從一重處罰(C)未開統一發票且因此漏報銷售額逃稅，從一重處罰(D)未申請營業登記與逃漏稅，從一重處罰

法上義務者，其代表人、管理人、其他有代表權之人或實際行爲之職員、受僱人或從業人員之故意、過失，推定爲該等組織之故意、過失。

5. **共同違法及併同處罰**

行政罰法第 14 條第 1 項規定，故意共同實施違反行政法上義務之行爲者，依其行爲情節之輕重，分別處罰之[90]。

(二) 行政強制執行

1. **意義**

行政機關對於不履行公法上義務之相對人，以強制手段使其履行或產生與履行義務相同之狀態，是謂行政強制執行[91]。

(1) 行政執行係執行相對人因行政處分所負擔之義務爲原則：直接依法令與法院裁定所生之義務亦屬之。

(2) 行政執行係行政機關自行實施之強制執行程序：以往因釋字第 35 號解釋，一切金錢給付均以法院爲執行機關，新修正行政執行法改由行政部門專設之機關執行。

(3) 行政執行除強制相對人（即義務人）履行其義務外，亦包括以其他方法產生與履行義務同一之事實狀態在內：即代履行之採用。

(4) 行政執行法第 2 條：本法所稱行政執行，指公法上金錢給付義務、行爲或不行爲義務之強制執行及即時強制。行政執行法第 3 條：行政執行，應依公平合理之原則，兼顧社會公益與人民權益之維護，以適當之方法爲之，不得逾達成執行目的之必要限度。

---

[90] (B) 按照行政罰法規定，故意共同實施違反行政法上義務之行為者，該如何處罰？(A)處以相同之處罰(B)依其行為情節之輕重，分別處罰之(C)擇一處罰(D)未設規定，準用刑法之相關規定

[91] (C) 行政上的強制執行，係指：(A)當行政機關不履行公法上的義務時，國家以強制手段使其履行(B)當公務員不履行私法上的義務時，行政機關以強制手段使其履行(C)當人民不履行公法上的義務時，行政機關以強制手段使其履行(D)當人民不履行私法上的義務時，國家以強制手段使其履行

2. 行政執行種類

(1) 公法上金錢給付義務之強制執行

A. 執行名義：(A)行政執行法第 11 條前段規定：義務人依法令或本於法令之行政處分或法院之裁定，負有公法上金錢給付義務，即執行名義須以公法上金錢給付義務爲內容之法令規定、行政處分或法院裁定。(B)公法上金錢給付義務，除常見之稅捐、罰鍰以外，尚包括工程受益費（工程受益費徵收條例 2）、空氣污染防制費（空氣污染防制法 16）、水污染防治費（水污染防治法 11）等。

B. 執行機關：公法上金錢給付義務之執行，統由法務部行政執行署所屬行政執行處爲執行機關（行政執行法 4、11）。即由行政執行處之行政執行官、執行書記官督同執行員辦理執行事件（行政執行法 12）。[92]

C. 限制住居或拘提管收：公法上金錢給付義務之執行，本應就義務人之財產取償爲之，但義務人如有以下之情事，爲達成執行目的，即有限制住居及拘提管收之必要。即以限制義務人身體自由之方法，間接強制義務人履行其金錢給付義務。

(A) 限制住居之要件：行政執行法第 17 條第 1 項，「義務人有下列情形之一者，行政執行處得命其提供相當擔保，限期履行，並得限制其住居：一、顯有履行義務之可能，故不履行。二、顯有逃匿之虞。三、就應供強制執行之財產有隱匿或處分之情事。四、於調查執行標的物時，對於執行人員拒絕陳述。五、經命其報告財產狀況，不爲報告或爲虛僞之報告。六、經合法通知，無正當理由而不到場。」

(B) 拘提管收之要件：拘提管收係指行政執行處在特定時日及處所，實施特定行政執行程序時，強制義務人到場，爲「拘提」；在法律規定之期限內，拘束義務人之人身自由於

---

[92] (A) 關於行政上之強制執行，下列敘述何者為錯誤？(A)原則上由行政法院執行處執行(B)公法上金錢給付義務之執行，是其中的一種(C)即時強制包括有對人之管束(D)斷絕營業用之水電，為直接強制方法的一種

特定處所（管收所），爲所謂之「管收」（參見釋字 588）。行政執行法第 17 條第 3 項，「義務人經行政執行處依前項規定命其提供相當擔保，限期履行，屆期不履行亦未提供相當擔保，有下列情形之一，而有強制其到場之必要者，行政執行處得聲請法院裁定拘提之：一、顯有逃匿之虞。二、經合法通知，無正當理由而不到場。」拘提、管收之聲請，應向行政執行處所在地之地方法院爲之。管收期限，自管收之日起算，不得逾三個月。有管收新原因再發生或停止管收原因消滅時，行政執行處仍得聲請該管法院裁定再行管收。但以一次爲限。義務人所負公法上金錢給付義務，不因管收而免除。

(2) 行為或不行為義務之執行

A. 執行要件：行政執行法第 27 條，依法令或本於法令之行政處分，負有行爲或不行爲義務，經於處分書或另以書面限定相當期間履行逾期仍不履行者，由執行機關依間接強制或直接強制方法執行之。前項文書，應載明不依限履行時將予強制執行之意旨。

B. 間接強制執行：人民不履行「行爲」及「不行爲」義務時，由行政機關行之，包括「代履行」及「怠金」二種[93][94]。

(A) 代履行：代履行適用於負有行爲義務而不作爲，其行爲由他人代爲履行者，執行機關應委託第三人或指定人員代履行之。代履行之費用由執行機關估計其數額，命義務人繳納。其繳納數額與實支不一致時，退還其餘額或追繳其差額。如違章建築物之拆除[95][96]。

---

93 (A) 行政強制執行中，下列何者為間接強制處分？(A)怠金(B)對人的管束(C)對物的扣留(D)對於家宅之侵入

94 (B) 下列何者為行政執行中之間接強制方法？(A)扣留動產(B)代履行(C)收繳證照(D)斷絕水電能源

95 (B) 代履行，例如違章建築物之拆除係屬於：(A)刑法上的強制執行(B)行政上的強制執行(C)民法上的強制執行(D)憲法上的強制執行

(B) 怠金：不可代替性行爲及不行爲義務之執行[97]。行政執行法第 30 條：依法令或本於法令之行政處分，負有行爲義務而不爲，其行爲不能由他人代爲履行者，依其情節輕重處新台幣五千元以上三十萬元以下怠金。依法令或本於法令之行政處分，負有不行爲義務而爲之者亦同。如經處以怠金，而仍不履行其義務者，執行機關得連續處以怠金（行政執行法 31 Ⅰ），以加強督促之壓力[98]。

C. 直接強制執行：可代替性之行爲義務，經間接強制不能達成執行目的，或因情況急迫，如不及時執行，顯難達成執行目的時，執行機關得依直接強制方法執行之（行政執行法 32）。其方法如下：(A)扣留、收取交付、解除占有、處置、使用或限制使用動產、不動產[99]。(B)進入、封閉、拆除住宅、建築物或其他處所。(C)收繳、註銷證照。(D)斷絕營業所必須之自來水、電力或其他能源[100]。(E)其他以實力直接實現與履行義務同一內容狀態之方法（行政執行法 28Ⅱ）。

(3) 即時強制

即時強制及行政機關爲阻止犯罪、危害之發生或避免急迫危險，而有即時處理之必要時，所採取之強制措施[101]。即時強制並非實現因處分或裁定而存在之義務的手段，但本法仍仿德奧立法例一併加以規定。行政執行

---

96 (B) 下列何種處分得採取代履行之行政執行方法？(A)補稅處分(B)拆除違建處分(C)歇業處分(D)罰鍰部分

97 (D) 不可代替行為及不行為義務之行政執行方法為：(A)對義務人之財產查封(B)對義務人拘提管收(C)代履行(D)怠金

98 (C) 下列何項為依法令負有行為義務而不為，非行政機關或第三人所能代履行者，經告誡之後可重複科處一定金額之處罰？(A)罰鍰(B)罰金(C)怠金(D)代金

99 (D) 下列何者為行政上強制執行？(A)罰金(B)撤職(C)損害賠償(D)對物扣留償

100 (B) 行政機關將某違法色情場所的水電予以斷絕，此措施是屬於行政執行法內的：(A)間接強制(B)直接強制(C)管收(D)查封

101 (C) 依行政執行法規定，行政機關為阻止犯罪、危害之發生或避免急迫危險，而有即時處置之必要時，得為：(A)即時避難(B)即時命令(C)即時強制(D)即時防衛

法第 36 條第 1 項：行政機關為阻止犯罪、危害之發生或避免急迫危險，而有即時處置之必要時，得為即時強制。申言之，即時強制，無須先有義務存在，亦非在強制義務之履行，而係為阻止犯罪、危害之發生或避免急迫危險，有即時處置之必要時，所採取之強制措施。所謂「犯罪、危害」，係指刑事犯罪、依法應處行政罰之危害行為而言。至於「急迫危險」，指危害安全之情事已開始發生或即將發生而言。方法有：A.對於人之管束（二十四小時內）[102] [103]；B.對於物之扣留、使用、處置或限制其使用；C.對於住宅、建築物或其他處所之進入；D.其他依法定職權所為必要處置（行政執行法 36Ⅱ）。

(4) 行政法上之自衛行為

社會秩序維護法所課於人民義務，係介於刑法與道德之間，為維護公共秩序和善良風俗所必需者，如人民對此有所違反，當依法律規定予以強制或處罰。但在例外情況下，亦如民法之規定，仍允許當事人行自力救濟，其效果則不構成違法，而不予處罰。故社會秩序維護法乃有第 12 條（正當防衛）「對於現在不法之侵害，而出於防衛自己或他人權利之行為，不罰」及第 13 條（緊急避難）「因避免自己或他人之緊急危難，而出於不得已之行為，不罰」之規定。

---

[102] (C) 對人的管束係屬何種的強制執行？(A)民法上的直接強制執行(B)票據法上的直接強制執行(C)行政法上的即時強制(D)憲法上的直接強制執行

[103] (C) 依行政執行法之規定，對於人之管束最長不得逾：(A)十二小時(B)十六小時(C)二十四小時(D)四十八小時

3. 概念區別

(1) 行政罰與執行罰（怠金）之區別

	行 政 罰	執 行 罰
目的不同	本質上是一種處罰手段，以制裁過去違反作爲之義務行爲爲目的	本質上是一種迫使將來實現義務之手段
依據不同	依各個行政法規所規定之要件爲依據	行政執行法爲依據
種類不同	種類繁多，主要有罰鍰、沒入、其他種類行政罰	怠金
限制不同	不得連續處罰	得連續處罰
作成程序	違反行政法規義務者，除特別規定外，可逕行科處，無須預先告誡程序	必須先以書面預期告誡才可執行
救濟程序	依一般訴願與行政訴訟程序爲之	向執行機關聲明異議

(2) 行政罰與刑罰之異同

A. 相同點：(A)均係對違法行爲之制裁。(B)均有時效問題，但規定之內涵不同。(C)皆有責任條件，但有程度上不同。(D)兩者皆有責任能力之規定。

B. 相異點：

	行 政 罰	刑 罰
性質不同	法定犯	自然犯
處罰主體不同	行政機關	司法機關
處罰客體不同	自然人與法人	自然人
救濟方法不同	依行政救濟途徑	依刑事訴訟法救濟
法律依據不同	行政法	刑法或刑事特別法
既遂、未遂規定之有無	無既遂與未遂規定	有既遂與未遂之規定
處罰種類不同	無主從罰之規定罰鍰、沒入、其他種類之行政罰	主刑：生命刑、自由刑與財產刑 從刑：沒收與褫奪公權

(3) 罰鍰與罰金之不同

A. 意義不同。罰金：對於一定犯罪爲判令犯人繳納一定金錢之刑罰；罰鍰：行政罰上對於不履行義務者，科以一定之金額，以強制其履行爲目的。

B. 性質不同[104]。罰金：屬於刑罰，最低金額一千元以上，如犯罪所得之利益超過罰金甚多得加重之；罰鍰：爲行政罰，有最高額限制。

C. 能否就其遺產執行之不同。罰金：得就受刑人之遺產執行之；罰鍰：無。

D. 能否易服勞役不同。罰金：得易服勞役，罰金於裁判確定後二個月完納，不完納，強制執行之，或易服勞役；罰鍰：只有社會秩序維護法有易科拘留之規定（十日內完納，300～900 元折算一日）[105]（社會秩序維護法 19 I ①）。

(4) 行政上強制執行與行政上即時強制之比較

A. 相同點：行政上的強制執行與行政上即時強制，合稱即時強制。兩者均以行政權自身的力量，抑制相對人的意思，排除其抵抗，而實現行政上必要狀態之作用。

B. 相異點：行政上強制執行係以對人民賦課義務，而不以履行義務爲前提，是實現義務內容的手段。行政上即時強制係不以對人民賦課義務爲前提，僅於人民的自由或權利，即將受到重大侵害時，爲排除急迫的危險，以維護人民的自由權利，由行政機關採取緊急即刻的強制手段，以達此目的。在警察行政中尤爲常見，又稱警察法上之即時強制。

(5) 行政上強制執行及民事訴訟法之強制執行不同

民事訴訟法之強制執行，是對於私法的紛爭，爲禁止私人的自力救濟起見，國家輔助債權人，以國家強制力，實現債權人請求的制度。行政上

---

[104] (C) 罰金與罰鍰二者之間的差別為何？(A)並無差異(B)罰金屬於民事處罰，罰鍰則為刑罰(C)罰金屬於刑罰，罰鍰則為行政罰(D)罰金屬於民事處罰，罰鍰則為行政罰

[105] (C) 下列何者並非刑罰的主刑？(A)有期徒刑(B)拘役(C)拘留(D)罰金

強制執行，是對於人民課予義務，而請求其履行的行政權，並以自有的強制執行手段，而爲執行的自力救濟制度。

三、對公務員之制裁

有司法懲戒、行政懲戒及專案考績三種懲戒處分[106]。

(一) 司法懲戒

公務員懲戒委員會對違法失職之公務員，依公務員懲戒法從爲不利處分，是謂司法懲戒[107]。

1. 依公務員懲戒法之懲戒類型[108][109]：

(1) 免除職務：免其現職，並不得再任用爲公務員。

(2) 撤職：撤其現職，並於一定期間停止任用；其期間爲一年以上、五年以下。前項撤職人員，於停止任用期間屆滿，再任公務員者，自再任之日起，二年內不得晉敘、陞任或遷調主管職務。

(3) 剝奪退休（職、伍）金，指剝奪受懲戒人離職前所有任職年資所計給之退休（職、伍）或其他離職給與；其已支領者，並應追回之。減少退休（職、伍）金，指減少受懲戒人離職前所有任職年資所計給之退休（職、伍）或其他離職給與百分之十至百分之二十；其已支領者，並應追回之。前二項所定退休（職、伍）金，應按最近一次退休（職、伍）或離職前任職年資計算。但公教人員保險養老給付、軍人保險退伍給付、公務員自行繳付之退撫基金費用本息或自提儲金本息，不在此限。

(4) 休職：休其現職，停發俸（薪）給，並不得申請退休、退伍或在其他

---

[106] (A) 下列何者，係行政法上之制裁？(A)懲戒處分(B)損害賠償(C)罰金(D)拘役

[107] (C) 公務員懲戒委員會依公務員懲戒法所為的懲戒，其性質為：(A)行政懲戒(B)立法懲戒(C)司法懲戒(D)軍事懲戒

[108] (A) 對於公務員的制裁包括哪些？(A)撤職、休職、降級或減俸(B)撤職或罰鍰(C)扣押或罰鍰(D)撤職及管束

[109] (D) 下列何者關於公務員懲戒法，懲戒處分內容之敘述為錯誤？(A)撤職(B)休職(C)記過(D)留職停薪

機關任職；其期間爲六個月以上、三年以下。休職期滿許其復職，自復職之日起二年內不得晉敘、升職或調任主管職務。

(5) 降級：依其現任之官職，降一級或二級改敘；自改敘之日起，非經過二年不得晉敘、升職或調任主管職務，如無級可降，比照每級差額，減其月俸，其期間爲二年。

(6) 減俸：依其現有之月俸，減百分之十或百分之二十支給，其期間爲六個月以上、三年以下。自減俸之日起一年內不得晉敘、升職或調任主管職務。

(7) 罰款：其金額爲新台幣一萬元以上、一百萬元以下。

(8) 記過[110]：自記過之日起，一年內不能晉敘、升職或調任主管職務。一年內記過三次者，依其現職之俸級降一級改敘，無級可降者，依前條之規定。

(9) 申誡：以書面爲之。

2. 懲戒機關：由公務員懲戒委員會掌理公務員之懲戒[111][112]。
3. 移送懲戒：(1)監察院：提出彈劾案後送公務員懲戒委員會審議。(2)各院、部、會長官，地方最高行政長官或其他相當之主管長官：對九職等或相當於九職等以下之公務員，得逕送公務員懲戒委員會審議。
4. 對政務人員之懲戒，除休職、降級及記過不適用以外，其餘均適用。

(二) 行政懲處

由主管長官依公務人員考績法所爲之懲罰性處分，是謂行政懲處。種類分爲免職、記大過、記過、申誡即屬之[113]。

---

[110] (D) 記過是針對何者的制裁？(A)人民(B)行政機關(C)行政機關及公務員(D)公務員

[111] (D) 掌理公務員懲戒之機關為：(A)行政院人事行政局(B)公務人員保障暨培訓委員會(C)銓敘部(D)公務員懲戒委員會

[112] (D) 對公務人員的制裁，下列敘述何者為錯誤？(A)是行政制裁的一種(B)並不包括調職(C)降級、減俸與記過，都是可對公務人員實施的制裁(D)掌理公務人員懲戒之機關，是監察院的公務員懲戒委員會

[113] (B) 下列有關公務員懲處之敘述，何者正確？(A)懲處之方法包括減俸、降級(B)懲處法律依據之一為公務人員考績法(C)懲處由銓敘部為之(D)對管理措施不服時得向公務人員保障暨培訓委員會提起復審

1. 類型

依公務人員考績法第 3 條，分為：(1)年終考績：係指各官等人員，於每年年終考核其當年一至十二月任職期間之成績。(2)另予考績：係指各官等人員，於同一考績年度內，任職不滿一年，而連續任職已達六個月者辦理之考績。(3)專案考績：係指各官等人員，平時有重大功過時，隨時辦理之考績。

2. 年終考績

依公務人員考績法第 6 條，年終考績以一百分為滿分，分甲、乙、丙、丁四等：甲等：八十分以上。乙等：七十分以上，不滿八十分。丙等：六十分以上，不滿七十分。丁等：不滿六十分。除本法另有規定者外，受考人在考績年度內，非有左列情形之一者，不得考列丁等：(1)挑撥離間或誣控濫告，情節重大，經疏導無效，有確實證據者。(2)不聽指揮，破壞紀律，情節重大，經疏導無效，有確實證據者。(3)怠忽職守，稽延公務，造成重大不良後果，有確實證據者。(4)品行不端，或違反有關法令禁止事項，嚴重損害公務人員聲譽，有確實證據者。考績列丁等（不滿六十分）者免職。

3. 專案考績

專案考績包含一次記兩大功及一次記兩大過。

(三) 救濟：公務人員保障法

1. 公務人員保障暨培訓委員會

層級與考試院考選部、銓敘部相當，由主任委員、副主任委員二人及委員十人至十四人組成，其中五至七人專任，兼任委員則包括有關機關副首長及專家學者。公務人員保障暨培訓委員會委員於審議、決定有關公務員權益保障事件（即復審及再申訴案件）時，應超出黨派，依據法律獨立行使職權。

2. 復審

公務人員保障法第 25 條：公務人員對於服務機關或人事主管機關（以下均簡稱原處分機關）所為之行政處分，認為違法或顯然不當，致損害其權利或利益者，得依本法提起復審。非現職公務人員基於其原公務人員身分之請求權遭受侵害時，亦同。公務人員已亡故者，其遺族基於該公務人員身分所生之公法上財產請求權遭受侵害時，亦得依本法規定提起復審。第 26 條：公務人員因原處分機關對其依法申請之案件，於法定期間內應作爲而不作爲，認爲損害其權利或利益者，亦得提起復審。前項期間，法令未明定者，自機關受理申請之日起爲二個月。第 30 條：復審之提起，應自行政處分達到之次日起三十日內爲之。前項期間，以原處分機關收受復審書之日期爲準。復審人誤向原處分機關以外機關提起復審者，以該機關收受之日，視爲提起復審之日。第 31 條：復審人因天災或其他不應歸責於己之事由，致遲誤前條之復審期間者，於其原因消滅後十日內，得以書面敘明理由向保訓會申請回復原狀。但遲誤復審期間已逾一年者，不得爲之。申請回復原狀，應同時補行期間內應爲之復審行爲。第 72 條：保訓會復審決定依法得聲明不服者，復審決定書應附記如不服決定，得於決定書送達之次日起二個月內，依法向該管司法機關請求救濟。

3. 申訴、再申訴

公務人員保障法第 77 條：公務人員對於服務機關所爲之管理措施或有關工作條件之處置認爲不當，致影響其權益者，得依本法提起申訴、再申訴。公務人員提起申訴，應於前項之管理措施或處置達到之次日起三十日內爲之。公務人員離職後，接獲原服務機關之管理措施或處置者，亦得依前二項規定提起申訴、再申訴。第 78 條：提起申訴，應向服務機關爲之。不服服務機關函復者，得於復函送達之次日起三十日內，向保訓會提起再申訴。前項之服務機關，以管理措施或有關工作條件之處置之權責處理機關爲準。

4. 復審與申訴、再申訴二者程序之差異

(1) 適用範圍不同

復審：可提起復審者包括現職人員、非現職公務人員基於其原公務人員身分之請求權遭受侵害時、公務人員已亡故者，其遺族基於該公務人員身分所生之公法上財產請求權遭受侵害時。申訴：不生遺族亦得提起之問題。

(2) 不服之客體不同

復審程序不服之客體乃行政處分。申訴程序不服之客體：服務機關所

提供之工作條件及所爲之管理，包括職務命令、內部措施、紀律守則，並非行政處分。

(3) 處理程序不同

復審：以公務人員保障暨培訓委員會爲受理機關，其程序與訴願程序幾無不同。申訴：性質上屬於非正規之法律救濟途徑，服務機關僅以函復方式終結，依一般公文程式制作即可。而保訓會對再申訴案件則須作成決定書，其格式有明文規定。再申訴決定，宜分爲申訴成立、申訴不成立與不予處理三類。

(4) 決定效力不同

復審決定，具有訴願決定相同之效力，其性質上亦屬行政處分，凡行政處分之存續力、拘束力、確認效力、構成要件效力，也同等具備。申訴之效力：其決定並非對具體權利義務裁決，其性質上仍屬內部行爲，只對機關具有拘束力。再申訴決定，既非對權利義務關係所作之裁決，其性質仍屬於行政內部行爲。

(5) 能否救濟不同

復審：公務人員保障法第 72 條規定申請人得於決定書送達之次日起二個月內，依法向司法機關請求救濟（提起行政訴訟）。申訴、再申訴之決定，全部程序即告終了，對再申訴未設行政訴訟之救濟途徑。

5. 再申訴案件之調處（復審並無調處之規定）

公務人員保障法第 85 條：再申訴事件審理中，保訓會得依職權或依申請，指定副主任委員或委員一人至三人，進行調處。前項調處，於多數人共同提起之再申訴事件，其代表人非徵得全體再申訴人之書面同意，不得爲之。

(五) 懲戒、懲處之區別

1. 依據法律

懲戒依據爲公務員懲戒法；懲處依據爲公務員考績法。

2. 處分機關

懲戒之機關爲司法院公務員懲戒委員會；懲處則由公務員服務之機關

爲之。

3. 處分事由

應受懲戒之原因爲：(1)違法執行職務、怠於執行職務或其他失職行爲；(2)非執行職務之違法行爲，致嚴重損害政府之信譽（公務員懲戒法2）。考績懲處之原因，法律未明文規定，實際包括一切違法或失職之行爲與懲戒事由並無實質差異，但免職及記大過之標準，由銓敘部或主管機關定之（公務人員考績法12 II）。

4. 處分種類

懲戒處分之種類，包括免除職務、撤職、剝奪或減少退休（職、伍）金、休職、降級、減俸、罰款、記過及申誡九種。懲處之種類，則分免職（記大過二次）、記大過、記過、申誡（考績法12），政務官無考績，故懲處對其均不適用。

5. 處分程序

懲戒除記過及申誡由主管長官逕行行使之外，或由監察院提出彈劾並移送懲戒機關審議，或由主管長官依被付懲戒人之職等處置。考績法上之懲處則分平時考核、另予考績及專案考績三種方式，均應達銓敘機關核定。各機關辦理年終考績，並應設置考績委員會。

6. 先行停職

懲戒程序繫屬中，公務員懲戒委員會或發動懲戒之主管長官，均得依公務員懲戒法第 5 條之規定，先行停止被付懲戒人之職務。在懲處程序，除有懲戒法第 4 條當然停止職務情形外，其因年終考績或專案考績應予免職人員，在未確定前，依考績法第 18 條亦得先行停職。

7. 功過相抵

懲戒處分無所謂功過相抵。懲處處分屬平時考核者，在年度內得功過互相抵銷，但專案考績不得與平時考核功過相抵（公務人員考績法12）。

8. 救濟程序

對於公務員懲戒委員會之議決，原移送機關或受懲戒處分人，均得聲請再審議（公務員懲戒法 64）。懲處之免職處分（包括專案考績或年終考績不及格），公務員得向保訓會申請復審，不服復審者，依釋字第 243 號解釋並得提起行政訴訟。至於其他懲處，則可提出申訴、再申訴。

(六) 懲戒與刑罰之關係

1. 不受一事不再理原則之限制

同一行爲，不受公務員懲戒委員會二次懲戒。同一行爲已受刑罰或行政罰之處罰者，仍得予以懲戒。其同一行爲不受刑罰或行政罰之處罰者，亦同（公務員懲戒法 22）。但經褫奪公權之宣告確定，認爲本案處分已無必要者，得爲免議之議決（公務員懲戒法 56②）。

2.刑懲並行原則

同一行爲，在刑事偵查或審判中者，不停止審理程序。但懲戒處分牽涉犯罪是否成立者，公務員懲戒委員會合議庭認有必要時，得裁定於第一審刑事判決前，停止審理程序（公務員懲戒法 39 I ）。此項規定，即刑懲並行之原則。

四、對行政機關之制裁

其方式有行政爭訟與國家賠償。行政爭訟，又分爲撤銷原處分與變更原處分[114]。

(一) 行政爭訟

1. 撤銷原處分

認爲原處分不當或違法，由有權機關予以撤銷，使之失效。(1)基於職權之撤銷：上級或原官署之撤銷；(2)聲請之撤銷：經提起訴願，以決定爲之行政訴訟，以判決爲之。

2. 變更原處分

原處分之一部爲不當或違法，而由有權機關予以變更。

(二) 國家賠償

國家對行政機關之違法或不當處分，致損害人民權利或利益時，所爲之制裁。又分爲：

---

114 (A) 下列何種制裁屬於行政制裁？(A)撤銷原處分(B)契約無效(C)拘役(D)人格權的剝奪

1. 民事賠償

依民法第 186 條之規定：公務員因故意違背對於第三人應執行之職務，致第三人之權利受損害者，負損害賠償責任。

2. 國家賠償

憲法第 24 條：凡公務員違法侵害人民之自由或權利者，除依法律受懲戒外，應負民事及刑事責任，被害人就其損害，並得依法律向國家請求賠償。我國係採國家之代位責任：國家雖然對於被害人直接負賠償責任，但該賠償責任本質上是公務員個人賠償責任的替代。其理由是：(1)避免公務員個人因資力不足時，將對被害人保護不周。(2)減輕公務員之心理負擔，以避免公務員因擔心損害之賠償，致遇事退縮。

(三) 行政上之損失補償

指國家因公務員行政上的合法行為，致人民在經濟上遭受特別損失，而由國家以補償其損失為目的，所負的公法上給付。其要素有三：

1.行政上的損失補償，是對於公務員行政上的合法行為：即合法行政權的行使，如為違法有責的行政行為，則屬國家賠償之範圍。此種合法行政權的行使，都是由於法律上的正當原因，如公共利益的需要，而對於特定人所加的財產上損失。2.行政上的損失補償，是對於特定人民加以某種經濟上的特別犧牲所為的一種給付：若是一般人民公平分配的負擔（如納稅、兵役），係國民應負的義務，自不必予以補償。3.行政上的損失補償，是為國家補償特定人民的特別損失，所付的公法上給付：此種損失補償之方法，有以金錢補償；有以實物或有價證券補償。

(四) 行政訴訟之損害賠償

人民因行政機關之違法處分，致損害其權利，經依法定程序提起行政訴訟，並得附帶請求損害賠償。經提起行政訴訟之損害賠償後，不得再提起國家賠償。

第五節　自力救濟與國際制裁

一、意義

於權利受侵害之際，來不及請求公力制裁時，依自身力量對加害者予以反擊，以防止權利被侵害或促使履行義務，是謂自力救濟（私力救濟）。

二、自力救濟之種類

(一) 民法上之自衛行為

1. 正當防衛（民法 149）

係指對於現時不法之侵害，爲防衛自己或他人之權利所爲之行爲，且未逾越必要程度者，不負損害賠償責任，但已逾越必要程度者，無論有無過失，仍應負相當賠償之責。如甲對乙以強制手段奪其占有物，乙爲防衛其物致毀損甲之衣服，對甲不負賠償責任。要件有：(1)須有侵害存在。(2)須爲現時之侵害：即侵害行爲已經著手而尚未完畢。(3)須爲不法之侵害：所謂不法，不須客觀上之不法即可。至於加害人有無責任能力或故意過失，在所不問。(4)須係防衛自己或他人之權利：防衛者，乃排除現時不法侵害，對加害人所爲之反擊行爲。所謂權利，其種類並無限制，舉凡公權、私權、人格權、財產權或生命、身體、自由財產、名譽等均屬之。(5)須防衛未逾越必要程度：逾越必要程度者，爲防衛過當。

2. 緊急避難（民法 150）

係指因避免自己或他人生命、身體、自由或財產上急迫之危險行爲，其行爲爲避免危險所必要，且未逾越危險所能致之損害程度者，不負損害賠償責任，但以避免危險所必要，並未逾越危險所能致之損害程度爲限。如爲逃避流氓追殺，未經允許而進入他人房屋躲避。要件有：(1)須避難行爲係避免危險所必要：所謂必要，乃不得已之情形，依具體客觀情形認定，行爲人主觀如何，在所不問。(2)須未逾越危險所能致之損害程度：即自避難行爲所生之損害，不得較危險所生之損害爲大。至於損害大小之比較，應依客觀標準決定之。如，有牛隻入他人田地，其禾苗雖有被損害的危險，但不得因而奪殺。(3)須其危險之發生行爲人無責任：危險之發生，如行爲人有責任，仍應負賠償之責。

(二) 民法上之自助行為

1. 一般自助行為（民法 150、152）

一般自助行爲者，即權利人於情事急迫，不及受法院或其他機關援助，爲保護自己權利，對於他人之自由或財產施以拘束、押收或毀損之行爲，行爲人不負損害賠償之責任。但向法院聲請遲延或被駁回，應負賠償之責，避免誤用自助行爲，妨害他人權利。其要件如下：(1)須爲保護自己之權利：此之權利，以適於直接受強制執行之請求權爲限。(2)須情事急迫不及受法院或其他機關援助：因情事急迫，不及受該管法院或其他機關（警察機關）依法定程序之援助，例如債務人攜帶財產於機場，行將搭機逃往國外，爲債權人遇見，將債務人截留或扣押其行李。(3)須非於其時爲之，則日後請求權不得實行或其實行顯有困難：例如甲竊取乙之腳踏車，甲將腳踏車交付第三人時，被乙發現將之扣留。否則乙日後請求甲返還，顯有困難。(4)須爲對他人自由或財產，施以拘束、押收或毀損：拘束、押收或毀損之行爲，須爲保護權利之必要行爲，且不得逾越保護權利所必要之程度。(5)須事後即向法院聲請處理：拘束自由或押收財產者，須即向法院聲請處理，如聲請被駁回或其聲請延遲者，行爲人應負損害賠償之責。

2. 特殊自助行為

所謂特殊自助行爲者，係指前述一般自助以外，行爲人的自助行爲。依民法規定，其主要的有：(1)不動產出租人之留置權（民法 445 I ）：不動產之出租人，就租賃契約所生之債權，對於承租人之物置於該不動產者，有留置權。但禁止扣押之物，不在此限。(2)場所主人之留置權（民法 612 I ）：場所主人就住宿、飲食、沐浴或其他服務及墊款所生之債權，於未受清償前，對於客人所攜帶之行李及其他物品，有留置權。(3)土地所有人之留置權（民法 791）：土地所有人，遇他人之物品或動物偶至其地內者，應許該物品或動物之占有人或所有人入其地內，尋查取回。前項情形，土地所有人受有損害者，得請求賠償。於未受賠償前，得留置其物品或動物。(4)土地所有人之刈除權（民法 797）：土地所有人遇鄰地植物之枝根有逾越地界者，得向植物所有人，請求於相當期間內刈除之。植物所有人不於前項期間內刈除者，土地所有人得刈取越界之枝根，並得請求償還因此所生之費用。越界植物之枝根，如於土地之利用無妨害者，不適用前二項之規定。(5)占有人之追回權（民法 960）：占有人，對於侵奪或妨害其占有之行爲，得以己力防禦之。占有物被侵奪者，如係不動產，占有人得於侵奪後，即時排除加害人而取回之；如係動產，占有人得就地或追蹤向加害人取回之。

(三) 刑法上之自衛行為（參考第三節刑事制裁）。

三、國際制裁

以上所述，除聯合國干涉（公力干涉）外，公力制裁及自力救濟均爲國內法上之制裁。國際法上之制裁亦可分公力制裁及私力制裁。公力制裁，可分一般干涉及軍事干涉。私力制裁，分爲戰爭前之手段（斷絕邦交、報復、經濟斷絕、軍事示威、平時封鎖、報仇）及戰爭（最嚴厲之手段）[115]。茲分述之：

(一) 干涉（公力制裁）[116]

干涉者即由國際團體以強制方法，促使違反國際法之國家，改正其錯誤，以維持國際法之尊嚴，而確保人類和平之手段。其方法重要者如下：

1. **一般干涉**

一般干涉指軍事以外之其他較爲和平之干涉方法而言，按聯合國憲章

---

[115] (C) 下列關於國際制裁的敘述，何者為錯誤？(A)在一定條件下可以進行軍事干涉(B)封鎖也是一種國際制裁(C)國際法僅允許透過聯合國進行制裁(D)受害國可以自力救濟

[116] (B) 下列何者並非聯合國憲章規定的國際制裁方式？(A)軍事干預(B)拘留他國使節(C)海、陸、空封鎖(D)斷絕外交關係

第 39 條：「安全理事會應斷定任何和平之威脅、和平之破壞、或侵略行爲之是否存在，並應作成建議或抉擇依第 41 條及第 42 條規定之辦法，以維持或恢復國際和平及安全。」之規定，其第 41 條即屬一般干涉，其第 42 條即屬軍事干涉，前者第 41 條之規定：「安全理事會得決定所應採武力以外之辦法……此項辦法得包括經濟關係、鐵路、海軍、航空、郵電、無線電及其他交通工具之局部或全部停止，以及外交關係之斷絕。」此即一般干涉之手段。

2. **軍事干涉**

如一般干涉，尚不足以收效時，則採用軍事干涉，依據上述第 42 條：「安全理事會如認第 41 條所規定之辦法爲不足或已經證明爲不足時，得採取必要之空海陸軍行動，以維持或恢復國際和平及安全。此項行動得包括聯合國會員國之空海陸軍示威、封鎖，及其他軍事舉動。」之規定，可知軍事干涉實爲最有效之制裁手段。

(二) 自助（自力救濟）

國際期間，對於不法者之制裁，除前述之「干涉」外，尚有受害國之「自助」。自助者，受害國依自己之力量予加害者以制裁之。其方法分述如下：

1. **次於戰爭之手段**

(1) 停止邦交：受害國爲抗議對造之不法起見，可以宣告與他方停止邦交。

(2) 報復：報復者以類似手段，答覆不友誼或不公平之行爲[117]。

(3) 報仇：報仇者對於不法行爲之國家，所予以返報。如拿捕船舶及扣押財產等是。與上述不同點有：A.報復是由於不友誼不公平所招致；而報仇則爲不法侵害所招致。B.報復手段並不違法；而報仇手段原屬違法，只因用於解決糾紛，國際法特別不禁止。C.報復手段須與所報復之原來行爲相類似；而報仇手段則無此限制。

(4) 封鎖：封鎖指平時封鎖而言，乃 19 世紀以後新發展之自力救濟手段，

---

117 (D) 對於他國不禮貌、不友誼或不公平的行為，本國亦以相同或類似的行為加以對付，在國際法上稱之為：(A)制裁(B)干涉(C)封鎖(D)報復

以前之封鎖，均屬戰時封鎖。1831 年法國因葡萄牙損害法僑利益，乃封鎖葡萄牙港口，阻止葡萄牙船舶通過並捕獲，迄葡萄牙同意賠償，始解除封鎖，其後各國遂多以此為平時報仇時之手段。

(5) 經濟絕交：係指經濟斷絕往來，其步驟為禁止被絕交國之貨物入口，以減少該國外匯之來源；並禁止貨物運往被絕交國，以減少該國物資之救濟，此種手段在經濟關係十分密切之國家間，效果顯著[118]。

2. **戰爭**：戰爭[119]乃國家間使用武力決鬥，以為解決爭端之最後手段。其情形最為慘酷、嚴厲，其結果摧毀文明，故非至萬不得已階段，絕對不可輕啓戰端[120]。

應考小叮嚀

本章內容很廣，涵蓋民法、刑法與行政法。本章經常出現的題目，集中於民事、刑事、行政制裁、正當防衛及緊急避難等，包括基本定義、整體概念及重要條文內容，均需了解。

---

[118] (C) 國與國間斷交或經濟制裁屬於下列何者？(A)民事上的制裁(B)刑事上的制裁(C)國際法上的制裁(D)道德制裁

[119] (A) 戰爭係屬何種制裁？(A)國際法上的制裁(B)刑事制裁(C)憲法制裁(D)道德制裁

[120] (D) 解決國際爭端的最嚴厲手段為：(A)斷交(B)經濟斷絕(C)貿易報復(D)戰爭

第八章　憲　法

本章學習重點

1. 憲法基本條文
2. 增修條文重要內容
3. 基本權

第一節　緒　論

一、權力分立

權力分立（separation of powers），一般會將政府分爲三個權力部門，分別是行政、立法、司法，也就是一般常說的「三權分立」。國會掌控立法權，負責制定法律；由內閣掌控行政權，負責執行法律；法院掌控司法權，負責判決法律爭議。權力分立的目的，在於讓政府權力不要過度集中在一個部門手裡，避免發生獨裁專制或濫權的情形[1]，以保障人民的權利。但是，權力分開後，更重要的，是要讓他們彼此制衡（check and balance）。讓政府各機關透過各種憲法設計的遊戲規則，來彼此制衡，不要讓某一個權力獨大。權力分立這個概念，首先來自英國洛克的《政府二論》，後來影響到法國孟德斯鳩《論法的精神》，最早提出三權分立[2]，到

---

1 (A) 現代民主國家採用權力分立制度的原因為何？(A)政治學理論上認為，權力集中必然導致濫權，有害人民權利保障，故須採用權力分立的制度(B)因權力分立制度較有利於行政權的推展(C)因權力分立可使國家威權獲得實現(D)因為權力分立制度，可以落實君權神授的理想

2 (D) 何人首先提倡三權分立？(A)霍布斯（Hobbes）(B)盧梭（Rousseau）(C)斯賓塞（Spencer）(D)孟德斯鳩（Montesquieu）

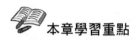

美國 1787 年制憲時，就按照三權分立的理念來制定憲法[3]。現今民主國家主要的憲政制度有總統制及內閣制。

1. 總統制：權力分立制衡

最典型的三權分立，就是美國的總統制。美國的總統是人民直選，直接掌控行政權。國會也是人民直選，掌控立法權。總統和國會之間，就有很強烈的制衡手段，總統對國會通過之法案不滿，可提出覆議[4]。此外，司法權也可以有效地和行政、立法兩權制衡。因爲美國的法院有很大的審判權和違憲審查權，可以宣告行政、立法部門的行爲違法，或宣告國會制定出來的法律違憲。

2. 內閣制：行政立法合一

內閣制又稱爲議會內閣制，內閣是由國會中多數黨組成。內閣制相較於總統制，比較接近權力合一，也就是立法部門中有行政部門，看起來是「行政、立法合一」，而且，英國上議院還同時兼任英國的最高法院，更是「立法、司法合一」。內閣制國家，國會多數對內閣政府的監督機制，可採取不信任投票[5]。當內閣被國會投票倒閣時，內閣可要求解散國會重新改選。

3. 雙首長制

我國於 1997 年第四次修憲時，學習法國制度，採取雙首長制，亦即有民選總統，又有行政院長。有人稱雙首長制爲混合制，亦即混合了總統制和內閣制的特色，有總統制的覆議制度，也有內閣制的不信任案投票和解散國會制度。

---

[3] (B) 美國獨立時制憲，將下列何者對於國家權力限制和制衡的理論納入憲法？(A)洛克(B)孟德斯鳩(C)林肯(D)馬丁路德

[4] (C) 下列哪一項制度設計係屬總統制的重要特徵？(A)倒閣制度(B)國會議員兼任閣員(C)覆議制度(D)副署制度

[5] (A) 「不信任投票」常行使於下列何種制度下？(A)內閣制(B)總統制(C)委員制(D)獨裁制

二、憲法意義

我國憲法為成文憲法、剛性憲法[6]、民定憲法，採五權分立（我國國父孫中山先生提倡）[7]，係於民國 35 年 12 月 25 日經國民大會制定[8]，36 年 12 月 25 日施行[9]。自 80 年 5 月 1 日的第一次修憲算起，迄至 94 年 6 月 10 日止，我國憲法總共歷經七次修憲[10]。

(一) 實質意義

實質意義的憲法係就憲法之主要內容及其效力著眼，為國家根本大法之憲法，係在規範國家與社會的關係，亦即憲法大體要形塑並且規制國家最高權力、對社會生活作原則性的形成與規整，以及根本性地決定國家與社會間的關係，如同孫中山所稱：「憲法者國家之構成法，亦即人民權利之保障書也。」

(二) 形式意義

形式意義的憲法是指憲法是以成文法典之形式特別制定而公布之法律。其內含如下：1.憲法為成文法典。2.憲法效力高於普通法律。憲法第 171 條：法律與憲法牴觸者無效。第 172 條：命令與憲法或法律牴觸者無效。我國憲法就是由一部獨立的憲法組成[11]。

---

6 (B) 下列何者並非我國憲法的性質？(A)成文憲法(B)柔性憲法(C)民定憲法(D)五權憲法

7 (A) 我國憲法之特徵為：(A)五權分立(B)三權分立(C)二權分立(D)總統獨大

8 (A) 我國憲法係於：(A)民國 35 年 12 月 25 日經國民大會制定(B)民國 34 年經國民大會制定(C)民國 76 年經國民大會制定(D)民國元年經國民大會制定

9 (B) 中華民國憲法於何時正式施行？(A)民國 36 年 1 月 1 日(B)民國 36 年 12 月 25 日(C)民國 35 年 12 月 25 日(D)民國 37 年 1 月 1 日

10 (D) 自民國 80 年 5 月 1 日的第一次修憲算起，迄至民國 89 年 4 月 25 日的修憲為止，我國憲法總共歷經幾次修改？(A)四次(B)五次(C)七次(D)六次

11 (B) 我國憲法係屬：(A)數種法典集合而成之成文憲法(B)獨立法典之成文憲法(C)不成文憲法(D)由慣例彙集成

(三) 我國憲法架構

憲法就其規範內容而言主要包括三大部分：人權篇、國家組織篇與基本國策[12]。

(四) 憲法修改程序較普通立法艱難

憲法第 174 條：「憲法之修改，應依左列程序之一爲之：一、由國民大會代表總額五分之一之提議，三分之二之出席，及出席代表四分之三之決議，得修改之。二、由立法院立法委員四分之一之提議，四分之三之出席，及出席委員四分之三之決議，擬定憲法修正案，提請國民大會複決。此項憲法修正案應於國民大會開會半年前公告之。」本條文受憲法增修條文第 1 條第 1 項及第 12 條凍結。憲法增修條文第 12 條：「憲法之修改，須經立法院立法委員四分之一之提議，四分之三之出席，及出席委員四分之三之決議，提出憲法修正案，並於公告半年後，經中華民國自由地區選舉人投票複決，有效同意票過選舉人總額之半數，即通過之，不適用憲法第 174 條之規定。」憲法修改之程序：1.立法院立法委員四分之一之提議，四分之三之出席，及出席委員四分之三之決議，提出憲法修正案。2.經公告半年，應於三個月內，經中華民國自由地區選舉人投票複決，有效同意票過選舉人總額之半數。憲法增修條文第 11 條規定：「自由地區與大陸地區間人民權利義務關係及其他事務之處理，得以法律爲特別之規定。」

三、總綱

(一) 國家之構成要素，包括人民、領土（領土、領海及領空[13]）政府、主權[14]。依中華民國領海及鄰接區法第 3 條規定：「中華民國領海爲自基

---

[12] (B) 下列何者並非憲法的主要規範內容？(A)國家機關的基本組織架構(B)警察基本職權的行使(C)人民的基本權利義務(D)基本國策

[13] (C) 國家之領域：(A)僅包括領土及領空(B)僅包括領土及領海(C)包括領土、領海及領空(D)僅包括領土

[14] (A) 下列何者不是近代國家的構成要素？(A)法統(B)領土(C)人民(D)政府

線起至其外側 12 浬間之海域。」[15]

(二) 中華民國之主權[16]，屬於國民全體[17]（憲法 2）。

(三) 具有中華民國國籍者，爲中華民國國民。有關自然人之國籍，依國籍法規定[18]。

(四) 領土變更之程序（憲法增修條文 4V），中華民國領土，依其固有疆域，非經全體立法委員四分之一之提議，全體立法委員四分之三之出席，及出席委員四分之三之決議，提出領土變更案，並於公告半年後，經中華民國自由地區選舉人投票複決，有效同意票過選舉人總額之半數，不得變更之。

第二節　人民之權利義務

人民與國家間之關係，計有四種：(一)消極關係：自由權[19]；(二)積極關係：受益權；(三)主動關係：參政權；(四)被動關係：義務。

---

[15] (D) 依中華民國領海及鄰接區法，中華民國領海為自基線起至其外側若干浬間之海域？(A)3 浬(B)6 浬(C)9 浬(D)12 浬

[16] (A) 依照現代民主法治國的原理，國家的權力來自下列何者？(A)人民(B)元首(C)議會(D)憲政習慣

[17] (A) 依憲法規定，中華民國之主權，係屬於：(A)國民全體(B)總統(C)國民大會(D)五院

[18] (B) 一個人是否為中國人，依：(A)我國憲法規定(B)國籍法規定(C)民法規定(D)社會秩序維護法規定

[19] (B) 人民在不違反法令的範圍內，有各種自由權，國家無從加以干涉或限制，此種國民與國家之關係，係何種關係？(A)積極關係(B)消極關係(C)主動關係(D)被動關係

一、平等權（憲法 7）

(一) 平等權的種類

依憲法第 7 條規定：「中華民國人民，無分男女、宗教、種族、階級、黨派，在法律上一律平等。」共計五種平等權。

(二) 平等權的內涵

所謂的平等，並非齊頭式的「形式平等」，而強調的是「實質平等」、「立足點平等」[20]。其也不強調「結果平等」而要求「機會平等」。

(三) 男女平等

憲法雖然規定男女平等，但在憲法本文中，也有一些促進婦女地位的條文。如憲法第 134 條：「各種選舉，應規定婦女當選名額，其辦法以法律定之。」而立法委員選舉中，不分區立委也保護婦女二分之一當選席次。另外，憲法增修條文第 10 條：「國家應維護婦女之人格尊嚴，保障婦女之人身安全，消除性別歧視，促進兩性地位之實質平等。」例如 A 女報考某大學研究所，自傳中表示其爲同性戀者，因而遭到該大學拒絕報名，A 女認爲其平等權受到侵害，此大學違反性別平等教育法之平等權保障[21]。

(四) 宗教平等

宗教平等，乃指不問何種宗教在法律上一律受同等保障。同時，對有信仰宗教和無信仰宗教的人，在憲法上也受平等待遇。並不會因爲有信仰宗教，就受到較好的對待。可是有些宗教是小宗教，卻可能不被當作宗教

---

20 (A) 憲法第 7 條所謂「平等原則」係指下列何者？(A)立足點平等(B)齊頭式平等(C)絕對平等(D)機械平等

21 (C) A 女報考某大學研究所，A 女自傳中表示其為同性戀者，因而遭到該大學拒絕報名，A 女認為其平等權受到侵害，請問下列何種法律，可能涉及其主張之平等權保障？(A)就業服務法(B)性別工作平等法(C)性別平等教育法(D)國民教育法

看待，而不能獲得宗教的某些保障。例如，一般民間信仰的神壇，就不能用土地稅法關於宗教使用土地免稅的規定（釋字 460）。

(五) 種族平等

憲法規定種族平等，且在第 5 條也規定「中華民國各民族一律平等」。但爲了保護少數族群與肯定多元文化，在憲法本文又有例外規定。因爲少數族群天生資源有限，在多數人的文化入侵下難以生存，故憲法中特別規定可以給予優惠性差別待遇。在美國歷史上，過去認爲將黑人白人隔離，但給予相同待遇，而屬於一種「隔離但平等」。不過後來 1960 年代美國最高法院認爲此觀念已經過時，種族隔離本身就是一種不平等[22]。

(六) 階級平等

人民無論貴賤、貧富、勞資等階級之差異，在法律上一律平等。

(七) 黨派平等

憲法規定黨派平等。另外，憲法關於黨派之規定甚多，尤其是「超出黨派」之規定，憲法中不少條文都提到要保持行政中立，超出黨派。但是，有些選舉法律卻會規定，有政黨提名的候選人，可以免繳保證金。

(八) 其他平等

除了上述憲法明文列舉出來的平等類型外，其餘事項在法律上也應平等。例如軍人依法所應享有服役年資計算之權益，不宜因其役別爲義務役或志願役而有所不同[23]。大法官也做過許多關於平等之重要解釋。例如釋字第 626 號解釋認爲中央警察大學限制色盲者不得報考，憲法第 7 條規定，人民在法律上一律平等；第 159 條復規定：「國民受教育之機會，一

---

[22] (C) 我國憲法保障人權，發展出若干重要原則，下列何者不屬之？(A)比例原則(B)法律保留原則(C)分離但平等原則(D)具體明確原則

[23] (D) 軍人依法所應享有服役年資計算之權益，不宜因其役別為義務役或志願役而有所不同。此等說明，係基於何種憲法原則？(A)兵役法律主義(B)稅損法律主義(C)比例原則(D)平等原則

律平等。」旨在確保人民享有接受各階段教育之公平機會。中央警察大學91學年度研究所碩士班入學考試招生簡章第7點第2款及第8點第2款，以有無色盲決定能否取得入學資格之規定，係爲培養理論與實務兼備之警察專門人才，並求教育資源之有效運用，藉以提升警政之素質，促進法治國家之發展，其欲達成之目的洵屬重要公共利益；因警察工作之範圍廣泛、內容繁雜，職務常須輪調，隨時可能發生判斷顏色之需要，色盲者因此確有不適合擔任警察之正當理由，是上開招生簡章之規定與其目的間尚非無實質關聯，與憲法第7條及第159條規定並無牴觸[24]。

例如軍事審判的冤獄不賠償，是否違背平等原則？釋字第624號解釋認爲：「憲法第7條規定，人民在法律上一律平等。立法機關制定冤獄賠償法，對於人民犯罪案件，經國家實施刑事程序，符合該法第1條所定要件者，賦予身體自由、生命或財產權受損害之人民，向國家請求賠償之權利。凡自由、權利遭受同等損害者，應受平等之保障，始符憲法第7條規定之意旨。冤獄賠償法第1條規定，就國家對犯罪案件實施刑事程序致人民身體自由、生命或財產權遭受損害而得請求國家賠償者，依立法者明示之適用範圍及立法計畫，僅限於司法機關依刑事訴訟法令受理案件所致上開自由、權利受損害之人民，未包括軍事機關依軍事審判法令受理案件所致該等自由、權利受同等損害之人民，係對上開自由、權利遭受同等損害，應享有冤獄賠償請求權之人民，未具正當理由而爲差別待遇，若仍令依軍事審判法令受理案件遭受上開冤獄之受害人，不能依冤獄賠償法行使賠償請求權，足以延續該等人民在法律上之不平等，自與憲法第7條之本旨有所牴觸[25]。」

二、自由權

人權可以分爲好幾種，首先就是最常見的自由權（防禦權）。自由權是指人民有做什麼和不做什麼的自由，政府不可以隨便限制或干涉。我國

---

[24] (D) 依司法院釋字第626號解釋，中央警察大學限制色盲者不得報考，涉及下列何種基本權利之保障？(A)財產權(B)工作權(C)選舉權(D)平等權

[25] (D) 依司法院釋字624號解釋，軍事審判的冤獄不適用冤獄賠償法，違背下列何種原則？(A)法律保留原則(B)法官保留原則(C)信賴保護原則(D)平等原則

憲法對自由權之規定，先明文列舉各種自由，但第 22 條又有概括條款，採取例示規定與概括規定之混合方式[26]。

(一) 人身自由

又稱爲人身不可侵犯權，憲法第 8 條規定：「人民身體之自由應予保障[27]。除現行犯之逮捕由法律另定外，非經司法或警察機關依法定程序，不得逮捕拘禁。非由法院依法定程序，不得審問處罰。非依法定程序之逮捕、拘禁、審問、處罰，得拒絕之。人民因犯罪嫌疑被逮捕拘禁時，其逮捕拘禁機關應將逮捕拘禁原因，以書面告知本人及其本人指定之親友，並至遲於二十四小時[28]內移送該管法院[29]審問。本人或他人亦得聲請該管法院，於二十四小時內向逮捕之機關提審。法院對於前項聲請，不得拒絕，並不得先令逮捕拘禁之機關查覆。逮捕拘禁之機關，對於法院之提審，不得拒絕或遲延。人民遭受任何機關非法逮捕拘禁時，其本人或他人得向法院聲請追究，法院不得拒絕，並應於二十四小時內向逮捕拘禁之機關追究，依法處理。」

此處所謂之法院，根據釋字第 392 號解釋，就是真的法院，而不包括檢察官[30]。早年的違警罰法，由警察就可以決定拘留人民，而被大法官宣

---

26 (C) 我國關於人民之自由權利，應受憲法之保護，採取何種規定方式？(A)僅例示應受保護之自由權利(B)僅概括規定，不妨害社會秩序，其自由權利均受憲法之保護(C)採取例示規定與概括規定之混合方式(D)無規定

27 (A) 憲法第 8 條規定人民身體之自由應予保障，除現行犯之逮捕由法律另定外，非經司法或警察機關依法定程序，不得逮捕拘禁。上述條文在學理上稱為：(A)人身自由保障(B)行動自由(C)刑事豁免權(D)行為自由

28 (A) 我國憲法第 8 條規定，人民因犯罪嫌疑被逮捕拘禁時，其逮捕拘禁機關應至遲於幾小時內移送該管法院審問？(A)二十四小時(B)十二小時(C)三十六小時(D)四十八小時

29 (B) 憲法第 8 條所規定人身自由「審問」之權限，屬於下列何者？(A)警察機關(B)法院(C)檢察機關(D)調查機關

30 (D) 依司法院大法官會議釋字第 392 號解釋，刑事被告羈押涉及憲法第 8 條人身自由權，下列何者有權核准之？(A)法官與檢察官(B)檢察官與警察(C)檢察官、警察與調查局人員(D)僅限於法官

告違憲，認爲限制人民之自由，應由法院來審理決定。違警罰法於司法院大法官會議解釋宣告違憲後，立法院訂定了社會秩序維護法[31]來維護公共秩序，並確保社會安寧（參考釋字 251）。

大法官針對人身自由的解釋中，對「檢肅流氓條例」中的部分條文，一共作三次解釋。第一次在釋字第 384 號解釋，認爲檢肅流氓條例關於強制人民到案、秘密證人等規定違憲，並指出該條所謂的「依法定程序」，是指「實質正當之法律程序」[32]。第二次在釋字第 523 號解釋，認爲關於法定裁定留置的要件規定不明確違憲。第三次在釋字第 636 號解釋，認爲關於流氓定義、被移送人對證人的對質、詰問及閱卷權等規定違憲[33]。

釋字第 535 號解釋：「警察勤務條例有關臨檢之規定，並無授權警察人員得不顧時間、地點及對象任意臨檢、取締或隨機檢查、盤查之立法本意。除法律另有規定外，警察人員執行場所之臨檢勤務，應限於已發生危害或依客觀、合理判斷易生危害之處所、交通工具或公共場所爲之，其中處所爲私人居住之空間者，並應受住宅相同之保障；對人實施之臨檢則須以有相當理由足認其行爲已構成或即將發生危害者爲限，且均應遵守比例原則，不得逾越必要程度[34]。臨檢進行前應對在場者告以實施之事由，並

---

[31] (B) 違警罰法於司法院大法官會議解釋宣告違憲後，立法院訂定了哪一個法律來維護公共秩序，並確保社會安寧？(A)妨害安寧法(B)社會秩序維護法(C)集會遊行法(D)檢肅流氓條例

[32] (C) 憲法第 8 條第 1 項規定：「人民身體之自由應予保障，除現行犯之逮捕由法律另定外，非經司法或警察機關依法定程序，不得逮捕拘禁。非由法院依法定程序，不得審問處罰。非依法定程序之逮捕、拘禁、審問、處罰，得拒絕之。」其所稱「依法定程序」，依據司法院大法官釋字第 384 號解釋，是指：(A)法定上訴程序(B)非常上訴程序(C)實質正當之法律程序(D)行政程序法規定之程序

[33] (B) 以下何者有違憲之虞，而曾被大法官會議宣告部分違憲？(A)犯罪組織防治條例(B)檢肅流氓條例(C)少年事件處理法(D)社會秩序維護法

[34] (B) 依司法院大法官解釋，有關警察臨檢與人身自由之關係，下列何者正確？(A)警察勤務條例係純屬組織法的規定，不得作為警察臨檢之依據(B)警察臨檢對人實施，須以有相當理由足認其行為已構成或即將發生危害者為限(C)臨檢實施之手段由警察裁量為之，以使警察發揮人民褓母之職責(D)警察勤務條例有關臨檢之規定，已授權警察人員得任意臨檢、盤查，以確保治安

出示證件表明其爲執行人員之身分。臨檢應於現場實施，非經受臨檢人同意或無從確定其身分或現場爲之對該受臨檢人將有不利影響或妨礙交通、安寧者，不得要求其同行至警察局、所進行盤查。其因發現違法事實，應依法定程序處理者外，身分一經查明，即應任其離去，不得稽延。」

(二) 居住遷徙自由

每個人可以依據自己的喜好選擇居住處所，並自由往來各地，包括出國和回國的自由。例如，以前還沒當兵的人不能出國旅遊，擔心有人會藉此逃避兵役，但後來卻認爲這樣有剝奪人權居住遷徙自由的問題。法院對交保之被告予以限制住居之處分時，其主要是涉及遷徙自由之限制[35]。大法官會議釋字第 443 號解釋，將限制役男出境之規定解釋爲違憲，係認爲該規定係違反憲法保障人民之遷徙自由[36]。爲維護國家安全及社會秩序，人民入出境之權利，並非不得限制，但須符合憲法第 23 條之比例原則，並以法律定之（釋字 558）[37]。

(三) 意見自由

人民有言論、講學、著作和出版自由。這是在民主國家中人民最重要的一種自由，就是享有表達各種不同意見、批判國家、創新思考的自由。依據司法院大法官釋字第 445 號解釋，憲法第 14 條之集會自由與第 11 條

---

[35] (C) 法院對交保之被告予以限制住居之處分時，其主要是涉及憲法何種基本權利之保障？(A)居住自由(B)言論自由(C)遷徙自由(D)訴訟權

[36] (B) 大法官會議釋字第 443 號解釋，將限制役男出境之規定解釋為違憲，係認為該規定係違反憲法保障人民之何種權利？(A)通信自由(B)遷徙自由(C)言論自由(D)居住自由

[37] (C) 有關人民居住遷徙自由保護，下列敘述何者錯誤？(A)居住、遷徙之自由，包括入出國境之權利(B)國家不得將國民排斥於國家領土之外(C)國家對居住、遷徙之自由不應予以任何限制(D)法律不區分國民是否於台灣地區設有住所而有戶籍，一律非經許可不得入境，係屬違憲之規定

之著作、出版自由，同屬表現自由[38]。

1. 商業性言論：釋字第 414 號解釋認爲，廣告屬於一種商業性言論[39]，但受到保障較低。
2. 誹謗：釋字第 509 號解釋認爲，刑法第 310 條第 1 項及第 2 項誹謗罪即係保護個人法益而設，爲防止妨礙他人之自由權利所必要，符合憲法第 23 條規定之意旨[40]。
3. 廣電：以廣播及電視方式表在意見屬於言論自由（釋字 364）[41]。
4. 大學自治：釋字第 380 號解釋中，大法官從是由講學自由推導出學術自由，並認爲大學自治[42]是學術自由之制度性保障[43]。大法官會議釋字第 563 號解釋，將大學自行規範之退學標準認定爲係「大學自治」範疇[44]。

---

[38] (B) 依據司法院大法官釋字第 445 號解釋，憲法第 14 條之集會自由與憲法第 11 條之著作、出版自由、同屬下列何者之範疇？(A)人性尊嚴(B)表現自由(C)結社自由(D)宗教自由

[39] (A) 依司法院大法官解釋，商業廣告屬於憲法所保護之何種基本權？(A)言論自由(B)良心自由(C)通訊自由(D)集會自由

[40] (C) 依司法院大法官解釋，有關憲法所保障的言論自由，下列敘述何者錯誤？(A)國家應予最大限度的維護(B)言論自由權具有實現自我、溝通意見、追求真理及監督政治等功能(C)刑法對誹謗罪的規定，侵犯人民的言論自由權(D)記者從事新聞報導時，只要有相當理由確信其所報導係真實者，即不能繩之以誹謗罪責

[41] (A) 以廣播及電視方式表現意見，屬於憲法所保障之何種權利？(A)言論自由(B)出版自由(C)通訊自由(D)集會自由

[42] (A) 依司法院大法官解釋，「大學自治」係從何種基本權導出？(A)講學自由(B)良心自由(C)人身自由(D)出版自由

[43] (C) 依司法院大法官釋字第 380 號解釋，講學自由之規定，係對何種自由制度性保障？(A)言論自由(B)受教育自由(C)學術自由(D)思想自由

[44] (B) 大法官會議釋字第 563 號解釋，將大學自行規範之退學標準認定為何種事項？(A)違反法律保留而違憲(B)大學自治範疇(C)特別權力關係(D)非屬重要事項不受法律規範

(四) 秘密通訊自由

人民彼此間的交流和通訊，不受政府或他人加以非法拆閱、扣押、竊聽或檢查。尤其現在人民非常重視個人隱私，不只是傳統的書信，現在的電話、網路等，政府都不能夠隨意竊聽。例如司法機關對犯罪嫌疑人進行電話監聽，對犯罪嫌疑人而言，涉及干涉此項自由[45]。

(五) 信仰宗教自由

人民對於某種教義的信仰與不信仰，不受政府或他人干涉，並享有舉行宗教儀式及傳教的自由。

(六) 集會與結社自由

人民具有參加集會及組織團體的自由，政府非依法律不得任意加以限制和干涉。例如戒嚴時期往往禁止人民上街頭抗議，但現在民主時代，幾乎每個月都可以看到人民上街頭抗議，表達對政府的不滿。集會遊行法之規定，可能會限制人民之集會自由。應經許可之集會、遊行未經許可者，該管警察分局得予警告、制止或命令解散[46]。人民團體法之制定，則可能限制人民的結社自由[47]。

(七) 其他自由

憲法第 22 條乃屬於自由概括條文，凡人民之其他自由及權利，不妨害社會秩序公共利益者，均受憲法之保障。據大法官解釋承認的其他自

---

[45] (B) 司法機關對犯罪嫌疑人進行電話監聽，對犯罪嫌疑人而言，涉及憲法何種基本權利之保障？(A)人身自由(B)秘密通訊自由(C)居住自由(D)言論自由

[46] (D) 關於集會遊行之規定，下列敘述何者是正確的？(A)為限制人民集會、遊行之自由，特制定集會遊行法(B)集會、遊行得在國際機場、港口及其周邊範圍舉行，無須經該管之警察分局核准(C)婚、喪、喜、慶活動之室外集會遊行，應向該管之警察分局申請許可(D)應經許可之集會、遊行未經許可者，該管警察分局得予警告、制止或命令解散

[47] (C) 我國人民團體法，主要目的在規範人民的何種權利？(A)集會自由權(B)表現自由權(C)結社自由權(D)宗教信仰自由權

由，包括性行爲自由、婚姻自由、人格權[48]、隱私權等。1.姓名權爲人格權之一種，人之姓名爲其人格之表現，故如何命名爲人民之自由，應爲憲法第 22 條保障（釋字 399）[49]。2.隱私權雖非憲法明文列舉之權利，惟基於人性尊嚴與個人主體性之維護及人格發展之完整，並爲保障個人生活私密領域免於他人侵擾及個人資料之自主控制，隱私權乃爲不可或缺之基本權利，而受憲法第 22 條所保障（釋字 603）[50]。3.釋字第 554 號解釋指出，刑法通姦罪的規定，固對人民之性行爲自由有所限制，惟此爲維護婚姻、家庭制度及社會生活秩序所必要[51]。

三、受益權

前面說的自由權，是憲法防止國家對人民的不當干預。而受益權則是反過來，憲法要求國家必須積極提供給人民一些基本的保障，也就是人民可以向國家請求享受生活利益的權利。我國憲法規定的受益權可以分爲四種：

(一) 經濟上受益權

經濟上的受益權包括生存權、工作權和財產權。

1. 生存權

生存權是指人民可要求國家維持最低程度的生活條件，以延續生命。

---

48 (C) 下列何者不屬於憲法第二章所例示規定保障之自由？(A)秘密通訊之自由(B)信仰宗教之自由(C)發展人格之自由(D)集會結社之自由

49 (D) 姓名權係屬憲法所保障的何種基本權？(A)資訊自決權(B)人身自由(C)良心自由(D)人格權

50 (D) 我國憲法中未明文規定，依司法院大法官解釋，仍屬人民之基本權利者為何？(A)參政權(B)工作權(C)人身自由(D)資訊隱私權

51 (D) 下列關於「我國大法官在民主法制變遷發展中曾經做出的解釋」的敘述，何者錯誤？(A)大法官曾經針對大學法強制各大學設置軍訓室，認為其違反大學自治而做出違憲解釋(B)大法官曾經針對中央民意代表應全面改選做出解釋(C)大法官曾經針對檢肅流氓條例限制人民身體自由逾越必要程度做出違憲解釋(D)大法官曾經針對刑法上通姦罪的條文做出違憲解釋

生存權中的生命權、社會救助等，關係人民之生活存續，一般被視爲人民的絕對權利，國家原則上必須加以滿足。例如在台灣我們會提供老人年金，就是希望讓老人沒有工作能力之後，還能有基本的生活費維持生活。另外，如果有人失業了，爲了讓他暫時可以活下去，我們也會提供失業救濟金等。

2. 工作權

工作權是指國家應充實各種職業教育與訓練管道，以保障民眾的工作權益。當然，工作權也會有自由權的性質，就是希望國家不要過度干預人民的工作自由，人民有選擇自己想做的工作的自由，而且人民在從事那個工作時，也希望政府不要過度干預，不要設置過多的法規。專門職業及技術人員非經國家考試無法取得執業資格，此項涉及人民之工作權[52]。釋字第 584 號解釋指出，道路交通管理處罰條例規定，曾犯故意殺人等罪，經判決罪刑確定者，不准辦理營業小客車駕駛人執業登記，係對人民工作權（職業自由）之限制[53]。

3. 財產權

財產權是指人民在法律規定範圍內，可以自由使用、處理個人的財產，且當財產受侵害或有被侵害之虞時，可要求政府立法保障其財產不受侵犯或除去其侵害，外國人亦享有此項基本權保障[54]。政府如果爲了重大公共建設，需要徵收人民土地時，就必須要依市價給予人民補償（行政補償）[55]。而大法官也在釋字第 440 號解釋中指出，公共設施穿越私有土地

---

[52] (A) 專門職業及技術人員非經國家考試無法取得執業資格，在此涉及何種基本權利之保障？(A)工作權(B)訴訟權(C)人身自由(D)言論自由

[53] (A) 道路交通管理處罰條例規定，曾犯故意殺人等罪，經判決罪刑確定者，不准辦理營業小客車駕駛人執業登記。係對人民何種權利之限制？(A)職業自由(B)人身自由(C)遷徙自由(D)表現自由

[54] (C) 外國人亦得享有下列何種基本權利？(A)選舉權(B)服公職權(C)財產權(D)創制及複決權

[55] (C) 依司法院大法官解釋，國家機關有公用或其他公益之必要時，得依法徵收人民之財產，但應給予相當之：(A)期限考慮(B)協商(C)補償(D)賠償

上空或地下，應給予相當代價[56]。依司法院釋字第 514 號解釋，人民之營業自由爲財產權之保障[57]。

(二) 行政上受益權

當人民權利或利益受侵害時，可以向政府機關請求改善。包括請願及訴願之權利。

1. 請願

憲法規定的請願權，是指人民對國家政策、公共利益、個人權利與利益的維護如有意見，可以向政府反映，請求處理[58]。請願之對象包括立法院、行政機關、監察院等，但不可向法院請願[59]。

2. 訴願

訴願權則是人民若認爲行政機關的施政措施違法或不當，以致損害個人權利或利益時，可向行政機關提出，並請求救濟。但如果向行政機關訴願之後，行政機關還是不肯改過，那接著就可以去法院進行行政訴訟。釋字第 338 號解釋指出，公務人員對於審定之級俸有爭執，得提起訴願、行政訴訟[60]。釋字第 382 號解釋指出，私立大學學生因學業成績不及格遭退學，經校內申訴後，仍維持退學處分，學生可提起訴願[61]。

---

56 (D) 公共設施穿越私有土地上空或地下，應給予相當代價，此項代價係屬何者？(A)政府德政(B)國家賠償(C)民事賠償(D)行政補償

57 (B) A 公司申請赴大陸地區投資設廠，經主管機關予以否准，A 公司認為已侵害其營業自由，依司法院釋字第 514 號解釋，人民之營業自由為何種基本權利所保障？(A)生存權(B)財產權(C)訴訟權(D)遷徙自由

58 (A) 人民對於國家政策、公共利益或其權益之維護，得向職權所屬之民意機關或主管行政機關表示其意願的行為，稱之為：(A)請願(B)再訴願(C)訴願(D)行政訴訟

59 (A) 下列何機關為人民可請願之對象？(A)立法院(B)行政法院(C)地方法院(D)最高法院

60 (C) 下列何事得提起訴願、行政訴訟？(A)公務員人不服考績乙等(B)公務員不服同職等間調職命令(C)公務員不服審定之級俸(D)公務員不服因案羈押之停職命令

61 (A) 私立大學學生因學業成績不及格遭退學，經校內申訴後，仍維持退學處分，應先依下列何項程序救濟？(A)訴願(B)復審(C)民事訴訟(D)行政訴訟

(三) 司法上受益權

訴訟權就是當人民之權利或利益受到侵害時，可以依據法律向法院提起訴訟，請求法院做出裁判，判定誰對誰錯。如果人民受了委屈，而法院竟然沒有提供救濟或訴訟制度，那麼就可以說政府沒有盡到提供人民訴訟權的責任。

(四) 教育上受益權

指人民可在規定年齡內要求接受國民教育。依據憲法，人民受國民教育既是權利，也是必須履行的義務。目前我們有九年的國民義務教育，雖然說是義務，但也是政府的一項德政，就是讓人民可以用很便宜的學費去上學。

(五) 公平性原則

國家不提供某項福利時，我們很難指責國家違憲；國家開始提供某項福利，若只提供給特定人，我們可以指責國家不公平。

四、參政權

參政權是具備法定年齡及資格的公民才能享有的權利。我國憲法所保障的參政權，包括選舉、罷免、創制、複決之權，以及應考試、服公職之權。

(一) 選舉

選舉權可分爲選舉和被選舉權，是人民參政最重要的一項權利。人民滿二十歲有選舉權[62]；年滿二十三歲者[63]有依法被選舉之權。公職人員選舉

---

[62] (A) 在我國，如果想要行使公職人員選舉之投票權，最少要年滿幾歲？(A)二十歲(B)十八歲(C)二十三歲(D)三十歲

[63] (D) 依我國憲法規定，國民年滿幾歲者有依法被選舉之權？(A)二十歲(B)四十五歲(C)二十五歲(D)二十三歲

罷免法第24條規定，縣（市）長候選人須年滿三十歲才可參選[64]。

選舉之原則有以下四點：1.普通選舉：指具一定資格之人民均有選舉權，無教育、階級、宗教……等限制，是爲普通原則或一般原則[65]。2.平等選舉：指「一人一票，每票等値」，爲平等原則。3.直接選舉：指由選舉人親自選出當選人，爲直接原則。4.秘密選舉：即是指採無記名投票方式，以確保選舉自由之實現，爲秘密原則。

選舉委員會辦理選舉，有足以影響選舉結果之事由時，候選人得提起選舉無效之訴[66]。若是認爲候選人用不法手段贏得選舉，則可對當選人提起當選無效之訴。其訴訟由法院管轄[67]，二審終結[68]。

(二) 罷免權

罷免是指人民以自己之意思，以投票或其他方式，罷免其所選出之代表或政府人員之權。憲法第 133 條規定：「被選舉人得由原選舉區依法罷免之。」且公職人員選舉罷免法第 75 條規定：「公職人員之罷免，就職未滿一年者，不得罷免。」

(三) 創制、複決

創制是指人民在立法院還沒有任何法案以前，就主動地自己提案，「創造一個制度」，進行投票，而如果通過的話，立法院就議案照創制案的精神來制定法律。複決則是指立法院已經有一個法案在審查，可能是立法院通過或者不通過這個法案，但人民不認同立法院投票的結果，自己想要再投票一次，再一次地決議。如果人民複決的結果，和立法院之前的結

---

64 (B) 依公職人員選舉罷免法第 24 條規定，縣（市）長候選人須年滿幾歲？(A)二十歲(B)三十歲(C)三十五歲(D)四十歲

65 (A) 凡具有中華民國國籍之人民，均有選舉權。此乃選舉權行使何種基本原則？(A)一般（普通）原則(B)直接原則(C)自由原則(D)平等原則

66 (D) 選舉委員會辦理選舉，有足以影響選舉結果之事由時，下列何人得提起選舉無效之訴？(A)政黨(B)任何人(C)律師(D)候選人

67 (A) 依公職人員選舉罷免法之規定，選舉罷免訴訟應由何機關管轄？(A)法院(B)各省、市選舉委員會管轄(C)監察院(D)中央選舉委員會管轄

68 (D) 選舉罷免訴訟為：(A)一審終結(B)三審終結(C)不得提起(D)二審終結

果不同，那麼立法院就必須按照人民的結果修改之前的決議。

民國 92 年立法院三讀通過公民投票法，賦予人民可用直接投票的方式，參與公共事務的決定，才真正落實了人民的創制、複決權。全國性公民投票的適用事項，包含法律的複決、立法原則的創制、重大政策的創制或複決、憲法修正案與領土變更案的複決。民國 93 年 3 月 20 日，台灣第一次實施全國性的公民投票。

(四) 考試、服公職

人民有應考試服公職之權（憲法 18）。公務人員之考試，分高等考試、普通考試、初等考試[69]。

五、義務

我國憲法規定人民的基本義務包括：納稅、服兵役、受國民教育三種：

(一) 納稅

政府治理國家，為民服務，必須辦理各項事務，興建各樣公共設施，所需的經費應由人民以繳納稅金的方式共同負擔。我國憲法即規定：「人民有依法律納稅之義務。」國家徵稅必須有法律的依據，不得只以行政命令規定，沒有法律規定的稅賦，人民可以拒絕繳納。

(二) 服兵役

國家為了保衛人民生命、財產的安全，大多設置有軍隊，我國憲法規定：「人民有依法律服兵役之義務。」依兵役法規定，我國採徵兵制。原則上，年齡在十八歲到四十歲的男性國民，都有服兵役的義務。

兵役制度依兵力的來源，可分為徵兵制與募兵制兩種。徵兵制的國家，規定人民有服兵役的義務，如我國。募兵制國家，平時由人民自由選

---

[69] (B) 公務人員考試法之考試，可分為：(A)特級考試、普通考試、初等考試(B)高等考試、普通考試、初等考試(C)特級考試、高等考試、普通考試(D)特級考試、高等考試、初等考試

擇是否當兵，國家不得強制，但若遇戰爭等特殊情況時，有些國家仍會規定人民有服兵役的義務，如美國。

兵役制度是否公平？最近有一種國防役制度，針對理工的研究生，可以選擇到民間的科技公司服役，就跟正常人一樣上下班，領公司的薪水和年終獎金，服役期間三年半。這種國防役制度很吸引人，因爲役男不用在軍隊裡面被限制自由，雖然被某一家公司綁了三年半，但至少也確保三年半內不會失業，而且可以領很多薪水。但這引發了監察院的質疑，認爲不公平，而向國防部提出糾正案。

(三) 受國民教育

現代國家大多強制人民接受國民教育。我國爲了減少文盲，提高國民知識水準，促進國家發展，也在憲法中規定：「人民有受國民教育之權利與義務。」目前我國的義務教育年限爲九年，凡六歲至十五歲的國民，不分貧富，均應接受國民教育。

(四) 其他法律規定的義務

爲維護社會秩序、保障人民權利，由人民選出民意代表，透過立法程序制定的法律，具有約束全體人民的效力。所以，除了憲法規定的基本義務外，人民還有遵守法律的義務。當人民不履行義務時，國家可依法強制其履行，甚至加以處罰，使其負起法律上的責任。

六、權利之保障及限制

人民之自由雖受保障，但若符合公益理由，國家在必要時，仍得以法律[70]限制之（憲法 23[71]）。

---

[70] (B) 關於憲法所規定的自由和權利，下列敘述何者正確？(A)是絕對的，不可用法律加以限制(B)並非絕對的，有必要的時候可以用法律加以限制(C)是絕對的，但有必要的時候，可以用命令加以限制(D)並非絕對的，有必要者，可以由總統依職權加以限制

[71] (D) 對於人民基本的限制，下列何者是正確的？(A)絕對不得限制(B)得任意限制(C)得由行政機關決定是否限制(D)僅得依據憲法第 23 條規定，加以限制

(一) 限制人權的公益目的

要限制人權，必須具備憲法第 23 條所講的四種理由之一：1.防止妨礙他人自由、2.避免緊急危難、3.維持社會秩序、4.增進公共利益，此被稱爲四大公益條款。在檢討一個法律是不是有侵害憲法所保障的人權時，首先就是要看是不是具有上述的這四個理由。例如，政府爲了興建焚化爐，依法可以徵收人民的土地，政府的做法，是依據憲法第 23 條中的增進公共利益而實施[72]。

(二) 法律保留原則

所謂的法律保留原則，就是國家若想限制人民之自由權利，必須以立法院制定法律的方式，或者當立法院沒有空在法律中寫太多的細節，則必須在法律條文中明確授權給相關的行政主管機關訂定行政命令。法律保留原則爲法治國原則之展現[73]。

因而，法律保留原則在限制防禦權的審查上，具體有兩個原則，一個是法律明確性原則，一個則是授權明確性原則。所謂法律明確性，就是說法條要寫得很清楚，讓人民看得懂，才知道什麼合法什麼違法。其包括三個子原則：1.法律規定之意義須非難以理解；2.法律規定之意義爲一般受規範者所得預見；3.法律規定之意義可經由司法審查加以確認[74]。

所謂授權明確性，是說當立法院授權行政機關制定限制人權的行政命令時，必須授權的內容、目的、範圍具體明確，以避免行政機關濫權。

---

[72] (D) 政府為了興建焚化爐，依法可以徵收人民的土地。請問：上述政府的做法，是依據憲法第 23 條中的哪一項理由而實施的？(A)防止妨礙他人自由(B)避免緊急危難(C)維持社會秩序(D)增進公共利益

[73] (C) 依司法院大法官解釋，憲法上之法律保留原則乃何種原則之具體表現？(A)社會國原則(B)文化國原則(C)法治國原則(D)福利國原則

[74] (C) 下列標準，何者不是司法院大法官所提出用以判斷法律本身是否符合明確性要求之標準？(A)法律規定之意義須非難以理解(B)法律規定之意義為一般受規範者所得預見(C)法律規定之意義須符合比例原則要求(D)法律規定之意義可經由司法審查加以確認

(三) 比例原則

憲法第 23 條條文中所述之「必要時」，就是比例原則的依據。所謂的比例原則，有三個小原則，1.其手段與目的間必須符合比例原則，亦即手段必須能達成目的（適宜性）；2.選擇損害最小之手段（必要性），以及 3.手段與目的必須相稱（狹義比例性）。若法律規定，凡竊盜者，處以死刑，即違反比例原則[75]。

(四) 公務員責任及國家賠償責任

憲法第 24 條：「凡公務員違法侵害人民之自由或權利者，除依法律受懲戒外，應負刑事及民事責任[76]。被害人民就其所受損害，並得依法律向國家請求賠償[77]。」例如 1.公務人員違法侵害人民自由權利時，應負刑事、民事、行政（懲戒）責任[78]。2.公務員甲無照駕駛機車，將乙撞傷腿骨，經鑑定後，責任應令甲方負擔刑事、行政與民事法律責任[79]。根據本條規定，因而制定國家賠償法[80]。

---

[75] (B) 如果法律規定，凡竊盜者，處以死刑，可能違反何種憲法原則？(A)自主原則(B)比例原則(C)一事不二罰原則(D)不當聯結禁止原則

[76] (C) 下列何者並非公務人員違法侵害人民自由權利時，應負之責任？(A)懲戒責任(B)民事責任(C)政治責任(D)刑事責任

[77] (B) 依我國憲法第 24 條之規定，凡公務員違法侵害人民之自由或權利時，被害人就其所受損害。得依法律向何者請求賠償？(A)法院(B)國家(C)公務人員(D)行政機關

[78] (C) 我國法律的主要責任類型有三：(A)民事責任、刑事責任與政治責任(B)民事責任、刑事責任與道義責任(C)民事責任、刑事責任與行政責任(D)民事責任、刑事責任與社會責任

[79] (D) 公務員甲無照駕駛機車，將乙撞傷腿骨，經鑑定後，責任在於甲方，問甲需負的法律責任為何？(A)僅有刑事責任(B)含刑事及行政責任(C)含刑事及民事責任(D)含刑事、民事及行政責任

[80] (C) 國家賠償法之立法依據為何？(A)民法(B)刑法(C)憲法(D)行政法

第三節　政府組織

一、國民大會

我國憲法中，原設有國民大會。依釋字第 76 號解釋認爲，國民大會、立法院、監察院共同相當於民主國家之國會[81]。釋字第 31 號解釋曾經指出，因爲國家發生重大變故，中央民意代表事實上不能依法辦次屆改選，而延長任期，導致國民大會四十年未改選。後來釋字第 261 號解釋認爲，國會應全面改選，以確保憲政體制運作。在經過七次修憲後，第六次修憲將國民大會改爲任務型國大，而第七次修憲徹底將國民大會廢除[82]。

二、總統

(一) 選舉

中華民國國民滿四十歲[83]，得被選爲正、副總統（憲法 45）。憲法增修條文第 2 條第 1 項規定：「總統、副總統由中華民國自由地區全體人民直接選舉之[84]，自中華民國 85 年第九任[85]總統、副總統選舉實施。總統、副總統候選人應聯名登記，在選票上同列一組圈選，以得票最多之一組爲當選。在國外之中華民國自由地區人民返國行使選舉權，以法律定之。」有關選舉、罷免總統副總統之訴訟，應由中央政府所在地之高等法院管

---

[81] (A) 依據司法院大法官會議解釋，下列何機關屬於民主國家之國會？(A)立法院(B)行政院(C)考試院(D)司法院

[82] (D) 依憲法增修條文之規定，憲法本文所規範之憲法機關何者已不存在？(A)監察院(B)大法官(C)考試院(D)國民大會

[83] (D) 中華民國國民至少年滿幾歲得被選為總統、副總統？(A)三十五歲(B)四十五歲(C)五十歲(D)四十歲

[84] (D) 依憲法增修條文規定，總統、副總統由誰選舉？(A)總統(B)國民大會代表(C)立法委員(D)中華民國自由地區全體人民

[85] (B) 我國總統自第幾任起，由中華民國自由地區全體人民直接選舉之？(A)第八任(B)第九任(C)第十任(D)第十一任

轄[86] [87]。憲法增修條文第 2 條第 6 項：「總統、副總統之任期爲四年[88]，連選得連任一次[89]，不適用憲法第 47 條之規定。」總統宣誓就職時，由司法院長擔任監誓人[90]。憲法增修條文第 2 條第 7 項：「副總統缺位時，總統應於三個月內提名候選人，由立法院補選[91]，繼任至原任期屆滿爲止。」

(二) 總統之重要職權[92]

1. 公布法令

總統依法公布法律，發布命令，須經行政院院長之副署，或行政院院長及有關部會首長之副署[93]。

2. 任免文武百官之權

依憲法第 41 條規定：「總統依法任免文武官員。」但不包括立法委員[94]。

---

[86] (C) 依我國憲法增修條文第 2 條規定，總統，副總統之產生為：①由國民大會選舉②由立法院選舉③由全體人民選舉④總統、副總統候選人聯名登記參選⑤總統、副總統分別登記個別參選⑥由立法院多數黨的黨主席、副主席擔任(A)①④(B)①⑤(C)③④(D)②⑥

[87] (B) 有關選舉、罷免總統副總統之訴訟，應由何機關專屬管轄？(A)地方法院(B)中央政府所在地之高等法院(C)最高法院(D)司法院憲法法庭

[88] (B) 依憲法增修條文規定，自第九任總統起，其任期為：(A)五年(B)四年(C)六年(D)七年

[89] (A) 我國總統、副總統之任期為：(A)四年，連選得連任一次(B)六年，不得連任(C)四年，連選得連任二次(D)八年，不得連選連任

[90] (C) 總統、副總統就職宣誓時，應由何人擔任監誓人？(A)國民大會主席(B)立法院院長(C)司法院院長(D)監察院院長

[91] (B) 副總統缺位時，應如何處理？(A)總統提名並由國民大會補選之(B)總統提名並由立法院補選之(C)總統提名並由全民直接補選之(D)不必補選

[92] (C) 下列何者並非總統的職權？(A)宣布戒嚴(B)任命文武官員(C)解釋憲法(D)授與榮典

[93] (B) 下列何者係我國總統職權之一？(A)質詢權(B)公布法令權(C)審計權(D)調查權

[94] (A) 總統依法有任免文武官員之權，但對下列何者，並無任免權？(A)立法委員(B)考試委員(C)監察委員(D)大法官

3. 締結條約及宣職媾和

總統依本憲法之規定，行使締結條約及宣戰、媾和之權[95]（憲法38）。但總統只負責對外簽署或宣布，這些案仍先經行政院會議決，再經立法院議決。憲法第 58 條第 2 項：「行政院院長、各部會首長，須將應行提出於立法院之法律案、預算案、戒嚴案、大赦案、宣戰案、媾和案、條約案及其他重要事項，或涉及各部會共同關係之事項，提出於行政院會議議決之。」憲法第 63 條：「立法院有議決法律案、預算案、戒嚴案、大赦案、宣戰案、媾和案、條約案及國家其他重要事項之權[96]。」

4. 統帥權

總統統率全國陸海空軍[97]。

5. 國安大政方針決定權

總統為決定國家安全有關大政方針，得設國家安全會議及所屬國家安全局，其組織以法律定之[98]。

6. 宣布戒嚴

總統依法宣布戒嚴，但須經立法院之通過或追認[99]。立法院認為必要時，得決議移請總統解嚴。

---

[95] (C) 依憲法第 38 條規定，何人依本憲法之規定，行使締結條約及宣戰、媾和之權？(A)行政院院長(B)大使特使(C)總統(D)外交部部長

[96] (D) 締結條約及宣戰媾和原屬總統之職權，總統應交由何機關會議議決後，再提經何機關議決，始得成立？(A)監察院議決後，再提行政院議決之(B)立法院議決後，再提監察院議決之(C)司法院會議決後，再提考試院議決之(D)行政院會議議決後，再提經立法院議決之

[97] (C) 下列何者非屬於憲法所規定的總統職權？(A)統帥權(B)任免權(C)審判權(D)戒嚴權

[98] (C) 依我國憲法現行規定，我國國家安全有關之大政方針之決定權在於：(A)行政院院長(B)國民大會(C)總統(D)立法院

[99] (A) 總統依戒嚴法規定得宣布戒嚴，但必須經五院中之哪一院通過或追認？(A)立法院(B)行政院(C)監察院(D)司法院

7. 發布緊急命令

總統[100]爲避免國家或人民遭遇緊急危難或應付財政經濟上重大變故，得經行政院會議[101]之決議發布緊急命令，爲必要之處置，不受憲法第 43 條之限制。但須於發布命令後十日內[102]提交立法院追認[103]，如立法院不同意時，該緊急命令立即失效。

8. 覆議核可權

憲法增修條文第 3 條第 2 項第 2 款規定：「行政院對於立法院決議之法律案、預算案、條約案，如認爲有窒礙難行時，得經總統之核可[104]，於該決議案送達行政院十日內，移請立法院覆議。」

9. 解散立法院

總統於立法院通過對行政院院長之不信任案後十日內，經諮詢立法院院長後，得宣告解散立法院[105]。但總統於戒嚴或緊急命令生效期間[106]，不得

---

[100] (D) 憲法增修條文中規定，為避免國家或人民遭遇緊急危難或應付財政經濟上重大變故時，得發布緊急命令者為何人？(A)行政院院長(B)立法院院長(C)經濟部部長(D)總統

[101] (D) 總統發布緊急命令，須先經何機關之決議，為必要之處置？(A)立法院院會(B)國民大會(C)國家安全會議(D)行政院會議

[102] (B) 依憲法增修條文規定，總統依法發布緊急命令之後，必須在多少期限內提交立法院追認？(A)二個月(B)十日(C)三個月(D)四個月

[103] (D) 總統頒布緊急命令後須提交何者追認？(A)國民大會(B)行政院(C)不須追認(D)立法院

[104] (A) 我國就立法院之法律案，如認窒礙難行時，移請覆議，有核可權者，屬下列何者？(A)總統(B)行政院(C)司法院(D)國民大會

[105] (C) 對於我國憲法中關於總統職權的規定，下列哪一項敘述是正確的？(A)總統發布人事任免的命令均應有行政院院長的副署(B)總統為決定國家安全大政方針得設立國家安全會議，而且其組織不須以法律定之(C)總統於立法院通過對行政院院長之不信任案後十日內，經諮詢立法院院長後，得宣告解散立法院(D)總統為避免國家或人民緊急危難或應付財政經濟上重大變故，得不經行政院會議之決議逕行發布緊急命令，為必要的處置

[106] (D) 總統於下列何期間內不得解散立法院？(A)立法院休會期間(B)立法院開會期間(C)立法委員選舉期間(D)戒嚴或緊急命令生效期間

解散立法院[107]。立法院解散後，應於六十日內[108]舉行立法委員選舉，並於選舉結果確認後十日內自行集會，其任期重新起算。

10. 院際爭執解決權

總統對於院與院間之爭執，除本憲法有規定者外，得召集有關各院院長會商解決之[109]。

(三) 總統之責任

1.刑事豁免權

總統[110]除犯內亂或外患罪外[111]，非經罷免或解職，不受刑事上[112]之訴究（憲法 52）[113]。

---

[107] (B) 依現行憲法增修條文，總統於戒嚴或緊急命令生效期間：(A)得解散立法院(B)不得解散立法院(C)經立法院院長同意後，可解散立法院(D)經諮詢立法院院長後，可解散立法院

[108] (D) 總統於立法院通過對行政院院長之不信任案後十日內，經諮詢立法院院長後，得宣告解散立法院。立法院解散後，應於下列何期限內舉行立法委員選舉？(A)三十日(B)四十日(C)五十日(D)六十日

[109] (D) 對於院與院間之爭執，除憲法別有規定外，得召集各院院長會商解決爭執者為何人？(A)國民大會議長(B)大法官會議主席(C)國家安全局局長(D)總統

[110] (D) 我國副總統犯罪，應負何種法律責任？(A)除犯內亂或外患罪外，不受刑事上之訴究(B)除犯內亂或外患罪外，非經罷免或解職，不受刑事上之訴究(C)除犯內亂、外患或瀆職罪外，非經罷免或解職，不受刑事上之訴究(D)無刑事豁免權

[111] (C) 我國憲法規定，總統除犯何種罪以外，非經罷免或解職，不受刑事上之訴究？(A)性侵犯與性騷擾(B)殺人罪與傷害罪(C)內亂罪與外患罪(D)竊盜罪與侵占罪

[112] (C) 總統除犯內亂或外患罪外，非經罷免或解職，不受下列何種訴究？(A)經濟上(B)民事上(C)刑事上(D)政治上

[113] (A) 下列關於憲法所定，因特殊身分免受相關法律拘束之敘述，何者仍屬現行有效之憲法？(A)總統除犯內亂或外患罪外，非經罷免或解職，不受刑事上之訴究(B)國民大會代表除現行犯外，在會期中，非經國民大會許可，不得逮捕拘禁(C)國民大會代表在會議時所為之言論及表決，對會外不負責任(D)立法委員除現行犯外，非經立法院許可，不得逮捕或拘禁

2. 罷免

總統、副總統之罷免案，須經全體立法委員四分之一之提議，全體立法委員三分之二之同意後提出[114]，並經中華民國自由地區選舉人總額過半數之投票，有效票過半數同意罷免時，即爲通過[115]。

3. 彈劾

立法院對於總統、副總統之彈劾案，須經全體立法委員二分之一以上之提議，全體立法委員三分之二以上之決議，聲請司法院大法官審理，不適用憲法第 90 條、第 100 條及增修條文第 7 條第 1 項有關規定。司法院大法官，除依憲法第 78 條之規定外，並組成憲法法庭審理總統、副總統之彈劾及政黨違憲之解散事項。立法院提出總統、副總統彈劾案，聲請司法院大法官審理[116]，經憲法法庭判決成立時，被彈劾人應即解職。

三、行政院

(一) 行政院定位

行政院爲國家最高行政機關[117]（憲法 53）、決策性質屬獨任制[118]（首長制）。

---

[114] (B) 依現行憲法規定，須有全體立法委員多少比例之提議與同意，才可提出總統罷免案？(A)三分之二提議，四分之一同意(B)四分之一提議，三分之二同意(C)二分之一提議，二分之一同意(D)三分之二提議，四分之三同意

[115] (C) 總統、副總統之罷免案經立法院同意提出後，應經多少選民同意始能罷免？(A)全體出席投票人數三分之二(B)全體出席投票人數二分之一(C)選舉人總額過半數之投票，且有效票過半數同意(D)選舉人總額過半數之投票，且有效票過三分之二同意

[116] (B) 依憲法增修條文之規定，下列何者由立法院通過後，無須交由公民複決？(A)憲法修正案(B)對總統之彈劾案(C)對總統之罷免案(D)領土變更案

[117] (C) 下列何者為我國憲法所稱最高行政機關？(A)總統府(B)行政院院長(C)行政院(D)行政法院

[118] (A) 行政院之決策性質上，屬於下列何種制度？(A)獨任制(B)合議制(C)獨裁制(D)獨立制

(二) 行政院組織

依憲法第 54 條規定：「行政院設院長、副院長各一人，各部會首長若干人，及不管部會之政務委員若干人。」所謂的各部會，指八部二會，包括財政部、國防部、外交部、內政部、法務部、經濟部、交通部、蒙藏委員會、僑務委員會[119]。行政院依憲法規定可設不管部會之政務委員五至七人[120]。

(三) 行政院產生方式

行政院院長由總統[121]任命之（憲法增修條文 3 I），發布後立即生效[122]，無需經立法院之同意[123]。行政院院長辭職或出缺時，在總統未任命行政院院長前，由行政院副院長暫行代理[124]。憲法第 55 條之規定，停止

---

[119] (D) 憲法上所稱行政院「各部會」其中的「會」是指下列何者？(A)經濟建設委員會、研究發展考核委員會(B)大陸委員會、中央選舉委員會(C)文化建設委員會、勞工委員會(D)蒙藏委員會、僑務委員會

[120] (C) 行政院依憲法規定可設不管部會之政務委員：(A)七至九人(B)三至五人(C)五至七人(D)九至十一人

[121] (D) 依憲法增修條文規定，行政院院長由誰任命？(A)立法院長(B)司法院院長(C)中華民國自由地區全體人民(D)總統

[122] (D) 依憲法增修條文之規定，總統任命行政院院長之命令，應於何時生效？(A)原行政院院長副署後(B)立法院同意後(C)命令送達立法院，而立法院未於十五日內以決議推翻時(D)發布後立即生效

[123] (D) 憲法增修條文規定，下列關於行政院院長之任命程序，何者是正確的？(A)需經立法院同意後才得由總統任命之(B)總統任命前尚需經國民大會之同意(C)總統任命前尚需經行政院院會之議決(D)由總統任命之，無需經任何機關同意，即可生效

[124] (D) 下列有關行政院院長辭職或出缺之敘述，何者正確？(A)行政院院長辭職或出缺時，由總統直接任命新院長，繼任者至原任期屆滿為止(B)行政院院長辭職或出缺時，在總統未任命新院長前，由原任院長暫行代理(C)行政院院長辭職或出缺時，在總統直接任命新院長前，由行政院院會推舉部會首長一人暫行代理(D)行政院院長辭職或出缺時，在總統未任命新院長前，由行政院副院長代理

適用。行政院副院長之任命，由行政院院長提請總統任命[125]。釋字第 387 號解釋：「……行政院對立法院負責，憲法第 57 條亦規定甚詳。行政院院長既須經立法院同意而任命之，且對立法院負政治責任，基於民意政治與責任政治之原理，立法委員任期屆滿改選後第一次集會前，行政院院長自應向總統提出辭職。行政院副院長、各部會首長及不管部會之政務委員係由行政院院長提請總統任命，且係出席行政院會議成員，參與行政決策，亦應隨同行政院院長一併提出辭職。」但獨立管制委員會委員具有任期保障，不隨行政院長總辭[126]。

(四) 行政院職權

行政院設行政院會議，由行政院院長、副院長、各部會首長及不管部會之政務委員組織之，以院長為主席行政院院長、各部會首長，須將應行提出於立法院之法律案、預算案[127] [128]、戒嚴案、大赦案、宣戰案、媾和案、條約案及其他重要事項，或涉及各部會共同關係之事項，提出於行政院會議議決之。

(五) 行政院對立法院負責

行政院依左列規定，對立法院負責，憲法第 57 條之規定，停止適用：1.行政院有向立法院提出施政方針及施政報告之責。立法委員在開會

---

[125] (A) 行政院副院長之任命係：(A)由行政院院長提請總統任命(B)由總統提名，經監察院同意後任命(C)由總統提名，經立法院同意後任命(D)由行政院院會通過後任命

[126] (B) 依司法院大法官釋字第 387 號解釋之意旨，行政院院長向總統提出辭職時，下列何者無須一併提出辭職？(A)行政院副院長(B)國家通訊傳播委員會委員(C)行政院政務委員(D)行政院秘書長

[127] (C) 有向立法院提出預算案之權的機關，係：(A)審計部(B)立法院(C)行政院(D)考試院

[128] (B) 下列何者非屬總統之職權？(A)公布法令(B)提出預算案(C)提名司法院大法官(D)任命行政院院長

時，有向行政院院長及行政院各部會首長質詢之權[129]。2.行政院對於立法院決議之法律案、預算案[130]、條約案[131]，如認爲有窒礙難行時，得經總統之核可，於該決議案送達行政院十日[132]內，移請立法院覆議。立法院對於行政院移請覆議案，應於送達十五日內作成決議。如爲休會期間，立法院應於七日內自行集會，並於開議十五日內作成決議。覆議案逾期未議決者，原決議失效。覆議時，如經全體立法委員二分之一以上決議維持原案，行政院院長應即接受該決議[133]。3.立法院得經全體立法委員三分之一[134]以上連署，對行政院院長提出不信任案。不信任案提出七十二小時後，應於四十八小時內以記名[135]投票表決之。如經全體立法委員二分之一以上贊成，行政院院長應於十日內提出辭職，並得同時呈請總統解散立法院；不信任案如未獲通過，一年[136]內不得對同一行政院院長再提不信任

---

129 (B) 依現行憲法增修條文規定，行政院對誰負責？(A)總統(B)立法院(C)國民大會(D)國家安全會議

130 (B) 下列何種議案經立法院決議後，行政院認為窒礙難行時，可移請立法院覆議？(A)大赦案(B)預算案(C)戒嚴案(D)大陸政策案

131 (C) 下列何者並非行政院得向立法院提出覆議的對象？(A)法律案(B)預算案(C)戒嚴案(D)條約案

132 (A) 依據憲法的規定，行政院對於立法院決議之法律案如認為有窒礙難行時，得經總統之核可，於該決議案送達行政院幾日內，移請立法院覆議？(A)十日(B)十五日(C)二十日(D)三十日

133 (B) 憲法增修條文規定，行政院之覆議案，如經全體立法委員二分之一以上決議維持原案，行政院院長應如何處理？(A)辭職(B)接受該決議(C)再提覆議案(D)解散立法院

134 (D) 依據憲法增修條文第 3 條規定，立法院得經全體立法委員至少幾分之幾以上連署，對行政院院長提出不信任案？(A)二分之一(B)四分之三(C)五分之二(D)三分之一

135 (B) 立法院對行政院院長提出不信任案時，應以何種方式表決之？(A)無記名投票(B)記名投票(C)兩者皆可(D)由立法院自行決定

136 (B) 立法院對行政院院長提出之不信任案未獲通過時，多少時間內不得對於同一行政院院長再提不信任案？(A)三個月(B)一年(C)六個月(D)無時間限制

案[137]（憲法增修條文 3 II ③）。

(六) 行政機關組織法

國家機關之職權、設立程序及總員額，得以法律爲準則性之規定。

四、立法院

第二次修憲時，將監察院改爲準司法機關，第七次修憲後，又廢除國民大會，使立法院成爲單一國會，爲我國主要民意機關[138]。

(一) 立法委員選舉

立法院立法委員自第七屆起一百一十三人[139]，任期四年，連選得連任[140]，於每屆任滿前三個月內，依左列規定選出之，不受憲法第 64 條及第 65 條之限制：1.自由地區直轄市、縣市七十三人。每縣市至少一人。2.自由地區平地原住民及山地原住民各三人。3.全國不分區及僑居國外國民共三十四人（憲法增修條文 4 I ）。前項第 1 款依各直轄市、縣市人口比例分配，並按應選名額劃分同額選舉區選出之。第 3 款依政黨名單投票選舉之[141]，由獲得百分之五以上政黨選舉票之政黨依得票比率選出之，各政黨當選名單中，婦女不得低於二分之一（憲法增修條文 4 II ）。立法委員之報

---

137 (D) 有關行政院對立法院負責的敘述，下列何者錯誤？(A)行政院應向立法院提出施政方針(B)立法委員開會時，可質詢行政院院長(C)立法院得依憲法規定，對行政院院長提出不信任案(D)對行政院院長提出不信任案，未獲通過者，任期內即不得再行提出

138 (C) 依照我國目前的憲法制度，下列何者為人民公意形成的主要機關？(A)總統府(B)行政院(C)立法院(D)國民大會

139 (D) 立法委員自第七屆起定為多少人？(A)250 人(B)225 人(C)180 人(D)113 人

140 (C) 我國憲法規定立法委員：(A)不得連任(B)連選得連任一次(C)連選得連任(D)無任何規定

141 (D) 依中華民國憲法增修條文之規定，僑居國外國民及全國不分區之立法委員名額，以何種方式選出之？(A)總統遴選方式(B)全民普選方式(C)人民比例方式(D)政黨比例方式

酬或待遇，應以法律定之[142]。除年度通案調整者外，單獨增加報酬或待遇之規定，應自次屆起實施（憲法增修條文 8）。[143]

(二) 立法院會期

立法院會期（常會），每年兩次[144]，自行集會，第一次自 2 月至 5 月底[145]，第二次自 9 月至 12 月底，必要時得延長之（憲法 68）。立法院遇總統之咨請，立法委員四分之一以上之請求，得開臨時會（憲法 69）[146]。

(三) 立法院組織

立法院設院長、副院長各一人，由立法委員互選之[147]（憲法 66）。立法院之組織，以法律定之（憲法 76）[148]。立法院得設各種委員會。各種委員會得邀請政府人員及社會上有關係人員到會備詢。

---

[142] (C) 立法委員之待遇，如何決定？(A)依立法院院會多數決(B)依政黨協商(C)依法律(D)無給職

[143] (A) 下列敘述何者錯誤？(A)立法委員須超出黨派以外，依據法律獨立行使職權(B)法官須超出黨派以外，依據法律獨立審判，不受任何干涉(C)考試委員須超出黨派以外，依據法律獨立行使職權(D)監察委員須超出黨派以外，依據法律獨立行使職權

[144] (B) 依據憲法規定，我國立法院會期，每年應舉行幾次？(A)次數未定(B)二次(C)一次(D)三次

[145] (C) 立法院每年有二次會期，第一次會期時間為何？(A)1 月至 3 月(B)1 月至 4 月(C)2 月至 5 月(D)2 月至 6 月

[146] (B) 立法院遇有何種情事時，得開臨時會？①全體人民過半數同意②總統咨請③立法院院長決定④立法委員四分之一以上請求⑤行政院院長請求⑥大法官會議決定(A)①④(B)②④(C)①④⑤⑥(D)②③⑤

[147] (D) 立法院院長如何產生？(A)總統任命之(B)總統提名，立法院同意(C)總統提名，司法院同意(D)立法委員互選之

[148] (D) 依照憲法規定，我國立法院之組織應如何定之？(A)由立法院黨政協商定之(B)由立法院院長定之(C)由立法院內規定之(D)由法律定之

(四) 立委限制

立法委員不得兼任官吏（憲法 75）[149]。

(五) 立委特權

1. 免逮捕特權

立法委員除現行犯（刑事訴訟法明定之[150]）外，在會期中[151]，非經立法院[152]許可，不得逮補或拘禁（憲法增修條文 4Ⅷ）。司法機關搜索立法院提供立法委員住宿之會館時，事先知會立法院院長，係基於憲法權力分立原則[153]。

2. 言論免責權

立法院委員在院內所爲之言論及表決，對院外不負責任（憲法 73）。釋字第 435 號解釋對立委言論免責權範圍作出解釋：「憲法第 73 條規定立法委員在院內所爲之言論及表決，對院外不負責任，旨在保障立法委員受人民付託之職務地位，並避免國家最高立法機關之功能遭致其他國家機關之干擾而受影響。爲確保立法委員行使職權無所瞻顧，此項言論免責權之保障範圍，應作最大程度之界定，舉凡在院會或委員會之發言、質詢、提案、表決以及與此直接相關之附隨行爲，如院內黨團協商、公聽會之發言

---

[149] (B) 依憲法規定，立法委員：(A)得兼任官吏(B)不得兼任官吏(C)經立法院同意得兼任官吏(D)經總統同意得兼任官吏

[150] (B) 依憲法增修條文第 4 條第 8 項之規定，立法委員除現行犯外，其逮捕或拘禁有所限制。請問現行犯之定義係由下列何法規範之？(A)刑法(B)刑事訴訟法(C)警察職權行使法(D)立法委員行為法

[151] (D) 依現行憲法增修條文規定，欲逮捕、拘禁非現行犯之立法委員，於何時應經立法院同意，否則不得逮捕拘禁之？(A)在院內(B)在任期內(C)法未明定(D)在會期中

[152] (C) 立法委員除現行犯外，在會期中，非經誰許可不得逮捕或拘禁？(A)總統(B)行政院(C)立法院(D)大法官會議

[153] (B) 司法機關搜索立法院提供立法委員住宿之會館時，事先知會立法院院長，其主要是涉及憲法何種基本原則之保障？(A)法律保留原則(B)權力分立原則(C)平等原則(D)信賴保護原則

等均屬應予保障之事項[154]。越此範圍與行使職權無關之行爲，諸如蓄意之肢體動作等，顯然不符意見表達之適當情節致侵害他人法益者，自不在憲法上開條文保障之列。至於具體個案中，立法委員之行爲是否已逾越保障之範圍，於維持議事運作之限度，固應尊重議會自律之原則，惟司法機關爲維護社會秩序及被害人權益，於必要時亦非不得依法行使偵審之權限。」

(六) 立法院之職權

立法院有議決法律案、預算案[155]、戒嚴案、大赦案、宣戰案、媾和案、條約案及國家其他重要事項之權。立法院對於行政院所提預算案，不得爲增加支出之提議（憲法 70）[156]。另外，立法院可對總統提出罷免、彈劾[157]提案。

五、司法院

(一) 司法院定位

司法院爲國家最高司法機關[158]，掌理民事、刑事、行政訴訟之審判及

---

[154] (C) 依司法院大法官釋字第 435 號解釋，立法委員之言論免責權不及於下列何種地點？(A)立法院院會(B)立法院委員會(C)立法院院內記者招待會(D)立法院院內公聽會

[155] (B) 有審議預算案職權的機關，係指：(A)行政院(B)立法院(C)行政院主計處(D)審計部

[156] (C) 下列有關立法委員之敘述，何者錯誤？(A)立法委員在院內所為之言論及表決，對院外不負責任(B)立法委員，除現行犯外，在會期中非經立法院許可，不得逮捕或拘禁(C)立法委員得對預算案為增加支出之提議(D)立法委員不得兼任官吏

[157] (C) 監察院之彈劾權，其彈劾對象甚廣，過去甚至包括總統、副總統。但憲法增修條文，已將對總統之彈劾權改由何機關行使？(A)司法院(B)考試院(C)立法院(D)行政院

[158] (A) 依憲法第 77 條規定，我國最高司法機關為：(A)司法院(B)最高法院(C)法務部(D)司法改革委員會

公務員之懲戒（憲法 77）。

(二) 司法院組織

司法院下轄各級普通法院，普通法院負責民事、刑事之審判[159]。另外還設有行政法院，負責行政訴訟。也設有公務員懲戒委員會[160]，負責公務員懲戒[161]。至於檢察官則隸屬於行政院法務部，負責刑事案件起訴[162]。

(三) 法官身分保障

法官須超出黨派以外，依據法律獨立審判，不受任何干涉。法官爲終身職，非受刑事或懲戒處分或禁治產之宣告，不得免職，非依法律，不得停職、轉任或減俸。公務員懲戒委員會之委員，身分保障如同法官[163]。針對行政院內部行政命令規範，大法官作出釋字第 539 號解釋：1.若未涉及法官身分及其應有權益之人事行政行爲，於不違反審判獨立原則範圍內，尙非不得以司法行政監督權而爲合理之措置。2.司法院以行政命令使法官免兼庭長，與憲法第 81 條法官身分保障之意旨尙無牴觸[164]。

---

159 (C) 我國掌理民事、刑事訴訟之審判機關為：(A)檢察署(B)法務部(C)普通法院(D)行政法院

160 (A) 公務員懲戒委員會直屬於下列哪一機關？(A)司法院(B)考試院(C)監察院(D)立法院

161 (D) 掌理公務員懲戒之機關為：(A)行政院人事行政局(B)公務人員保障暨培訓委員會(C)銓敘部(D)公務員懲戒委員會

162 (B) 下列何者並非屬於司法院之權限？(A)民事訴訟(B)偵查起訴(C)行政訴訟(D)公務員懲戒

163 (A) 公務員懲戒委員會之委員，其身分保障與何者相同？(A)法官(B)檢察官(C)行政官(D)政務官

164 (D) 下列有關司法獨立之敘述，何者錯誤？(A)憲法第 80 條有關司法權獨立之規定，係屬制度保障(B)憲法有法官為終身職之保障規定，旨在藉法官之身分保障，以維護審判獨立(C)司法院所為司法行政監督措施，若未影響法官身分權益，亦不影響審判獨立，即非法之所禁(D)司法院以行政命令使法官免兼庭長，係屬違憲行為

(四) 大法官

司法院設大法官十五人，並以其中一人爲院長、一人爲副院長，由總統提名，經立法院同意任命之，自中華民國 92 年起實施，不適用憲法第 79 條之規定。司法院大法官除法官轉任者外，不適用憲法第 81 條及有關法官終身職待遇之規定。司法院大法官任期八年，不分屆次，個別計算，並不得連任。但並爲院長、副院長之大法官，不受任期之保障。中華民國 92 年總統提名之大法官，其中八位大法官，含院長、副院長，任期四年，其餘大法官任期爲八年，不適用前項任期之規定。司法院大法官[165]，除依憲法第 78 條之規定外，並組成憲法法庭[166]審理總統、副總統之彈劾及政黨違憲之解散事項。政黨之目的或其行爲，危害中華民國之存在或自由民主之憲政秩序者爲違憲。大法官組成憲法法庭，審理政黨違憲之解散事項（憲法增修條文 5Ⅳ）。

(五) 司法預算

司法院所提出之司法年度概算，行政院不得刪減，但得加註意見，編入中央政府總預算案，送立法院審議[167]（憲法增修條文 5Ⅵ）。

六、考試院

(一) 考試院定位

考試院爲國家最高考試機關。

---

[165] (D) 依我國憲法規定，有權組成憲法法庭，合議審理政黨違憲之解散案者為：(A)最高法院(B)立法院(C)台灣高等法院(D)大法官

[166] (A) 有關政黨違憲解散之審理，係由下列何機關負責？(A)司法院憲法法庭(B)高等法院(C)最高法院(D)地方法院

[167] (C) 司法院所提出之年度司法概算：(A)行政院得刪減後，逕行編入中央政府總預算，送立法院審議(B)行政院不得刪減或加註意見，逕行編入中央政府總預算，送立法院審議(C)行政院不得刪減，但得加註意見，編入中央政府總預算，送立法院審議(D)由司法院與行政院協調，不必送立法院審議

(二) 考試院職權

考試院爲國家最高考試機關，掌理左列事項，不適用憲法第 83 條之規定：1.考試。2.公務人員之銓敘[168]、保障、撫卹、退休。3.公務人員任免、考績、級俸、陞遷、褒獎之法制事項。考試院設院長、副院長各一人，考試委員若干人，由總統提名，經立法院同意任命之，不適用憲法第 84 條之規定。憲法第 85 條有關按省區分別規定名額，分區舉行考試之規定，停止適用（憲法增修條文 6 條 I）[169]。

(三) 考試委員產生

考試院院長、副院長、考試委員，均由總統提名[170]，經立法院[171]同意任命之（憲法增修條文 6 II）。

(四) 考試院組織

考試院下設考選部和銓敘部，以及公務人員保障暨培訓委員會[172]。至於行政院人事行政局有關考銓業務，由考試院監督[173]。

(五) 考試項目

下列資格，應經考試院依法考選銓定之：1.公務人員任用資格。2.專

---

[168] (D) 我國掌理考試及公務人員銓敘之機關為：(A)行政院(B)立法院(C)總統府(D)考試院

[169] (C) 我國掌理考試、任用、銓敘之機關，依憲法規定為：(A)行政院(B)總統府(C)考試院(D)立法院

[170] (C) 依憲法增修條文第 6 條規定，考試院設院長、副院長各一人，由總統提名，經何一機關同意任命之？(A)國民大會(B)監察院(C)立法院(D)司法院

[171] (A) 同意考試院院長、副院長暨考試委員之機關為：(A)立法院(B)行政院(C)監察院(D)司法院

[172] (D) 公務員保障暨培訓委員會隸屬於：(A)行政院(B)司法院(C)總統(D)考試院

[173] (D) 行政院人事行政局有關考銓業務，由何機關監督？(A)監察院(B)立法院(C)司法院(D)考試院

門職業及技術人員執業資格。例如醫師、律師、會計師等[174]。

七、監察院

(一) 監察院定位

監察院[175]爲國家最高監察機關，行使彈劾、糾舉及審計權[176]，不適用憲法第 90 條及第 94 條有關同意權[177]之規定（憲法增修條文 7 I ）。

(二) 監察委員產生

監察院設監察委員二十九人，並以其中一人爲院長、一人爲副院長，任期六年[178]，由總統提名，經立法院同意任命之。憲法第 91 條至第 93 條之規定停止適用。監察委員須超出黨派以外，依據法律獨立行使職權（憲法增修條文 7V ）。監察院之組織體制，係採合議制[179]。

(三) 彈劾

監察院[180]對於中央[181]、地方公務人員及司法院、考試院人員之彈劾

---

174 (C) 下列何項資格，應經考試院依法考選銓定之？(A)大學教授(B)大法官(C)醫師(D)軍人

175 (D) 我國行使彈劾、糾舉及審計權之最高機關為：(A)大法官會議(B)司法院(C)國民大會(D)監察院

176 (D) 我國行使彈劾、糾舉及審計權之最高機關為：(A)大法官會議(B)司法院(C)國民大會(D)監察院

177 (C) 下列事項何者不屬於監察院之權限？(A)彈劾權(B)糾舉權(C)同意權(D)審計權

178 (D) 下列何者無固定任期？(A)考試委員(B)公平交易委員會委員(C)國家通訊傳播委員會委員(D)主計長

179 (D) 我國監察院的組織體制，係為下列何者？(A)首長制(B)獨任制(C)混合制(D)合議制

180 (B) 對於中央及地方公務人員，何一機關認為有失職或違法情事，得提出彈劾案？(A)司法院(B)監察院(C)立法院(D)考試院

181 (B) 依憲法規定，下列何者有權對行政院院長提出彈劾案？(A)立法院(B)監察院(C)司法院大法官(D)公務員懲戒委員會

案，須經監察委員二人以上之提議，九人以上之審查及決定，始得提出，不受憲法第 98 條之限制。監察院對於監察院人員失職或違法之彈劾，適用憲法第 95 條、第 97 條第 2 項及前項之規定。彈劾案提出後，送至司法院公務員懲戒委員會審理[182]。

(四) 糾正

監察院經各該委員會之審查及決議，得提出糾正案[183]，移送行政院及其有關部會[184]，促其注意改善（憲法 97 I ）。

(五) 審計

審計部隸屬於監察院[185]，設審計長一職，審核行政院提出之決算，行政院於會計年度結束後四個月內，應提出決算於監察院。監察院設審計長，由總統提名，經立法院同意任命之[186]。審計長應於行政院[187]提出決算後三個月內，依法完成其審核[188]，並提出審核報告於立法院（憲法 60、104、105）。

---

[182] (A) 對行政院院長之彈劾案應由何者提出？(A)監察院(B)司法院大法官(C)立法院(D)公務員懲戒委員會

[183] (A) 對於行政院及其有關部會，得提出糾正案，促其改善的機關係：(A)監察院(B)總統府(C)立法院(D)司法院

[184] (C) 監察院行使糾正權，須向何機關提出？(A)國民大會(B)立法院(C)行政院或有關部會(D)公務員懲戒委員會

[185] (B) 下列哪一個機關須設審計長一職，以審核決算？(A)行政院(B)監察院(C)考試院(D)立法院

[186] (B) 審計部審計長之任用係：(A)由總統提名，經監察院同意後任命(B)由總統提名，經立法院同意後任命(C)由總統提名，經司法院同意後任命(D)逕由總統任命之

[187] (C) 我國憲法規定，行政院應向哪一機關提出決算？(A)立法院(B)總統(C)監察院(D)國民大會

[188] (D) 以下何者非立法院之職權？(A)人事同意權(B)立法權(C)議決條約案(D)審計權

(六) 財產申報

公職人員財產申報應向監察院爲之[189]。

第四節　地方自治

(一)均權制

中央與地方權限的劃分，係垂直式的權力分立（垂直分權），非水平式的權力分立（水平分權）[190]。我國憲法關於中央與地方權限之劃分，係採均權制，遇有爭議時，由立法院解決之（憲法111）[191] [192] [193] [194] [195]。

---

[189] (C) 公職人員財產申報應向何者為之？(A)人事行政局(B)銓敘部(C)監察院(D)法務部

[190] (D) 下列何者不屬於水平式的權力分立？(A)行政院及其他各院的預算案需經立法院通過(B)行政院擁有覆議權(C)司法院掌有違憲審查權(D)中央與地方權限的劃分

[191] (A) 依憲法規定，我國中央與地方之權限，係採：(A)均權制度(B)中央集權(C)地方分權(D)權能區分

[192] (B) 憲法規定有關中央與地方權限分配，遇有爭議時，由下列何院解決之？(A)行政院(B)立法院(C)司法院(D)監察院

[193] (C) 我國憲法關於中央與地方之權限劃分，採下列何種制度？(A)中央集權(B)地方分權(C)中央與地方均權(D)由中央決定地方之權限

[194] (A) 凡事務有全國一致性質者，劃歸中央；有因地制宜性質者，劃歸地方；不偏於中央集權或地方分權之權限劃分體制，其名稱為何？(A)均權制(D)聯邦制(C)單一制(D)地方分權制

[195] (D) 中央與地方機關發生權限爭議時，應該由下列何機關解決之？(A)司法院(B)憲法法庭(C)行政法院(D)立法院

(二) 中央立法並執行事項

幣制[196]及國家銀行專屬中央立法並執行之事項（憲法 107⑨）。教育制度、警察制度、失業救濟，均屬中央立法並執行或交由省縣執行之事項（憲法 108 I ④⑰⑲）。

(三) 精省

憲法本文設計我國政府分爲中央、省、縣三級[197]，目前台灣地區地方自治制度的法規依據爲地方制度法[198]。其中憲法本文第十一章之地方制度，經過修憲後，憲法增修條文第 9 條凍結憲法本文地方制度大部分條文。憲法增修條文第 9 條規定：「省、縣地方制度，應包括左列各款，以法律定之[199]，不受憲法第 108 條第 1 項第 1 款、第 109 條、第 112 條至第 115 條及 122 條之限制：一、省設省政府，置委員九人[200]，其中一人爲主席，均由行政院院長提請總統任命之。二、省設省諮議會，置省諮議會議員若干人，由行政院院長提請總統任命之。三、縣設縣議會，縣議會議員由縣民選舉之。四、屬於縣之立法權，由縣議會行之。五、縣設縣政府，置縣長一人，由縣民選舉之。六、中央與省、縣之關係。七、省承行政院之命，監督縣自治事項[201]。台灣省政府之功能、業務與組織之調整，得以法律爲特別之規定。」故地方自治在修憲後之不同有：1.省爲非地方自治

[196] (B) 下列何者為專屬中央立法並執行之事項？(A)教育制度(B)貨幣制度(C)失業救濟(D)警察制度

[197] (A) 依憲法本文設計，我國政府分為幾級？(A)中央、省、縣三級(B)中央與地方二級(C)中央、縣、市三級(D)中央、省、縣，鄉鎮四級

[198] (A) 目前台灣省各縣市實施地方自治之依據為：(A)地方制度法(B)省縣自治法(C)省縣自治通則(D)台灣省縣市實施地方自治綱要

[199] (A) 地方制度之法源為憲法第 118 條及：(A)憲法增修條文第 9 條(B)直轄市自治法(C)省縣自治法(D)台灣省各縣市實施地方自治綱要

[200] (B) 修憲後，省政府置委員幾人？(A)五人(B)九人(C)七人(D)十一人

[201] (C) 監督縣自治者為：(A)直轄市(B)行政院(C)省(D)省諮議會

團體（地方制度法 2①後段）[202]。2.直轄市、縣（市）及鄉（鎮、市）均爲地方自治團體（公法人[203]），惟憲法增修條文所保障者僅限於「縣」（憲法增修條文 9 I ）。

(四) 縣市、直轄市

縣長、縣議員之產生方式，由縣民選舉之[204]。地方制度法第 55 條規定：「直轄市政府置市長一人，對外代表該市，綜理市政，由市民依法選舉之[205]，任期四年，連選得連任一次。」其選舉採取相對多數制[206]。縣之立法權由縣議會行使[207]。

(五) 代行處理

地方政府依法應作爲而不作爲之處理，依地方制度法第 76 條第 1 項規定：「直轄市、縣（市）、鄉（鎮、市）依法應作爲而不作爲，致嚴重危害公益或妨礙地方政務正常運作，其適於代行處理者，得分別由行政院、中央各該主管機關、縣政府命其於一定期限內爲之；逾時仍不作爲者，得代行處理。但情況急迫時，得逕予代行處理[208]。」

---

202 (B) 下列何者係憲法增修條文所保障之地方自治團體？(A)省(B)縣(C)直轄市(D)鄉鎮市

203 (A) 彰化縣之法律地位為：(A)公法人(B)營利法人(C)財團法人(D)公司

204 (D) 縣長、縣議員之產生方式：(A)省政府遴聘(B)總統任命(C)行政院院長提請總統任命(D)縣民選舉

205 (C) 直轄市市長之產生方式如何？(A)由行政院院長提名，送市議會同意任命(B)由行政院院長報請總統任命之(C)由市民選舉之(D)由立法委員選舉之

206 (C) 我國縣市首長選舉採下列何種多數決定方式？(A)三分之二特別多數(B)絕對多數(C)相對多數(D)四分之三特別多數

207 (C) 縣之立法權由何者行之？(A)省政府(B)省議會(C)縣議會(D)縣政府

208 (C) 地方自治機關依法應作為而不作為，致嚴重危害公益或妨礙地方政務正常運作，而有情況急迫時，上級機關得逕為下列何種措施？(A)委託(B)職務協助(C)代行處理(D)委任

第五節 基本國策

(一) 國防（憲法 137～140）

1. 國防目的及組織：中華民國之國防，以保衛國家安全，維護世界和平為目的。國防之組織，以法律定之。
2. 軍隊國家化——軍人超然：全國陸海空軍，須超出個人、地域及黨派關係以外，效忠國家，愛護人民。
3. 軍隊國家化——軍隊不干政：任何黨派及個人不得以武裝力量為政爭之工具。
4. 軍人兼任文官之禁止：現役軍人不得兼任文官。

(二) 外交（憲法 141）

中華民國之外交，應本獨立自主之精神，平等互惠之原則，敦睦邦交，尊重條約及聯合國憲章，以保護僑民權益，促進國際合作，提倡國際正義，確保世界和平。

(三) 國民經濟（憲法 142～151）

1. 國民經濟基本原則：國民經濟應以民生主義為基本原則，實施平均地權，節制資本，以謀國計民生之均足。
2. 土地政策：中華民國領土內之土地屬於國民全體。人民依法取得之土地所有權，應受法律之保障與限制。私有土地應照價納稅，政府並得照價收買。附著於土地之礦，及經濟上可供公眾利用之天然力，屬於國家所有，不因人民取得土地所有權而受影響。土地價值非因施以勞力資本而增加者，應由國家徵收土地增值稅，歸人民共享之。國家對於土地之分配與整理，應以扶植自耕農及自行使用土地人為原則，並規定其適當經營之面積。
3. 獨占性企業公營原則：公用事業及其他有獨占性之企業，以公營為原則，其經法律許可者，得由國民經營之。
4. 私人資本之節制與扶助：國家對於私人財富及私營事業，認為有妨害國計民生之平衡發展者，應以法律限制之。合作事業應受國家之獎勵與扶助。國民生產事業及對外貿易，應受國家之獎勵、指導及保護。

5. 發展農業：國家應運用科學技術，以興修水利，增進地力，改善農業環境，規劃土地利用，開發農業資源，促成農業之工業化。
6. 地方經濟之平衡發展：中央為謀省與省間之經濟平衡發展，對於貧瘠之省，應酌予補助。省為謀縣與縣間之經濟平衡發展，對於貧瘠之縣，應酌予補助。
7. 貨暢其流：中華民國領域內，一切貨物應許自由流通。
8. 金融機構之管理： 金融機構，應依法受國家之管理。
9. 普設平民金融機構：國家應普設平民金融機構，以救濟失業。
10. 發展僑民經濟事業：國家對於僑居國外之國民，應扶助並保護其經濟事業之發展。

(四) 社會安全（憲法 152～157）

其中與勞工保險條例與此章節最具關聯性[209]，並依據該條文制定了[210]：

1. 人盡其才：人民具有工作能力者，國家應予以適當之工作機會[211]。
2. 勞工及農民之保護：國家為改良勞工及農民之生活，增進其生產技能，應制定保護勞工及農民之法律，實施保護勞工及農民之政策。婦女兒童從事勞動者，應按其年齡及身體狀態，予以特別之保護。
3. 勞資關係：勞資雙方應本協調合作原則，發展生產事業。勞資糾紛之調解與仲裁，以法律定之。
4. 社會保險與救助之實施：國家為謀社會福利，應實施社會保險制度。

---

[209] (D) 請問下列哪一個法律與憲法基本國策中社會安全之規定最具關聯性？(A)消費者保護法(B)社會秩序維護法(C)公寓大廈管理條例(D)勞工保險條例

[210] (C) 下列何者不屬於強制保險？(A)全民健康保險(B)勞工保險(C)不動產火災保險(D)汽機車第三人責任險

[211] (C) 憲法第 152 條規範：人民具有工作能力者，國家應予以適當之工作機會。其意義為何？(A)國家應為人民安排工作(B)人民失業時，得向國家要求給予工作(C)國家應充分促進人民就業(D)人民失業時，國家應為人民安排公務員職務

人民之老弱殘廢，無力生活，及受非常災害者，國家應予以適當之扶助與救濟。

5. 婦幼福利政策之實施：國家為奠定民族生存發展之基礎，應保護母性，並實施婦女兒童福利政策。
6. 衛生保健事業之推行：國家為增進民族健康，應普遍推行衛生保健事業及公醫制度。

(五) 教育安全（憲法 158～167）

1. 教育文化之目標：教育文化，應發展國民之民族精神、自治精神、國民道德、健全體格、科學及生活智能。
2. 教育機會平等原則：國民受教育之機會，一律平等。
3. 基本教育與補習教育：六歲至十二歲之學齡兒童，一律受基本教育，免納學費。其貧苦者，由政府供給書籍。已逾學齡未受基本教育之國民，一律受補習教育，免納學費，其書籍亦由政府供給。
4. 獎學金之設置：各級政府應廣設獎學金名額，以扶助學行俱優無力升學之學生。
5. 教育文化機關之監督：全國公私立之教育文化機關，依法律受國家之監督。
6. 教育文化事業之推動：國家應注重各地區教育之均衡發展，並推行社會教育，以提高一般國民之文化水準，邊遠及貧瘠地區之教育文化經費，由國庫補助之。其重要之教育文化事業，得由中央辦理或補助之。
7. 教育文化經費之比例與專款之保障：教育、科學、文化之經費，在中央不得少於其預算總額百分之十五，在省不得少於其預算總額百分之二十五，在市縣不得少於其預算總額百分之三十五，其依法設置之教育文化基金及產業，應予以保障（已受憲法增條條文第 10 條第 10 項凍結[212]，不得少於其預算總額百分之三十五改成不受憲法第 164 條限

---

212 (A) 依憲法增修條文之規定，教育、科學、文化之經費，在中央不得少於其預算總額百分之幾？(A)並無特別限制(B)百分之二十五(C)百分之三十五(D)百分之十五

制）。

8. 教育文化工作者之保障：國家應保障教育、科學、藝術工作者之生活，並依國民經濟之進展，隨時提高其待遇。
9. 科學發明與創造之獎勵及古蹟古物之保：國家應獎勵科學之發明與創造，並保護有關歷史、文化、藝術之古蹟、古物。
10. 教育文化事業之獎助：國家對於下列事業或個人，予以獎勵或補助：(1)國內私人經營之教育事業成績優良者。(2)僑居國外國民之教育事業成績優良者。(3)於學術或技術有發明者。(4)從事教育久於其職而成績優良者。

(六) 邊疆地區（憲法 168～169）

1. 邊疆民族地位之保障：國家對於邊疆地區各民族之地位，應予以合法之保障，並於其地方自治事業，特別予以扶植。
2. 邊疆事業之扶助：國家對於邊疆地區各民族之教育、文化、交通、水利、衛生及其他經濟、社會事業，應積極舉辦，並扶助其發展，對於土地使用，應依其氣候、土壤性質，及人民生活習慣之所宜，予以保障及發展。

(七) 增修條文

憲法增修修文第 10 條針對基本國策規定：

1. 國家應獎勵科學技術發展及投資，促進產業升級，推動農漁業現代化，重視水資源之開發利用，加強國際經濟合作。
2. 經濟及科學技術發展，應與環境及生態保護兼籌並顧。
3. 國家對於人民興辦之中小型經濟事業，應扶助並保護其生存與發展。
4. 國家對於公營金融機構之管理，應本企業化經營之原則；其管理、人事、預算、決算及審計，得以法律為特別之規定。
5. 國家應推行全民健康保險，並促進現代和傳統醫藥之研究發展[213]。全

---

213 (C)「國家應推行全民健康保險，並促進現代和傳統醫藥之研究發展。」此規定見諸下列何者？(A)憲法第十三章第四節「社會安全」(B)全民健康保險法(C)憲法增修條文(D)社會福利法

民健康保險局對於無力繳納健康保險費者，國家應予以救助（釋字 472）[214]。

6. 國家應維護婦女之人格尊嚴，保障婦女之人身安全，消除性別歧視，促進兩性地位之實質平等。
7. 國家對於身心障礙者之保險與就醫、無障礙環境之建構、教育訓練與就業輔導及生活維護與救助，應予保障，並扶助其自立與發展。
8. 國家應重視社會救助、福利服務、國民就業、社會保險及醫療保健等社會福利工作，對於社會救助和國民就業等救濟性支出應優先編列[215]。
9. 國家應尊重軍人對社會之貢獻，並對其退役後之就學、就業、就醫、就養予以保障。教育、科學、文化之經費，尤其國民教育之經費應優先編列，不受憲法第 164 條規定之限制。
10. 國家肯定多元文化，並積極維護發展原住民族語言及文化。國家應依民族意願，保障原住民族之地位及政治參與，並對其教育文化、交通水利、衛生醫療、經濟土地及社會福利事業予以保障扶助並促其發展，其辦法另以法律定之。
11. 對於澎湖、金門及馬祖地區人民亦同。國家對於僑居國外國民之政治參與，應予保障。

應考小叮嚀

法緒中所考的憲法考題，主要都是考憲法條文，尤其是增修條文，幾乎每一條都會考。近年來對於基本人權的考題，也著重在大法官的解釋，故也須注意一些重要大法官解釋的內容。

---

[214] (D) 全民健康保險局對於無力繳納健康保險費者，應該採取下列何措施？(A)逕行解約(B)拒絕健康保險給付(C)拒發健康保險卡(D)應該給予適當之救助

[215] (B) 「國家應重視社會救助、福利服務、國民就業、社會保險及醫療保健等社會福利工作。」此規定見諸：(A)憲法第十三章「基本國策」(B)憲法增修條文(C)社會福利法(D)全民健康保險法

第九章　行政法

本章學習重點

1. 行政程序法
2. 訴願法
3. 行政訴訟法
4. 國家賠償法

第一節　緒　論

一、序說

行政法乃關於行政之法，即有關行政之組織、職權、任務、程序以及國家暨其他行政主體與人民間之權利義務的法規[1]，例外的尚包括人民相互間之權利義務關係的公法[2]法規。

行政法的具體內容，可以分成行政組織、行政方法及行政救濟[3]。析述如下：(一)行政法近代民主政治發展後與國家公權力行使最有關係之法域[4]，亦係憲法之具體化[5]。(二)傳統行政法之內容重心置於組織、人員

---

1 (B) 規範行政權之組織與作用的法律，稱為：(A)刑法(B)行政法(C)憲法(D)民法

2 (D) 就行政法之定義，下列何者有誤？(A)行政法為國內法(B)行政法乃是有關行政事項法規之總稱(C)行政法以國家行政權為規範對象(D)行政法為私法

3 (D) 行政法的具體內容，可以分為哪三項？①行政組織②行政作用③行政方法④行政救濟(A)①②③(B)②③④(C)①③④(D)①②④

4 (C) 下列何者是近代民主政治發展後與國家公權力行使最有關係之法域？(A)民法(B)商事法(C)行政法(D)社會法

5 (C) 下列何者係憲法的具體化？(A)民法(B)商事法(C)行政法(D)消費者保護法

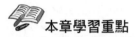

（公務員法）及機關之職權。晚近特別重視有關程序之規定。(三)行政權係所有國家的公權力中，涵蓋範圍最廣，與人民關係最直接者[6]。行政法規範行政權之運作，其最終效果無非表現為權利義務關係。如人民向政府主管機關申請建築許可，遭到否准，進而請求救濟，因此所產生國家與人民間之法律關係（行政關係）[7]。(四)行政法所規範者不僅限於國家行政權有關之事項，亦不限於國家與人民權利義務關係。(五)人民相互間之權利義務關係通常屬於私法之範圍，但成為行政法規範之對象者，亦非絕無可能。如私人土地長期供公眾通行，而成立公用地役關係，土地所有權人與第三人之權利義務如有爭執，屬公法性質。

二、行政法之原理原則

(一) 依法行政原則

行政程序法第 4 條：「行政行為應受法律及一般法律原則之拘束[8]。」

1. 意義

在現代民主法治國家權力分立體制下，為達保障人權與增進公共福祉之目的，要求一切國家作用均應具備合法性，此種合法性原則就行政領域而言，即所謂依法行政原則。

2. 類型

依法行政原則及支配法治國家立法權與行政權關係之基本原則，亦為一切行政行為必須遵循之首要原則。依法行政原則向來區分為法律優越及法律保留（旨在解決特別權力關係）二項次原則。[9]法律優越原則又稱

---

[6] (A) 所有國家的公權力中，涵蓋範圍最廣，與人民關係最直接者，係下列何者？(A)行政權(B)立法權(C)司法權(D)監察權

[7] (C) 人民向政府主管機關申請建築許可，遭到否准，進而請求救濟，因此所產生國家與人民間之法律關係，屬於下列何者？(A)民事關係(B)刑事關係(C)行政關係(D)非訟關係

[8] (B) 「行政行為應受法律及一般法律原則之拘束」係何種原則的表徵？(A)明確性原則(B)依法行政原則(C)比例原則(D)信賴保護原則

[9] (B) 行政法中何種原則最能解決傳統特別權力關係之弊端？(A)法律優越原則(B)法

爲消極的依法行政，法律保留原則又稱爲積極的依法行政。

(1) **法律優位（越）原則（消極的依法行政）**

A. 意義：法律優越原則謂行政行爲或其他一切行政活動，均不得與法律牴觸。故此處所謂法律係指形式意義之法律而言，亦即立法院通過總統公布之法律。此項原則一方面涵蓋規範位階之意義，即行政命令及行政處分等各類行政行爲，在規範位階上皆低於法律，換言之，法律之效力高於此等行政行爲；另一面法律優越原則並不要求一切行政活動必須有法律之明文依據；只須消極的不違背法律之規定即可，故稱之爲消極的依法行政。

B. 我國規定：法律優越不僅爲學理上之原則，且爲法制上所確認，憲法第 171 條：「法律與憲法牴觸者無效。」第 172 條：「命令與憲法或法律牴觸者無效。」中央法規標準法第 11 條：「法律不得牴觸憲法，命令不得牴觸憲法或法律，下級機關訂定之命令不得牴觸上級機關之命令。」

(2) **法律保留原則（積極的依法行政）**

A. 意義：法律保留原則，謂沒有法律授權行政機關即不能合法的作成行政行爲，蓋憲法已將某些事項保留予立法機關，須由立法機關以法律加以規定。故在法律保留原則之下，行政行爲不能以消極的不牴觸法律爲已足，尚須有法律之明文依據，故又稱積極的依法行政。

B. 我國憲法對於法律保留採取下列三種規定方式：

(A) 一般保留

憲法第 23 條：「以上各條列舉之自由權利，除爲防止妨礙他人自由，避免緊急危難，維持社會秩序，或增進公共利益所必要者外，不得以法律限制之」，乃典型之一般保留條款，對「以上各條列舉之自由權利」，「得以法律限制之」相當於干涉保留，亦無疑義。

律保留原則(C)誠實信用原則(D)公益原則

(B) 特別保留

憲法規定特別保留者爲數不少，例如第 24 條之「法律受懲戒」及「依法律向國家請求賠償」，第 26 條國民大會代表之產生、第 34 條「國民大會之組織，國民大會代表之選舉罷免」，第 61 條行政院之組織，第 76 條立法院之組織，第 82 條司法院及各級法院之組織等，增修條文第 2 條第 4 項國家安全機關之組織。

中央法規標準法第 5 條：「左列事項應以法律定之：一、憲法或法律有明文規定，應以法律定之者。二、關於人民之權利、義務者。三、關於國家各機關之組織者。四、其他重要事項之應以法律定之者。」第 6 條：「應以法律規定之事項，不得以命令定之。」

(C) 層級化法律保留體系

有憲法保留（憲法第 8 條部分內容）、絕對法律保留（剝奪人民生命或限制自由等事項，參見釋字第 474 號解釋）、相對法律保留（關係生命身體以外之自由權利之限制，以及給付行政措施涉及公共利益重大事項）、非屬法律保留範圍。

(二) 明確性原則

行政程序法第 5 條：「行政行爲之內容應明確。」如國稅局發單課徵遺產稅，於稅單納稅義務人欄填載某甲等五人，其行政行爲內容不明確[10]。

(三) 禁止差別待遇原則（平等原則）

行政程序法第 6 條：「行政行爲，非有正當理由，不得爲差別待遇。」即相同之事情，應爲相同之處理，非有正當理由，不得爲差別待遇[11]。

---

[10] (C) 國稅局發單課徵遺產稅，於稅單納稅義務人欄填載某甲等五人，係違反下列何項法律原則？(A)平等原則(B)信賴保護原則(C)明確性原則(D)比例原則

[11] (B) 行政行為，非有正當理由，不得為差別待遇，係何種法律原則之應用？(A)誠

(四) 比例原則

行政程序法第 7 條：「行政行爲，應依下列原則爲之：一、採取之方法應有助於目的之達成。二、有多種同樣能達成目的之方法時，應選擇對人民權益損害最少者。三、採取之方法所造成之損害不得與欲達成目的之利益顯失均衡。」即法諺所云「不要用大砲打小鳥」。[12]

比例原則之內涵包括：1.採取之方法應有助於目的之達成，是謂「適當性」原則。2.有多種同樣能達成目的之方法時，應選擇對人民權益損害最少者[13]，是謂「必要性」原則。3.採取之方法所造成之損害，不得與欲達成目的之利益顯失均衡，是謂「相當性」原則（狹義比例性原則）[14]。例如：1.警察對在高速公路違規超速的駕駛人，予以開槍警告，可能違反比例原則[15]。2.歹徒已被執法人員擊中，棄槍負傷單獨逃走時，若再攻擊其頭部或心臟等致命部位，則違反比例原則[16]。比例原則亦適用於給付行政[17]。

(五) 誠信原則及信賴保護原則

行政程序法第 8 條：「行政行爲，應以誠實信用之方法爲之，並應保

信原則(B)平等原則(C)比例原則(D)信賴原則

[12] (D) 法諺有云「不要用大砲打小鳥」，在近代行政法發展成何一原則？(A)禁止不利益變更原則(B)信賴保護原則(C)平等原則(D)比例原則

[13] (B) 行政行為有多種同樣能達成目的之方法時，應選擇對人民權益損害最少者，此係何種法律原則之應用？(A)衡平原則(B)比例原則(C)誠信原則(D)平等原則

[14] (D) 行政行為應依「比例原則」為之。其內涵不包括下列何種原則？(A)適當性原則(B)必要性原則(C)狹義比例性原則(D)急迫性原則

[15] (B) 警察對在高速公路違規超速的駕駛人，予以開槍警告，可能違反下列何原則？(A)誠信原則(B)比例原則(C)公益原則(D)信賴原則

[16] (B) 如果歹徒已被執法人員擊中，棄槍負傷單獨逃走時，若再攻擊其頭部或心臟等致命部位，致其死亡，則違反下列何種原則？(A)法律保留原則(B)比例原則(C)信賴保護原則(D)明確性原則

[17] (B) 以下關於比例原則之敘述，何者錯誤？(A)在憲法及行政程序法上均有規定(B)比例原則之適用領域，並不包括給付行政(C)主要內容包括目的、手段及利益均衡(D)行政程序法第 7 條為比例原則之具體化規定

護人民正當合理之信賴[18]。」例如丙申請建照執照獲准，其後行政機關因其基地坐落於禁建區而撤銷該建照執照，即違反信賴保護原則[19]。

(六) 利益衡平原則

行政程序法第 9 條：「行政機關就該管行政程序，應於當事人有利及不利之情形，一律注意[20]。」

(七) 行政裁量之界限

行政程序法第 10 條：「行政機關行使裁量權，不得逾越法定之裁量範圍，並應符合法規授權之目的。」所謂行政裁量，係指行政機關根據法律授權，基於行政目的，自由斟酌[21]，選擇自認爲正確之行爲，原則上並不受法院審查。行政裁量並非完全放任，行政機關行使裁量權仍應遵守法律優越原則，所作之個別判斷，亦應避免違背誠信原則、平等原則、比例原則等一般法規範。又行政裁量如係基於法律授權，尤不得違反授權目的（裁量濫用）或超越授權範圍（裁量逾越）[22]。

---

[18] (D) 下列關於「信賴保護原則」的敘述，何者正確？(A)我國的法律條文對之尚未有明文規定(B)不允許有例外情形發生(C)完全係由我國實務創設出來的原理(D)旨在保護法秩序的安定性

[19] (C) 下列何種情形有信賴保護之問題？(A)甲之違建遭檢舉，主張許多人之違建並未被拆除，而要求要拆大家一起拆(B)乙經申請許可之室外集會至下午 5 時結束，直到下午 8 時該集會仍未解散，警察命令解散(C)丙申請建照執照獲准，其後行政機關因其基地坐落於禁建區而撤銷該建照執照(D)丁依促進產業升級條例享有租稅減免，該條例相關條文施行至民國 88 年底，修正後施行至 98 年底

[20] (B) 行政機關就該管行政程序，應於當事人有利及不利之情形，一律注意。此規定一般稱之為：(A)公益原則(B)利益衡平原則(C)比例原則(D)依法行政原則

[21] (D) 下列何者允許行政機關遵守依法行政之餘，有一定的運作彈性空間，以便能夠隨機應變及迅赴事功？(A)行政保留之概念(B)特別權力關係(C)比例原則(D)行政裁量之概念

[22] (A) 行政機關的裁量超出法律授權範圍者，稱之為何？(A)裁量逾越(B)裁量怠惰(C)裁量濫用(D)裁量收縮

(八) 不當聯結禁止原則之要求

1.目的與手段需有合理關係（亦即比例原則）；2.給付對待間之實質關聯；3.不相關因素考慮之禁止（政黨關係、政治選舉）[23]；4.禁止濫用公益原則。如行政機關以駕駛人未繳清交通違規之罰緩爲理由，拒絕該駕駛人辦理換發行車執照之行爲，即違反其不相關因素之禁止[24]。行政程序法第 137 條第 1 項第 3 款：「人民之給付與行政機關之給付應相當，並具有正當合理之關聯」。

三、特別權力關係

(一) 意義

國家或公共團體與人民的權利義務，有基於一般統治關係，以適用法律的一般規定，是爲一般權利義務關係；基於特別統治關係，適用法律的特別規定，是爲特別權利義務關係，又稱特別權力關係或特別統治關係。

傳統特別權力關係之特徵：1.當事人地位不對等。2.義務之不確定（國家有概括命令權）。3.國家可制定特別規則拘束相對人，不受法律保留原則之拘束。4.國家對違反特別規則之相對人，得施以懲戒。5.不得提起行政救濟。

特別權力關係主要的實例有：公務員[25]與國家、軍人與國家的勤務關係，及學生與學校、受刑人與監所的營造物利用關係。

---

[23] (D) 下列有關行政裁量之敘述，何者正確？(A)行政裁量是完全自由的，毫無限制(B)行政裁量的結果只要還在法律規定範圍內，概屬合法(C)一般行政裁量仍應受到司法審查(D)行政裁量雖在法律的範圍內，仍必須符合不當聯結禁止原則，否則仍屬違法

[24] (C) 行政機關以駕駛人未繳清交通違規之罰緩為理由，拒絕該駕駛人辦理換發行車執照之行為，違反下列何原則？(A)信賴保護原則(B)平等原則(C)禁止不當聯結原則(D)行政自我拘束原則

[25] (A) 根據行政法學的傳統見解，公務員與國家之間的關係為：(A)特別權力關係(B)僱傭關係(C)私法契約關係(D)營造物利用關係

(二) 理論的發展

二次大戰後，德日等國學說及法院之裁判，已推翻傳統理論，承認特別關係內之行為，相對人對之可提起訴訟，以求救濟（稱之「公法上職務關係」，參見釋字第 396 號解釋）。我國亦是如此，如下：

1. 公務員的部分

釋字第 187 號解釋：公務員依法辦理退休請領退休金，乃行政法律基於憲法規定所賦予之權利。公務員向原服務機關請求核發服務年資或未領退休金之證明，未獲發給者，在程序上非不得依法提起訴願或行政訴訟。

釋字第 243 號解釋：中央或地方機關依公務人員考績法或相關法規之規定，對公務員所為之免職處分，直接影響其憲法所保障之服公職權利，受處分之公務員自得行使憲法第 16 條訴願及訴訟之權。該公務員已依法向該管機關申請復審及向銓敘機關申請再復審或以類此之程序謀求救濟者，相當於業經訴願、再訴願程序，如仍有不服，應許其提起行政訴訟，方符有權利即有救濟之法理。行政法院 51 年判字第 398 號、53 年判字第 229 號、54 年裁字第 19 號、57 年判字第 414 號判例與上開意旨不符部分，應不再援用。至公務人員考績法之記大過處分，並未改變公務員之身分關係，不直接影響人民服公職之權利，上開各判例不許其以訴訟請求救濟，與憲法尚無牴觸。

釋字第 323 號解釋：各機關擬任之公務人員，經人事主管機關任用審查，認為不合格或降低原擬任之官等者，於其憲法所保障服公職之權利有重大影響，如經依法定程序申請復審，對復審決定仍有不服時，自得依法提起訴願或行政訴訟，以謀求救濟。行政法院 59 年度判字第 400 號判例，與上開意旨不符部分，應不再援用。

2. 學生部分

釋字第 382 號解釋：各級學校依有關學籍規則或懲處規定，對學生所為退學或類此之處分行為，足以改變其學生身分並損及其受教育之機會，自屬對人民憲法上受教育之權利有重大影響，此種處分行為應為訴願法及行政訴訟法上之行政處分。受處分之學生於用盡校內申訴途徑，未獲救濟者，自得依法提起訴願及行政訴訟。

3. **大專教師部分**

釋字第 462 號解釋：各大學校、院、系（所）教師評審委員會關於教師升等評審之權限，係屬法律在特定範圍內授予公權力之行使，其對教師升等通過與否之決定，與教育部學術審議委員會對教師升等資格所爲之最後審定，於教師之資格等身分上之權益有重大影響，均應爲訴願法及行政訴訟法上之行政處分。受評審之教師於依教師法或訴願法用盡行政救濟途徑後，仍有不服者，自得依法提起行政訴訟，以符憲法保障人民訴訟權之意旨。

4. **軍人部分**

釋字第 430 號解釋：現役軍官依有關規定聲請續服現役未受允准，並核定其退伍，如對之有所爭執，既係影響軍人身分之存續，損及憲法所保障服公職之權利，自得循訴願及行政訴訟程序尋求救濟。

5. **專門職業人員之懲戒**

釋字第 295 號解釋：財政部會計師懲戒覆審委員會對會計師所爲懲戒處分之覆審、決議，實質上相當於最終之訴願決定，不得再對之提起訴願、再訴願。被懲戒人如因該項決議違法，認爲損害其權利者，應許其逕行提起行政訴訟，以符憲法保障人民訴訟權之意旨。

釋字第 378 號解釋：依律師法第 41 條及第 43 條所設之律師懲戒委員會及律師懲戒覆審委員會，性質上相當於設在高等法院及最高法院之初審與終審職業懲戒法庭，與會計師懲戒委員會等其他專門職業人員懲戒組織係隸屬於行政機關者不同。律師懲戒覆審委員會之決議即屬法院之終審裁判，並非行政處分或訴願決定，自不得再行提起行政爭訟，本院釋字第 295 號解釋應予補充。

第二節　行政組織

一、行政機關[26]

(一) 公法人

所謂公法人，乃依據公法成立，具有法律上人格之人。在我國所承認的公法人只有三種，一是中華民國，二是各級地方自治團體，三是農田水利會[27]。

(二) 行政機關

行政程序法第 2 條第 2、3 項：「本法所稱行政機關，係指代表國家、地方自治團體或其他行政主體表示意思，從事公共事務，具有單獨法定地位之組織。受託行使公權力之個人或團體，於委託範圍內，視爲行政機關。」行政組織法是規定行政機關的地位、權限、編制及其構成分子的法規。行政行爲是行政機關所爲的活動[28]。

行政機關是指依法組織的國家機關，就一定行政事項有獨立決定並得將國家意思表示於外部的權限。行政機關須能對外行文，獨立行使職權。如行政院屬於一級機關，行政院下之教育部、國防部、公平交易委員會等，屬於二級機關[29]。

行政機關與內部單位之區別：1.有無單獨之組織法規：所謂組織法規

---

26 (B) 下列何機關之行政行為，不適用行政程序法之程序規定？(A)總統府(B)各級民意機關(C)中央各部會(D)各級地方政府

27 (D) 下列何組織為公法人？(A)財政部(B)證券交易所(C)海峽交流基金會(D)農田水利會

28 (C) 受託行使公權力之個人或團體，在行使公權力時，其法律地位：(A)為行政機關(B)仍為私法之地位(C)於委託範圍內，視為行政機關(D)為公法人

29 (B) 下列何者屬行政程序法第 2 條第 2 項所稱之行政機關？(A)新竹市地價及標準地價評議委員會(B)行政院公平交易委員會(C)行政院衛生署醫事審議委員會(D)內政部訴願審議委員會

包括組織法、組織條例、組織通則或規程，例外者亦有以組織編制表（如各級警察機關）代替組織規程之情形。2.有無獨立之編制及預算：有獨立之編制及預算者，通常均設有人事及會計（或主計）單位。如文化局[30] [31]。3.有無印信：指依印信條例頒發之大印或關防而言。三項標準皆具備之組織體爲機關，否則屬於內部單位。

(三) 公物與公營造物

所謂公物，乃 1.直接供公共目的所使用之物，並處於國家或其他行政主體所得支配者，是謂公物。2.公物爲不融通物、不適用民法取得時效之規定、原則上不得爲民事強制執行之標的及公用徵收[32]。

營造物爲 Otto Mayer 所首創，在符合我國現行法制下，營造物可界定爲「行政主體爲達成公共行政之特定目的，將人與物作功能上之結合，以制定法規作爲組織之依據所設置之組織體[33]，與公眾或特定人間發生法律上之利用關係」（具有公法與私法性質[34]）。例如榮民之家[35]、圖書館、公立學校、公立醫院等皆爲營造物[36]。

---

[30] (C) 下列何者為行政機關？(A)海峽交流基金會(B)郵局(C)文化局(D)菸酒公賣局

[31] (B) 行政程序所生之費用，由何者負擔？(A)人民(B)行政機關(C)人民及行政機關(D)當事人

[32] (D) 下列關於公物之敘述，何者非為正確？(A)為不融通物(B)不適用民法時效取得的規定(C)不得為民事強制執行標的(D)得公用徵收

[33] (D) 為達行政上之特定目的，將人與物結合而成供公眾或特定人利用的組織體，是為下列何者？(A)公法社團(B)公法財團(C)行政機關(D)營造物

[34] (D) 就我國現行法規而言，營造物利用關係的法律性質為何？(A)皆屬公法關係(B)皆屬私法關係(C)皆屬契約關係(D)有私法關係也有公法關係

[35] (B) 下列何者為行政法上之公營造物？(A)教育部(B)榮民之家(C)衛生福利部(D)中華電信股份有限公司

[36] (C) 下列何者不是公營造物？(A)公立學校(B)市立圖書館(C)國家(D)公立醫院

二、管轄

(一) 管轄恆定原則

行政機關的權限以法律爲根據，不得任意設定或變更，亦不允許當事人協議變動。

(二) 管轄權競合之解決

行政程序法第 13 條：「同一事件，數行政機關依前二條之規定均有管轄權者，由受理在先之機關管轄，不能分別受理之先後者，由各該機關協議定之，不能協議或有統一管轄之必要時，由其共同上級機關指定管轄。無共同上級機關時，由各該上級機關協議定之。前項機關於必要之情形時，應爲必要之職務行爲，並即通知其他機關[37]。」

(三) 權限委任

行政程序法第 15 條第 1 項：「行政機關得依法規將其權限之一部分，委任所屬下級機關執行之[38]。」

(四) 權限委託

行政程序法第 15 條第 2 項：「行政機關因業務上之需要，得依法規將其權限之一部分，委託不相隸屬之行政機關執行之[39]。」

---

[37] (D) 同一事件，數行政機關均有管轄權者，其處理順序為何？①由受理在先之機關管轄②由各該機關協議定之③由其共同上級機關指定管轄④由各該上級機關協議定之(A)①②④③(B)①③②④(C)②①③④(D)①②③④

[38] (C) 上級行政機關將其職權的一部分交由下級機關執行，稱為：(A)代理(B)委託(C)委任(D)命令

[39] (A) 行政機關因業務上之需要，得依法規將其權限之一部分，委託不相隸屬之行政機關執行之，此稱之為下列何項？(A)權限委託(B)權限委任(C)職務協助(D)權限代行

(五) 委託行使公權力

係指行政機關將其權限之一部分委託給人民行使（包括自然人與私法人），以人民自己之名義代為行使公權力，又稱為行政委託。行政程序法第 16 條：「行政機關得依法規將其權限之一部分，委託民間團體或個人辦理。前項情形，應將委託事項及法規依據公告之，並刊登政府公報或新聞紙。第 1 項委託所需費用，除另有約定外，由行政機關支付之。」如私立大學於錄取學生之行為[40]。

(六) 行政助手（行政輔助人）

私人或私法人，非以自己名義獨立行使公權力，而是受國家機關之指揮命令，協助完成公共任務，其行為視為其所輔助機關之行為，是謂行政助手。例如拖吊業、義勇警察或消防人員均屬之[41]。

三、公務員

(一) 公務員定義

指由國家的特別選任（任用）對國家服無定量的勤務，且負有忠實的義務。公務員與國家之關係屬公法上之職務關係[42]。公務員依各種法律有下述四種定義：

1. 最廣義：指依法令從事公務者

國家賠償法第 2 條：「本法所稱公務員者，謂依法令從事於公務之人員。」刑法第 10 條：「稱公務員者，謂下列人員：一、依法令服務於國家、地方自治團體所屬機關而具有法定職務權限，以其他依法令從事於公共事務，而具有法定職務權限者。二、受國家、地方自治團體所屬機關依

---

40 (D) 私立大學於錄取學生時之行為，處於下列何種法律地位？(A)公營造物(B)公法人(C)私法人(D)受委託行使公權力

41 (A) 下列何者為行政助手？(A)義警(B)郵差(C)消防人員(D)公立游泳池的救生員

42 (D) 依司法院大法官解釋（例如釋字第 430、433 號），認為公務員與國家間之關係屬：(A)一般權利義務關係(B)特別權力關係(C)公法契約關係(D)公法上之職務關係

法委託，從事與委託機關權限有關之公共事務者。」

2. 廣義

泛指一切受有俸給之文武職公務員、私立學校教職員、民意代表。俸給的種類有：本俸、加給、年功費[43]。

公務員服務法第 24 條：「本法於受有俸給之文武職公務員，及其他公營事業機關服務人員，均適用之。」其適用範圍包括政府機關、公營事業人員，不問文武職，只要受有俸給均屬之。

3. 狹義：指文職之政務官及事務官

公務員懲戒法範圍以政務官與事務官爲對象，不包括民意代表、聘任人員以及雇員。政務官係指決定國家政策方針的公務員，如各部部長、政務次長。事務官係指依照既定方針執行的公務員，如各部常務次長、司長、科長等。但武職人員之彈劾仍適用，釋字第 262 號解釋：監察院對軍人提出彈劾案時，應移送公務員懲戒委員會審議。至軍人之過犯，除上述彈劾案外，其懲罰仍依陸海空軍懲罰法行之。

4. 最狹義：專指文職之事務官

(1) 公務人員任用法施行細則第 2 條對公務員之概念做最嚴格之界定，其範圍與學理上之常業文官相當。其規定爲：「本法所稱公務人員，指各機關組織法規中，除政務人員及民選人員外，定有職稱及官等、職等之人員。前項所稱各機關，指下列之機關、學校及機構：一、中央政府及其所屬各機關。二、地方政府及其所屬各機關。三、各級民意機關。四、各級公立學校。五、公營事業機構。（指由各級政府設置或控有過半數股以從事私經濟活動爲目的之組織體）。六、交通事業機構。七、其他依法組織之機關。」如經濟部工業局局長[44]。

事務官等區分爲簡任、薦任、委任三等；職等區分爲十四等[45]，委任

---

[43] (B) 下列何者非公務人員之俸給種類？(A)本俸(B)特支費(C)加給(D)年功費

[44] (B) 以下何者為事務官？(A)外交部部長(B)經濟部工業局局長(C)財政部政務次長(D)行政院環境保護署署長

[45] (B) 公務人員的職等總共為：(A)一至四職等(B)一至十四職等(C)一至十職等(D)一至八職等

分爲「第一至第五職等」[46]，薦任分爲「第六至第九職等」，簡任分爲「第十至第十四職等」。

(2) 公務人員退休法第 2 條：「本法適用範圍，指依公務人員任用法令任用，並經銓敘審定之人員。」

(3) 公務人員保障法之適用與準用：公務人員保障法第 3 條：「本法所稱公務人員，係指法定機關依法任用之有給專任人員及公立學校編制內依法任用之職員。前項公務人員不包括政務人員[47]及民選公職人員[48]。」

公務人員保障法第 102 條：「下列人員準用本法之規定：一、教育人員任用條例公布施行前已進用未經銓敘合格之公立學校職員[49]。二、私立學校改制爲公立學校未具任用資格之留用人員。三、公營事業依法任用之人員。四、各機關依法派用、聘用、聘任、僱用或留用人員。五、應各種公務人員考試錄取占法定機關、公立學校編制職缺參加學習或訓練之人員。」

(4) 公務人員協會法第 2 條：「本法所稱公務人員，指於各級政府機關、公立學校、公營事業機構（以下簡稱機關）擔任組織法規所定編制內職務支領俸（薪）給之人員。前項規定不包括政務人員、機關首長、副首長、軍職人員、公立學校教師及各級政府所經營之各類事業機構中，對經營政策負有主要決策責任以外之人員。」

---

46 (C) 下列何者為委任官等之職等？(A)一至六職等(B)一至四職等(C)一至五職等(D)一至七職等

47 (C) 下列何者不屬於公務人員保障法所稱之公務人員？(A)法定機關依法派用之有給專任人員(B)國立大學編制內依法任用之職員(C)政務官(D)法定機關依法任用之有給專任人員

48 (D) 下列何者非公務人員保障法所稱之公務人員？(A)法定機關依法任用之有給專任人員(B)法定機關依法派用之有給專任人員(C)公立學校編制內依法任用之職員(D)政務官、民選公職人員

49 (D) 下列何者適用公務人員保障法？(A)教育部政務次長(B)彰化縣長(C)國立大學教授(D)市立高中職員

(二) 公務人員之救濟

公務人員保障法第 17 條：「公務人員對於長官監督範圍內所發之命令有服從義務，如認爲該命令違法，應負報告之義務；該管長官如認其命令並未違法，而以書面署名下達時，公務人員即應服從；其因此所生之責任，由該長官負之。但其命令有違反刑事法律者，公務人員無服從之義務。前項情形，該管長官非以書面署名下達命令者，公務人員得請求其以書面署名爲之，該管長官拒絕時，視爲撤回其命令[50]。」

公務人員保障法第 25 條第 1 項：「公務人員對於服務機關或人事主管機關（以下均簡稱原處分機關）所爲之行政處分，認爲違法或顯然不當，致損害其權利或利益者，得依本法提起復審[51][52]。非現職公務人員基於其原公務人員身分之請求權遭受侵害時，亦同。」

公務人員保障法第 77 條第 1 項：「公務人員對於服務機關所提供之工作條件[53]或管理措施，認爲不當時，可提起申訴、再申訴[54]。」

---

[50] (D) 依據公務人員保障法第 17 條規定，公務人員對於上級長官命令該如何面對？(A)絕對服從(B)絕對不服從(C)陳述意見(D)對長官命令須服從，但認為命令違法可要求長官以書面下達

[51] (C) 依據公務人員保障法第 25 條規定，公務人員對於服務機關或人事主管機關所為之行政處分，認為違法或顯然不當，致損害其權利或利益者，得依該法提起何種救濟程序？(A)申訴(B)再申訴(C)復審(D)訴願

[52] (A) 依訴願法之規定，下列何者不能對於處分，提起訴願？(A)受到人事主管機關處分之公務員(B)受到稅捐稽徵機關駁回復查決定之申請人(C)受到教育主管機關處分之教師(D)受到地政機關駁回土地登記之申請人

[53] (C) 公務員主張服務機關提供之辦公室照明設施不足，致損害其視力，得循下列何項程序救濟？(A)訴願(B)復審(C)申訴(D)國家賠償

[54] (C) 公務人員對於服務機關所提供之工作條件或所為之管理，認為不當時，可提起何種救濟途徑？(A)行政訴訟(B)復審(C)申訴、再申訴(D)訴願

第三節　行政作用

行政權，爲實現國家行政目的，所發生或運用之國家功能，謂之行政作用。種類有行政指導、行政命令、行政處分、行政契約、事實行爲、行政計畫、行政執行、行政罰等[55]。

一、行政程序法

行政程序法自中華民國 90 年 1 月 1 日施行（行政程序法 175），其立法目的強調行政機關之作爲應公正、公開、民主（行政程序法 1）。行政程序法的立法目的強調行政機關之作爲應公正、公開、民主參與者[56]。

(一) 程序規定適用範圍

指行政機關依法規之規定，所具有之權限。依行政程序法第 3 條規定：「行政機關爲行政行爲時，除法律另有規定外，應依本法規定爲之。下列機關之行政行爲，不適用本法之程序規定：一、各級民意機關。二、司法機關。三、監察機關[57]。下列事項，不適用本法之程序規定：一、有關外交行爲、軍事行爲或國家安全保障事項之行爲。二、外國人出、入境、難民認定及國籍變更之行爲。三、刑事案件犯罪偵查程序。四、犯罪矯正機關或其他收容處所爲達成收容目的所爲之行爲。五、有關私權爭執之行政裁決程序。六、學校或其他教育機構爲達成教育目的之內部程序。七、對公務員所爲之人事行政行爲[58]。八、考試院有關考選命題及評分之

---

[55] (D) 下列何者不屬於行政作用？(A)行政指導(B)法規命令(C)具體行政處分(D)行政法院判決

[56] (C) 下列法律中，何者是民國 90 年 1 月 1 日施行，其立法目的強調行政機關之作為應公正、公開、民主參與者？(A)行政訴訟法(B)行政執行法(C)行政程序法(D)地方制度法

[57] (B) 下列何者為行政程序法的適用機關？(A)民意機關(B)行政機關(C)監察機關(D)地方檢察署

[58] (D) 下列關於行政程序之敘述，何者正確？(A)受託行使公權力之個人或團體，縱

行爲[59]。」

(二) 資訊公開

資訊公開依行政程序法第 46 條規定：「當事人或利害關係人得向行政機關申請閱覽、抄寫、複印或攝影有關資料或卷宗。但以主張或維護其法律上利益有必要者爲限。行政機關對前項之申請，除有下列情形之一者外，不得拒絕：一、行政決定前之擬稿[60]或其他準備作業文件。二、涉及國防、軍事、外交及一般公務機密，依法規規定有保密之必要者。三、涉及個人隱私、職業秘密、營業秘密，依法規規定有保密之必要者。四、有侵害第三人權利之虞者。五、有嚴重妨礙有關社會治安、公共安全或其他公共利益之職務正常進行之虞者。前項第 2 款及第 3 款無保密必要之部分，仍應准許閱覽。當事人就第 1 項資料或卷宗內容關於自身之記載有錯誤者，得檢具事實證明，請求相關機關更正。」

(三) 程序外接觸

行政程序法第 47 條：「公務員在行政程序中，除基於職務上之必要外，不得與當事人或代表其利益之人爲行政程序外之接觸。公務員與當事人或代表其利益之人爲行政程序外之接觸時，應將所有往來之書面文件附卷，並對其他當事人公開。前項接觸非以書面爲之者，應作成書面紀錄，載明接觸對象、時間、地點及內容。」

(四) 期日及期間

行政程序法第 48 條：「期間以時計算者，即時起算。期間以日、星

使於委託範圍內，亦不能視為行政機關(B)各級民意機關之行政行為應適用行政程序法(C)考試院有關考選命題及評分之行為應適用行政程序法之程序規定(D)對公務員所為之人事行政行為不適用行政程序法之程序規定

59 (C) 下列事項何者適用行政程序法的程序規定？(A)犯罪矯正機關或其他收容處所為達成收容目的所為之行為(B)對公務員所為之人事行政行為(C)行政機關處理人民的申請案件(D)外國人出、入境、難民認定及國籍變更之行為

60 (C) 行政程序法上規定應主動公開之資訊，不包括下列何者？(A)法規命令(B)合議制機關之會議紀錄(C)行政決定前之擬稿或其他準備作業文件(D)預算、決算書

期、月或年計算者，其始日不計算在內。但法律規定即日起算者，不在此限。期間不以星期、月或年之始日起算者，以最後之星期、月或年與起算日相當日之前一日爲期間之末日。但以月或年定期間，而於最後之月無相當日者，以其月之末日爲期間之末日。期間之末日爲星期日、國定假日或其他休息日者，以該日之次日爲期間之末日；期間之末日爲星期六者，以其次星期一上午爲期間末日。期間涉及人民之處罰或其他不利行政處分者，其始日不計時刻以一日論；其末日爲星期日、國定假日或其他休息日者，照計。但依第 2 項、第 4 項規定計算，對人民有利者，不在此限。」

行政程序法第 49 條：「基於法規之申請，以掛號郵寄方式向行政機關提出者，以交郵當日之郵戳爲準[61]。」

(五) 送達

無行政程序之行爲能力人爲行政程序之行爲，未向行政機關陳明其法定代理人者，於補正前，行政機關得向該無行爲能力人爲送達，其爲合法送達[62]。

送達有分爲留置送達、寄存送達及補充送達。留置送達係指送達人於應送達處所不獲會晤應受送達人時，應受送達人之同居人無正當理由拒絕收受送達[63]。寄存送達之要件有：1.將文書寄存送達地之地方自治或警

---

[61] (C) 行政程序法規定，基於法規之申請，以掛號郵寄方式向行政機關提出者，應以何者為準？(A)送達日(B)行政機關收文日(C)交郵當日之郵戳(D)行政機關承辦人之簽收日

[62] (A) 下列何者屬於合法之送達？(A)無行政程序之行為能力人為行政程序之行為，未向行政機關陳明其法定代理人者，於補正前，行政機關得向該無行為能力人為送達(B)對於在中華民國有事務所或營業所之外國法人或團體為送達時，向其外國之代表人或管理人送達(C)送達人於應送達處所不獲會晤應受送達人時，將文書付與來探訪應受送達人之親戚(D)送達人於應送達處所不獲會晤應受送達人時，將文書付與臨時打掃之清潔工

[63] (A) 下列何者屬於留置送達之要件？(A)送達人於應送達處所不獲會晤應受送達人時，應受送達人之同居人無正當理由拒絕收受送達(B)將文書寄存送達地之地方自治或警察機關(C)製作送達通知書兩份，將其中一份黏貼於應受送達人住居所、事務所、營業所或其就業處所門首(D)無行政程序之行為能力人為行政

察機關。2.製作送達通知書兩份，將其中一份黏貼於應受送達人住居所、事務所、營業所或其就業處所門首。補充送達則依行政程序法第 69 條第 1 項：「對於無行政程序之行爲能力人爲送達者，應向其法定代理人爲之。」第 73 條第 1 項：「於應送達處所不獲會晤應受送達人時，得將文書付與有辨別事理能力之同居人、受雇人或應送達處所之接收郵件人員。」

(六) 陳情

行政程序法第 168 條：「人民對於行政興革之建議、行政法令之查詢、行政違失之舉發或行政上權益之維護，得向主管機關陳情[64]。」

二、行政命令

(一) 中央法規標準法之規定

中央法規標準法第 7 條：各機關依其法定職權或基於法律授權訂定之命令，應視其性質分別下達或發布，並即送立法院。依此命令可區分爲職權命令與授權命令。

1. **職權命令**

(1) 職權命令又稱「行政上的職權立法」，此即依據各機關本身組織法規賦予的職權所發布的命令（法規），其與「委任立法」的不同，乃在於委任立法係基於個別法律的委任授權，而職權立法則係基於組織法規。

(2) 職權命令既爲依組織法規所發布，故亦爲各該機關依職權當然得發布之命令；惟就內容而言，職權命令僅能就其職權範圍內之主管事項加以規定而已。中央法規標準法第 7 條規定「各機關依其法定職權……訂定之命令……。」即屬此種職權命令。

(3) 職權命令得否涉及人民權利義務事項之規定（採否定說）：

程序之行為，而對其法定代理人送達、送達於應送遠處所不獲會晤該法定代理人

64 (D) 人民對於行政興革之建議、行政法令之查詢、行政違失之舉發或行政上權益之維護，得向主管機關如何為之？(A)聲明異議(B)訴願(C)訴訟(D)陳情

A.　肯定說

中央法規標準法第 7 條：各機關依其法定職權或基於法律授權訂定之命令，應視其性質分別下達或發布，並即送立法院。職權命令依法定職權，即有合法制定之權限，不以獲得法律之授權爲必要。如 79 年判字第 628 號：行政機關得在職權範圍內基於組織法規之授權制定職權命令，有拘束人民之效力，爲行政法上之法則。

B.　否定說

依法律保留原則，行政機關之職權命令不應涉及人民之權利義務。憲法第 23 條及中央法規標準法第 5 條規定法律保留之事項，不應由行政命令訂定，否則即違反法律保留原則。若組織法內可規定行政機關可擁有訂定命令規範人民之權利義務，則似有過度「空白授權」，不僅違反「權力分立原則」，立法權也會因行政權之過度膨脹而萎縮。如釋字第 363 號解釋論及職權命令時，曾作總結性之宣示：「行政機關在施行細則外，爲執行法律依職權命令發布之命令尤應遵守授權命令之合法要件。」釋字第 390 號解釋宣告經濟部依職權訂定之工廠設立登記規則有關罰則之規定爲違憲。釋字第 443 號、第 454 號解釋則分別宣告內政部訂定之役男出境處理辦法、戶籍登記作業要點，牴觸憲法。釋字第 479 號內政部之社會團體許可立案作業規定，逾越母法。釋字第 514 號解釋認爲教育部依職權發布之遊藝場業輔導管理規則涉及人民工作權及財產權之限制，自應符合憲法法律保留原則之意旨。

2.　**授權命令**

係指行政機關基於法律的授權，就法律的特定部分或事項，自行制頒的規範性命令，亦即法規命令；因其係以法律爲法源，且效力次於法律，故又稱「附屬立法」。具體言之，即行政機關依據立法機關的委任立法授權，所制定的行政規章。此種命令因係基於法律授權，故應視爲其有合法的效力。

(二) 法規命令

本法所稱法規命令，係指行政機關基於法律授權，對多數不特定人民就一般事項所作抽象之對外發生法律效果之規定[65]。行政程序法第 150 條第 1 項：「本法所稱法規命令，係指行政機關基於法律授權，對多數不特定人民就一般事項所作抽象之對外發生法律效果之規定。」我國立法院制定法律時，往往都會大量授權給行政機關制定配套的法規命令，此種行爲稱爲委任立法[66]。

1. 適用範圍

行政程序法第 151 條：「行政機關訂定法規命令，除關於軍事、外交或其他重大事項而涉及國家機密或安全者外，應依本法所定程序爲之。但法律另有規定者，從其規定。法規命令之修正、廢止、停止或恢復適用，準用訂定程序之規定。」

2. 訂定程序

行政機關自行草擬或人民之提議（第 152 條、第 153 條）→預告（第 154 條）→聽證（第 155 條、第 156 條）→發布（第 157 條）。[67]

行政程序法第 152 條：「法規命令之訂定，除由行政機關自行草擬者外，並得由人民或團體提議爲之。前項提議，應以書面敘明法規命令訂定之目的、依據及理由，並附具相關資料[68]。」

---

[65] (C) 我國行政程序法對法規命令的定義，下列何者正確？(A)行政機關對特定人民就一般事項所作抽象之對外發生法律效果之規定(B)行政機關對多數不特定人民就一般事項所作抽象之對外發生法律效果之規定(C)行政機關基於法律授權，對多數不特定人民就一般事項所作抽象之對外發生法律效果之規定(D)行政機關基於法律授權，對特定人民就一般事項所作具體之對外發生法律效果之規定

[66] (A) 下列有關我國行政法的發展趨勢，何者正確？(A)委任立法甚為普遍(B)行政裁量權萎縮至零(C)行政罰不以故意或過失為限(D)行政機關對所有之不確定法律概念皆有判斷餘地，而不受法院審查

[67] (B) 下列何一法律，有明文規定行政聽證之程序？(A)行政組織法(B)行政程序法(C)行政救濟法(D)行政作用法

[68] (B) 下列關於法規命令訂定之敘述，何者正確？(A)行政機關擬訂法規命令時，除

行政程序法第 153 條：「受理前條提議之行政機關，應依下列情形分別處理：一、非主管之事項，依第 17 條之規定予以移送。二、依法不得以法規命令規定之事項，附述理由通知原提議者。三、無須訂定法規命令之事項，附述理由通知原提議者。四、有訂定法規命令之必要者，著手研擬草案。」

行政程序法第 154 條：「行政機關擬訂法規命令時，除情況急迫，顯然無法事先公告周知者外，應於政府公報或新聞紙公告，載明下列事項：一、訂定機關之名稱，其依法應由數機關會同訂定者，各該機關名稱。二、訂定之依據。三、草案全文或其主要內容。四、任何人得於所定期間內向指定機關陳述意見之意旨。行政機關除爲前項之公告外，並得以適當之方法，將公告內容廣泛周知。」

行政程序法第 55 條：「行政機關舉行聽證前，應以書面記載下列事項，並通知當事人及其他已知之利害關係人，必要時並公告之：一、聽證之事由與依據。二、當事人之姓名或名稱及其住居所、事務所或營業所。三、聽證之期日及場所。四、聽證之主要程序。五、當事人得選任代理人。六、當事人依第 61 條所得享有之權利。七、擬進行預備程序者，預備聽證之期日及場所。八、缺席聽證之處理。九、聽證之機關。依法規之規定，舉行聽證應預先公告者，行政機關應將前項所列各款事項，登載於政府公報或以其他適當方法公告之。聽證期日及場所之決定，應視事件之性質，預留相當期間，便利當事人或其代理人參與[69]。」

行政程序法第 155 條：「行政機關訂定法規命令，得依職權舉行聽證。」行政程序法第 156 條：「行政機關爲訂定法規命令，依法舉行聽證者，應於政府公報或新聞紙公告，載明下列事項：一、訂定機關之名稱；其依法應由數機關會同訂定者，各該機關之名稱。二、訂定之依據。三、

情況特殊而有必要者外，毋須於政府公報或新聞紙公告(B)法規命令之訂定，除由行政機關自行草擬者外，並得由人民或團體提議為之(C)行政機關訂定法規命令，應依職權或依利害關係人之申請，舉行聽證(D)法規命令依法應經上級機關核定者，得先行發布後，再報請上級機關核定

69 (C) 行政機關舉行聽證前，應以書面記載法定事項，並通知：(A)其他行政機關(B)當事人(C)當事人及其他已知之利害關係人(D)所有人

草案之全文或其主要內容。四、聽證之日期及場所。五、聽證之主要程序。」行政程序法第 157 條：「法規命令依法應經上級機關核定者，應於核定後始得發布。數機關會同訂定之法規命令，依法應經上級機關或共同上級機關核定者，應於核定後始得會銜發布。法規命令之發布，應刊登政府公報或新聞紙。」

(三) 行政規則

行政程序法第 159 條第 1 項：「指上級機關對下級機關，或長官對屬官，依其權限或職權爲規範機關內部秩序及運作，所爲非直接對外發生法規範效力之一般、抽象之規定。」

行政程序法第 159 條第 2 項：「行政規則包括下列各款規定：一、關於機關內部之組織、事務之分配、業務處理方式、人事管理等一般性規定。二、爲協助下級機關或屬官統一解釋法令、認定事實、及行使裁量權，而訂頒之解釋性規定及裁量基準。」

行政程序法第 160 條：「行政規則應下達下級機關或屬官。行政機關訂定前條第 2 項第 2 款之行政規則，應由其首長簽署，並登載於政府公報發布之。」

三、行政處分與一般處分

(一) 意義

行政處分就公法上具體事件所爲之決定或其他公權力措施而對外直接發生法律效果之單方行政行爲，是謂行政處分（行政程序法 92 I），如課稅、罰鍰等屬之。決定或措施之相對人雖非特定，而依一般性特徵可得確定其範圍者，是謂一般處分（行政程序法 92 II）[70][71][72][73]。例如：1.警察

---

[70] (B) 行政機關依職權對公法上具體事件，為單方面之意思表示，而發生法律效果之行政行為，稱之為：(A)行政指導(B)行政處分(C)行政契約(D)行政計畫

[71] (C) 行政機關就公法上具體事件所為之決定或其他公權力措施而對外直接發生效果之單方行政行為，為下列何者？(A)行政規則(B)行政命令(C)行政處分(D)行政指導

命令集會遊行之人解散[74] [75] [76]；2.十字路口之交通號誌顯示之燈號[77]。

(二) 行政處分的效力

1. 存續力

行政處分之存續力，涉及行政處分之效力及廢棄可能性，即處分機關事後可否以及在何種條件下廢棄行政處分，所以行政處分的存續力，指行政處分一作成，即具有的限制處分機關之廢棄權限的效力，此存續力的存在，使得行政機關不得任意否定行政處分之效力[78]。

(1) 形式存續力

涉及行政處分之「不可爭訟性」，指行政處分之相對人及有利害關係之第三人，對該處分已不能依法訴請救濟，亦即不異議、訴願及行政訴訟，該處分因而發生不可爭力，與判決之形式確定力相似。又稱「不可撤銷性」。

---

[72] (A) 下列關於「行政處分」之敘述，何者正確？(A)行政處分屬於單方行為(B)行政處分係雙方的行政行為(C)行政處分係針對一般不特定對象的行政行為(D)行政處分不一定是公權力的措施

[73] (B) 行政機關就公法上具體事件所為之決定或其他公權力措施而對外直接發生效果之單方行政行為，其相對人雖非特定，但依一般性特徵可得確定其範圍者，稱為：(A)一般規則(B)一般處分(C)特殊規則(D)特殊處分

[74] (B) 中央或地方機關基於職權，就特定之具體事件所為發生公法上效果的單方行政行為，稱之為：(A)判決(B)行政處分(C)裁定(D)行政裁判

[75] (A) 行政機關就公法上具體事件所為之決定，或其他公權力措施，而對外直接發生法律效果之單方行政行為：(A)行政處分(B)行政指導(C)行政計畫(D)行政命令

[76] (D) 行政機關要求人民為特定行為，據此所作成的決定稱為：(A)行政規則(B)法規命令(C)行政指導(D)行政處分

[77] (B) 下列何者屬於行政處分？(A)車輛肇事責任鑑定委員會之鑑定報告(B)十字路口之交通號誌顯示之燈號(C)上級公務員對所屬公務員所為之工作指示(D)拆除違章建築之行為

[78] (C) 行政處分依法作成，並送達相對人後，即具有下列何項效力？(A)既判力(B)確定力(C)存續力(D)不可變更力

(2) 實質存續力

行政處分發生形式存續力後，該處分對其相對人及利害關係人與原處分機關雙方面均發生拘束力。惟原處分機關雖受其拘束，仍得在一定前提條件下撤銷或廢止該處分，使該處分失其效力。行政機關之此項對行政處分之有限制的廢棄可能性與行政處分之實質存續力，發生互為消長之作用，亦即行政處分有實質存續力時，行政機關不得撤銷或廢止之，若行政處分無實質存續力，行政機關則得將其撤銷或廢止。

2. 構成要件效力

指一個發布、生效的既成行政處分，對處分機關以外的其他行政機關同樣具有拘束效力，即其他機關有義務將該處分當作一個構成要件，或是一個既成事實，予以承認、接受。例如：專利權之發給，又稱為要式性行政處分[79]。

3. 拘束力

行政處分頒布後，就產生法律效果，這種法律效果可以拘束行政處分的相對人，有時與該處分有關係之人，也受其拘束。另國家機關對於有效作成的行政處分，都應承認其有效的規定。縱使該行政處分是有瑕疵的處分，在未經有權的機關予以撤銷前，仍是有效的處分，各機關仍應受其拘束。

4. 執行力

行政處分有須執行者，也有不須執行者。行政處分之內容，如係命人民以某種義務，則當其不履行義務時，即有執行之必要。行政處分未發生形式的確定力，原則上也可以執行，不因爭訟而停止。如行政機關尚未發文之裁罰決定，又稱為未完成之處分[80]。

---

79 (B) 專利權之發給，屬附何者？(A)行政規則(B)要式行政處分(C)事實行為(D)行政契約

80 (B) 行政機關尚未發文之裁罰決定，學理上稱為：(A)非行政處分(B)未完成之處分(C)得撤銷之處分(D)無效處分

(三) 行政處分的不存在、無效、撤銷與廢止

1. 行政處分之不存在

指未具備行政處分的形式，如非由行政機關所爲之行爲，冒充公務員而作成的行爲，即非行政處分。

2. 行政處分之無效

指行政處分業已具備形式要件，並對外頒布，僅因有重大且明顯瑕疵，致歸於無效。無論人民、行政機關或法院均得主張其無效（該處分自始不生效力）[81][82]。行政處分中，有應以證書方式作成而未給予證書之情形者，該行政處分之效力無效[83]。行政處分之一部分無效者，若除去該部分行政處分仍能成立者，其他部分爲有效[84]。

3. 行政處分之撤銷

有瑕疵的行政處分，並非重大且明顯時，原處分機關或其上級機關，得依公益上之事由予以撤銷。違法行政處分於法定救濟期間經過後，除非法律有不得撤銷之情形外，原處分機關之上級機關仍得依職權爲全部或一部之撤銷[85]。違法行政處分經撤銷後，溯及既往失其效力。但爲維護

---

[81] (C) 有關無效行政處分之效力，下列敘述何者為正確？(A)自該處分被確認無效起不生效力(B)自法定救濟期間過後失其效力(C)該處分自始不生效力(D)自行政法院判決確定時起算失其效力

[82] (B) 無效之行政處分，其無效之情形為何？(A)嗣後無效(B)自始無效(C)效果可予治療(D)主觀無效

[83] (A) 行政處分中，有應以證書方式作成而未給予證書之情形者，該行政處分之效力為：(A)無效(B)得撤銷(C)效力未定(D)由再訴願決定

[84] (C) 下列關於行政處分無效之敘述，何者正確？(A)行政處分之相對人或利害關係人得隨時向處分機關之上級機關請求確認行政處分無效，此時，上級機關應確認其為有效或無效(B)行政處分之相對人或利害關係人得不附理由隨時請求確認行政處分無效，此時，處分機關應確認其為有效或無效(C)行政處分之一部分無效者，若除去該部分行政處分仍能成立者，其他部分為有效(D)行政處分之無效，上級機關應依職權命原處分機關確認之

[85] (D) 下列關於違法行政處分撤銷之敘述，何者正確？(A)違法行政處分於法定救濟期間經過後，原處分機關即不得為全部或一部之撤銷(B)違法之行政處分經撤

公益或為避免受益人財產上之損失，為撤銷之機關得另定失其效力之日期（行政程序法 118）[86][87]。

4. 行政處分之廢止

指行政處分合法有效成立，僅於頒布後，由於公益上之需要、政策之變更、法令的修改或環境及其他有關事實的變遷等原因，原處分機關廢棄該行政處分之存在，使該處分「向後失效」的行為。非授予利益之合法行政處分，得由原處分機關依職權為全部或一部之廢止，但廢止後仍應為同一內容之處分者，不在此限[88]。授益之行政處分之原處分機關雖亦得因情事變遷為全部或一部之廢止（行政程序法 123④），惟對受益人因信賴該處分致遭受財產上之損失，應給予合理之補償（行政程序法 126 I）[89]。受益人以詐欺方法，使行政機關作成行政處分。對重要事項為不完全陳述，致使行政機關依該陳述而作成行政處分。因重大過失而不知行政處分違法者，其信賴不值得保護（行政程序法 119）[90]。

銷後，皆應溯及既往而失其效力(C)行政處分之受益人無信賴不值得保護之情形，而信賴授予利益之違法行政處分者，原處分機關不得撤銷該處分(D)違法行政處分於法定救濟期間經過後，除非法律有不得撤銷之情形外，原處分機關之上級機關仍得依職權為全部或一部之撤銷

86 (B) 違法行政處分經撤銷後，其效力如何？(A)自始不生效力(B)原則上溯及既往失其效力(C)一律向未來失其效力(D)一律溯及既往失其效力

87 (B) 違法行政處分經撤銷後，其效力如何？(A)自始不生效力(B)撤銷後，原則上溯及既往失其效力(C)撤銷後，向未來不生效力(D)無法明定

88 (A) 下列關於行政處分廢止之敘述，何者正確？(A)非授予利益之合法行政處分，得由原處分機關依職權為全部或一部之廢止，但廢止後仍應為同一內容之處分者，不在此限(B)授予利益之合法行政處分，所依據之法規或事實事後發生變更者，原處分機關應依職權為全部或一部之廢止(C)附負擔之行政處分，受益人未履行該負擔者，原處分機關不得強制執行負擔之義務，而應依職權廢止該處分(D)合法行政處分經廢止後，原則上應溯及既往失其效力

89 (A) 下列何種授益之行政處分，會產生信賴利益補償問題？(A)因情事變更，不廢止行政處分對公益將有危害者(B)附負擔之行政處分，受益人未履行該負擔者(C)附保留行政處分之廢止權者(D)法規准許廢止者

90 (B) 下列關於信賴保護之敘述，何者正確？(A)受益人以外之第三人以詐欺方法，

(四) 行政處分附款

行政機關作成行政處分有裁量權時，得爲附款。無裁量權者，以法律有明文規定或爲確保行政處分法定要件之履行而以該要件爲附款內容者爲限，始得爲之。條件係行政處分之附款（行政程序法 93Ⅱ②），包括停止條件及解除條件。負擔亦係行政處分之附款（行政程序法 93Ⅱ③），對負擔不服，受益人得單獨對之提請救濟[91]。

行政程序法第 93 條：「行政機關作成行政處分有裁量權時，得爲附款。無裁量權者，以法律有明文規定或爲確保行政處分法定要件之履行而以該要件爲附款內容者爲限，始得爲之。前項所稱之附款如下：一、期限。二、條件。三、負擔。四、保留行政處分之廢止權。五、保留負擔之事後附加或變更。」第 94 條：「前條之附款不得違背行政處分之目的，並應與該處分之目的具有正當合理之關聯。」[92 93]

四、行政罰

行政罰又稱秩序罰（或行政秩序罰），係指爲維持行政上之秩序，達成國家行政之目的，對違反行政上義務者，所科之制裁。行政罰在性質上

使行政機關作成行政處分者，受益人之信賴皆不值得保護(B)關於信賴保護補償之爭議及補償之金額，相對人有不服者，得向行政法院提起給付訴訟(C)受益人雖對重要事項為不完全陳述，致使行政機關依該陳述而作成行政處分，但因行政機關負有職權調查之義務，故受益人之信賴仍值得保護(D)受益人因過失而不知行政處分違法者，其信賴不值得保護

[91] (A) 下列關於行政處分附款之敘述，何者正確？(A)行政機關就行政處分之作成有裁量權時，得本於裁量自由決定，是否於行政處分中添加附款(B)行政處分之附款不包括停止條件(C)相對人不得單獨針對行政處分之負擔表示不服而提起行政救濟(D)行政機關就行政處分之作成無裁量權時，不得於行政處分中添加附款

[92] (D) 「行政機關不應將與行政處分無正當合理關聯的要素列入考慮」係針對何項原則所為之敘述？(A)明確性原則(B)信賴保護原則(C)平等原則(D)不當聯結禁止原則

[93] (D) 下列何者不屬於行政處分附款的種類？(A)期限(B)條件(C)負擔(D)行政罰

就是一種行政處分。

五、行政契約

(一) 意義

行政契約又稱爲行政法上契約或公法契約，行政契約指兩個以上之當事人，就公法上權利義務設定、變更或廢止所訂立之契約。當事人爲行政主體與私人間者稱爲隸（從）屬關係契約或垂直契約，當事人均爲行政主體者稱爲平等關係契約或水平契約，其法律性質爲公權力行政[94]。如中央健康保險局與特約醫院所訂定之契約[95]。如監理站委託民間定期檢驗之契約[96]。行政程序法第 135 條：「公法上法律關係得以契約設定、變更或消滅之。但依其性質或法規規定不得締約者，不在此限。」此指與行政機關締結「行政契約」[97]（非民法契約）之相對人，爲行政程序之當事人（行政程序法 20③）[98]。

(二) 種類

我國行政程序法上所規定之行政契約有兩種，爲和解契約和雙物契約[99]。

---

[94] (D) 下列何者不屬於行政處分？(A)商標註冊之准否(B)課稅(C)罰鍰(D)行政契約

[95] (D) 行政契約的法律性質為：(A)私經濟行政(B)國庫行政(C)私法行政(D)公權力行政

[96] (A) 中央健康保險局與特約醫院所訂定之契約屬於何種契約？(A)行政契約(B)私法契約(C)混合契約(D)中間契約

[97] (A) 監理站委託民間定期檢驗之契約，屬於何者？(A)行政契約(B)行政處分(C)民事契約(D)事實行為

[98] (C) 下列何者非行政程序的當事人？(A)申請人及申請之相對人(B)與行政機關締結行政契約之相對人(C)與行政機關締結民法契約之相對人(D)對行政機關陳情之人

[99] (A) 我國行政程序法允許行政機關與人民訂定契約的種類為：(A)和解契約與雙務契約(B)和解契約與勞動契約(C)雙務契約與承攬契約(D)承攬契約與買賣契約

1. **和解契約**

行政程序法第 136 條：「行政機關對於行政處分所依據之事實或法律關係，經依職權調查仍不能確定者，爲有效達成行政目的，並解決爭執，得與人民和解，締結行政契約，以代替行政處分。」

2. **雙務契約**

行政程序法第 137 條：「行政機關與人民締結行政契約，互負給付義務者，應符合下列各款之規定：一、契約中應約定人民給付之特定用途。二、人民之給付有助於行政機關執行其職務。三、人民之給付與行政機關之給付應相當，並具有正當合理之關聯。行政處分之作成，行政機關無裁量權時，代替該行政處分之行政契約所約定之人民給付，以依第 93 條第 1 項規定得爲附款者爲限。第 1 項契約應載明人民給付之特定用途及僅供該特定用途使用之意旨。」

(三) 效力

行政契約之一部無效者，原則上全部無效[100]。

六、事實行為、行政計畫、行政指導

(一) 事實行為

事實行爲指行政主體直接發生事實上效果之行爲，包括行政機關之內部行爲，對外所作之報導、勸告、建議等所謂行政指導行爲、興建公共設施、實施教育及訓練等均屬其範圍。以物理上之強制力爲手段的執行行爲及與行政處分不易分辨之觀念通知，亦應歸之於事實行爲。如稽徵機關退還溢繳稅款[101]。

---

100 (D) 下列關於行政契約效力之敘述，何者正確？(A)行政契約依約定內容履行將侵害第三人之權利者，契約當然無效(B)行政處分之作成，依法規之規定應經其他行政機關會同辦理者，代替該行政處分而締結之行政契約，未經該行政機關會同辦理者，當然無效(C)無行政程序行為能力人和行政機關所締結之行政契約，契約當然無效(D)行政契約之一部無效者，原則上全部無效

101 (D) 下列何項行政行為為學理上之事實行為？(A)道路完工開始公用(B)公告指定

(二) 行政計畫

行政程序法第 163 條：「本法所稱行政計畫，係指行政機關為將來一定期限內達成特定之目的或實現一定之構想，事前就達成該目的或實現該構想有關之方法、步驟或措施等所為之設計與規劃。」

(三) 行政指導

依行政程序法第 165 條：「本法所稱行政指導，謂行政機關在其職權或所掌事務範圍內，為實現一定之行政目的，以輔導、協助、勸告、建議或其他不具法律上強制力之方法[102]，促請特定人為一定作為或不作為之行為。」因行政機關有過失的錯誤行政指導致權利受損，可依國家賠償法請求賠償[103]。例如：1.衛生福利部對國人宣告市售皂香精油並不具備特殊療效[104]。2.交通部觀光局通知某旅行社：因禽流感盛行，請配合勿出團前往疫區[105]。3.腸病毒流行期間，衛生福利部呼籲勿帶幼兒到游泳池以免感染[106]。

行政程序法第 166 條：「行政機關為行政指導時，應注意有關法規規定之目的，不得濫用。相對人明確拒絕指導時，行政機關應即停止，並不得據此對相對人為不利之處置。」

建物為古蹟(C)許可進入山地保留區(D)稽徵機關退還溢繳稅款

[102] (D) 下列有關行政指導之敘述，何者正確？(A)屬立法行為(B)對外發生法律效力(C)效力未定(D)不具法律上強制力

[103] (A) 因行政機關有過失的錯誤行政指導致權利受損，有何種救濟途徑？(A)依國家賠償法請求賠償(B)依民法請求賠償(C)不得請求賠償(D)依訴願法請求賠償

[104] (B) 衛福部對國人宣告市售皂香精油並不具備特殊療效，此種行政行為屬於下列何者？(A)行政處分(B)行政指導(C)行政契約(D)行政命令

[105] (B) 交通部觀光局通知某旅行社：因禽流感盛行，請配合勿出團前往疫區。此項通知屬於：(A)行政處分(B)行政指導(C)行政命令(D)道德勸說

[106] (C) 腸病毒流行期間，衛福部呼籲勿帶幼兒到游泳池以免感染，其作為屬於下列何者？(A)行政處分(B)行政規則(C)行政指導(D)法規命令

七、行政執行

指行政機關對於不履行義務之相對人（義務人），以強制手段使其履行義務，或產生與履行義務相同之事實狀態。行政執行法第 2 條：「本法所稱行政執行，指公法上金錢給付義務、行爲或不行爲義務之強制執行及即時強制。」

第四節　行政救濟

行政救濟包括行政體系內部的檢討（訴願）及外部的司法審查（行政訴訟）[107][108]。原則上先訴願後提行政訴訟[109][110]。

一、訴願

(一) 訴願之意義

人民的權利或利益，受行政機關違法或不當處分[111]的侵害時，得在一定期間內，向有管轄權之行政機關，提出撤銷或變更原處分之請求者，是謂訴願[112]。例如稅捐稽徵機關，向土地所有人甲徵收土地增值稅，甲

---

107 (B) 行政機關對於人民依法規之申請，未有法規規定訂定處理期間者，原則上其處理期間為多久？(A)一個月(B)二個月(C)三個月(D)六個月

108 (C) 利用行政機關以外的方法尋求救濟，稱為「行政外部救濟」主要指：(A)訴願(B)再訴願(C)行政訴訟(D)法律訴訟

109 (A) 甲不服徵兵機關所為兵役體位之判定，得循下列何項程序救濟？(A)訴願、行政訴訟(B)民事訴訟(C)刑事訴訟(D)軍事審判

110 (A) 下列關於「行政救濟」的敘述，何者正確？(A)包括行政體系內部的檢討及外部的司法審查(B)不服訴願結果者，可提起再訴願(C)行政訴訟採三級三審制(D)行政訴訟不包括公益訴訟

111 (C) 人民提起訴願，必須依據訴願法的規定，通常提起訴願的要件為何？(A)對行政契約不服(B)對行政指導不服(C)對行政處分不服(D)對行政計畫不服

112 (A) 人民的權利或利益，受行政機關違法或不當處分的侵害時，得在一定期間

不服，得向稅捐稽徵機關提起訴願[113]。

(二) 訴願原則

訴願人得撤回其提起之訴願，係基於當事人處分主義[114]。訴願雖屬逾期，如原處分顯然違法或不當，原處分機關或其上級機關仍得予以撤銷或變更，其支配原則爲職權主義[115]。

(三) 訴願管轄

訴願之提起，受理訴願機關爲原處分之上級機關[116]。例如：1.人民不服鳳山市公所與高雄市環境保護局共同作成之裁罰處分，其訴願管轄機關爲行政院環境保護署[117]。2.不服中央銀行處分所提起之訴願，其管轄機關爲行政院[118]。

至於對於中央各院之行政處分，訴願之對象即爲各院[119]。例如不服

內，向有管轄權之行政機關，提出撤銷或變更原處分之請求者，屬於下列何種行為？(A)訴願(B)請願(C)訴訟(D)自力救濟

113 (D) 稅捐稽徵機關，向土地所有人甲徵收土地增值稅，甲不服，應採取下列何種法定救濟程序？(A)請求立法委員幫忙(B)向地方法院提起訴訟(C)向行政法院提起訴訟(D)向稅捐稽徵機關提起訴願

114 (A) 訴願人得撤回其提起之訴願係根據下列何原則所為之規定？(A)當事人處分主義(B)機關職權主義(C)機關職權調查主義可(D)言詞辯論主義

115 (B) 訴願雖屬逾期，如原處分顯然違法或不當，原處分機關或其上級機關仍得予以撤銷或變更，其支配原則為：(A)職權調查主義(B)職權主義(C)當事人進行主義(D)先程序，後實體原則

116 (A) 訴願應向何機關提起？(A)原處分機關之上級機關或原處分機關(B)行政法院(C)立法院(D)司法院憲法法庭

117 (A) 人民不服鳳山市公所與高雄市環境保護局共同作成之裁罰處分，其訴願管轄機關為：(A)行政院環境保護署(B)內政部(C)高雄市政府(D)衛福部

118 (C) 不服中央銀行處分所提起之訴願，其管轄機關為何？(A)中央銀行訴願委員(B)中央銀行(C)行政院(D)總統府

119 (B) 訴願法規定，不服中央各院之行政處分者，應向何機關提起訴願？(A)向行政法院提起之(B)向原院提起訴願(C)向司法院提起之(D)向總統府提起之

總統府之處分，受理訴願者即爲總統府[120]。對於二以上不同隸屬或不同層級之機關共爲之行政處分，應向其共同之上級機關提起訴願（訴願法6）[121]。

(四) 訴願之期日

訴願之提起，應自行政處分達到或公告期滿之次日起三十日內[122]爲之。利害關係人提起訴願者，前項期間自知悉時起算。但自行政處分達到或公告期滿後，已逾三年者，不得提起。訴願之提起，以原行政處分機關或受理訴願機關收受訴願書之日期爲準。訴願人誤向原行政處分機關或受理訴願機關以外之機關提起訴願者，以該機關收受之日，視爲提起訴願之日（訴願法 14）。訴願人在第 14 條第 1 項所定期間向訴願管轄機關或原行政處分機關作不服原行政處分之表示者，視爲已在法定期間內提起訴願。但應於三十日內補送訴願書（訴願法 57）。

(五) 提起訴願之管道

訴願人應繕具訴願書經由原行政處分機關向訴願管轄機關提起訴願[123]。原行政處分機關對於前項訴願應先行重新審查原處分是否合法妥當，其認訴願爲有理由者，得自行撤銷或變更原行政處分，並陳報訴願管轄機關。原行政處分機關不依訴願人之請求撤銷或變更原行政處分者，應儘速附具答辯書，並將必要之關係文件，送於訴願管轄機關。原行政處分機關檢卷答辯時，應將前項答辯書抄送訴願人（訴願法 58）。

---

[120] (B) 不服總統府之行政處分，其訴願管轄機關為何？(A)總統府訴願委員會(B)總統府(C)監察院(D)司法院

[121] (C) 對於二個以上不同隸屬或不同層級之機關共為之行政處分，訴願人應向哪一個機關提起訴願？(A)層級較高之機關(B)編制較大之機關(C)其共同之上級機關(D)由訴願人自行選擇

[122] (B) 訴願應自行政處分送達後，於下列何期間內提起？(A)十五日內(B)三十日內(C)十日內(D)四十日內

[123] (B) 依現行訴願法規定，提起訴願，應繕其訴願書，循何程序提起？(A)直接向原處分機關提起(B)經由原行政處分機關向訴願管轄機關提起(C)直接向訴願管轄機關提起(D)經由訴願管轄機關向原行政處分機關提起

(六) 訴願委員會

訴願審議委員會主任委員或委員對於訴願事件有利害關係者，應自行迴避，不得參與審議（訴願法 55）[124]。訴願程序以書面審理爲原則，必要時得通知訴願人陳述意見，甚至進行言詞辯論（訴願法 63、65）[125]。

(七) 訴願決定

1. 訴願決定期間

訴願之決定，自收受訴願書之次日起，應於三個月內爲之；必要時，得予延長，並通知訴願人及參加人。延長以一次爲限，最長不得逾二個月[126]。前項期間，於依第 57 條但書規定補送訴願書者，自補送之次日起算，未爲補送者，自補送期間屆滿之次日起算；其依第 62 條規定通知補正者，自補正之次日起算；未爲補正者，自補正期間屆滿之次日起算（訴願法 85）。

2. 變更原處分

訴願有理由者，受理訴願機關應以決定撤銷原行政處分之全部或一部，並得視事件之情節，逕爲變更之決定或發回原行政處分機關另爲處分。但於訴願人表示不服之範圍內，不得爲更不利益之變更或處分。前項訴願決定撤銷原行政處分，發回原行政處分機關另爲處分時，應指定相當期間命其爲之（訴願法 81）。原行政處分經撤銷後，原行政處分機關須重

---

[124] (C) 依訴願法第 55 條規定，下列何者對於訴願事件應自行迴避，不得參與審議？(A)訴願管轄機關首長(B)訴願審議委員會主任委員(C)對於訴願事件有利害關係之訴願審議委員會委員(D)訴願審議委員會之幕僚人員

[125] (B) 訴願原則上以何種方式審理為原則？(A)言詞辯論(B)書面審理(C)當事人進行主義(D)起訴狀一本原則

[126] (B) 下列關於訴願決定期限之敘述，何者錯誤？(A)應自收受訴願書之次日起，於三個月內為之(B)應自收受訴願書之次日起，於三個月內為之。必要時，得予以延長，最多二次，最長不得逾二個月(C)應自收受訴願書之次日起，於三個月內為之。必要時，得予以延長，最多一次，最長不得逾二個月(D)依訴願法第 59 條補送訴願書者，訴願決定期間，自補送之次日起算

爲處分者，應依訴願決定意旨爲之，並將處理情形以書面告知受理訴願機關（訴願法 96）[127]。

3. 命為一定處分

對於依第 2 條第 1 項提起之訴願，受理訴願機關認爲有理由者，應指定相當期間，命應作爲之機關速爲一定之處分。受理訴願機關未爲前項決定前，應作爲之機關已爲行政處分者，受理訴願機關應認訴願爲無理由，以決定駁回之（訴願法 82）[128]。

4. 不受理

訴願法第 77 條：「訴願事件有左列各款情形之一者，應爲不受理之決定：一、訴願書不合法定程式不能補正或經通知補正逾期不補正者。二、提起訴願逾法定期間[129]或未於第 57 條但書所定期間內補送訴願書者。三、訴願人不符合第 18 條之規定者。四、訴願人無訴願能力而未由法定代理人代爲訴願行爲，經通知補正逾期不補正者。五、地方自治團體、法人、非法人之團體，未由代表人或管理人爲訴願行爲，經通知補正逾期不補正者。六、行政處分已不存在者。七、對已決定或已撤回之訴願事件重行提起訴願者。八、對於非行政處分或其他依法不屬訴願救濟範圍

---

127 (B) 訴願決定撤銷原處分，並限期命原處分機關另為適法之處分，則下列何種做法與訴願法規定不合？(A)原處分機關依訴願意旨另為處分(B)原處分機關不服該決定時，乃具狀向高等行政法院提起行政訴訟，請求撤銷該決定(C)原處分機關依訴願意旨另為處分，並將處理情形以書面告知受理訴願機關(D)訴願決定據以處分之事實與法律均錯誤，原處分機關依訴願意旨，查明事實與法律依據，而維持原處分

128 (D) 依訴願法第 1 條規定請求撤銷處分之訴願有理由時，不得為下列何種處置？(A)受理訴願機關撤銷原處分之全部或一部分(B)受理訴願機關逕為變更之決定或發回原處分機關另為處分(C)變更原處分或另為處分時，於訴願人不服之範圍內，不得為更不利之變更(D)受理訴願機關指定相當期間命應作為機關速為一定之處分

129 (D) 依訴願法之規定，提起訴願已逾期，但原處分顯屬違法或不當者，則下列作法何者正確？(A)僅能駁回訴願人之訴願(B)僅不受理訴願人之訴願(C)駁回訴願人之訴願並依職權撤銷原處分(D)不受理訴願人之訴願，並得依職權撤銷或變更原處分

內之事項提起訴願者。」

5. 訴願中可補正

行政程序法第 114 條：「違反程序或方式規定之行政處分，除依第 111 條規定而無效者外，因下列情形而補正：一、須經申請始得作成之行政處分，當事人已於事後提出者。二、必須記明之理由已於事後記明者。三、應給予當事人陳述意見之機會已於事後給予者。四、應參與行政處分作成之委員會已於事後作成決議者。五、應參與行政處分作成之其他機關已於事後參與者。前項第 2 款至第 5 款之補正行爲，僅得於訴願程序終結前爲之；得不經訴願程序者，僅得於向行政法院起訴前爲之。當事人因補正行爲致未能於法定期間內聲明不服者，其期間之遲誤視爲不應歸責於該當事人之事由，其回復原狀期間自該瑕疵補正時起算[130]。」

二、行政訴訟[131]

(一) 三級二審

舊行政訴訟自 89 年 7 月 1 日起，改採二級二審制度，成立台北、台中、高雄三所高等行政法院，爲第一審，原行政法院改爲最高行政法院，爲第二審。惟掌理行政訴訟第一審之法院僅有三所，對於民眾訴訟並不便利；又具有公法性質之爭議事件，例如違反道路交通管理處罰條例裁決救濟事件，過去因考量行政法院僅有一所，難以負荷此類數量龐大之公法事件，以致四十多年來均由普通法院審理。而今，行政訴訟既已改制施行十年，爲解決訴訟不便之問題及使公法事件陸續回歸行政訴訟審判，故將行政訴訟改爲三級二審，在各地方法院設置行政訴訟庭，除將行政訴訟簡易訴訟程序事件之第一審及相關保全證據事件、保全程序事件及強制執行事

---

130 (C) 下列何項行政處分依行政程序法規定，屬於得於訴願程序終結前補正者？(A)漁業權人違反漁業法規定，裁處書誤引用兩岸人民關係條例(B)漁業權人從事漁業行為，誤為走私違禁物品，予以裁罰(C)對漁業權人撤銷證照，未予其陳述意見機會(D)無具體事證裁處漁業權人使用非法漁具吊扣執照三個月

131 (C) 下列何者不屬於行政程序之範圍？(A)締結行政契約(B)確定行政計畫(C)進行行政訴訟(D)實施行政指導

件，改由地方法院行政訴訟庭受理外，並將現行由普通法院審理之違反道路交通管理處罰條例裁決救濟事件，改依行政訴訟程序審理。

民國 100 年 11 月 23 日立法院正式通過行政訴訟法修正，行政訴訟改採三級二審制[132]，在地方法院設行政訴訟庭，簡易案件及交通裁決案件的一審，先至地方法院行政訴訟庭，再上訴至高等行政法院二審。通常案件則直接至高等行政法院一審，可上訴至最高行政法院二審。

(二) 地方法院行政訴訟庭

此次修正在地方法院設行政訴訟庭，行政簡易案件，一審均至地方法院起訴。

1. 簡易訴訟

所謂簡易訴訟，根據行政訴訟法第 229 條：「適用簡易訴訟程序之事件，以地方法院行政訴訟庭爲第一審管轄法院。下列各款行政訴訟事件，除本法別有規定外，適用本章所定之簡易程序：一、關於稅捐課徵事件涉訟，所核課之稅額在新台幣四十萬元以下者。二、因不服行政機關所爲新台幣四十萬元以下罰鍰處分而涉訟者。三、其他關於公法上財產關係之訴訟，其標的之金額或價額在新台幣四十萬元以下者。四、因不服行政機關所爲告誡、警告、記點、記次或其他相類之輕微處分而涉訟者。五、依法律之規定應適用簡易訴訟程序者。前項所定數額，司法院得因情勢需要，以命令減爲新台幣二十萬元或增至新台幣六十萬元。」

2. 交通裁決事件

此次修正將過去由普通法院負責的交通裁決事件，一併規定由地方法院的行政訴訟庭負責審理。

行政訴訟法第 237 條之 1：「本法所稱交通裁決事件如下：一、不服道路交通管理處罰條例第 8 條及第 37 條第 5 項之裁決，而提起之撤銷訴訟、確認訴訟。二、合併請求返還與前款裁決相關之已繳納罰鍰或已繳送之駕駛執照、計程車駕駛人執業登記證、汽車牌照。合併提起前項以外之

---

[132] (C) 現行行政訴訟採取的審級制度為：(A)三級三審(B)一審終結(C)三級二審(D)二級二審

訴訟者，應適用簡易訴訟程序或通常訴訟程序之規定。第 237 條之 2、第 237 條之 3、第 237 條之 4 第 1 項及第 2 項規定，於前項情形準用之。」第 237 條之 2：「交通裁決事件，得由原告住所地、居所地、所在地或違規行爲地之地方法院行政訴訟庭管轄。」

(三) 高等行政法院

目前設有台北高等行政法院、台中高等行政法院、高雄高等行政法院三所高等行政法院。負責通常行政訴訟案件的一審，以及簡易案件、交通裁決案件的二審。

(四) 最高行政法院

行政訴訟之終審法院，其管轄事項如下述：

1. 不服高等行政法院裁判而上訴（並不須以原判決不當爲理由）或抗告之事件。
2. 其他依法律規定由最高行政法院管轄之事件。例如對於行政機關請求應爲行政處分之訴訟，既須經訴願程序，故僅由最高行政法院審理。

(五) 訴訟種類

1. 撤銷訴訟

人民因中央或地方機關之違法行政處分，認爲損害其權利或法律上之利益[133]，經依訴願法提起訴願而不服其決定[134]，或提起訴願逾三個月不爲決定，或延長訴願決定期間逾二個月不爲決定者，得向高等行政法院提起撤銷訴訟。逾越權限或濫用權力之行政處分，以違法論。訴願人以外之利害關係人，認爲第 1 項訴願決定，損害其權利或法律上之利益者，得向高等行政法院提起撤銷訴訟（行政訴訟法 4）。撤銷訴訟之本質爲一種

---

[133] (A) 下列何者為可提起行政訴訟之理由？(A)行政處分違法並損害權利(B)利益受到損害(C)行政命令之妥當性(D)行政處分不當

[134] (C) 不服尚未確定之訴願決定，其救濟方法為何？(A)提起再訴願(B)依訴願法規定提起再審(C)提起行政訴訟(D)依法聲請重新審理

形成訴訟。提起撤銷之訴前，必須先經過訴願[135]。例如：納稅義務人不服課稅之處分，得提起行政訴訟[136]；公務員因雙重國籍而遭解除職務，得向行政法院提起行政訴訟[137]。

2. 給付訴訟

(1) 一般給付訴訟

係基於公法上之原因，請求行政法院令對造爲一定給付之訴訟。在此所謂之「給付」，包括作爲、不作爲或容認，可以爲財產上給付，亦可爲非財產上給付。例如，公費生甲與教育部簽訂契約出國留學，之後因個人因素未履行返國服務義務，教育部擬向甲請求返還已領取之公費，則應提起行政訴訟[138]。

(2) 課予義務訴訟

A. 怠爲處分之訴

係指人民因中央或地方機關對其依法申請之案件，於法令所定期間內應作爲而不作爲，認爲其權利或法律上利益受損害者，經依訴願程序後，得向行政法院提起請求該機關應爲行政處分或應爲特定內容之行政處分之訴訟（行政訴訟法 5 I ）。

B. 拒絕申請之訴

人民因中央或地方機關對其依法申請之案件，予以駁回，認爲其權利或法律上利益受違法損害者，經依訴願程序後，得向行政法院提起請求該機關應爲行政處分或應爲特定內容之行政處

---

135 (C) 關於「訴願」之敘述，下列何者為非？(A)訴願可能疏減訟源(B)訴願符合時效(C)撤銷之訴無需先行提起訴願(D)訴願係尊重行政專業的制度

136 (A) 下列公法上之爭議，何者得據以提起行政訴訟？(A)納稅義務人不服課稅之處分(B)律師不服受到懲戒之處分(C)駕駛人不服交通違規之裁罰(D)公務人員不服長官工作上之指示

137 (A) 公務員因雙重國籍而遭解除職務，得向下列何項司法機關請求救濟？(A)行政法院(B)公務員懲戒委員會(C)普通法院(D)司法院

138 (B) 公費生甲與教育部簽訂契約出國留學，之後因個人因素未履行返國服務義務，教育部擬向甲請求返還已領取之公費，則應提起下列何項爭訟？(A)民事訴訟(B)行政訴訟(C)訴願(D)刑事訴訟

分之訴訟。

3. 確認訴訟

確認訴訟在於確認行政處分之自始無效或效力已消滅，以及在於確認公法法律關係之成立或不成立。惟人民提起撤銷訴訟，請求撤銷一行政處分，而於審理中發現該行政處分為無效或已了結，而轉換為確認其無效或違法時，亦為確認訴訟。

(1) 一般確認訴訟

請求行政法院確認行政處分之自始無效，以及確認公法法律關係之成立或不成立，應提起「一般確認訴訟」。

(2) 追加確認訴訟

人民原提起撤銷訴訟，而於審理中，發現作為訴訟標的之行政處分為無效，或已了結時，應轉換為請求確認其為無效或違法之「追加確認訴訟」。我國行政訴訟法第 6 條第 1 項後段僅規定：「其確認已執行完畢或因其他事由而消滅之行政處分為違法之訴訟，亦同。」

4. 合併請求財產之訴

行政訴訟法第 7 條規定：「提起行政訴訟，得於同一程序中，合併請求損害賠償或其他財產上給付[139]。」

得提出合併請求者，包括撤銷、確認及課予義務各種訴訟。有關撤銷訴訟之合併請求，例如遭免職之公務員訴請撤銷免職處分，且合併請求給付自免職生效起至行政法院為勝訴判決而復職止，應得之薪俸及其他給與。

確認訴訟包括確認行政處分無效或確認法律關係存否，亦得合併請求，例如命為拆除違章建築之處分已執行完畢，原告訴請確認該處分無效得合併請求給付一定數額之金錢，以賠償其因拆屋所受之損害。

課予義務訴訟亦可能發生損害賠償之問題，於提起不服怠為處分之訴或拒絕申請之訴的同時，自得合併請求；以一般給付訴訟請求履行公法契約，同時以備位聲明請求不履行之損害賠償，亦屬本條所謂之合併請求

---

139 (A) 提起行政訴訟，可否於同一程序中合併請求損害賠償或其他財產上之給付？(A)可以(B)不可以(C)法無明文(D)由受理行政法院自由決定

給付。至於請求之時機起訴同提出或其後以追加方式提出，均無不可。

5. 公益訴訟（第 9 條）

人民爲維護公益，就無關自己權利及法律上利益之事項，對於行政機關之違法行爲，得提起行政訴訟，但以法律特別規定者爲限。

6. 選舉罷免事件之爭議（第 10 條）

選舉罷免之事件，本屬公法上之事件，故有關候選人資格之審核，罷免案件是否通過，選舉之登記等，均涉及行政法規，本屬行政訴訟之事件，應屬行政法院審判。

(六) 行政訴訟原則

行政法院調查訴訟之事實關係乃係基於職權主義[140]。

(七) 訴訟當事人

行政訴訟法第 24 條：「經訴願程序之行政訴訟，其被告爲下列機關：一、駁回訴願時之原處分機關。二、撤銷或變更原處分時，爲撤銷或變更之機關[141]。」第 25 條：「人民與受委託行使公權力之團體或個人，因受託事件涉訟者，以受託之團體或個人爲被告[142]。」

(八) 言詞辯論主義

行政訴訟除別有規定外，應本於言詞辯論而爲裁判[143]（行政訴訟法

---

140 (D) 行政法院調查訴訟之事實關係，應適用下列何種原則為之？(A)言詞審理原則(B)書面審理原則(C)當事人進行主義(D)職權調查主義

141 (D) 下列何者非為行政訴訟撤銷之訴之被告？(A)駁回訴願時之原處分機關(B)撤銷原處分時之撤銷機關(C)變更原處分時之變更機關(D)訴願逾期未為決定時之受理訴願機關

142 (B) 人民與受委託行使公權力之團體或個人，因受託事件涉訟，而無須先經訴願者，其行政訴訟被告為何？(A)委託機關(B)受委託之團體或個人(C)委託關係之監督機關(D)受委託之團體代表人

143 (A) 下列何種行政訴訟程序，應進行言詞辯論，絕無例外？(A)第一審通常程序(B)第一審簡易程序(C)上訴審判決程序(D)裁定程序

188 I）。裁定，得不經言詞辯論爲之（行政訴訟法 188Ⅲ）。簡易訴訟程序之裁判，得不經言詞辯論爲之[144]（行政訴訟法 233 I）。最高行政法院之判決，原則上不經言詞辯論爲之（行政訴訟法 253 I）。

分別提起之數宗訴訟係基於同一或同種類之事實上或法律上之原因者，行政法院得命合併辯論[145]（行政訴訟法 127）。

(九) 裁定駁回

行政訴訟法第 107 條：「原告之訴，有下列各款情形之一者，行政法院應以裁定駁回之。但其情形可以補正者，審判長應定期間先命補正：一、訴訟事件不屬行政訴訟審判之權限者。但本法別有規定者，從其規定。二、訴訟事件不屬受訴行政法院管轄而不能請求指定管轄，亦不能爲移送訴訟之裁定者。三、原告或被告無當事人能力者。四、原告或被告未由合法之法定代理人、代表人或管理人爲訴訟行爲者。五、由訴訟代理人起訴，而其代理權有欠缺者。六、起訴逾越法定期限者[146]。七、當事人就已起訴之事件，於訴訟繫屬中更行起訴者。八、本案經終局判決後撤回其訴，復提起同一之訴者。九、訴訟標的爲確定判決或和解之效力所及者。十、起訴不合程式或不備其他要件者。撤銷訴訟及課予義務訴訟，原告於訴狀誤列被告機關者，準用第 1 項之規定。原告之訴，依其所訴之事實，在法律上顯無理由者，行政法院得不經言詞辯論，逕以判決駁回之。」

---

144 (C) 下列何者不屬於行政訴訟法所規定簡易訴訟程序之特色？(A)起訴可以言詞為之(B)由獨任法官審理(C)一律須經言詞辯論程序(D)其判決之上訴，須得最高行政法院許可

145 (C) 分別提起之數宗行政訴訟，於何情況下法院得命合併辯論及合併裁判？(A)基於減輕法院負擔原因(B)基於避免發生紛歧裁判(C)基於同一或同種類之事實上或法律上之原因(D)基於訴訟當事人同意

146 (A) 行政法院於提起撤銷訴訟，逾法定期限者，應如何處理？(A)裁定駁回(B)判決駁回(C)諭知原告撤回訴訟(D)將案件移送原訴願決定機關依訴願法規定之再審處理

(十) 裁判

行政處分已執行者，行政法院爲撤銷行政處分判決[147]時，經原告聲請，並認爲適當者，得於判決中命行政機關爲回復原狀之必要處置。撤銷訴訟進行中，原處分已執行而無回復原狀可能或已消滅者，於原告有即受確認判決之法律上利益時，行政法院得依聲請，確認該行政處分爲違法（行政訴訟法 196）。

(十一)上訴

不得上訴之判決，不因告知錯誤而受影響（行政訴訟法 211）[148]。

(十二)再審

有下列各款情形之一者，得以再審之訴對於確定終局判決聲明不服。但當事人已依上訴主張其事由或知其事由而不爲主張者，不在此限（行政訴訟法 273）[149]。

(十三)送達

送達不能依前二條規定爲之者，得將文書寄存於送達地之自治或警察機關，並作送達通知書二份，一份黏貼於應受送達人住居所、事務所或營業所門首，一份交由鄰居轉交或置於應受送達人之信箱或其他適當之處所，以爲送達。前項情形，如係以郵務人員爲送達人者，得將文書寄存於

---

147 (A) 下列何種行政訴訟之判決，行政法院得命行政機關為回復原狀之必要處置？(A)撤銷行政處分之訴訟(B)確認已執行完畢之行政處分違法之訴訟(C)課予義務訴訟(D)一般給付訴訟

148 (B) 不得上訴之判決，因行政法院錯誤告知當事人得上訴，其效果如何？(A)當事人因信賴保護，可據以提起上訴(B)當事人不得據以提起上訴(C)行政法院應於十日內通知更正，始得阻止當事人上訴(D)行政法院應於三十日內通知更正，始得阻止當事人上訴

149 (C) 對於行政法院已確定之裁定，依法得提起下列何種救濟？(A)上訴(B)抗告(C)再審(D)重新審理

附近之郵政機關[150]。寄存送達，自寄存之日起，經十日發生效力。寄存之文書自寄存之日起，寄存機關或機構應保存三個月（行政訴訟法 73）。

三、特殊類型救濟

除了訴願、行政訴訟外，還有許多其他特殊類型的救濟程序。如針對交通警察所開罰單（例如違規停車）有所不服，可向地方法院聲明異議[151]。

四、國家賠償

(一) 國家賠償法理論基礎

國家賠償責任之成立，以公務員負民法侵權行爲責任爲前提，國家之責任學說上稱之爲代位責任說。不以公務員負民法侵權行爲責任爲前提，國家之責任學說上稱之爲自己責任說[152]。

(二) 賠償類型

1. 行使公權力

公務員於執行職務行使公權力時，因故意或過失不法侵害人民之自由或權利者，國家應負損害賠償責任，本條採過失責任[153]（國家賠償法 2 Ⅱ前段）。

---

[150] (D) 下列何者不屬於行政訴訟之寄存送達機關？(A)送達地之自治機關(B)送達地之警察機關(C)郵務送達時，送達地附近之郵局(D)送達地之地方法院

[151] (A) 針對交通警察所開罰單（例如違規停車）有所不服，所提起之救濟，係屬下列何者？(A)聲明異議(B)訴願(C)行政訴訟(D)仲裁

[152] (A) 國家賠償責任之成立，以公務員負民法侵權行為責任為前提，國家之責任學說上一般稱之為何？(A)代位責任說(B)自己責任說(C)過失責任說(D)故意責任說

[153] (A) 公務員執行職務行使公權力導致人民自由或權利的損害，國家應負損害賠償之責，採取何種責任型態？(A)過失責任(B)無過失責任(C)加重責任(D)減輕責任

2. 怠於執行職務之責任

公務員怠於執行職務，致人民自由或權利遭受損害者，國家應負損害賠償責任（國家賠償法 2Ⅱ後段）。如公務員甲明知其所管轄之抽水站年久失修，抽水馬達恐無法正常運作，卻於颱風來臨前未作防護措施，致乙之房屋遭洪水淹沒，乙應向甲所屬機關，請求國家賠償[154]。

3. 公有公共設施責任

公有公共設施因設置或管理有欠缺，致人民生命、身體或財產受損害者，國家應負損害賠償責任。前項情形，就損害原因有應負責任之人時，賠償義務機關對之有求償權（國家賠償法 3）。本條採無過失責任[155] [156]。如甲因道路不平騎車摔倒受傷，可提起國家賠償[157]。

(三) 賠償義務機關

國家賠償法第 9 條：「依第 2 條第 2 項請求損害賠償者，以該公務員所屬機關爲賠償義務機關[158]。依第 3 條第 1 項請求損害賠償者，以該公

---

[154] (C) 公務員甲明知其所管轄之抽水站年久失修，抽水馬達恐無法正常運作，卻於颱風來臨前未作防護措施，致乙之房屋遭洪水淹沒，乙為下列之請求賠償，何者正確？(A)甲無故意毀損抽水站，乙無法請求賠償(B)甲怠於執行職務，乙得逕行向甲請求賠償(C)甲怠於執行職務，然乙應向甲所屬機關，請求國家賠償(D)甲雖無故意毀損抽水站，然甲之所屬機關基於道義責任，得酌給補償金

[155] (C) 公有公共設施因設置或管理有欠缺，致人民生命、身體或財產受損害者，國家應負損害賠償之責，採何種責任型態？(A)過失責任(B)故意責任(C)無過失責任(D)重大過失責任

[156] (A) 因公有公共設施瑕疵所成立之國家賠償責任，依國家賠償法之規定係採何種主義？(A)國家無過失責任主義(B)國家代位責任主義(C)國家過失責任主義(D)國家無責任主義

[157] (B) 下列何項事由得依國家賠償法請求國家賠償？(A)甲所有土地被國家徵收(B)甲因道路不平騎車摔倒受傷(C)甲因國軍演習房屋受損(D)甲因所有違章建築被建管處拆除

[158] (A) 依國家賠償法之規定，下列何機關為賠償義務機關？(A)違法執行職務之公務員所屬機關(B)違法執行職務之公務員所屬機關之上級機關(C)違法執行職務

共設施之設置或管理機關為賠償義務機關。前二項賠償義務機關經裁撤或改組者，以承受其業務之機關為賠償義務機關。無承受其業務之機關者，以其上級機關為賠償義務機關。不能依前三項確定賠償義務機關，或於賠償義務機關有爭議時，得請求其上級機關確定之。其上級機關自被請求之日起逾二十日不為確定者，得逕以該上級機關為賠償義務機關。」

(四) 國家求償權

公務員有故意或重大過失時，賠償義務機關對公務員有求償權（國家賠償法 2Ⅲ）。[159]

(五) 賠償經費

國家賠償所需經費，由各級政府編列預算支應之（國家賠償法施行細則 4）。

(六) 請求權時效

賠償請求權，自請求權人知有損害時起，因二年[160]間不行使而消滅；自損害發生時起，逾五年[161]者亦同。第 2 條第 3 項、第 3 條第 2 項及第 4 條第 2 項之求償權，自支付賠償金或回復原狀之日起，因二年間不行使而消滅（國家賠償法 8）。

之公務員之指揮監督機關(D)違法執行職務之公務員所屬機關之下級機關

159 (C) 關於國家賠償，下列敘述何者錯誤？(A)公務員於執行職務行使公權力時，因故意或過失侵害人民之自由或權利者，國家應負賠償責任(B)公務員怠於執行職務，致人民自由或權利遭受損害者，國家應負賠償責任(C)公務員縱有故意或重大過失時，賠償義務機關對該公務員並無求償權(D)國家賠償所需經費，應由各級政府編列預算支應之

160 (B) 人民如欲主張國家賠償請求權，應自知有損害時起多久之內為之？(A)一年(B)二年(C)五年(D)十五年

161 (C) 國家賠償法規定：國家賠償請求權，自損害發生時起逾多少年消滅？(A)二年(B)三年(C)五年(D)十年

(七) 普通法院及民事訴訟程序

損害賠償之訴，除依國家賠償法規定外，適用民事訴訟法[162]之規定（國家賠償法 12）。依此規定，國家賠償之訴，係由普通法院之地方法院管轄[163]。

第五節　行政法各論

一、勞動基準法

1. **立法目的**

為緩和勞資對立，規定勞動條件最低標準，保障勞工權益，加強勞雇關係，促進社會與經濟發展，特制定本法，又被稱為勞動法中之憲法；本法未規定者，適用其他法律之規定。雇主與勞工所訂勞動條件，不得低於本法所定之最低標準[164][165]。

2. **名詞定義**

本法用辭定義如下：

(1) 勞工：謂受雇主僱用從事工作獲致工資者。

(2) 雇主：謂僱用勞工之事業主、事業經營之負責人或代表事業主處理有關勞工事務之人[166]。

---

[162] (A) 向法院請求國家賠償之程序，應依下列何種法律進行？(A)民事訴訟法(B)刑事訴訟法(C)行政訴訟法(D)公務員懲戒法

[163] (C) 國家賠償訴訟，係由何法院管轄？(A)最高行政法院(B)高等行政法院(C)地方法院(D)由當事人選擇

[164] (C) 勞資對立引發了哪一類法律的出現？(A)戰時立法(B)商事法(C)勞動法(D)著作權法

[165] (C) 關於勞工之敘述，下列何者錯誤？(A)通常受雇主之指揮監督(B)不一定必然仰賴工資為其生存基礎(C)不適用勞動基準法者，基本上即不屬於勞工(D)個別與集體勞動法上之勞工，其定義與範圍不盡相同

[166] (D) 下列何者不是勞動基準法所定義的雇主？(A)僱用勞工之事業主(B)事業經營

(3) 工資：謂勞工因工作而獲得之報酬；包括工資、薪金及按計時、計日、計月、計件以現金或實物等方式給付之獎金、津貼及其他任何名義之經常性給與均屬之[167]。
(4) 平均工資：謂計算事由發生之當日前六個月內所得工資總額除以該期間之總日數所得之金額。工作未滿六個月者，謂工作期間所得工資總額除以工作期間之總日數所得之金額。工資按工作日數、時數或論件計算者，其依上述方式計算之平均工資，如少於該期內工資總額除以實際工作日數所得金額百分之六十者，以百分之六十計。
(5) 事業單位：謂適用本法各業僱用勞工從事工作之機構。
(6) 勞動契約：謂約定勞雇關係之契約。

3. **適用行業之範圍**

第 3 條規定：「本法於左列各業適用之：一、農、林、漁、牧業。二、礦業及土石採取業。三、製造業。四、營造業。五、水電、煤氣業。六、運輸、倉儲及通信業。七、大眾傳播業。八、其他經中央主管機關指定之事業。依前項第 8 款指定時，得就事業之部分工作場所或工作者指定適用。本法適用於一切勞雇關係。但因經營型態、管理制度及工作特性等因素適用本法確有窒礙難行者，並經中央主管機關指定公告之行業或工作者，不適用之。前項因窒礙難行而不適用本法者，不得逾第 1 項第 1 款至第 7 款以外勞工總數五分之一[168]。」

4. **勞動契約**

第 9 條規定：「勞動契約，分為定期契約及不定期契約。臨時性、短期性、季節性及特定性工作得為定期契約；有繼續性工作應為不定期契約。定期契約屆滿後，有左列情形之一者，視為不定期契約：一、勞工繼續工作而雇主不即表示反對意思者。二、雖經另訂新約，惟其前後勞動契

之負責人(C)代表事業主處理有關勞工事務之人(D)勞資會議的資方代表

167 (D) 下列哪一種雇主的給付在性質上不屬於工資的範疇？(A)每月固定領取的薪水(B)因實際工作而獲得的工作獎金(C)因延長工作時間而獲得的加班費(D)雇主因勞工家有喜事或喪事而給予勞工的紅白包

168 (C) 下列何者不屬於勞動基準法所規定之勞工？(A)電器工廠中的作業員(B)貿易公司的秘書人員(C)職業棒球運動員(D)學校的技工、工友

約之工作期間超過九十日，前後契約間斷期間未超過三十日者。前項規定於特定性或季節性之定期工作不適用之。」

第 10 條規定：「定期契約屆滿後或不定期契約因故停止履行後，未滿三個月而訂定新約或繼續履行原約時，勞工前後工作年資，應合併計算。」

5. 雇主須預告始得終止勞動契約情形

第 11 條：「非有左列情形之一者，雇主不得預告勞工終止勞動契約[169]：一、歇業或轉讓時。二、虧損或業務緊縮時。三、不可抗力暫停工作在一個月以上時。四、業務性質變更，有減少勞工之必要，又無適當工作可供安置時。五、勞工對於所擔任之工作確不能勝任時。」

6. 雇主得不經預告終止契約之情形

第 12 條規定：「勞工有左列情形之一者，雇主得不經預告終止契約：一、於訂立勞動契約時為虛偽意思表示，使雇主誤信而有受損害之虞者。二、對於雇主、雇主家屬、雇主代理人或其他共同工作之勞工，實施暴行或有重大侮辱之行為者。三、受有期徒刑以上刑之宣告確定，而未諭知緩刑或未准易科罰金者。四、違反勞動契約或工作規則，情節重大者。五、故意損耗機器、工具、原料、產品，或其他雇主所有物品，或故意洩漏雇主技術上、營業上之秘密，致雇主受有損害者。六、無正當理由繼續曠工三日，或一個月內曠工達六日者。雇主依前項第 1 款、第 2 款及第 4 款至第 6 款規定終止契約者，應自知悉其情形之日起，三十日內為之。」

7. 每日暨每週之工作時數

勞動基準法第 30 條：「勞工正常工作時間，每日不得超過八小時，每週不得超過四十小時[170]。前項正常工作時間，雇主經工會同意，如事業單位無工會者，經勞資會議同意後，得將其二週內二日之正常工作時

---

[169] (A) 依勞動基準法規定，雇主遇有歇業或轉讓之情事時，得對勞工為如何之處置？(A)預告勞工終止勞動契約(B)不經預告終止勞動契約(C)暫時停工但須給付半數工資(D)發給退休金後暫時停工

[170] (B) 我國勞工目前之法定正常工時為：(A)每週四十八小時(B)每週四十小時(C)每二週八十四小時(D)每二週八十小時

數，分配於其他工作日。其分配於其他工作日之時數，每日不得超過二小時。但每週工作總時數不得超過四十八小時。第 1 項正常工作時間，雇主經工會同意，如事業單位無工會者，經勞資會議同意後，得將八週內之正常工作時數加以分配。但每日正常工作時間不得超過八小時，每週工作總時數不得超過四十八小時。前二項規定，僅適用於經中央主管機關指定之行業。雇主應置備勞工出勤紀錄，並保存五年。前項出勤紀錄，應逐日記載勞工出勤情形至分鐘爲止。勞工向雇主申請其出勤紀錄副本或影本時，雇主不得拒絕。」

童工每日之工作時間不得超過八小時，每週之工作時間不得超過四十小時，例假日不得工作（勞動基準法 47）[171]。

8. 休息

勞工繼續工作四小時，至少應有三十分鐘之休息。但實行輪班制或其工作有連續性或緊急性者，雇主得在工作時間內，另行調配其休息時間[172]。

9. 一例一休

第 36 條第 1 項：「勞工每七日中應有二日之休息，其中一日爲例假，一日爲休息日。」

第 39 條：「第 36 條所定之例假、休息日、第 37 條所定之休假及第 38 條所定之特別休假，工資應由雇主照給。雇主經徵得勞工同意於休假日工作者，工資應加倍發給。因季節性關係有趕工必要，經勞工或工會同意照常工作者，亦同。」

10. 特別休假

勞動基準法第 38 條規定：「勞工在同一雇主或事業單位，繼續工作滿一定期間者，應依下列規定給予特別休假：一、六個月以上一年未滿者，三日。二、一年以上二年未滿者，七日。三、二年以上三年未滿者，十日。四、三年以上五年未滿者，每年十四日。五、五年以上十年未滿

---

[171] (D) 童工之每日工作時間不得超過：(A)三小時(B)四小時(C)五小時(D)八小時

[172] (B) 依照勞動基準法規定，勞工繼續工作四小時後，雇主至少應給予多少休息時間？(A)六十分鐘(B)三十分鐘(C)四十五分鐘(D)十五分鐘

者，每年十五日。六、十年以上者，每一年加給一日，加至三十日為止[173]。」

11. 責任制

第 84 條之 1 規定：「經中央主管機關核定公告之下列工作者，得由勞雇雙方另行約定，工作時間、例假、休假、女性夜間工作，並報請當地主管機關核備，不受第 30 條、第 32 條、第 36 條、第 37 條、第 49 條規定之限制。一、監督、管理人員或責任制專業人員。二、監視性或間歇性之工作。三、其他性質特殊之工作。前項約定應以書面為之，並應參考本法所定之基準且不得損及勞工之健康及福祉。」

12. 強制退休之情形

第 54 條：「勞工非有下列情形之一，雇主不得強制其退休：一、年滿六十五歲者。二、心神喪失或身體殘廢不堪勝任工作者。前項第 1 款所規定之年齡，對於擔任具有危險、堅強體力等特殊性質之工作者，得由事業單位報請中央主管機關予以調整。但不得少於五十五歲[174]。」

13. 基本工資

工資由勞雇雙方議定之。但不得低於基本工資。前項基本工資，由中央主管機關設基本工資審議委員會擬訂後，報請行政院核定之。前項基本工資審議委員會之組織及其審議程序等事項，由中央主管機關另以辦法定之[175]。

---

[173] (B) 有關勞動基準法所定之特別休假，下列敘述何者錯誤？(A)依勞工年資多寡而區別不同休假日數(B)特別休假性質上為保護勞工之身體健康，性質上亦屬勞工之義務(C)特別休假屬勞工之權利，雇主雖不得拒絕，但仍可要求勞工考量企業正當需求而調整(D)勞工經雇主解僱而尚未行使當年度之特別休假權利者，得一併請求特別休假工資給付

[174] (C) 依據勞動基準法規定，我國勞工須年滿多少歲以後，雇主始得強制其退休？(A)五十五歲(B)六十歲(C)六十五歲(D)不論勞工年齡，雇主皆無強制退休之權利

[175] (B) 勞動基準法規定，工資應由勞資雙方議定之，但不得低於：(A)平均工資(B)基本工資(C)標準工資(D)原領工資

14. 申訴

第 74 條規定：「勞工發現事業單位違反本法及其他勞工法令規定時，得向雇主、主管機關或檢查機構申訴。雇主不得因勞工為前項申訴而予解僱、調職或其他不利之處分。」

二、性別工作平等法

1. 立法目的

第 1 條：「為保障性別工作權之平等，貫徹憲法消除性別歧視、促進性別地位實質平等之精神，爰制定本法[176]。」

2. 性別歧視之禁止

第 7 條：「雇主對求職者或受僱者之招募、甄試、進用、分發、配置、考績或陞遷等，不得因性別或性傾向而有差別待遇。但工作性質僅適合特定性別者，不在此限[177]。」例如一位私營補習班的男性美語老師，遭雇主以「穿著打扮不男不女、疑似同性戀、不適合文教工作」為由解僱，應以本法救濟[178]。

---

[176] (D) 為保障兩性工作之平等，貫徹憲法消除性別歧視，促進兩性地位實質平等之精神，制定並公布何一法律？(A)就業服務法(B)就業保護法(C)職業災害勞工保護法(D)性別工作平等法

[177] (C) 依據性別工作平等法，雇主對於受僱者薪資之給付，應符合不分性別或性傾向同工（值）同酬之原則。下列何者為前述同工（值）同酬之意涵？(A)同一單位的受僱者不論職位，應有相同薪資(B)同一單位的受僱者不論年資，應有相同薪資(C)相同工作內容或價值的受僱者，不分性別或性傾向，應有相同薪資(D)在同一單位內，同樣性別或性傾向的受僱者，應有同樣的薪資

[178] (C) 一位私營補習班的男性美語老師，遭雇主以「穿著打扮不男不女、疑似同性戀、不適合文教工作」為由解僱。性別工作平等法在此解僱案的適用可能性為何？(A)不適用性別工作平等法，因為該美語補習班為私營機構(B)不適用性別工作平等法，因為該位被解僱的教師為男性(C)適用性別工作平等法，雇主的解僱行為可能構成違法的性傾向歧視(D)適用性別工作平等法，但雇主的解僱行為係因其工作不適任，為合理行使解僱權

3. 禁止性騷擾

本法所稱性騷擾，謂下列二款情形之一：一、受僱者於執行職務時，任何人以性要求、具有性意味或性別歧視之言詞或行為，對其造成敵意性、脅迫性或冒犯性之工作環境，致侵犯或干擾其人格尊嚴、人身自由或影響其工作表現。二、雇主對受僱者或求職者為明示或暗示之性要求、具有性意味或性別歧視之言詞或行為，作為勞務契約成立、存續、變更或分發、配置、報酬、考績、陞遷、降調、獎懲等之交換條件。

4. 生理假

第 14 條：「女性受僱者因生理日致工作有困難者，每月得請生理假一日，全年請假日數未逾三日，不併入病假計算，其餘日數併入病假計算。前項併入及不併入病假之生理假薪資，減半發給[179][180]。」

5. 產假及陪產假

第 15 條：「雇主於女性受僱者分娩前後，應使其停止工作，給予產假八星期；妊娠三個月以上流產者，應使其停止工作，給予產假四星期；妊娠二個月以上未滿三個月流產者，應使其停止工作，給予產假一星期；妊娠未滿二個月流產者，應使其停止工作，給予產假五日。產假期間薪資之計算，依相關法令之規定。受僱者經醫師診斷需安胎休養者，其治療、照護或休養期間之請假及薪資計算，依相關法令之規定。受僱者妊娠期間，雇主應給予產檢假五日。受僱者於其配偶分娩時，雇主應給予陪產假五日[181]。產檢假及陪產假期間，薪資照給。」

---

[179] (B) 依據性別工作平等法的規定，受僱者之生理假請假日數如何計算？(A)併入事假計算(B)超過三日者，併入病假計算(C)併入例假計算(D)併入特別休假計算

[180] (B) 以下何者符合性別工作平等法消除性別歧視、促進性別地位實質平等之精神？(A)對於給假應性別平等，所以女性不得因生理期不舒服請假(B)男性員工之配偶分娩時，雇主亦應給予陪產假(C)休息時間應性別平等，雇主不應特別允許婦女哺乳時間(D)雇主對女性不得以育兒為解僱之理由，所以亦不應准許其因育兒留職停薪之請求

[181] (B) 依據性別工作平等法之規定，受僱者於其配偶分娩時，雇主應給予多少日之陪產假？(A)一日(B)五日(C)三日(D)視需要酌給

6. 育嬰假、家庭照顧假

第 16 條：「受僱者任職滿一年後，於每一子女滿三歲前，得申請育嬰留職停薪，期間至該子女滿三歲止，但不得逾二年。同時撫育子女二人以上者，其育嬰留職停薪期間應合併計算，最長以最幼子女受撫育二年爲限。」第 17 條：「前條受僱者於育嬰留職停薪期滿後，申請復職時，除有下列情形之一，並經主管機關同意者外，雇主不得拒絕：一、歇業、虧損或業務緊縮者。二、雇主依法變更組織、解散或轉讓者。三、不可抗力暫停工作在一個月以上者。四、業務性質變更，有減少受僱者之必要，又無適當工作可供安置者。」

第 19 條：「受僱於僱用三十人以上雇主之受僱者，爲撫育未滿三歲子女，得向雇主請求爲下列二款事項之一：一、每天減少工作時間一小時；減少之工作時間，不得請求報酬。二、調整工作時間。」

第 20 條：「受僱於其家庭成員預防接種、發生嚴重之疾病或其他重大事故須親自照顧時，得請家庭照顧假；其請假日數併入事假計算，全年以七日爲限。家庭照顧假薪資之計算，依各該事假規定辦理[182]。」

7. 性騷擾之處理

受僱者於工作場所遭受性騷擾，其處理方式，有下列規定：(1)雇主於知悉性騷擾之情形，應採立即有效之糾正及補救措施；(2)受僱者受有損害，由雇主與行爲人連帶負賠償責任；(3)若受僱人向地方主管機關提出申訴，地方主管機關可對雇主處以罰鍰；(4)受僱者受有損害，地方主管機關可對雇主處以罰鍰[183]。

---

182 (D) 有關性別工作平等法家庭照顧假的敘述，下列何者正確？(A)僅限女性受僱者，男性受僱者不得請家庭照顧假(B)家庭照顧假之請假日數，不計入事假之日數計算(C)受僱於僱用五十人以上雇主之受僱者，才能請家庭照顧假(D)受僱者之配偶未就業時，須有正當理由才能請家庭照顧假

183 (D) 受僱者於工作場所遭受性騷擾，哪些法律責任不是性別工作平等法所規定？(A)雇主於知悉性騷擾之情形，應採立即有效之糾正及補救措施(B)受僱者受有損害，由雇主與行為人連帶負賠償責任(C)若受僱人向地方主管機關提出申訴，地方主管機關可對雇主處以罰鍰(D)受僱者受有損害，地方主管機關可對雇主處以停業處分

第 27 條：「受僱者或求職者因第 12 條之情事，受有損害者，由雇主及行為人連帶負損害賠償責任。但雇主證明其已遵行本法所定之各種防治性騷擾之規定，且對該事情之發生已盡力防止仍不免發生者，雇主不負賠償責任。如被害人依前項但書之規定不能受損害賠償時，法院因其聲請，得斟酌雇主與被害人之經濟狀況，令雇主為全部或一部之損害賠償。雇主賠償損害時，對於為性騷擾之行為人，有求償權。被害人因第 12 條之情事致生法律訴訟，於受司法機關通知到庭期間，雇主應給予公假。」

另外，性別工作平等法第 36 條：「雇主不得因受僱者提出本法之申訴或協助他人申訴，而予以解僱、調職或其他不利之處分。」例如甲員工因為協助其他員工向雇主提出性騷擾的申訴，遭到該雇主調職，應依本法救濟[184]。

三、勞工保險條例

1. 主管機關

行政院勞動部為統籌全國勞工保險業務之中央主管機關，並設勞工保險局為保險人，辦理勞工保險業務。為監督勞工保險及就業保險之保險業務，由有關政府代表二人、勞工代表十人、資方代表四人及學者專家四人為原則，及召集人一人，組織勞工保險監理會。

2. 保險費

勞工保險為社會保險，屬強制保險，保險費率由中央主管機關按被保險人當月之月投保金額薪資 6.5% 至 11% 擬定。除由被保險人（勞工）負擔部分外，其餘由雇主與政府負擔（原則上以二：七：一之比例負擔），而勞工保險之一切帳冊、單據及業務收支，均免課稅捐。

---

[184] (B) 甲員工因為協助其他員工向雇主提出性騷擾的申訴，遭到該雇主調職，依照性別工作平等法之規定，下列何者為正確？(A)雇主不得因受僱者協助他人申訴，而給予解僱的處分，但調職不在此限(B)雇主不得因受僱者協助他人申訴，而給予調職的處分，主管機關應處以罰鍰(C)雇主不得因受僱者協助他人申訴，而給予調職的處分，但此為訓示規定，並無罰則(D)雇主不得因受僱者申訴而給予調職的處分，但甲員工為協助他人申訴，因此不受保護

3. 被保險人

年滿十五歲以上，六十五歲以下之左列勞工，應以其雇主或所屬團體或所屬機構爲投保單位，全部參加勞工保險爲被保險人：(1)受僱於僱用勞工五人以上之公、民營工廠、礦場、鹽場、農場、牧場、林場、茶場之產業勞工及交通、公用事業之員工。(2)受僱於僱用五人以上公司、行號之員工。(3)受僱於僱用五人以上之新聞、文化、公益及合作事業之員工。(4)依法不得參加公務人員保險或私立學校教職員保險之政府機關及公、私立學校之員工。(5)受僱從事漁業生產之勞動者。(6)在政府登記有案之職業訓練機構接受訓練者。(7)無一定雇主或自營作業而參加職業工會者。(8)無一定雇主或自營作業而參加漁會之甲類會員[185]。

第 9 條：「被保險人有左列情形之一者，得繼續參加勞工保險：一、應徵召服兵役者。二、派遣出國考察、研習或提供服務者。三、因傷病請假致留職停薪，普通傷病未超過一年，職業災害未超過二年者[186]。四、在職勞工，年逾六十五歲繼續工作者。五、因案停職或被羈押，未經法院判決確定者。」

4. 勞工保險分類

勞工保險之分類及其給付種類如下：

一、普通事故保險：分生育、傷病、失能、老年及死亡五種給付。

二、職業災害保險：分傷病、醫療、失能及死亡四種給付。

5. 普通傷病給付

第 33 條：「被保險人遭遇普通傷害或普通疾病住院診療，不能工作，以致未能取得原有薪資，正在治療中者，自不能工作之第四日起，發給普通傷害補助費或普通疾病補助費。」

---

[185] (B) 依勞工保險條例原則上，兼職之勞工：(A)不必加入勞工保險(B)應加入勞工保險(C)由勞工自行決定是否加入(D)視其收入多寡而決定應否加入

[186] (D) 下列何者非屬勞工保險條例第 9 條所稱得繼續參加勞工保險之被保險人？(A)應徵召服兵役者(B)派遣出國考察者(C)因案停職或被羈押，未經法院判決確定者(D)因職業災害傷病請假致留職停薪，已超過二年者

6. 失能給付

勞工保險條例的給付項目包括生育給付、傷病給付、醫療給付、老年給付、死亡給付、失能給付[187]。

(1) 普通傷害所致失能給付

第 53 條：「被保險人遭遇普通傷害或罹患普通疾病，經治療後，症狀固定，再行治療仍不能期待其治療效果，經保險人自設或特約醫院診斷爲永久失能，並符合失能給付標準規定者，得按其平均月投保薪資，依規定之給付標準，請領失能補助費。前項被保險人或被保險人爲身心障礙者權益保障法所定之身心障礙者，經評估爲終身無工作能力者，得請領失能年金給付。其給付標準，依被保險人之保險年資計算，每滿一年，發給其平均月投保薪資之百分之一點五五；金額不足新台幣四千元者，按新台幣四千元發給。本條例中華民國 97 年 7 月 17 日修正之條文施行前有保險年資者，於符合第 2 項規定條件時，除依前二項規定請領年金給付外，亦得選擇一次請領失能給付，經保險人核付後，不得變更。」

(2) 職業傷害所生之失能給付

第 54 條：「被保險人遭遇職業傷害或罹患職業病，經治療後，症狀固定，再行治療仍不能期待其治療效果，經保險人自設或特約醫院診斷爲永久失能，並符合失能給付標準規定發給一次金者，得按其平均月投保薪資，依規定之給付標準，增給百分之五十，請領失能補償費。前項被保險人經評估爲終身無工作能力，並請領失能年金給付者，除依第 53 條規定發給年金外，另按其平均月投保薪資，一次發給二十個月職業傷病失能補償一次金。」

7. 老年給付

第 58 條：「年滿六十歲有保險年資者，得依下列規定請領老年給付：一、保險年資合計滿十五年者，請領老年年金給付。二、保險年資合計未滿十五年者，請領老年一次金給付。」

第 58 條之 1：「老年年金給付，依下列方式擇優發給：一、保險年資

---

[187] (B) 下列何者不是勞工保險條例的給付項目？(A)傷病給付(B)失業給付(C)老年給付(D)殘障給付

合計每滿一年，按其平均月投保薪資之百分之零點七七五計算，並加計新台幣三千元。二、保險年資合計每滿一年，按其平均月投保薪資之百分之一點五五計算。」

第 65 條之 4：「本保險之年金給付金額，於中央主計機關發布之消費者物價指數累計成長率達正負百分之五時，即依該成長率調整之。」

8. 生育給付

第 31 條規定：「被保險人合於左列情形之一者，得請領生育給付：一、參加保險滿二百八十日後分娩者。二、參加保險滿一百八十一日後早產者。三、參加保險滿八十四日後流產者。被保險人之配偶分娩、早產或流產者，比照前項規定辦理。」

第 32 條規定：「生育給付標準，依下列各款辦理：一、被保險人或其配偶分娩或早產者，按被保險人平均月投保薪資一次給與分娩費三十日，流產者減半給付。二、被保險人分娩或早產者，除給與分娩費外，並按其平均月投保薪資一次給與生育補助費六十日。三、分娩或早產爲雙生以上者，分娩費及生育補助費比例增給。被保險人難產已申領住院診療給付者，不再給與分娩費。被保險人同時符合相關社會保險生育給付或因軍公教身分請領國家給與之生育補助請領條件者，僅得擇一請領。但農民健康保險者，不在此限。」

9. 死亡給付

第 62 條規定：「被保險人之父母、配偶或子女死亡時，依左列規定，請領喪葬津貼。一、被保險人之父母、配偶死亡時，按其平均月投保薪資，發給三個月。二、被保險人之子女年滿十二歲死亡時，按其平均月投保薪資，發給二個半月。三、被保險人之子女未滿十二歲死亡時，按其平均月投保薪資，發給一個半月。」

10. 以不正當方法領取保險給付等之民刑事責任

第 70 條：「以詐欺或其他不正當行爲領取保險給付或爲虛僞之證明、報告、陳述及申報診療費用者，除按其領取之保險給付或診療費用處以二倍罰鍰外，並應依民法請求損害賠償；其涉及刑責者，移送司法機關辦理。」

四、全民健康保險法[188]

1. 立法目的

第 1 條第 1 項：「爲增進全體國民健康，辦理全民健康保險，以提供醫療服務，特制定本法。」

2. 保險事故範圍

第 1 條第 2 項：「本保險爲強制性之社會保險，於被保險人在保險有效期間，發生疾病、傷害、生育事故時，依本法規定給與保險給付[189]。」

3. 救濟程序

第 6 條：「本保險保險對象、投保單位、扣費義務人及保險醫事服務機構對保險人核定案件有爭議時，應先申請審議，對於爭議審議結果不服時，得依法提起訴願或行政訴訟。前項爭議之審議，由全民健康保險爭議審議會辦理。」

4. 保險對象

(1) 具有中華民國籍者：A.最近二年內曾有參加本保險紀錄且在台灣地區設有戶籍，或參加本保險前六個月繼續在台灣地區設有戶籍。B.參加本保險時已在台灣地區設有戶籍之下列人員：(A)政府機關、公私立學校專任有給人員或公職人員。(B)公民營事業、機構之受僱者。(C)前二目被保險人以外有一定雇主之受僱者。(D)在台灣地區出生之新生嬰兒。(E)因公派駐國外之政府機關人員與其配偶及子女（全民健康保險法 8 I）。

(2) 領有居留證者：A.在台居留滿六個月；B.有一定雇主之受僱者（全民健康保險法 9）。

---

188 (A) 下列何者不屬於全民健康保險法所規定安全準備的來源？(A)政府每年編列預算(B)保險費滯納金(C)菸酒健康福利捐收入之一定比例(D)社會福利彩券收益之一定比例

189 (A) 下列何者不屬於全民健康保險的保險事故？(A)死亡(B)疾病(C)傷害(D)生育

5. 被保險人之類別（全民健康保險法 10）

第一類	(1)政府機關、公私立學校之專任有給人員或公職人員。 (2)公、民營事業、機構之受僱者。 (3)前二目被保險人以外有一定雇主之受僱者。 (4)雇主或自營業主。 (5)專門職業及技術人員自行執業者。
第二類	(1)無一定雇主或自營作業而參加職業工會者。 (2)參加海員總工會或船長公會爲會員之外僱船員。
第三類	(1)農會及水利會會員，或年滿十五歲以上實際從事農業工作者。 (2)無一定雇主或自營作業而參加漁會爲甲類會員，或年滿十五歲以上實際從事漁業工作者。
第四類	(1)應服役期及應召在營期間逾二個月之受徵集及召集在營服兵役義務者、國軍軍事學校軍費學生、經國防部認定之無依軍眷及在領卹期間之軍人遺族。 (2)服替代役期間之役齡男子。 (3)在矯正機關接受刑之執行或接受保安處分、管訓處分之執行者。但其應執行之期間，在二個月以下或接受保護管束處分之執行者，不在此限。
第五類	合於社會救助法規定之低收入戶成員。
第六類	(1)榮民、榮民遺眷之家戶代表。 (2)第 1 款至第 5 款及本款前目被保險人及其眷屬以外之家戶戶長或代表。

6. 保險費

全民健康保險法第 27 條規定，第 18 條及第 23 條規定之保險費負擔，依下列規定計算之：

(1) 第一類被保險人：A.第 10 條第 1 項第 1 款第 1 目被保險人及其眷屬自付百分之三十，投保單位負擔百分之七十。但私立學校教職員之保險費，由被保險人及其眷屬自付百分之三十，學校負擔百分之三十五，其餘百分之三十五，由中央政府補助。B.第 10 條第 1 項第 1 款第

2 目及第 3 目被保險人及其眷屬自付百分之三十，投保單位負擔百分之六十，其餘百分之十，由中央政府補助。C.第 10 條第 1 項第 1 款第 4 目及第 5 目被保險人及其眷屬自付全額保險費。

(2) 第二類被保險人及其眷屬自付百分之六十，其餘百分之四十，由中央政府補助。

(3) 第三類被保險人及其眷屬自付百分之三十，其餘百分之七十，由中央政府補助。

(4) 第四類被保險人：A.第 10 條第 1 項第 4 款第 1 目被保險人，由其所屬機關全額補助。B.第 10 條第 1 項第 4 款第 2 目被保險人，由中央役政主管機關全額補助。C.第 10 條第 1 項第 4 款第 3 目被保險人，由中央矯正主管機關及國防部全額補助。

(5) 第五類被保險人，由中央社政主管機關全額補助。

(6) 第 10 條第 1 項第 6 款第 1 目之被保險人所應付之保險費，由行政院國軍退除役官兵輔導委員會補助；眷屬之保險費自付百分之三十，行政院國軍退除役官兵輔導委員會補助百分之七十。

(7) 第 10 條第 1 項第 6 款第 2 目之被保險人及其眷屬自付百分之六十，中央政府補助百分之四十。

7. 無需自行負擔費用

第 48 條第 1 項規定：「保險對象有下列情形之一者，免依第 43 條及前條規定自行負擔費用：一、重大傷病。二、分娩[190]。三、山地離島地區之就醫。」

8. 不列入全民健保給付範圍

第 51 條規定：「下列項目不列入本保險給付範圍：一、依其他法令應由各級政府負擔費用之醫療服務項目。二、預防接種及其他由各級政府負擔費用之醫療服務項目。三、藥癮治療、美容外科手術、非外傷治療性齒列矯正、預防性手術、人工協助生殖技術、變性手術。四、成藥、醫師藥師藥劑生指示藥品。五、指定醫師、特別護士及護理師。六、血液。但

---

190 (D) 下列哪一項全民健康保險的給付，保險對象無需自行負擔費用？(A)門診(B)急診(C)住院(D)分娩

因緊急傷病經醫師診斷認爲必要之輸血，不在此限。七、人體試驗。八、日間住院。但精神病照護，不在此限。九、管灌飲食以外之膳食、病房費差額。十、病人交通、掛號、證明文件。十一、義齒、義眼、眼鏡、助聽器、輪椅、拐杖及其他非具積極治療性之裝具。十二、其他由保險人擬訂，經健保會審議，報主管機關核定公告之診療服務及藥物。」

9. **保險醫事服務機構**

依全民健康保險法第 66 條規定：「醫事服務機構得申請保險人同意特約爲保險醫事服務機構，得申請特約爲保險醫事服務機構之醫事服務機構種類與申請特約之資格、程序、審查基準、不予特約之條件、違約之處理及其他有關事項之辦法，由主管機關定之。」而醫事服務機構，限位於台灣、澎湖、金門、馬祖之特約醫院及診所、特約藥局、特約醫事檢驗機構以及其他經主管機關指定之特約醫事服務機構。

10. **安全準備之來源**

第 76 條：「本保險爲平衡保險財務，應提列安全準備，其來源如下：一、本保險每年度收支之結餘。二、本保險之滯納金。三、本保險安全準備所運用之收益。四、政府已開徵之菸、酒健康福利捐。五、依其他法令規定之收入。本保險年度收支發生短絀時，應由本保險安全準備先行填補。」

五、國民年金法

國民年金法爲民國 96 年 8 月 8 日制定公布[191]。國民年金法第 1 條：「爲確保未能於相關社會保險獲得適足保障之國民於老年、生育及發生身心障礙時之基本經濟安全，並謀其遺屬生活之安定，特制定本法。」其發展與勞工退休金、敬老津貼、老農津貼息息相關[192]。

---

[191] (A) 以下法律，何者是公元 2000 年以後新制定的法律？(A)國民年金法(B)全民健康保險法(C)就業服務法(D)勞工保險條例

[192] (D) 下列哪一項社會福利措施與我國「國民年金」的發展較無相關？(A)勞工退休金(B)敬老津貼(C)老農津貼(D)中低收入老人津貼

應考小叮嚀

行政法包括行政組織、行政作用及行政救濟三大領域，傳統試題多集中於行政制裁、行政救濟、國家賠償。近年來考題更多元，包括行政法一般原則、權限委任與權限委託、行政委託與行政助理、公務與營造物、行政處分與一般處分、行政契約與行政指導等。故必須詳細閱讀行政程序法、訴願法、行政訴訟法等條文內容。

第十章　刑　法

本章學習重點

1. 罪刑法定主義
2. 刑法總則
3. 各種刑罰規定

第一節　概　論

一、罪刑法定主義

犯罪與刑罰以成文法律預先規定，如法律未予規定，無論任何行爲均不受處罰，稱爲罪刑法定主義[1]，通常以「無法律即無犯罪，無法律就無刑罰」表示之。依此原則，則如何之行爲應加處罰，須有法律根據；即應處罰的行爲，應處何種刑罰[2]，亦須有法律明文規定[3]。亦即凡無法律規

---

1 (B) 刑法第 1 條規定，行為之處罰，以行為時法律有明文規定者為限。此規定乃何種原則之例？(A)不告不理原則(B)罪刑法定原則(C)無罪推定原則(D)一事不二罰原則

2 (C) 「罪刑法定主義」意指下列何者？(A)法官審理犯罪不能違反判決先例(B)法律規定可以溯及既往(C)無法律即無犯罪，亦無刑罰(D)唯有刑法典可以賦予國家刑罰權

3 (A) 刑法第 1 條規定「行為之處罰，以行為時之法律有明文規定者為限。」在學理上一般通稱此規定為：(A)罪刑法定主義之規定(B)不溯及既往之規定(C)新法改廢舊法之規定(D)除罪化之規定

定的，即不爲犯罪，不構成犯罪，在任何情形下都不得加以處罰[4]。如甲因竊案在警局作筆錄，因甲向來認爲自己的同性戀行爲是犯罪行爲，而向警方「自首」，但同性戀行爲非刑法處罰的行爲，但刑法並無處罰[5]同性戀行爲，根據罪刑法定主義，而不需處罰[6]。

(一) 現行法之根據

1. 憲法第 8 條：除現行犯之逮捕由法律另定之外，非經司法或警察機關依法定程序，不得逮捕拘禁，非由法院依法定程序，不得審問處罰[7]，非依法定程序逮捕、拘禁、審問、處罰，得拒絕之。
2. 刑法第 1 條：行爲之處罰，以行爲時之法律有明文規定者爲限。
3. 刑事訴訟法第 1 條：犯罪，非依本法或其他法律所定之訴訟程序，不得追訴、處罰。

(二) 派生原則

1. 習慣法禁止之原則

即刑法必須爲成文法。如以習慣爲論罪科刑之準據，則習慣之可否適用，操於法官之手，無異承認其有擅斷之權，故須排斥「習慣刑法」。

---

4 (C) 犯罪之構成要件及法律效果，均應以法律明確加以規定，法律如未明文規定即無犯罪與刑罰可言；此現代刑法上之重要概念稱為：(A)從新從輕主義(B)信賴保護原則(C)罪刑法定主義(D)不溯及既往原則

5 (D) 行為之處罰，以行為時之法律有明文規定者，為限。據此，下列敘述何者錯誤？(A)罪刑法定主義(B)犯罪之形態須有法律之明文規定(C)犯罪之刑罰須有法律之明文規定(D)無法律之犯罪，亦應處罰

6 (A) 甲因竊案在警局作筆錄，因甲向來認為自己的同性戀行為是犯罪行為，而向警方「自首」，但同性戀行為非刑法處罰的行為，警察認為這部分無觸法之虞，此見解係基於何種原則？(A)罪刑法定原則(B)從新從輕原則(C)不溯及既往原則(D)比例原則

7 (A) 下列何者不是刑法之基本原則？(A)速審速決原則(B)罪刑法定主義(C)從舊從輕主義(D)類推禁止原則

2. 禁止溯及既往原則[8]

任何人，非依據行爲時所制定公布之法律，不受處罰。因此，如行爲時屬於適法行爲，其後法律雖已變更成爲違法行爲，仍不得溯及既往[9]，加以處罰。惟行爲後所變更之法律，係科較輕之刑時，因對行爲人有利，自得爲溯及之適用，如行爲後所變更之法律係科較重之刑時，爲貫徹罪刑法定主義之旨，應禁止事後法之溯及。刑法第 2 條第 1 項規定：「行爲後法律有變更者，適用行爲時之法律。但行爲後之法律有利於行爲人者，適用最有利於行爲人之法律。」舊法本以從新從輕主義規範之，至 95 年 7 月 1 日施行之刑法改採從舊從輕主義[10]。

3. 禁止類推解釋原則

類推解釋者，對於法律無明文規定之事項，援引與行爲性質最相類似之條文，比附適用。此種援引比附，應爲罪刑法定主義所禁止。惟學者間有主張禁止類推解釋，只是禁止不利於行爲人之類推解釋，如對行爲人有利，當可類推之。亦有謂不論對行爲人有利不利均不得類推之。

4. 禁止絕對不定期刑原則

刑罰者，係對犯人法益之剝奪，如對被告僅下達徒刑判決，而未明確定其刑期者，即屬絕對不定期刑，爲罪刑法定主義所禁止。惟爲達到教育刑之效，宣告自由刑時，不宣告其一定之刑期，僅宣告其長期與短期時，即屬相對不定期刑，一般咸認在保安處分與少年法上應可適用。

---

8 (C) 我國刑法第 1 條規定「行為之處罰，以行為時之法律有明文規定者為限」，針對此一條文，下列敘述何者錯誤？(A)此稱為罪刑法定主義(B)此符合法律不溯及既往原則(C)此為特別法優於普通法原則(D)根據本條文，因此刑法有漏洞時，也不得運用類推適用之方法

9 (C) 下列何者為罪刑法定主義的派生原則？(A)類推適用(B)得以溯及既往(C)不溯及既往(D)概括授權

10 (C) 自民國 95 年 7 月 1 日起，我國刑法對於行為後之法律有變更之情形，採取下列何項原則？(A)從舊從重(B)從新從輕(C)從舊從輕(D)從新從重

二、刑法效力範圍

1. 屬地主義

本法於在中華民國領域內犯罪者，適用之。在中華民國領域外之中華民國船艦或航空器內犯罪者，以在中華民國領域內犯罪論（刑法 3）。

2. 隔地犯

犯罪之行爲或結果，有一在中華民國領域內者，爲在中華民國領域內犯罪（刑法 4）。

3. 保護主義、世界主義（國外犯罪之適用）[11]

刑法第 5 條：「本法於凡在中華民國領域外犯下列各罪者，適用之：一、內亂罪。二、外患罪。三、第 135 條、第 136 條及第 138 條之妨害公務罪。四、第 185 條之 1 及第 185 條之 2 之公共危險罪。五、僞造貨幣罪。六、第 201 條至第 202 條之僞造有價證券罪。七、第 210 條、第 214 條、第 218 條及第 216 條行使第 211 條、第 213 條、第 214 條文書之僞造文書罪。八、毒品罪。但施用毒品及持有毒品、種子、施用毒品器具罪，不在此限。九、第 296 條及第 296 條之 1 之妨害自由罪。十、第 333 條及第 334 條之海盜罪。十一、第 339 條之 4 之加重詐欺罪。」

4. 公務員國外犯罪之適用

刑法第 6 條：「本法於中華民國公務員在中華民國領域外犯左列各罪者，適用之：一、第 121 條至第 123 條、第 125 條、第 126 條、第 129 條、第 131 條、第 132 條及第 134 條之瀆職罪。二、第 163 條之脫逃罪。三、第 213 條之僞造文書罪。四、第 336 條第 1 項之侵占罪。」

5. 國民國外犯罪之適用及國外對國人犯罪之適用

刑法第 7 條：「本法於中華民國人民在中華民國領域外犯前二條以外之罪，而其最輕本刑爲三年以上有期徒刑者，適用之。但依犯罪地之法律不罰者，不在此限。」第 8 條：「前條之規定，於在中華民國領域外對於

---

[11] (D) 中華民國人民在中華民國領域外犯下列哪一種罪，不適用中華民國刑法？(A)侵占公物罪(B)偽造公文書罪(C)使人為奴隸罪(D)通姦罪

中華民國人民犯罪之外國人，準用之。」

6. 外國裁判服刑之效力

同一行爲雖經外國確定裁判，仍得依本法處斷。但在外國已受刑之全部或一部執行者，得免其刑之全部或一部之執行（刑法 9）。

7. 與其他特別刑法關係

本法總則於其他法律有刑罰或保安處分之規定者，亦適用之。但其他法律有特別規定者，不在此限（刑法 11）[12]。

三、名詞定義

刑法第 10 條：「稱以上、以下、以內者，俱連本數或本刑計算。稱公務員者，謂下列人員（法規中，此對公務員定義最廣）[13]：一、依法令服務於國家、地方自治團體所屬機關而具有法定職務權限，以及其他依法令從事於公共事務，而具有法定職務權限者。二、受國家、地方自治團體所屬機關依法委託，從事與委託機關權限有關之公共事務者。稱公文書者，謂公務員職務上製作之文書。稱重傷者，謂下列傷害：一、毀敗或嚴重減損一目或二目之視能。二、毀敗或嚴重減損一耳或二耳之聽能。三、毀敗或嚴重減損語能、味能或嗅能[14]。四、毀敗或嚴重減損一肢以上之機能。五、毀敗或嚴重減損生殖之機能。六、其他於身體或健康，有重大不治或難治之傷害。稱性交者，謂非基於正當目的所爲之下列性侵入行爲：一、以性器進入他人之性器、肛門或口腔，或使之接合之行爲。二、以性器以外之其他身體部位或器物進入他人之性器、肛門，或使之接合之行爲。稱電磁紀錄者，謂以電子、磁性、光學或其他相類之方式所製成，而

---

12 (D) 下列有關刑法總則之適用範圍的說明，何者正確？(A)僅限於刑法(B)亦適用於民事法規(C)亦適用於刑事訴訟法(D)適用於刑法且亦適用於其他法令有刑罰規定者

13 (B) 以下何種法規對於公務員的定義最廣？(A)公務員服務法(B)刑法(C)公務人員保險法(D)公務人員任用法

14 (B) 依刑法第 10 條規定，毀敗語能、味能或嗅能，稱為：(A)輕傷(B)重傷(C)死傷(D)無傷

供電腦處理之紀錄。」

第二節　總則編

一、犯罪成立之要件

犯罪之成立要件，必須具有下列三項：構成要件該當、違法性、有責性[15]。

(一) 構成要件該當

1. 主觀構成要件

指涉及行爲外在顯現型態的要素，其要素含行爲主體、行爲客體、實行行爲本身（包括某些特別的行爲方式、行爲手段或行爲情狀）等要素[16]。

2. 客觀構成要件

指行爲人主觀心理狀態的內在要素，包括作爲一般犯罪成立主觀要素的故意、過失，以及作爲特別犯罪成立要件的不法所有或得利意圖（特殊主觀要素）[17]。

(二) 阻卻違法事由[18]

係指刑法就一定事實之存在，雖有犯罪之形式，但承認其足以否定

---

[15] (B) 下列何者不是犯罪成立之要件？(A)罪責(B)行為能力(C)違法性(D)構成要件該當性

[16] (B) 下列有關刑法第 131 條公務員圖利罪之敘述，何者不正確？(A)本罪為結果犯(B)本罪之主觀構成要件為直接故意或間接故意(C)圖國庫利益之行為，不成立本罪(D)本罪不處罰未遂犯

[17] (C) 犯罪之成立，首先必須其有構成要件該當性，而構成要件有主觀與客觀等二種要素。下列何者不屬於主觀構成要件要素？(A)故意(B)過失(C)動機(D)意圖

[18] (C) 以下何者不屬於阻卻違法事由？(A)正當防衛(B)緊急避難(C)違法性錯誤(D)被害人的承諾

違法之情形。行爲須違反刑事法律，且無阻卻違法之原因。

1. 依法令行爲（刑法 21 I ）：根據國家法令所爲之行爲，不罰。惟公務員執行上級命令時，仍應考慮命令是否合法[19]。如監獄中執行死刑之槍手，其射殺死刑人犯之行爲[20]；父母親懲罰小孩的行爲，如未過當[21]，因爲是依法令的行爲而不罰[22]。
2. 依所屬上級公務員命令之職務上行爲（刑法 21 II ）：依所屬上級公務員命令之職務上行爲，不罰。但明知命令違法者，不在此限[23]。
3. 業務上正當行爲（刑法 22）：從事法令所允許業務，在業務範圍內之正當行爲，不罰。如醫生在病人身上開刀割取盲腸[24]。
4. 正當防衛[25]（刑法 23）：對於現時不法之侵害，爲保護自己或他人權利，在必要程度下，所爲對於加害人之反擊行爲謂之。但防衛行爲過當者，得減輕或免除其刑。例如甲在捷運車上，眼見一名男子撫摸女

---

[19] (D) 下列敘述何者正確？(A)公務員執行職務中所為之任何行為不罰(B)甲並非警察，故雖目擊乙正在行竊，仍不能逮捕乙(C)公務員依所屬上級公務員命令之職務上行為，一定可以阻卻違法(D)公務員執行上級命令時，仍應考慮命令是否合法

[20] (A) 監獄中執行死刑之槍手，其射殺死刑人犯之行為，屬於下列何種行為性質，因此不構成殺人罪？(A)依法令之行為(B)業務上之正當行為(C)正當防衛(C)緊急避難

[21] (A) 父母親懲罰小孩的行為，如未過當，屬於下列何者？(A)因為是依法令的行為而不罰(B)因為是自助行為而不罰(C)因為是得承諾的行為而不罰(D)因為是正當防衛而不罰

[22] (B) 關於父母懲戒子女之行為，是否成立犯罪之問題，應在何種階層來加以檢驗？(A)構成要件該當性(B)違法性(C)有責任(D)應刑罰性

[23] (B) 關於刑法中之阻卻違法事由，下列敘述何者為錯誤？(A)依法令之行為，可阻卻違法(B)依所屬上級公務員命令之行為，必可阻卻違法(C)業務上之正當行為，可阻卻違法(D)未過當之正當防衛，可阻卻違法事由

[24] (B) 醫生在病人身上開刀割取盲腸，其不受刑事處罰之理由為何？(A)阻卻構成要件該當住(B)阻卻違法性(C)阻卻責任能力(D)法官同情醫生懸壺濟世

[25] (C) 以下何者並非阻卻違法事由？(A)依法令之行為(B)正當防衛(C)欠缺違法性認識者(D)緊急避難

子臀部，女子表情不悅，狀似不敢聲張。甲以爲女子遭到侵害，趨前賞給男子一記耳光，男子臉頰腫大。事實上，這是一對情侶因故嘔氣，男子爲了示好，安慰女子，甲屬於誤想正當防衛[26]。

5. 緊急避難（刑法 24）：爲避免自己或他人生命、身體、自由、財產遭遇緊急危難，在不得已之情形下所爲之逃避行爲，不罰。但避難行爲過當者，得減輕或免除其刑。關於避免自己危難之規定，於公務上或業務上有特別義務者，不適用之。
6. 自助行爲：以自己恢復原狀或爲適當之保全行爲之謂。
7. 基於承諾行爲：基於被害人之允諾，所爲侵害法益之行爲。

(三) 責任能力

行爲人主觀上要有責任能力及責任條件。責任能力：以行爲人之意思力及辨識力，即不法意識之有無及強弱爲準[27]。責任條件：行爲人須有故意或過失之違法狀態[28]。

1. 無責任能力[29]

未滿十四歲人之行爲，不罰（刑法 18 I）[30]。如五歲小孩在醫院內玩

---

[26] (C) 甲在捷運車上，眼見一名男子撫摸女子臀部，女子表情不悅，狀似不敢聲張。甲以為女子遭到侵害，趨前賞給男子一記耳光，男子臉頰腫大。事實上，這是一對情侶因故嘔氣，男子為了示好，安慰女子。問如何評價甲的行為？(A)屬於正當防衛，不罰(B)防衛過當，得減輕處罰(C)屬於誤想防衛，成立過失傷害罪(D)多管閒事，成立傷害罪

[27] (C) 依據我國現行刑法之規定，行為人於行為時欠缺不法意識，如有正當理由且無法避免者，其法律效果為何？(A)阻卻構成要件(B)阻卻違法(C)阻卻罪責(D)阻卻客觀歸責

[28] (D) 因違法行為而得接受法律制裁之能力，稱為：(A)行為能力(B)權利能力(C)識別能力(D)責任能力

[29] (D) 依據刑法第 18 條有關責任能力之規定，下列何者為無責任能力人？(A)未滿十八歲人(B)未滿十二歲人(C)未滿二十歲人(D)未滿十四歲人

[30] (A) 下列何者所為之犯罪行為不罰？(A)未滿十四歲之人(B)滿八十歲以上之人(C)未滿十八歲之人(D)瘖啞人

火柴，致失火燒死數人[31]；十歲的小學生甲，偷同學乙的自行車[32]，皆不處罰。

2. 限制責任能力

十四歲以上未滿十八歲人之行爲，得減輕其刑（刑法 18Ⅱ）[33]。滿八十歲人之行爲，得減輕其刑[34]（刑法 18Ⅲ）[35]。未滿十八歲人或滿八十歲人[36]犯罪者，不得處死刑或無期徒刑[37]，本刑爲死刑或無期徒刑者，減輕其刑（刑法 63）。

3. 精神狀態（刑法 19）

行爲時因精神障礙或其他心智缺陷，致不能辨識其行爲違法或欠缺依其辨識而行爲之能力者，不罰。行爲時因前項之原因，致其辨識行爲違法或依其辨識而行爲之能力，顯著減低者，得減輕其刑。前二項規定，於因故意或過失自行招致者，不適用之。如甲之交往多年女友遭乙追走，甲極爲憤怒，但又沒膽去教訓乙出氣，於是甲決定藉酒壯膽。某日，甲把自己灌醉之後，前往乙之住處，適逢乙正要回家，甲在意識不清的狀態下，

---

31 (B) 五歲小孩在醫院內玩火柴，致失火燒死數人。該小孩的行為是否成立犯罪？(A)成立(B)不成立(C)由醫師鑑定後決定(D)由法官依事實嚴重性決定

32 (D) 十歲的小學生甲，偷同學乙的自行車；則：(A)甲犯竊盜罪(B)甲犯侵占罪(C)甲犯詐欺罪(D)甲不犯罪

33 (B) 滿幾歲之人有完全之刑事責任能力？(A)十六歲(B)十八歲(C)十四歲(D)二十歲

34 (B) 刑法規定滿八十歲人之行為如何？(A)不罰(B)得減輕其刑(C)得加重其刑(D)感化教育處分

35 (C) 關於刑法上之責任能力，下列敘述何者為錯誤？(A)未滿十四歲人之行為不罰(B)故意飲酒後因心神喪失所為之犯罪行為，仍應處罰(C)滿八十歲人之行為，應減輕其刑(D)精神耗弱人之行為，得減輕其刑

36 (C) 我國刑法規定，行為人幾歲不得處以死刑或無期徒刑？(A)十四歲以下滿十歲以上(B)二十歲或滿八十歲(C)未滿十八歲或滿八十歲(D)未滿十四歲或滿七十歲

37 (B) 未滿十八歲之人，如果殺害父母親，是否會受到刑罰制裁？(A)不會，因未滿十八歲人之行為，不罰(B)會，但不得處死刑或無期徒刑(C)會，仍可以處死刑或無期徒刑(D)不會，因未滿二十歲人之行為，不罰

將情敵乙毆傷出氣，仍成立犯罪[38]。

4. 生理狀態（刑法 20）

瘖啞人之行爲，得減輕其刑。如甲二十歲，無故殺人，甲主張，於少年時期因病失聰，語言能力也受到影響，以致於情緒容易衝動，惟甲並無同時既瘖且啞，故不適用本條[39]。

二、故意與過失

刑法第 12 條規定：「行爲非出於故意或過失者[40]，不罰。過失行爲之處罰[41]，以有特別規定者，爲限[42]。」

(一) 故意

1. 直接故意

行爲人對於構成犯罪之事實，明知並有意使其發生者，是謂直接故

---

38 (C) 甲之交往多年女友遭乙追走，甲極為憤怒，但又沒膽去教訓乙出氣，於是甲決定藉酒壯膽。某日，甲把自己灌醉之後，前往乙之住處，適逢乙正要回家，甲在意識不清的狀態下，將情敵乙毆傷出氣。依據刑法，對甲該如何處斷？(A)甲行為時因精神障礙或其他心智缺陷，致不能辨識其行為違法或欠缺依其辨識而行為之能力，故不罰(B)甲行為時因精神障礙或其他心智缺陷，致其辨識行為違法或依其辯識而行為之能力，顯著減低，得減輕其刑(C)甲仍舊構成傷害罪(D)甲是基於義憤而傷人，應減輕其刑

39 (D) 甲二十歲，無故殺人。甲主張，於少年時期因病失聰，語言能力也受到影響，以致於情緒容易衝動。問如何評價甲的行為？(A)屬於瘖啞人的行為，必須減輕處罰(B)屬於瘖啞人的行為，得減輕處罰(C)不屬於瘖啞人的行為，但屬於心智缺陷，必須減輕處罰(D)不屬於瘖啞人的行為，而且無須減輕處罰

40 (A) 依刑法第 12 條規定，過失行為應否處罰？(A)以有特別規定者為限(B)應罰(C)不應處罰(D)由法官決定

41 (D) 甲嫉妒乙有個漂亮的古董花瓶，趁乙不在，把花瓶打破，甲的行為不屬於：(A)故意犯(B)作為犯(C)結果犯(D)過失犯

42 (D) 刑法對過失行為之處罰係：(A)按故意犯之規定減輕其刑(B)與故意犯處同等之刑(C)視情節輕重而定(D)以有特別規定者為限，始處罰之

意（刑法 13 I）[43]。如刑法第 213 條規定「公務員明知爲不實之事項，而登載於職務上所掌之公文書，足以生損害於公眾或他人者」，其「明知」，即指直接故意[44]。如甲在百公尺外埋伏欲射殺仇人乙，當時乙、丙站在一起談話，甲明知可能會誤射中丙，仍執意開槍，丙果真中槍死亡，甲應成立故意殺人既遂[45]。

2. 間接故意

行爲人對於構成犯罪之事實，雖預見其發生，而其發生並不違背其本意者，以故意論[46]，是謂間接故意（刑法 13 II），又稱未必故意（間接故意）[47]。如某甲由自家樓頂上往下丟擲磚瓦，雖然預見有可能會打中路人，但甲心想，若打中路人也無所謂，果然擲中路人乙，造成乙受傷[48]。

(二) 過失

1. 無認識過失

行爲雖非故意，但按其情節，應注意並能注意，而不注意者，是謂

---

[43] (C) 關於刑法中之故意，下列敘述何者為錯誤？(A)分為直接故意與間接故意(B)刑法以處罰故意犯為原則(C)行為人對於構成犯罪之事實，明知並有意使其發生者，為間接故意(D)間接故意又稱之為未必故意

[44] (A) 刑法第 213 條規定：「公務員明知為不實之事項，而登載於職務上所掌之公文書，足以生損害於公眾或他人者」為公文書登載不實罪，其中「明知」為下列何者？(A)直接故意(B)未必故意(C)有認識過失(D)特定意圖

[45] (B) 甲在百公尺外埋伏欲射殺仇人乙，當時乙、丙站在一起談話，甲明知可能會誤射中丙，仍執意開槍，丙果真中槍死亡。則甲對丙之死亡是否應負何種罪責？(A)過失殺丙既遂(B)故意殺丙既遂(C)過失殺丙未遂(D)打擊標的錯誤因此無罪

[46] (A) 行為人對於構成犯罪之事實，預見其發生而其發生並不違背其本意者，應如何處罰？(A)以故意論(B)以過失論(C)以重大過失論(D)免除其刑

[47] (C) 行為人對於構成犯罪之事實，預見其發生，而其發生並不違反其本意者，稱為：(A)直接故意(B)有認識的過失(C)間接故意(D)無認識的過失

[48] (B) 某甲由自家樓頂上往下丟擲磚瓦，雖然預見有可能會打中路人，但甲心想，若打中路人也無所謂，果然擲中路人乙，造成乙受傷，問甲是基於下列何種主觀意思而應負相關的傷害刑責？(A)直接故意(B)未必故意(C)有認識過失(D)特定意圖

無認識過失（刑法 14 I ）[49]。如甲飼養狼犬，出門遛狗，疏未注意，狼犬掙脫，咬傷路人，甲即爲過失傷害[50]。

2. 有認識過失

行爲人對於構成犯罪之事實，雖預見其發生而確信其不發生者，以過失論，是謂有認識過失（刑法 14 II）。如甲在社區養蜂，認爲蜜蜂不至於傷人，但卻有路人遭蜜蜂叮咬受傷，則甲成立過失傷害罪[51]。

(三) 行為犯與結果犯

1. 行為犯

係指行爲人只要單純地實現不法構成要件所描述的行爲，而無待任何結果的發生，即足以成立之犯罪。如刑法第 309 條第 1 項普通公然侮辱罪[52]。

2. 結果犯

係指行爲必須發生不法構成要件所預定之結果，始能既遂之犯罪。即行爲人除實行構成要件該當的行爲外，尚須發生構成要件該當的結果。

(四) 實害犯與危險犯

1. 實害犯

係指行爲必須對於不法構成要件所要保護的客體造成實害結果，始能既遂的犯罪。

2. 危險犯

係指行爲只須對於不法構成要件所要保護的客體造成危險結果，即

---

49 (B) 行為人對於犯罪事實之發生，按其情節應注意並能注意而不注意者，稱為：(A)直接故意(B)過失(C)錯誤(D)未必故意

50 (B) 甲飼養狼犬，出門遛狗，疏未注意，狼犬掙脫，咬傷路人。問甲成立何罪？(A)傷害罪(B)過失傷害(C)殺人未遂(D)動物的本能行為，無罪

51 (D) 甲在社區養蜂，認為蜜蜂不至於傷人，但卻有路人遭蜜蜂叮咬受傷。問如何評價甲的行為？(A)無罪(B)傷害未遂(C)傷害罪(D)過失傷害罪

52 (D) 行為人公然侮辱他人，即可成立刑法第 309 條第 1 項普通公然侮辱罪，故本罪屬於下列何種犯罪類型？(A)危險犯(B)不作為犯(C)結果犯(D)行為犯

可成立的犯罪。即行爲只要對於保護客體已構成危險結果，而無待實害之發生，即能成立的犯罪[53]。

三、作為犯

刑法上的行爲，分爲作爲與不作爲[54]。法律在形式上規定以一定的作爲爲犯罪之內容者，稱之作爲。如甲以殺人的意思，建議乙在雷雨中外出，希望乙遭到雷擊，乙果然遭到雷擊死亡，因甲叫乙外出並無法律形式上所需之犯罪內容，故甲不成立犯罪[55]。如刑法第 320 條第 1 項：意圖爲自己或第三人不法之所有，而竊取他人之動產者，爲竊盜罪。竊盜罪以積極的竊取行爲爲犯罪內容，爲作爲犯。

四、不作為犯

以一定之不作爲爲犯罪內容者，稱之不作爲犯[56]。

(一) 純正不作為犯

法律規定一定的作爲義務，單純違反此義務即構成犯罪者，謂之。如刑法第 149 條：公然聚眾，意圖爲強暴、脅迫，已受該管公務員解散命令三次以上，而不解散者，爲聚眾不解散罪。

---

[53] (C) 下列有關「犯罪類型」之敘述，何者錯誤？(A)所稱之作為犯，係指行為人以積極之作為而違犯之犯罪(B)所稱之行為犯，乃指行為人只要單純地實現不法構成要件所描述之行為，無待任何結果之發生即足以成立之犯罪(C)所稱之實害犯，乃指行為只需對於不法構成要件所要保護之客體造成危險結果，即可成立之犯罪(D)所稱之結果犯，則要求行為必須發生不法構成要件所預定之結果，始能既遂之犯罪

[54] (D) 刑法上的行為：(A)必然是作為(B)必然不是不作為(C)不可能區分為作為和不作為(D)不是作為，就是不作為

[55] (D) 甲以殺人的意思，建議乙在雷雨中外出，希望乙遭到雷擊，乙果然遭到雷擊死亡。問如何評價甲的行為？(A)預備殺人(B)殺人未遂(C)過失致死(D)無罪

[56] (D) 關於刑法上的行為之敘述，下列何者為錯誤？(A)包含故意行為與過失行為(B)包含作為與不作為(C)過失之不作為仍為行為(D)刑法僅處罰作為

(二) 不純正不作為犯

若以不作爲之手段而犯通常作爲犯所能犯之罪者，謂之。法律僅規定作爲犯之形式，其犯罪行爲，通常以作爲手段犯之，但以不作爲手段亦能犯之，且與以作爲手段犯之者相同，故亦成立犯罪。如父母故意不給自己嬰兒飲食，以致嬰兒死亡，父母此時之行爲爲不作爲的殺人行爲，應受殺人罪制裁[57]。

刑法第 15 條第 1 項，對於一定結果之發生，法律上有防止之義務，能防止而不防止者，與因積極行爲發生結果者同。依此不純正不作爲犯之成立要件爲：

1. 須有作為義務

所謂作爲義務，係指「對一定結果之發生，法律上有防止之義務」而言。作爲義務之由來有：

(1) 基於法令之規定

如父母對其幼兒有意加害，以不哺育爲手段，將其餓斃，此即以不作爲之手段犯刑法第 271 條第 1 項之殺人罪。

(2) 基於契約或其他法律行為

如受僱爲乳母，其哺育幼兒之義務即由契約而生，若違反此義務，欲以不哺乳之手段餓斃幼兒，亦係以不作爲之手段犯殺人罪。

(3) 基於一定情況下之前行行為

即刑法第 15 條第 2 項規定，因自己行爲致有發生一定結果之危險者，負防止其發生之義務。如負責廠務之人員，對電門之損害不注意修理，致發生觸電致死情形，顯係對於防止其危險之義務有所懈怠，自成立業務上過失致死罪。

---

[57] (B) 父母故意不給自己嬰兒飲食，以致嬰兒死亡是否屬殺害嬰兒之殺人罪？(A)因父母未積極殺害嬰兒，故不受殺人罪之制裁(B)父母此時之行為為不作為的殺人行為，應受殺人罪制裁(C)嬰兒是父母所生，父母有權決定如何對待之，不受殺人罪之制裁(D)父母如果不是故意，即不受刑法制裁

2. **須有作為可能**

即有防止結果發生之可能。

3. **須不防止**

因不妨止，致一定結果之發生，即構成不純正不作爲犯，與作爲犯法律上之評價相同。雖不防止，而一定結果並未因而發生者，如有處罰未遂犯之規定時，仍應按未遂犯論處。

五、犯罪行為的階段

(一) 決意

行爲人決定要犯罪。

(二) 陰謀

凡二人以上對犯罪計畫成立一定協議者，謂之陰謀。刑法原則上不處罰陰謀行爲，但對於情節重大之犯罪，如內亂罪、外患罪等，仍特設處罰陰謀之規定。

(三) 預備

指爲實現犯罪而爲之準備行爲。預備行爲尚未達實行之階段，故與著手實行犯罪之行爲有別。刑法原則上不處罰預備行爲，僅對情節重大之犯罪，特設處罰之規定[58]。又分形式預備犯與實質預備犯。

1. **形式預備犯**

依附在基本構成要件之中的預備犯規定。如刑法第 100 條第 2 項、第 101 條第 2 項、第 103 條第 3 項等等。

2. **實質預備犯**

對於某些行爲，其於性質上雖屬預備行爲，但刑法將之獨立另定一個犯罪者，亦即具有獨自且完整的犯罪構成要件之預備犯。如刑法第 199

58 (B) 對於預備犯，我國刑法採以下何種立場？(A)絕對不處罰(B)例外才處罰(C)自首不處罰(D)免刑不處罰條、第169條第2項、第187條、第204條、第263條。

(四) 著手實行（未遂）

指行爲人於預備行爲外，更實行犯罪構成要件之行爲。實行行爲之開始稱爲「著手」，行爲是否已達著手之程度，乃判斷行爲僅在預備階段或已進入實行階段之標準。「已著手於犯罪行爲之實行而不遂者，爲未遂犯」（刑法 25 I ）；若犯罪行爲終了，並已發生結果者，爲既遂犯。「未遂犯之處罰，以有特別規定者爲限」（刑 25 II 前段）。

(五) 行為完成

指行爲人對法益的侵害已經結束。

(六) 犯罪既遂

指行爲人對法益的侵害已經結束後，客觀構成要件的完全實現。如殺人，人已死。擄人，被害人一旦被抓，犯罪就既遂，卻未終了（要等到被害人被撕票或被放走）。由於既遂與終了時間未必完全一致，如甲殺乙後，以爲乙死了，將乙丟到大海，經法醫檢驗，乙是生前落水，甲應成立殺人既遂罪[59]。

1. 既了未遂

指行爲人著手實行後，雖已完成實行行爲，但尚未發生結果之未遂。學說上有稱爲已完成之未遂、缺效未遂、實行未遂。

2. 未了未遂

指行爲人著手實行，而未完成實行行爲的未遂。學說上有稱未完成之未遂、中絕未遂、著手未遂。

---

[59] (B) 甲殺乙後，以為乙死了，將乙丟到大海，經法醫檢驗，乙是生前落水，依照我國實務見解，甲成立何罪？(A)殺人未遂與過失致死數罪併罰(B)故意殺人既遂罪(C)故意殺人未遂、遺棄屍體未遂及過失致死罪(D)殺人既遂罪與遺棄屍體未遂罪

六、未遂犯

(一) 意義

已著手於犯罪行為之實行而不遂者，為未遂犯。未遂犯之處罰，以有特別規定者為限，並得按既遂犯之刑減輕之（刑法 25 II）。行為不能發生犯罪之結果，又無危險者，不罰（刑法 26）。已著手於犯罪行為之實行，而因己意中止或防止其結果之發生者，減輕或免除其刑。結果之不發生，非防止行為所致，而行為人已盡力為防止行為者，亦同。前項規定，於正犯或共犯中之一人或數人，因己意防止犯罪結果之發生，或結果之不發生，非防止行為所致，而行為人已盡力為防止行為者，亦適用之（刑法 27）。

(二) 未遂之分類

1. 普通未遂（障礙未遂）

須僅限於欠缺構成要件要素中之結果與因果關係，始為刑罰上可罰的（刑法 25 II）。如某甲舉槍殺某乙而未射中。如甲從美國寄一盒有毒的巧克力給住在台北的乙，乙出國，回國後，將已發霉的巧克力丟掉。如甲舉槍殺乙，乙倒臥血泊中，嗣經路人丙載送醫院，得免一死。如甲教唆乙去打傷丙，但乙未能將丙打傷[60]。

2. 不能未遂

若係因欠缺結果與因果關係以外，其他的構成要件要素而構成的未遂犯，因其係自始不能達於既遂之情形，即行為不能發生犯罪之結果，又無危險者，不罰[61]，是謂不能未遂（不能犯）（刑法 26）。如甲與女友乙分手後，懷恨在心，乃調製並對乙潑灑腐蝕性極強之王水，企圖毀容，但甲

---

60 (B) 甲教唆乙去打傷丙，但乙未能將丙打傷；則：(A)乙犯傷害未遂罪(B)甲犯傷害未遂罪(C)甲不處罰(D)甲和乙為同時犯

61 (D) 下列何者在刑法上不處罰？(A)即成犯(B)繼續犯(C)不作為犯(D)不能犯

不知因自己的疏忽，將王水調製成香水，乙毫髮未傷[62]。

3. 中止未遂（中止犯）

已著手於犯罪行爲之實行，而因己意中止或防止其結果之發生，減輕或免除其刑。結果之不發生，非防止行爲所致，而行爲人已盡力爲防止行爲者，亦同（刑法 27 I），是謂中止犯（中止未遂）[63]。如甲持槍殺人，被害人倒臥血泊中，甲突然心生不忍，電召救護車，救護車未到，被害人由鄰居緊急送醫，保住一命，則甲成立殺人的中止犯，應減輕處罰或免除其刑[64]。如甲乙丙相約行竊，三人抵達目的地，丙忽覺不安，企圖勸退甲乙，甲乙兩人不從，丙逕自離去，甲乙入室翻搜，見無貴重物品可取，空手而返，則甲乙爲竊盜的普通未遂，丙則爲預備竊盜[65]。

七、正犯與共犯

(一) 單獨正犯

直接正犯就是自己從事犯罪，間接正犯係指利用他人作爲犯罪工具，而自己實現構成要件，以遂行其主觀犯意之正犯。例如：1.甲企圖謀

---

62 (B) 甲與女友乙分手後，懷恨在心，乃調製並對乙潑灑腐蝕性極強之王水，企圖毀容。但甲不知因自己的疏忽，已將王水調製成香水，乙毫髮未傷，甲之行為是：(A)障礙未遂(B)不能未遂(C)中止未遂(D)意圖未遂

63 (C) 依刑法第 27 條規定，已著手於犯罪行為之實行，而因己意中止或防止其結果之發生者，稱為：(A)共同正犯(B)不作為犯(C)中止犯(D)教唆犯

64 (A) 甲持槍殺人，被害人倒臥血泊中，甲突然心生不忍，電召救護車。救護車未到，被害人由鄰居緊急送醫，保住一命。問如何評價甲的行為？(A)殺人的中止犯，應減輕處罰或免除其刑(B)被害人並非甲電召救護車而倖存，屬於普通未遂，得減輕處罰(C)屬於普通未遂，但因為犯罪後態度良好，應減輕處罰(D)屬於普通未遂，但可依緊急避難而減輕處罰或免除其刑

65 (D) 甲乙丙相約行竊，三人抵達目的地，丙忽覺不安，企圖勸退甲乙，兩人不從，丙逕自離去。甲乙入室翻搜，見無貴重物品可取，空手而返。問如何評價甲乙丙的行為？(A)甲乙丙均為竊盜的普通未遂(B)甲乙丙均為竊盜的中止未遂，均得減輕或免除刑罰(C)甲乙為竊盜的普通未遂，丙為中止未遂，得減輕或免除刑罰(D)甲乙為竊盜的普通未遂，丙為預備竊盜

害丙，交給乙毒藥，謊稱是養生補藥，請乙轉交丙。乙並未察覺異狀，將藥物交給丙，丙食用後死亡，甲爲殺人的間接正犯，乙並未違反注意義務，無罪[66]。2.甲帶著八歲的兒子逛百貨公司，要兒子趁著店員不注意，將一隻泰迪熊玩具藏在衣服裡面。甲利用無罪責人之行爲實行犯罪行爲，係屬間接正犯[67]。直接正犯係指所利用者係物之工具（機械工具）。例如甲喝令自己養的狗咬傷乙[68]。

(二) 共犯

由兩人以上實現犯罪構成要件者，這些人即爲共犯。共犯之成立可分爲三種形式：

1. 共同正犯

指二人以上共同實施犯罪之行爲者。如乙向丙恐嚇時，甲另在旁吆喝助勢，丙欲離去時，甲又阻其去路，則甲之行爲已構成恐嚇行爲之一部分，此時甲爲恐嚇罪之共同正犯[69]。甲、乙共同傷害丙，由甲緊抱住丙，乙動手毆打，甲屬於共同正犯[70]。如甲、乙共同行竊，由甲在外把風，乙

---

66 (D) 甲企圖謀害丙，交給乙毒藥，謊稱是養生補藥，請乙轉交丙。乙並未察覺異狀，將藥物交給丙，丙食用後死亡。問如何評價甲乙的行為？(A)甲為殺人的教唆犯，乙為殺人的間接正犯(B)甲為殺人的直接正犯，乙為殺人的間接正犯(C)甲為殺人的間接正犯。乙為殺人的幫助犯(D)甲為殺人的間接正犯，乙並未違反注意義務，無罪

67 (A) 甲帶著八歲的兒子逛百貨公司，要兒子趁著店員不注意，將一隻泰迪熊玩具藏在衣服裡面。甲的行為屬於下列何者？(A)竊盜罪的間接正犯(B)詐欺罪的間接正犯(C)侵占罪的間接正犯(D)不成立犯罪

68 (B) 甲喝令自己養的狗咬傷乙，其法律效果為何？(A)甲為教唆傷害行為人(B)甲為傷害行為人(C)甲為傷害間接正犯(D)甲為不純正不作為傷害行為人

69 (B) 乙向丙恐嚇時，甲另在旁吆喝助勢，丙欲離去時，甲又阻其去路。則甲之行為已構成恐嚇行為之一部分，此時甲為恐嚇罪之：(A)幫助犯(B)共同正犯(C)教唆犯(D)從犯

70 (B) 甲、乙共同傷害丙，由甲緊抱住丙，乙動手毆打，甲屬於：(A)幫助犯(B)共同正犯(C)教唆犯(D)想像競合犯

入室內竊取財物，對乙而言，甲爲共同正犯[71]。如甲與乙共同將丙拉出毆打，甲更於丙欲逃去時將之抱住不放，使乙得下手殺死丙。就丙之死亡，甲與乙均爲共同殺人之正犯[72]。如甲爲犯罪幫派的首領，計畫犯罪，並指揮督導乙、丙犯強盜殺人罪，甲成立共同正犯[73]。其要件如下[74]：

(1) 須兩人以上具有共同犯罪的意思

又稱「意思之聯絡」，即各行爲人就某犯罪之實施具有互相利用他方之行爲而爲遂行之意思。此爲共同正犯主觀要件，詳說明如下：A.意思之聯絡，不限於事前有協議，僅於行爲當時有共同犯意之聯絡即可。B.其表示之方法，不以明示爲必要，相互間有暗示的認識，亦無不可。C.且其聯絡，不以數人間直接發生行爲爲限，即間接聯絡亦包括在內。D.共同正犯僅就意思聯絡的範圍內之行爲負責，在其範圍內，不僅就自己的行爲負責，亦對他人的行爲負責。但無責任能力者，以其欠缺意思表示要件，認爲並無犯意之聯絡，故不列入共同正犯。

(2) 須有共同實施犯罪行為

又稱「行爲之分擔」，並不以每一階段均須參與爲必要，若於他實行人犯罪之中途，發生共同犯罪之意思，而參加實施者，亦足構成共同正犯。

2. 教唆犯

教唆犯，即對本無犯意之人，使之決意實施某種犯罪行爲，依其所教唆之罪處罰之，若被教唆人所實施之犯罪行爲，越出教唆之範圍，則教唆人對被教唆人越出教唆範圍之行爲，不負責任。被教唆人雖未至犯

---

[71] (C) 甲、乙共同行竊，由甲在外把風，乙入室內竊取財物。甲屬於：(A)教唆犯(B)幫助犯(C)共同正犯(D)間接正犯

[72] (C) 甲與乙共同將丙拉出毆打，甲更於丙欲逃去時將之抱住不放，使乙得下手殺死丙。就丙之死亡：(A)甲為幫助犯，乙為正犯(B)甲為教唆犯，乙為正犯(C)甲與乙均為共同殺人之正犯(D)甲為預備犯，乙為正犯

[73] (C) 甲為犯罪幫派的首領，計畫犯罪，並指揮督導乙、丙犯強盜殺人罪，甲成立該罪的：(A)教唆犯(B)幫助犯(C)共同正犯(D)間接正犯

[74] (D) 以下何者非共同正犯成立要件？(A)犯意聯絡(B)行為分擔(C)二人以上(D)事先計畫

罪，教唆犯仍以未遂犯論，但以所教唆之罪有處罰未遂犯者爲限（刑法29）[75][76]。如甲教唆乙傷害丙，乙出手太重，居然打死丙，則甲乙均應成立傷害致死罪[77]。教唆他人犯罪者，其成立要件如下：

(1) 須有被教唆人

被教唆人可能不只一人，但必須爲特定或得以特定之人，若係不特定之多數人，即稱煽惑。被教唆者應限於有責任能力者，如係對無責任能力人予以教唆，即係利用他人作爲犯罪工具，應屬間接正犯[78][79]。如甲帶著八歲的兒子逛百貨公司，要兒子趁著店員不注意，將一隻泰迪熊玩具藏在衣服裡面，則甲利用兒子實行犯罪行爲成立間接正犯。

(2) 須有教唆之故意

凡教唆者認識他人將因自己的行爲，而發生犯罪之決意，並進而爲犯罪之實施者，即係教唆之故意。

(3) 有教唆之行為

指示於使人發生實施特定犯罪之決意之行爲，其手段不無限制。且必須是對於本無犯意之人唆使其決意實施特定犯罪。

3. 幫助犯

又稱從犯，指幫助他人犯罪者，從犯不論予物理上之助力（如殺人

---

[75] (A) 甲教唆乙殺害丙，但乙不為所動。甲應以何罪處罰之？(A)不構成犯罪(B)教唆殺人既遂(C)預備殺人(D)教唆殺人未遂

[76] (D) 下列敘述何者為正確？(A)教唆犯為從犯的一種(B)對從犯之處罰應按正犯之刑減輕之(C)幫助犯必須以被幫助者知情為條件(D)教唆犯，依其所教唆之罪處罰之

[77] (C) 甲教唆乙傷害丙，乙出手太重，居然打死丙。問如何評價甲乙的行為？(A)甲成立傷害罪，乙成立傷害致死罪(B)甲成立傷害罪，乙成立過失致死罪(C)甲乙均成立傷害致死罪(D)甲無罪，乙成立傷害致死罪

[78] (C) 行為人利用無責任能力人為自己實施犯罪者，稱為：(A)共同正犯(B)教唆犯(C)間接正犯(D)幫助犯

[79] (C) 依據民國 95 年 7 月 1 日施行的刑法，教唆犯是屬於：(A)共同正犯(B)間接正犯(C)共犯(D)身分犯

時在旁提燈）或精神上之助力（在旁助勢、表示贊同等），均屬之[80]。但幫助犯之處罰，得按正犯之刑減輕之（刑法 30）。例如甲知道乙企圖行竊某豪宅，於是暗助乙，預先破壞豪宅的保全設備，由於保全設備失靈，乙因此順利潛入，惟乙不知甲暗中幫助，甲仍成立幫助犯[81]。如甲得知乙將殺丙，遂出於幫助之意思，提供利刀一把給乙[82]。如乙明知甲有意越獄逃亡，事先將梯子置於監獄圍牆旁，但甲不知梯子是乙所準備，乙的行爲成立幫助犯[83]。其成立要件如下：

(1) **須有被幫助者**

所謂被幫助者就是正犯，從犯非親自實行犯罪，而係幫助他人實施犯罪，故必被幫助者成立犯罪，始有從犯可言。被幫助者須爲故意犯，如係過失犯，則幫助者不成立從犯。

(2) **須有幫助之故意**

於從事幫助行爲時，須認識其在幫助他人實行一定之犯罪，被幫助者雖不知情，幫助者仍成立從犯。幫助者若基於自己犯罪之意思，而爲幫助行爲，屬共同正犯。

(3) **須有幫助之行為**

即在正犯之犯罪行爲實行完成前，加以犯罪構成要件以外之行爲，以促成正犯之犯罪，若係犯罪完成後始予幫助，尚難謂從犯。

---

[80] (A) 依刑法第 30 條規定，幫助他人實施犯罪行為者，稱為：(A)幫助犯(B)不作為犯(C)中止犯(D)教唆犯

[81] (A) 甲知道乙企圖行竊某豪宅，於是暗助乙，預先破壞豪宅的保全設備。由於保全設備失靈，乙因此順利潛入，大有斬獲。乙始終不知何人暗助。問如何評價甲的行為（毀損部分略而不論）？(A)乙雖不知何人幫助，甲仍為竊盜的幫助犯(B)乙不知何人幫助，甲為竊盜的間接正犯(C)乙不知何人幫助，甲無罪(D)乙不知何人幫助，甲因此成為竊盜的同時犯（正犯旁的正犯）

[82] (B) 甲得知乙將殺丙，遂出於幫助之意思，提供利刀一把給乙。請問甲之行為應為何種犯罪型態？(A)共同正犯(B)幫助犯(C)未遂犯(D)想像競合犯

[83] (B) 乙明知甲有意越獄逃亡，事先將梯子置於監獄圍牆旁，但甲不知梯子是乙所準備，乙的行為構成刑法脫逃罪的：(A)共同正犯(B)幫助犯(C)牽連犯(D)教唆犯

八、共犯與身分犯

(一) 身分犯（特別犯）[84]

刑事法所規定之犯罪，大都無身分之限制，但亦有必須具備某種身分或其他特定關係之人，始可能實施，此種犯罪，稱之「純正身分犯」，如刑法第 121 條第 1 項之收賄罪，必須具備公務員身分，始能成立。又某些犯罪，雖任何人均可能實施，但對具備某種身分或其他特定關係之人成立之犯罪，另依規定加減或免除其刑，稱之「不純正身分犯」，如刑法第 280 條之規定，對於直系尊親屬犯傷害罪，加重其刑至二分之一。如甲爲某公司會計，因業務關係，經常去銀行提領鉅款。甲發生重大財務危機，乙煽動甲挪用銀行提領的鉅款，並獻計謊報遭搶，甲依計而爲。如孕婦自行墮胎。[85]

(二) 身分犯的共犯之處罰

刑法第 31 條，因身分或其他特定關係成立之罪，其共同實施或教唆幫助者，雖無特定關係之人，仍以共犯論。因身分或其他特定關係致刑有輕重或免除者，其無特定關係之人，科以通常之刑。例如，乙教唆甲業務侵占，甲依計而爲，則甲爲業務侵占的正犯，乙雖無業務上的身分，仍爲業務侵占的教唆犯[86]。

---

[84] (A) 刑法針對「在法定構成要件上，限定行為主體之資格，唯有具備該特定資格之人始能構成該犯罪」之犯罪類型，稱為：(A)特別犯(B)己手犯(C)正犯(D)單一犯

[85] (D) 以下何者屬於純正身分犯構成要件？(A)殺直系血親尊親屬構成要件(B)業務侵占構成要件(C)業務過失致死構成要件(D)孕婦墮胎構成要件

[86] (B) 甲為某公司會計，因業務關係，經常去銀行提領鉅款。甲發生重大財務危機，乙煽動甲挪用銀行提領的鉅款，並獻計謊報遭搶。甲依計而為。問如何評價甲乙的行為？(A)甲為業務侵占的正犯，乙沒有業務上的身分，為普通侵占的教唆犯(B)甲為業務侵占的正犯，乙雖無業務上的身分，仍為業務侵占的教唆犯(C)甲為業務侵占的正犯，乙為業務侵占的間接正犯(D)甲乙均為業務侵占的共同正犯

九、累犯[87]

指曾犯罪受罰而又再犯之情形而言，依刑法第 47 條之規定[88]。累犯之要件有二：1.受有期徒刑執行完畢，或受無期徒刑或有期徒刑一部之執行赦免後。2.五年以內故意再犯有期徒刑以上之罪。累犯應加重其刑二分之一[89]。

十、競合論

(一) 實質競合

裁判確定前犯數罪者，併合處罰之（刑法 50），是謂實質競合犯，不以一罪論[90]。若數個獨立的犯罪行爲不成立牽連犯或連續犯時，我國刑法第 50 條規定：裁判前犯數罪者，併合處罰之[91]，此即數罪並罰。法院判決實應就各個犯罪行爲分別宣告其刑，再依刑法第 51 條所規定合併的方法，定被告應執行之刑。例如甲醉酒開車，來不及煞車，撞死路人乙後逃逸，則甲犯不能安全駕駛罪（刑法 185-3）及交通肇事逃逸罪（刑法 185-4），係屬實質競合犯（數罪，非一罪），併合處罰之[92]。

刑法第 51 條規定：「數罪併罰，分別宣告其罪之刑，依下列各款定

---

87 (B) 受有期徒刑之執行完畢，五年以內再犯有期徒刑以上之罪者，稱為：(A)連續犯(B)累犯(C)虞犯(D)牽連犯

88 (C) 下列何種情形，屬於累犯？(A)受徒刑之執行完畢，一年後過失致人於死(B)在外國受有期徒刑執行完畢，一年後在國內殺人(C)受有期徒刑執行完畢，一年後竊盜(D)受感化教育執行完畢，一年後殺人

89 (B) 對於累犯，法院得加重其刑至：(A)三分之一(B)二分之一(C)四分之一(D)不得加

90 (A) 以下何者不以一罪論？(A)實質競合犯(B)想像競合犯(C)牽連犯(D)連續犯

91 (B) 裁判確定前犯數罪者：(A)以一罪論(B)併合處罰之(C)加重其刑至二分之一(D)不適用減輕或免除其刑規定

92 (C) 甲醉酒開車，來不及煞車，撞死路人乙後逃逸，其法律效果為下列何者？(A)甲為想像競合犯，從一重處斷(B)甲為牽連犯，從一重處斷(C)甲為實質競合犯，併罰之(D)甲就只犯一罪

其應執行者：一、宣告多數死刑者，執行其一。二、宣告之最重刑爲死刑者，不執行他刑。但罰金及從刑不在此限。三、宣告多數無期徒刑者，執行其一。四、宣告之最重刑爲無期徒刑者，不執行他刑。但罰金及從刑不在此限。五、宣告多數有期徒刑者，於各刑中之最長期以上，各刑合併之刑期以下，定其刑期。但不得逾三十年。六、宣告多數拘役者，比照前款定其刑期。但不得逾一百二十日。七、宣告多數罰金者，於各刑中之最多額以上，各刑合併之金額以下，定其金額。八、宣告多數褫奪公權者，僅就其中最長期間執行之。九、依第五款至前款所定之刑，併執行之。但應執行者爲三年以上有期徒刑與拘役時，不執行拘役。」

(二) 想像競合

刑法第 55 條前段規定：「一行爲而觸犯數罪名者，從一重處斷。」學理上稱之想像競合犯[93]。即指以一個自然意義之行爲（即一個舉動），侵害數個法益，而符合數個犯罪構成要件而言[94]。如大貨車司機甲打瞌睡，追撞小客車，導致一人死亡，一人重傷，一人輕傷[95]。如行爲人開一槍，在殺人之外並毀物，即一個開槍行為而觸犯殺人罪與毀損罪[96]。

十、自首

犯罪人在犯罪行爲未被發覺前，自行申告自己的犯罪事實，並接受

---

[93] (B) 一行為而觸犯數罪名，法官應如何判決？(A)從一輕處斷(B)從一重處斷(C)數罪併罰(D)視情形而定

[94] (C) 一行為觸犯數罪名，其學理上名稱為何？(A)連續犯(B)牽連犯(C)想像競合犯(D)同時犯

[95] (A) 大貨車司機甲打瞌睡，追撞小客車，導致一人死亡，一人重傷，一人輕傷。應如何論處甲的罪數？(A)想像競合，只依照過失致死罪處罰(B)接續犯，只依照過失致死罪處罰(C)實質競合，成立過失致死、過失重傷與過失傷害三罪，合併處罰(D)法條競合，只依照過失致死罪處罰

[96] (B) 行為人開一槍，在殺人之外並毀物，即一個開槍行為而觸犯殺人罪與毀損罪，刑法上稱之為：(A)法律競合(B)想像競合(C)牽連犯(D)數罪併罰

法院裁判者[97]。如行爲人於犯罪後，在未被偵查機關發覺之前，主動向檢察官或司法警察官，告知自己之犯罪事實，並願意接受法律制裁[98]，即屬自首[99]。

十一、緩刑與假釋

(一) 緩刑

1. 緩刑期間

指對於初犯及輕微犯罪者，在一定期間內，暫緩其刑的執行。緩刑期滿，而緩刑之宣告未經撤銷者[100]，其刑之宣告失其效力[101]。視爲自始未受刑之宣告[102]。

2. 緩刑要件

刑法第 74 條規定：「受二年以下有期徒刑、拘役或罰金之宣告，而有下列情形之一，認以暫不執行爲適當者，得宣告二年以上五年以下之緩

---

97 (C) 犯罪人在犯罪行為未被發覺前，自行申告自己的犯罪事實，並接受法院裁判者，稱為：(A)投案(B)到案(C)自首(D)自白

98 (A) 下列何者係符合犯罪之自首要件之一？(A)主管機關尚未發覺犯罪(B)申告他人犯罪(C)僅書面函告犯罪經過，仍藏匿逃亡(D)接受偵訊時坦白陳述犯罪事實

99 (D) 行為人於犯罪後，在未被偵查機關發覺之前，主動向檢察官或司法警察官，告知自己之犯罪事實，並願意接受法律制裁，是為下列何者？(A)投案(B)自白(C)自認(D)自首

100 (A) 法院宣告罪刑之際，基於法定條件，於一定期間內對於犯人暫緩刑之執行，若於期間內不再犯罪，其刑之宣告，失其效力之制度，稱之為何？(A)緩刑(B)假釋(C)認罪協商(D)自首

101 (A) 下列關於緩刑的說明何者正確？(A)緩刑期滿未經撤銷，其刑的宣告失其效力(B)緩刑期滿未經撤銷，五年內再犯有期徒刑以上的罪，視為累犯(C)緩刑期內若再犯罪而受有期徒刑宣告，不得因此撤銷緩刑宣告(D)緩刑宣告以每人終生一次為限

102 (B) 緩刑期滿，而緩刑之宣告未經撤銷者，其刑之宣告之效力如何？(A)自始無效(B)失其效力(C)視為無效(D)效力中止

刑，[103] [104]其期間自裁判確定之日起算[105]：一、未曾因故意犯罪受有期徒刑以上刑之宣告者。二、前因故意犯罪受有期徒刑以上刑之宣告，執行完畢或赦免後，五年以內未曾因故意犯罪受有期徒刑以上刑之宣告者。緩刑宣告，得斟酌情形，命犯罪行爲人爲下列各款事項：一、向被害人道歉。二、立悔過書。三、向被害人支付相當數額之財產或非財產上之損害賠償。四、向公庫支付一定之金額。五、向指定之政府機關、政府機構、行政法人、社區或其他符合公益目的之機構或團體提供四十小時以上二百四十小時以下之義務勞務。六、完成戒癮治療、精神治療、心理輔導或其他適當之處遇措施。七、保護被害人安全之必要命令。八、預防再犯所爲之必要命令。前項情形，應附記於判決書內。第 2 項第 3 款、第 4 款得爲民事強制執行名義。緩刑之效力不及於從刑、保安處分及沒收之宣告。」

3. 緩刑宣告之撤銷

刑法第 75 條規定：「受緩刑之宣告，而有下列情形之一者，撤銷其宣告：一、緩刑期內因故意犯他罪，而在緩刑期內受逾六月有期徒刑之宣告確定者。二、緩刑前因故意犯他罪，而在緩刑期內受逾六月有期徒刑之宣告確定者。前項撤銷之聲請，於判決確定後六月以內爲之。」

4. 緩刑之效力

緩刑期滿，而緩刑之宣告未經撤銷者，其刑之宣告失其效力[106]（刑法 76 前段）。

---

[103] (D) 法官於符合緩刑條件下，得宣告：(A)一年以上三年以下之緩刑(B)並無規定(C)三年以上十年以下之緩刑(D)二年以上五年以下之緩刑

[104] (C) 依刑法第 74 條規定，法院得宣告緩刑者，其必須受多久以下有期徒刑、拘役或罰金之宣告？(A)六個月(B)一年(C)二年(D)三年

[105] (A) 緩刑期間的起算日為何？(A)裁判確定日(B)執行暫停日(C)裁判宣告日(D)執行報到日

[106] (C) 受緩刑宣告之犯罪行為者，不用受到刑罰的執行，並且若其在緩刑期滿而緩刑之宣告未經撤銷者，其刑之宣告：(A)得撤銷(B)暫緩執行(C)失其效力(D)效力未定

(二) 假釋

因受刑人有後悔的事實，在刑期屆滿前，附條件予以釋放之制度。如某甲因案受無期徒刑的宣告，執行已逾十五年，且足認甲在服刑期間有改過遷善之實據，經監務委員會決議後，報請法務部核准出獄[107]。

1. 假釋之要件

刑法第 77 條規定：「受徒刑之執行而有悛悔實據者，無期徒刑逾二十五年，有期徒刑逾二分之一、累犯逾三分之二，由監獄報請法務部，得許假釋出獄[108]。前項關於有期徒刑假釋之規定，於下列情形，不適用之：一、有期徒刑執行未滿六個月者。二、犯最輕本刑五年以上有期徒刑之罪之累犯，於假釋期間，受徒刑之執行完畢，或一部之執行而赦免後，五年以內故意再犯最輕本刑爲五年以上有期徒刑之罪者。三、犯第 91 條之 1 所列之罪，於徒刑執行期間接受輔導或治療後，經鑑定、評估其再犯危險未顯著降低者。無期徒刑裁判確定前逾一年部分之羈押日數算入第 1 項已執行之期間內。」

2. 假釋之撤銷

刑法第 78 條規定：「假釋中因故意更犯罪，受有期徒刑以上刑之宣告者，於判決確定後六月以內，撤銷其假釋。但假釋期滿逾三年者，不在此限。假釋撤銷後，其出獄日數不算入刑期內。」

3. 假釋之效力

刑法第 79 條規定：「在無期徒刑假釋後滿二十年或在有期徒刑所餘刑期內未經撤銷假釋者，其未執行之刑，以已執行論。但依第 78 條第 1 項撤銷其假釋者，不在此限。假釋中另受刑之執行、羈押或其他依法拘束人身自由之期間，不算入假釋期內。但不起訴處分或無罪判決確定前曾受之羈押或其他依法拘束人身自由之期間，不在此限。」假釋出獄者，在假

---

107 (D) 某甲因案受無期徒刑的宣告，執行已逾十五年，且足認甲在服刑期間有改過遷善之實據，經監務委員會決議後，報請法務部核准出獄，甲係基於下列何種制度而予以釋放？(A)保安處分(B)緩刑(C)緩起訴(D)假釋

108 (A) 受無期徒刑之執行，而有悛悔實據者，逾多少年得許假釋出獄？(A)二十五年(B)二十年(C)十五年(D)十年

釋中付保護管束（刑法 93 Ⅱ）[109]。

4. 合併執行刑之假釋

刑法第 79 條之 1 規定：「二以上徒刑併執行者，第 77 條所定最低應執行之期間，合併計算之。前項情形，併執行無期徒刑者，適用無期徒刑假釋之規定；二以上有期徒刑合併刑期逾四十年，而接續執行逾二十年者，亦得許假釋。但有第 77 條第 2 項第 2 款之情形者，不在此限。依第 1 項規定合併計算執行期間而假釋者，前條第 1 項規定之期間，亦合併計算之。前項合併計算後之期間逾二十年者，準用前條第 1 項無期徒刑假釋之規定。經撤銷假釋執行殘餘刑期者，無期徒刑於執行滿二十五年，有期徒刑於全部執行完畢後，再接續執行他刑，第 1 項有關合併計算執行期間之規定不適用之。」

十二、時效

(一) 追訴權之時效期間

刑法第 80 條規定：「追訴權，因下列期間內未起訴而消滅：一、犯最重本刑爲死刑、無期徒刑或十年以上有期徒刑之罪者，三十年[110]。如重傷罪[111]。二、犯最重本刑爲三年以上十年未滿有期徒刑之罪者，二十年。三、犯最重本刑爲一年以上三年未滿有期徒刑之罪者，十年。四、犯最重本刑爲一年未滿有期徒刑、拘役或罰金之罪者，五年。前項期間自犯罪成立之日起算。但犯罪行爲有繼續之狀態者，自行爲終了之日起算。」

(二) 行刑權之時效期間

刑法第 84 條規定：「行刑權因下列期間內未執行而消滅：一、宣告死刑、無期徒刑或十年以上有期徒刑者，四十年。二、宣告三年以上十年

---

[109] (B) 假釋出獄者，在假釋中：(A)得付保護管束(B)應付保護管束(C)不得付保護管束(D)應令入感化教育處所

[110] (C) 重傷罪之追訴權時效，其期間為幾年？(A)五十年(B)十年(C)三十年(D)五年

[111] (D) 犯最重本刑為死刑、無期徒刑或十年以上有期徒刑之罪者，必須在幾年內對其進行追訴？(A)五年(B)十年(C)二十年(D)三十年

未滿有期徒刑者，三十年。三、宣告一年以上三年未滿有期徒刑者，十五年。四、宣告一年未滿有期徒刑、拘役或罰金者，七年。前項期間[112]，自裁判確定之日起算[113]。但因保安處分先於刑罰執行者，自保安處分執行完畢之日起算。」

十三、科刑

(一) 法定刑與宣告刑

1. 法定刑：法律就特定犯罪所得科處之刑罰範圍。
2. 宣告刑：法院對特定人犯，在法定刑範圍內，以裁判宣示其所應受之處罰。例如：普通殺人罪的法定刑爲死刑、無期徒刑或十年以上有期徒刑，若甲殺人，法院判處其十二年有期徒刑，即爲「宣告刑」。

(二) 量刑

法官處理具體案件在法定刑範圍內審酌一切情狀決定應科之刑，謂之科刑，亦稱量刑。依刑法第 57 條之規定，科刑輕重之標準有：1.犯罪之動機、目的。2.犯罪時所受刺激。3.犯罪之手段。4.犯人之生活狀況。5.犯人之品性。6.犯人之智識程度。7.犯人與被害人之關係。8.犯人違反義務之程度。9.犯罪所生之危險或損害。10.犯罪後之態度。刑法第 63 條：「未滿十八歲人或滿八十歲人犯罪者，不得處死刑或無期徒刑，本刑爲死刑或無期徒刑者，減輕其刑[114]。」

---

[112] (B) 刑法追訴權之時效，依本刑之最高度計算。本刑為一年未滿有期徒刑者，其追訴權時效多久？(A)十年(B)五年(C)三年(D)一年

[113] (D) 行刑權時效期間，依刑法規定，應自何時起算？(A)檢察官起訴時(B)地方法院判決時(C)高等法院判決時(D)裁判確定之日

[114] (B) 依據刑法第 63 條規定，以下何者，不得處死刑或無期徒刑，本刑為死刑或無期徒刑者，減輕其刑？(A)滿二十歲之犯罪人(B)未滿十八歲之犯罪人(C)滿六十歲，但未滿八十歲之犯罪人(D)十八歲以上，但未滿二十歲之犯罪人

十四、易刑處分

裁判宣告之刑，有時因特殊事由不能執行，或不宜執行，而別謀他法以爲執行之代替，是爲易刑處分，易刑處分執行完畢，則其所受宣告之刑，以已執行論。計有易科罰金與易服社會勞動、易服勞役、易以訓誡三種。

(一) 易科罰金與易服社會勞動

刑法第 41 條規定：「犯最重本刑爲五年以下有期徒刑以下之刑之罪，而受六月以下有期徒刑或拘役之宣告者，得以新台幣一千元、二千元或三千元折算一日，易科罰金。但易科罰金，難收矯正之效或難以維持法秩序者，不在此限。依前項規定得易科罰金而未聲請易科罰金者，得以提供社會勞動六小時折算一日，易服社會勞動。受六月以下有期徒刑或拘役之宣告，不符第 1 項易科罰金之規定者，得依前項折算規定，易服社會勞動。前二項之規定，因身心健康之關係，執行顯有困難者，或易服社會勞動，難收矯正之效或難以維持法秩序者，不適用之。第 2 項及第 3 項之易服社會勞動履行期間，不得逾一年。無正當理由不履行社會勞動，情節重大，或履行期間屆滿仍未履行完畢者，於第 2 項之情形應執行原宣告刑或易科罰金；於第 3 項之情形應執行原宣告刑。已繳納之罰金或已履行之社會勞動時數依所定之標準折算日數，未滿一日者，以一日論。第 1 項至第 4 項及第 7 項之規定，於數罪併罰之數罪均得易科罰金或易服社會勞動，其應執行之刑逾六月者，亦適用之。數罪併罰應執行之刑易服社會勞動者，其履行期間不得逾三年。但其應執行之刑未逾六月者，履行期間不得逾一年。數罪併罰應執行之刑易服社會勞動有第 6 項之情形者，應執行所定之執行刑，於數罪均得易科罰金者，另得易科罰金。」

(二) 易服勞役

刑法第 42 條規定：「罰金應於裁判確定後二個月內完納。期滿而不完納者，強制執行。其無力完納者，易服勞役。但依其經濟或信用狀況，不能於二個月內完納者，得許期滿後一年內分期繳納。遲延一期不繳或未繳足者，其餘未完納之罰金，強制執行或易服勞役。依前項規定應強制執行者，如已查明確無財產可供執行時，得逕予易服勞役。易服勞役以新台幣一千元、二千元或三千元折算一日。但勞役期限不得逾一年。依第 51 條第 7 款所定之金額，其易服勞役之折算標準不同者，從勞役期限較長者定之。罰金總額折算逾一年之日數者，以罰金總額與一年之日數比例折算。依前項所定之期限，亦同。科罰金之裁判，應依前三項之規定，載明折算一日之額數。易服勞役不滿一日之零數，不算。易服勞役期內納罰金者，以所納之數，依裁判所定之標準折算，扣除勞役之日期。」

(三) 易以訓誡

刑法第 43 條規定：「受拘役或罰金之宣告，而犯罪動機在公益或道義上顯可宥恕者，得易以訓誡。」

第三節　分則編

一、國家法益

國家法益乃以國家作為法律人格者所擁有之公法益，計有：(一)國家存立之安全，如內亂、外患[115]。(二)政府統治機能之確保，如妨害國交、瀆職、妨害公務、妨害秩序[116]。(三)司法權之不受干擾，如偽證、誣告[117]、湮滅證據、藏匿人犯、脫逃。(四)人民政權之行使，如妨害投票。

(一) 內亂罪（刑法 100～102）

意圖破壞國體，竊據國土，或以非法之方法變更國憲，顛覆政府，而以強暴或脅迫著手實行者。

---

115 (B) 刑法中有關內亂罪之規定，主要在保護：(A)社會法益(B)國家法益(C)個人法益(D)外國法益

116 (A) 依據刑法所保護之法益加以區分，妨害秩序罪係屬於：(A)侵害國家法益之罪(B)侵害社會法益之罪(C)侵害個人法益之罪(D)侵害經濟法益之罪

117 (B) 下列何者為侵害國家法益之犯罪？(A)重婚罪(B)誣告罪(C)普通竊盜罪(D)詐欺

(二) 外患罪（刑法 103～115）

通謀外國或其派遣之人，意圖使該國或他國對於中華民國開戰端者；中華民國人民在敵軍執役，或與敵國械抗中華民國或其同盟國者；在與外國開戰或將開戰期內，以軍事上之利益供敵國，或以軍事上之不利益害中華民國或其同盟國者；在與外國開戰或將開戰期內，不履行供給軍需之契約或不照契約履行者；洩漏或交付關於中華民國國防應秘密之文書、圖畫、消息或物品者等。

(三) 妨害國交罪（刑法 116～119）

對於友邦元首或派至中華民國之外國代表，犯故意傷害罪、妨害自由罪或妨害名譽罪者。

(四) 瀆職罪（刑法 120～134）

瀆職，依刑法第 131 條規定，係指公務員對於主管或監督之事務，明知違背法令，直接或間接圖自己或其他私人不法利益，因而獲得利益者。第 120 條規定，處死刑、無期徒刑或十年以上有期徒刑；第 121 條規定，處七年以下有期徒刑，得併科五千元以下罰金；第 122 條規定，對於公務員或仲裁人關於違背職務之行爲，要求、期約或收受賄賂或其他不正利益者，處三年以上十年以下有期徒刑，得併科七千元以下罰金。但自首者減輕或免除其刑[118]；在偵查或審判中自白者，得減輕其刑。公務員對於租稅或其他入款，明知不應徵收而徵收者[119]；公務員對於職務上發給之款項、物品，明知應發給而抑留不發或剋扣者（違法抑留或剋扣款物

---

[118] (A) 公務員收受賄賂而為違背職務之行為，行賄人與公務員何者有罪？(A)二者皆有罪(B)公務員有罪，行賄人無罪(C)公務員有罪，行賄人行賄金額在新台幣一萬元以下者無罪(D)公務員有罪，行賄人行賄金額在新台幣十萬元以下者無罪

[119] (D) 公務員對於不應徵收的租稅而過失徵收者，其法律效果為何？(A)犯過失違法徵稅罪(B)以故意違法徵稅論(C)按故意犯之刑減輕處罰之(D)不犯罪

罪）[120]；公務員對於訴訟事件，明知不應受理而受理者；公務員廢弛職務釀成災害者；公務員洩漏或交付關於中華民國國防以外應秘密之文書、圖畫、消息或物品者；公務員對於主管或監督之事務，明知[121]違背法令，直接或間接圖自己或其他私人不利益，因而獲得利益者（公務員圖利罪）[122]；在郵務或電報機關執行職務之公務員，開拆或隱匿投寄之郵件或電報者；公務員假借職務上之權力、機會或方法，以故意犯本章以外各罪者，加重其刑至二分之一。但因公務員之身分已特別規定其刑者，不在此限[123]。

(五) 妨礙公務罪（刑法 135～141）

對於公務員依法執行職務時，施強暴脅迫者；對於依考試法舉行之考試，以詐術或其他非法之方法，使其發生不正確之結果者（妨害考試罪），例如博士班入學考試、全國大學聯合招生入學考試[124]等非國家舉辦之考試者[125]，不罰；毀棄、損壞或隱匿公務員職務上掌管或委託第三人掌管之文書、圖畫、物品，或致令不堪用者；於公務員依法執行職務時，

---

[120] (B) 公務員對於職務上發給之款項、物品，明知應發給而抑留不發或剋扣者，所成立的罪是？(A)行賄罪(B)違法抑留或剋扣款物罪(C)受賄罪(D)違法徵收租稅罪

[121] (B) 公務員就主管或監督之事務之違背法令圖私人不法利益，認識到何種程度，才有可能構成公務員圖利罪？(A)確信(B)明知(C)推測(D)容忍

[122] (A) 公務員收取回扣行為所犯的罪是：(A)公務員圖利罪(B)詐欺取財罪(C)強盜罪(D)侵占罪

[123] (A) 公務員假借職務上之權力，以故意犯刑法瀆職罪章以外各罪時，其法律效果為何？(A)加重其刑至二分之一(B)加重其刑至三分之一(C)加重其刑至四分之二(D)依各罪之刑論處

[124] (D) 雖以詐術或其他非法之方法，使考試發生不正確的結果，以下何種考試卻仍不犯妨害考試罪？(A)高等考試(B)普通考試(C)司法官特種考試(D)全國大學聯合招生入學考試

[125] (D) 以下何者，如以非法方法使其發生不正確之結果，成立妨害考試罪？(A)大學入學考試(B)中小學資優生入學考試(C)博士班入學考試(D)公務人員高等考試、普通考試

當場侮辱，或對於其依法執行之職務公然侮辱者。

刑法第 10 條第 2 項：「稱公務員者，謂下列人員：一、依法令服務於國家、地方自治團體所屬機關而具有法定職務權限，以及其他依法令從事於公共事務，而具有法定職務權限者。二、受國家、地方自治團體所屬機關依法委託，從事與委託機關權限有關之公共事務者。」

(六) 妨害投票罪（刑法 142～148）

以強暴脅迫或其他非法之方法，妨害他人自由行使法定之政治上選舉或其他投票權者。

(七) 妨害秩序罪（刑法 149～160）

公然聚眾，意圖爲強暴脅迫，已受該管公務員解散命令三次以上，而不解散者[126]；以強暴脅迫或詐術，阻止或擾亂合法之集會者，處二年以下有期徒刑[127]；意圖漁利，挑唆或包攬他人訴訟者；未受允准，召集軍隊，發給軍需或率帶軍隊者；公然冒用公務員服飾、徽章或官銜者；冒充公務員而行使其職權者；意圖侮辱中華民國，而公然損壞、除去或污辱中華民國之國徽、國旗者；意圖侮辱創立中華民國之孫先生，而公然損壞、除去或污辱其遺像者。

(八) 逃脫罪（刑法 161～163）

縱放依法逮捕、拘禁之人或便利其脫逃者處三年以下有期徒刑[128]；損壞拘禁處所械具或以強暴脅迫犯前項之罪者，處六月以上五年以下有期徒刑；聚眾以強暴脅迫犯第 1 項之罪者，在場助勢之人，處五年以上十二

---

126 (B) 公然聚眾，意圖為強暴脅迫，已受該管公務員解散命令至少要幾次以上，而不解散者，方構成公然聚眾不遵令解散罪？(A)二次以上(B)三次以上(C)四次以上(D)五次以上

127 (D) 有關刑法上之妨害合法集會罪，下列何者非阻止或擾亂合法集會之行為態樣？(A)強暴(B)脅迫(C)詐術(D)恐嚇

128 (C) 以下何者不可能犯脫逃罪？(A)依法逮捕之人(B)依法拘禁之人(C)被追捕的現行犯(D)執行中的監獄受刑人

年以下有期徒刑；首謀及下手實施強暴脅迫者，處無期徒刑或七年以上有期徒刑；配偶、五親等內之血親或三親等內之姻親，犯第 1 項之便利脫逃罪者，得減輕其刑，例如甲因犯罪而逮捕，拘禁於某拘留所，適其妻乙在該拘留所任職，乃縱放甲，使其順利脫逃[129]。

(九) 藏匿人犯及湮滅證據罪（刑法 164～167）

藏匿犯人或依法逮捕拘禁之脫逃人或使之隱避者；僞造、變造、湮滅或隱匿關係他人刑事被告案件之證據，或使用僞造、變造之證據者。

(十) 偽證及誣告罪（刑法 168～172）

於執行審判職務之公署審判時或於檢察官偵查時，證人、鑑定人、通譯於案情有重要關係之事項，供前或供後具結，而爲虛僞陳述者[130][131]。

二、社會法益

侵害社會法益之罪，社會法益乃以社會整體作爲法律人格者所擁有之社會共同生活之公共利益，計有：

(一) 社會共同生活之安全，如失火與放火之公共危險、賭博、酒醉駕車[132]。失火，乃過失致使火燃燒；放火，乃故意使火燃燒。

---

[129] (C) 甲因犯罪而逮捕，拘禁於某拘留所，適其妻乙在該拘留所任職，乃縱放甲，使其順利脫逃。試問：乙之行為成立刑法第 162 條縱放或便利脫逃罪時，其法律效果為何？(A)減輕或免除其刑(B)得減輕或免除其刑(C)得減輕其刑(D)得免除其刑

[130] (B) 對於以下何種事項，於檢察官偵查時，證人在供前或供後具結而為虛偽陳述者，犯偽證罪？(A)檢察官訊問事項(B)於案情有重要關係事項(C)於案情任何有關事項(D)被告聲請調查事項

[131] (C) 甲同時分別向地方法院、高等法院檢察署、監察院等單位誣告乙瀆職，甲成立何種犯罪？(A)誣告罪連續犯(B)誣告罪繼續犯(C)一個普通誣告罪(D)誣告罪常業犯

[132] (D) 下列哪一行為構成刑事犯罪？(A)闖紅燈(B)亂丟煙蒂(C)隨地小便(D)酒醉不省人事而駕車

(二) 公共信用與交易安全，如各種僞造罪、僞造公文書。
(三) 倫理秩序與善良風俗，如妨害風化、褻瀆祀典。
(四) 婚姻與家庭制度之安全，如妨害婚姻及家庭、通姦[133]。
(五) 公共衛生與健康，如鴉片、妨害農工商。

(一) 公共危險罪（刑法 173～194）

放火燒燬現供人使用之住宅或現有人所在之建築物、礦坑、火車、電車或其他供水、陸、空公眾運輸之舟、車、航空機者[134]；漏逸或間隔蒸氣、電氣、煤氣或其他氣體，致生公共危險者；傾覆或破壞現有人所在之火車、電車或其他供水、陸、空公眾運輸之舟、車、航空機者；損壞軌道、燈塔、標識或以他法致生火車、電車或其他供水、陸、空公眾運輸之舟、車、航空機往來之危險者；以強暴、脅迫或其他非法方法劫持使用中之航空器或控制其飛航者；服用毒品、麻醉藥品、酒類或其他相類之物，不能安全駕駛動力交通工具而駕駛者；無正當理由使用炸藥、棉花藥、雷汞或其他相類之爆裂物爆炸，致生公共危險者；放逸核能、放射線，致生公共危險者，處五年以下有期徒刑；妨害鐵路、郵務、電報、電話或供公眾之用水、電氣、煤氣事業者；阻塞戲院、商場、餐廳、旅店或其他公眾得出入之場所或公共場所之逃生通道，致生危險於他人生命、身體或健康者；集合住宅或共同使用大廈之逃生通道，致生危險於他人生命、身體或健康者；投放毒物或混入妨害衛生物品於供公眾所飲之水源、水道或自來水池者；投棄、放流、排出或放逸毒物或其他有害健康之物，而污染空氣、土壤、河川或其他水體，致生公共危險者；製造、販賣或意圖販賣而陳列妨害衛生之飲食物品或其他物品者；違背關於預防傳染病所公布之檢查或進口之法令者；暴露有傳染病菌之屍體，或以他法散布病菌，致生公共危險者。

---

133 (A) 刑法中有關妨害婚姻及家庭罪之規定，主要目的是在保護：(A)社會法益(B)個人法益(C)財產法益(D)國家法益

134 (C) 「失火」和「放火」有何不同？(A)前者是有限度使火燃燒，後者是無限制使火燃燒(B)前者是放火後失控，後者是持續在控制中(C)前者是過失使火燃燒，後者是故意使火燃燒(D)前者是指燒自己所有之物，後者是指燒他人之物

(二) 交通犯罪

1. 刑法第 185 條之 1：「以強暴、脅迫或其他非法方法劫持使用中之航空器或控制其飛航者，處死刑、無期徒刑或七年以上有期徒刑。其情節輕微者，處七年以下有期徒刑。因而致人於死者，處死刑或無期徒刑；致重傷者，處死刑、無期徒刑或十年以上有期徒刑。以第 1 項之方法劫持使用中供公眾運輸之舟、車或控制其行駛者，處五年以上有期徒刑。其情節輕微者，處三年以下有期徒刑。因而致人於死者，處無期徒刑或十年以上有期徒刑；致重傷者，處七年以上有期徒刑。第 1 項、第 3 項之未遂犯罰之。預備犯第 1 項之罪者，處三年以下有期徒刑。」
2. 刑法第 185 條之 3：「駕駛動力交通工具而有下列情形之一者，處二年以下有期徒刑，得併科二十萬元以下罰金：一、吐氣所含酒精濃度達每公升零點二五毫克或血液中酒精濃度達百分之零點零五以上。二、有前款以外之其他情事足認服用酒類或其他相類之物，致不能安全駕駛。三、服用毒品、麻醉藥品或其他相類之物，致不能安全駕駛。因而致人於死者，處三年以上十年以下有期徒刑；致重傷者，處一年以上七年以下有期徒刑。」例如醉酒的甲高速騎越野自行車，不小心竟將八十歲老婦撞死，應以本條第 2 項，處三年以上十年以下有期徒刑。
3. 刑法第 185 條之 4：「駕駛動力交通工具肇事，致人死傷而逃逸者，處一年以上七年以下有期徒刑。」例如擦撞路人，致其手臂擦傷後逃逸[135]。

(三) 偽造貨幣罪（刑法 195～200）

意圖供行使之用，而偽造、變造通用之貨幣、紙幣、銀行券者。

---

135 (C) 以下何種交通肇事逃逸，適用刑法第 185 條之 4 的交通肇事逃逸罪的規定？(A)衝撞電線桿後逃逸(B)將幼童撞入大排水溝溺斃後逃逸(C)擦撞路人，致其手臂擦傷後逃逸(D)撞扁高級房車的車頭後逃逸

(四) 偽造有價證券罪（刑法 201～205）

意圖供行使之用，而僞造、變造公債票、公司股票或其他有價證券者；意圖供行使之用，而僞造、變造信用卡、金融卡、儲值卡或其他相類作爲簽帳、提款、轉帳或支付工具之電磁紀錄物者。

(五) 偽造度量衡罪（刑法 203～209）

意圖供行使之用，而製造違背定程之度量衡，或變更度量衡之定程者。

(六) 偽造文書印文罪（刑法 210～220）

僞造、變造私文書[136]及公文書[137]，足以生損害於公衆或他人者，其係爲了保障信用性；在紙上或物品上之文字、符號、圖畫、照像，依習慣或特約，足以爲表示其用意之證明者，關於本章及本章以外各罪，以文書論。錄音、錄影或電磁紀錄，藉機器或電腦之處理所顯示之聲音、影像或符號，足以爲表示其用意之證明者，亦同[138]。

(七) 妨害性自主罪（刑法 221～229 之 1）

對於男女以強暴、脅迫、恐嚇、催眠術或其他違反其意願之方法而爲性交者，例如甲男爲同性戀者，某日在酒吧內向乙男求歡未遂，憤而持刀強押乙男至汽車旅館爲其「口交」，本條文在解釋上已打破傳統性別的

---

136 (B) 偽造私文書達以下何種程度，犯偽造私文書罪？(A)致生損害於公眾或他人(B)足以生損害於公眾或他人(C)一旦偽造，即推定致生損害於公眾或他人(D)一旦偽造，即推定足以生損害於公眾或他人

137 (B) 法律規定處罰偽造公文書的行為，是因為公文書：(A)神聖不可侵犯(B)信用性應加以保護(C)具有著作權(D)象徵公務員的尊嚴

138 (C) 依刑法第 220 條第 2 項的規定，以電子、磁性或其他無法以人之知覺直接認識之方式所製成之紀錄，而供電腦處理之用者，其用語為下列何者？(A)電子紀錄(B)電腦紀錄(C)電磁紀錄(D)數位紀錄

認定[139]。妨害風化罪（刑法 230～236）：意圖使男女與他人爲性交或猥褻之行爲，而引誘、容留或媒介以營利者；意圖供人觀覽，公然爲猥褻之行爲者；散布、播送或販賣猥褻之文字、圖畫、聲音、影像或其他物品，或公然陳列，或以他法供人觀覽、聽聞者；對配偶犯第 221 條、第 224 條之罪者，或未滿十八歲之人犯第 227 條之罪者，須告訴乃論，例如甲夫對乙妻強制性交，仍構成強制性交罪，刑法規定採告訴乃論，僅在於對國家追訴權有所限制[140][141]。與直系或三親等內旁系血親爲性交者，處五年以下有期徒刑[142]。

刑法第 10 條第 5 項：「稱性交者，謂非基於正當目的所爲之下列性侵入行爲：一、以性器進入他人之性器、肛門或口腔，或使之接合之行爲。二、以性器以外之其他身體部位或器物進入他人之性器、肛門，或使之接合之行爲。」

(八) 妨害婚姻與家庭罪（刑法 237～245）

有配偶而重爲婚姻或同時與二人以上結婚者；和誘未滿二十歲之男女，脫離家庭或其他有監督權之人者；略誘未滿二十歲之男女，脫離家庭或其他有監督權之人者。

---

139 (A) 設甲男為同性戀者，某日在酒吧內向乙男求歡未遂，憤而持刀強押乙男至汽車旅館為其「口交」，乙男被迫只好屈服。問甲男之行為構成：(A)加重強制性交罪(B)加重強制猥褻罪(C)重傷害罪(D)加重強制罪

140 (B) 甲男與乙女為夫婦關係，乙見其夫終日在外拈花惹草，數月未履行同居義務，某日，以強制手段為甲進行口交行為。試問依我國現行刑法之規定，乙之行為成立何罪？(A)不經甲提出告訴，乙成立強制性交罪(B)若甲提出告訴，乙成立強制性交罪(C)若甲提出告訴，乙成立強制猥褻罪(D)無論甲是否提出告訴，乙不成立犯罪

141 (D) 甲夫對乙妻強制性交，其法律效果為何？(A)甲僅論以強制罪(B)若乙不提出告訴，甲不犯罪(C)甲不犯罪(D)甲犯強制性交罪

142 (B) 刑法上之血親性交罪，係指與直系或幾親等內旁系血親為性交行為？(A)二親等(B)三親等(C)四親等(D)五親等

(九) 褻瀆祀典及侵害墳墓屍體罪（刑法 246～250）

對於壇廟、寺觀、教堂、墳墓或公眾紀念處所，公然侮辱者；損壞、遺棄、污辱或盜取屍體者，處六月以上五年以下有期徒刑；損壞、遺棄或盜取遺骨、遺髮、殮物或火葬之遺灰者，處五年以下有期徒刑[143]。

(十) 妨害農工商罪（刑法 251～255）

以強暴、脅迫或詐術為左列行為之一者：1.妨害販運穀類及其他公共所需之飲食物品，致市上生缺乏者。2.妨害販運種子、肥料、原料及其他農業、工業所需之物品，致市上生缺乏者。

(十一) 鴉片罪（刑法 256～265）

製造鴉片者；製造嗎啡、高根、海洛因或其化合質料者；販賣或運輸鴉片者。

(十二) 賭博罪（刑法 266～270）

在公共場所或公眾得出入之場所賭博財物者，處一千元以下罰金。但以供人暫時娛樂之物為賭者，不在此限。

三、個人法益

侵害個人法益之罪，個人法益係指由自然人所擁有，並由刑法加以保護之重要生活利益。計有：

(一) 侵害生命身體者（保障生命權）[144]，如殺人[145]、傷害、墮胎、遺棄。

---

143 (B) 有關刑法上之侵害屍體罪，下列何者非侵害屍體之行為態樣？(A)損害(B)發掘(C)遺棄(D)盜取

144 (B) 國家法律規定殺人罪，其立法目的在於保護：(A)財產權(B)生命權(C)自由權(D)健康權

145 (C) 刑法中有關殺人罪之規定，主要在保護何種法益？(A)國家法益(B)社會法益(C)個人法益(D)財產法益

(二) 侵害自由或秘密者，如妨害自由、妨害秘密。
(三) 侵害名譽信用者，如妨害名譽及信用。
(四) 侵害財產之罪，如竊盜[146]、搶奪、侵占、詐欺、背信、恐嚇、擄人勒贖、贓物毀損等。

(一) 殺人罪（刑法 271～276）

殺人者，處死刑、無期徒刑或十年以上有期徒刑；殺直系血親尊親屬者，處死刑或無期徒刑，未遂犯及預備犯，罰之，自殺者除外[147]。例如 1.甲協助好友乙殺害乙的父親或母親殺害其一歲之幼子[148]，依刑法第 272 條殺直系血親尊親屬罪，除了保障生命法益外，更有維護倫常之社會法益的規範，故被害人須係行為人之直系血親尊親屬，才能依本條規範處罰，故應依何罪科處普通殺人罪。2.甲教唆乙去殺害甲的父親丙，乙因而將丙殺了[149]，因身分或其他特定關係致刑有重輕或免除者，其無特定關係之人，科以通常之刑（刑法 31Ⅱ），是以乙僅成立普通殺人罪[150]。3.甲女磨刀想要次日早上殺夫，但想到夫妻一場，就丟下刀罷手，依刑法其磨刀預備行為仍在本條文所規範之範圍[151]。當場激於義憤而殺人者[152]，處七年以下有期徒刑。因過失致人於死者，處二年以下有期徒刑、拘役或二

---

146 (A) 國家法律規定竊盜罪，其立法目的是在保護：(A)財產權(B)自由權(C)生命權(D)健康權

147 (C) 自殺者：(A)犯自殺罪(B)犯加工自殺罪(C)不犯罪(D)犯殺人罪

148 (A) 甲女殺害其一歲之幼子，則：(A)甲犯普通殺人罪(B)甲犯殺直系血親卑親屬罪(C)甲犯生母殺嬰罪(D)甲犯加工殺人罪

149 (B) 甲協助好友乙殺害乙的父親，甲應依何罪科處刑罰？(A)殺害直系血親尊親屬罪(B)普通殺人罪(C)過失致死罪(D)強制罪

150 (A) 甲教唆乙去殺害甲的父親丙，乙因而將丙殺了，則：(A)乙犯普通殺人罪(B)乙犯殺直系血親尊親屬罪(C)乙犯殺人教唆罪(D)乙犯教唆殺人罪

151 (B) 甲女磨刀想要次日早上殺夫，但想到夫妻一場，就丟下刀罷手。其法律效果為何？(A)甲為殺人己意中止犯(B)甲犯預備殺人罪(C)甲只有單純的殺人犯意，尚未著手，所以不犯任何罪(D)甲犯殺人未遂罪，但應減輕其刑

152 (C) 以下何者非義憤殺人構成要件的成立要件？(A)激於義憤殺人(B)當場殺人(C)非無故殺人(D)被害人死亡

千元以下罰金，例如甲不小心撞倒乙，本以爲只是跌成輕傷，不料次日乙因內傷嚴重不治，甲應成立過失致死罪[153]。從事業務之人，因業務上之過失犯前項之罪者，處五年以下有期徒刑或拘役，得併科三千元以下罰金，例如甲受僱於某公司擔任外務員，每日從事送貨工作，某日，送貨途中不慎撞倒路人，經送醫後，隔日因傷重死亡[154]。教唆或幫助他人使之自殺，或受其囑託或得其承諾而殺之者，處一年以上七年以下有期徒刑，例如甲男與乙女係一對熱戀中之情侶，因雙方家長反對結婚，乃由甲提議服毒自殺共赴黃泉。某日，甲乙二人分別喝下農藥自殺，結果甲獲救而乙不幸毒發身亡，乙毒發身亡，甲非成立教唆或幫助自殺罪之未遂犯（刑法275Ⅱ），而係成立教唆犯或幫助自殺罪（刑法275Ⅰ）[155]。

(二) 傷害罪（刑法277～287）

傷害人之身體或健康者；使人受重傷者，處五年以上十二年以下有期徒刑。犯前項之罪因而致人於死者，處無期徒刑或七年以上有期徒刑。第 1 項之未遂犯罰之。例如 1.甲不小心砍斷乙的右手臂，係構成過失重傷害罪[156]。2.甲以小刀刺傷乙之面部，意圖將乙毀容，乙竭力躲避，結果

---

153 (A) 甲不小心撞倒乙，本以為只是跌成輕傷，不料次日乙因內傷嚴重不治；則：(A)甲犯過失致死罪(B)甲犯傷害致死罪(C)甲犯過失傷害致死罪(D)甲犯過失傷害過失致死罪

154 (C) 甲受僱於某公司擔任外務員，每日從事送貨工作，某日，送貨途中不慎撞倒路人，經送醫後，隔日因傷重死亡。試問：甲之行為成立何罪？(A)刑法第 277 條第 2 項傷害致死罪(B)刑法第 284 條第 2 項業務過失傷害罪(C)刑法第 276 條第 2 項業務過失致死罪(D)刑法第 276 條第 1 項過失致死罪

155 (B) 甲男與乙女係一對熱戀中之情侶，因雙方家長反對結婚，乃由甲提議服毒自殺共赴黃泉。某日，甲乙二人分別喝下農藥自殺，結果甲獲救而乙不幸毒發身亡。試問：甲之行為成立何罪？(A)刑法第 271 條殺人罪之教唆犯(B)刑法第 275 條教唆或幫助自殺罪(C)刑法第 275 條教唆或幫助自殺罪之未遂犯(D)不成立犯罪

156 (A) 甲不小心砍斷乙的右手臂，係犯何種罪名？(A)甲犯過失重傷害罪(B)甲犯傷害致重傷罪(C)甲犯重傷害罪(D)甲犯過失傷害致重傷罪

僅劃傷乙顏面而未致毀容[157]。3.甲基於傷害故意毆打乙，造成乙脾臟破裂死亡，甲應成立傷害致死罪之加重結果犯[158]。4.甲本想只打瞎乙的眼睛，不料下手過重把乙給打死了，甲成立傷害致死罪[159]。因過失傷害人者，處六月以下有期徒刑、拘役或五百元以下罰金，致重傷者，處一年以下有期徒刑、拘役或五百元以下罰金。從事業務之人，因業務上之過失傷害人者[160]，處一年以下有期徒刑、拘役或一千元以下罰金，致重傷者，處三年以下有期徒刑、拘役或二千元以下罰金；第 277 條第 1 項、第 281 條、第 284 條及第 285 條之罪，須告訴乃論[161]。

(三) 墮胎罪（刑法 288～292）

受懷胎婦女之囑託或得其承諾，而使之墮胎者；懷胎婦女服藥或以他法墮胎者。

(四) 遺棄罪（刑法 293～295）

遺棄無自救力之人者。

(五) 妨害自由罪（刑法 296～308）

使人為奴隸或使人居於類似奴隸之不自由地位者；買賣、質押人口

---

[157] (B) 甲以小刀刺傷乙之面部，意圖將乙毀容，乙竭力躲避，結果僅劃傷乙顏面而未致毀容。試問：甲之行為成立何罪？(A)重傷罪(B)重傷罪之未遂犯(C)過失傷害罪之結果加重犯(D)普通傷害罪

[158] (D) 甲基於傷害故意毆打乙，造成乙脾臟破裂死亡，甲應論以何罪？(A)刑法第 271 條第 1 項殺人既遂罪(B)刑法第 276 條第 1 項過失致死罪(C)刑法第 277 條第 1 項普通傷害罪(D)刑法第 277 條第 2 項傷害致死罪

[159] (D) 甲本想只打瞎乙的眼睛，不料下手過重把乙給打死了，甲係犯何種罪名？(A)甲犯傷害致死罪(B)甲犯過失致死罪(C)甲犯過失重傷害致死罪(D)甲犯重傷害致死罪

[160] (D) 過失傷害罪係屬：(A)非告訴乃論之罪(B)僅能自訴(C)請求乃論之罪(D)告訴乃論之罪

[161] (B) 下列何者屬於告訴乃論之罪？(A)普通殺人罪(B)普通傷害罪(C)普通竊盜罪(D)偽造文書罪

者；意圖使人爲性交或猥褻之行爲而犯前項之罪者；以強暴、脅迫、恐嚇、監控、藥劑、催眠術或其他違反本人意願之方法犯前二項之罪者。例如甲男持棒球棒強迫乙女不得離開其住處，達三天之久[162]。無故侵入他人住宅、建築物或附連圍繞之土地或船艦者，處一年以下有期徒刑、拘役或三百元以下罰金；無故隱匿其內，或受退去之要求而仍留滯者，亦同。「無故」係指欠缺正當理由[163]。

(六) 妨害名譽及信用罪（刑法 309～314）

公然侮辱人者；意圖散布於眾，而指摘或傳述足以毀損他人名譽之事者。本章之罪爲告訴乃論[164]。例如甲對著下班回家途中的警員乙，罵稱：「政府的走狗」[165]。

(七) 妨害秘密罪（刑法 315～319）

無故開拆或隱匿他人之封緘信函、文書或圖畫者；醫師、藥師、藥商、助產士、心理師、宗教師、律師、辯護人、公證人、會計師或其業務上佐理人，或曾任此等職務之人，無故洩漏因業務知悉或持有之他人秘密者；無故利用工具或設備窺視、竊聽他人非公開之活動、言論、談話或身體隱私部位者；無故以錄音、照相、錄影或電磁紀錄竊錄他人非公開之活動、言論、談話或身體隱私部位者，例如甲無故利用工具或設備竊聽他人非公開之言論[166]。

---

162 (B) 甲男持棒球棒強迫乙女不得離開其住處，達三天之久，則：(A)甲犯強制罪(B)甲犯剝奪他人行動自由罪(C)甲犯恐嚇罪(D)甲犯使人為奴隸罪

163 (C) 刑法第 306 條第 1 項「無故侵入他人住宅」的「無故」是指：(A)欠缺動機(B)欠缺動作(C)欠缺正當理由(D)欠缺實質舉止

164 (A) 以下何者為告訴乃論之罪？(A)公然侮辱罪(B)毀損未遂罪(C)傷害未遂罪(D)賭博罪

165 (B) 甲對著下班回家途中的警員乙，罵稱：「政府的走狗」，其法律效果為何？(A)甲犯公然侮辱公務員罪(B)甲犯公然侮辱罪(C)甲犯公然侮辱公署罪(D)甲不犯罪

166 (B) 甲無故利用工具或設備竊聽他人非公開之言論者，應成立何罪？(A)妨害自由罪(B)妨害秘密罪(C)妨害名譽罪(D)妨害信用罪

(八) 竊盜罪（刑法 320～324）

意圖為自己或第三人不法之所有，而竊取他人之動產者。犯竊盜罪而有左列情形之一者，處六月以上、五年以下有期徒刑：1.侵入住宅或有人居住之建築物、船艦或隱匿其內而犯之者[167]。2.毀越門扇、牆垣或其他安全設備而犯之者。3.攜帶兇器而犯之者。4.結夥三人以上而犯之者[168]。5.乘火災、水災或其他災害之際而犯之者。6.在車站或埠頭而犯之者。例如 1.甲帶刀行竊[169]。2.甲、乙和丙三人共同竊取丁的機車[170]。3.某菸酒公司會計室人員於某天中午休息時，潛入倉庫搬二箱金門高粱酒放在自己車內，下班載回家享用；會計人員對金門高粱酒並無「持有」之關係，是以本題並不成立侵占罪，而係成立竊盜罪[171]。4.甲於民國 95 年 10 月 1 日在台北市路邊竊得乙所有之汽車一輛，隔天又在桃園市區路邊竊得丙所有之汽車一輛，因連續犯之規定已刪除，故甲之行為成立兩個竊盜罪[172]。電能、熱能及其他能量，關於本章之罪，以動產論[173]。

竊盜，乃行為人違背他人之意思，以和平手段取走其持有物，破壞他人與其持有物之「持有支配關係」，其主要行為包括：1.普通竊盜罪：

---

[167] (C) 夜間侵入他人住宅竊取他人動產者，是屬於：(A)普通竊盜罪(B)結夥搶劫罪(C)加重竊盜罪(D)加重侵入住宅罪

[168] (D) 結夥至少幾人以上，才犯結夥竊盜罪？(A)二人以上(B)七人以上(C)五人以上(D)三人以上

[169] (D) 甲帶刀行竊，係犯何種罪名？(A)甲犯準強盜罪(B)甲以強盜論(C)甲犯普通竊盜罪(D)甲犯攜帶兇器竊盜罪

[170] (A) 甲、乙和丙三人共同竊取丁的機車，係犯下列何種罪名？(A)結夥竊盜罪(B)聚眾竊盜罪(C)共同竊盜罪(D)普通竊盜罪

[171] (A) 某菸酒公司會計室人員於某天中午休息時，潛入倉庫搬二箱金門高粱酒放在自己車內，下班載回家享用，成立何罪？(A)竊盜罪(B)強盜罪(C)詐欺罪(D)侵占罪

[172] (D) 設甲於民國 95 年 10 月 1 日在台北市路邊竊得乙所有之汽車一輛，隔天又在桃園市區路邊竊得丙所有之汽車一輛。問甲以上行為構成何罪？(A)加重竊盜罪(B)連續竊盜罪(C)常業竊盜罪(D)兩個竊盜罪

[173] (B) 電能、熱能及其他能量，關於竊盜罪章發生何種效果？(A)屬於動產(B)以動產論(C)以動能論(D)屬不動產

指意圖爲自己或第三人不法之所有，竊取他人之動產。2.竊占罪：指意圖爲自己或第三人不法之利益，竊占他人之不動產。3.加重竊盜罪：犯竊盜罪而有下列情形者：(1)侵入住宅或有人居住之建築物、船艦或隱匿其內而犯之者。(2)毀越門扇、牆垣或其他安全設備而犯之者。(3)攜帶兇器而犯之者。(4)結夥三人以上而犯之者。(5)乘火災、水災或其他災害之際而犯之者。(6)在車站或埠頭而犯之者。加重竊盜未遂犯罰之，例如 1.甲深夜潛入乙家行竊，搜尋財物之際，聽聞腳步聲，以爲屋主返家，落荒而逃[174]。2.甲在停靠月台的火車車廂內竊盜，由於停靠月台的火車車廂內非刑法第 321 條第 1 項第 6 款所稱之「車站或埠頭」，是以甲僅成立普通竊盜罪（刑法 320 I）[175]，不成立加重竊盜罪（刑法 321 I）。於直系血親、配偶或同財共居親屬之間，犯竊盜之罪者，得免除其刑[176]。前項親屬或其他五親等內血親或三親等內姻親之間，犯竊盜之罪者，須告訴乃論。

(九) 搶奪強盜及海盜罪（刑法 325～334-1）

意圖爲自己或第三人不法之所有，而搶奪他人之動產者[177]；意圖爲自己或第三人不法之所有，以強暴、脅迫、藥劑、催眠術或他法，至使不能抗拒，而取他人之物或使其交付者；竊盜或搶奪，因防護贓物、脫免逮

---

[174] (B) 甲深夜潛入乙家行竊，搜尋財物之際，聽聞腳步聲，以為屋主返家，落荒而逃。事實上是鄰人的腳步沉重，甲作賊心虛。問應如何評價甲的行為？(A)成立預備加重竊盜罪(B)為加重竊盜的未遂犯(C)為加重竊盜的中止犯(D)為加重竊盜的不能犯

[175] (A) 甲在停靠月台的火車車廂內竊盜，係觸犯何罪？(A)甲犯普通竊盜罪(B)甲犯車站竊盜罪(C)甲犯車廂竊盜罪(D)甲犯加重竊盜罪

[176] (C) 二十二歲的甲偷其母乙的錢，其法律效果為何？(A)甲犯非告訴乃論之罪(B)甲不犯罪(C)甲得免除其刑(D)甲應加重其刑

[177] (A) 依刑法第 325 條規定，意圖為自己或第三人不法之所有，而搶奪他人之動產者，稱為：(A)搶奪罪(B)竊盜罪(C)強盜罪(D)海盜罪

捕或湮滅罪證，而當場施以強暴[178]脅迫者，以強盜論；犯強盜罪因而致人於死者，處死刑[179]、無期徒刑或十年以上有期徒刑；致重傷者，處無期徒刑或七年以上有期徒刑。例如甲先將乙迷昏，再將其身上財物洗劫一空[180]。

(十) 侵占罪（刑法 335～338）

意圖為自己或第三人不法之所有，而侵占自己持有他人之物者。侵占行為人對於他人之物本僅具有持有關係，但出於不法之所有意圖，竟占為己有，以物所有人自居或加以處分者。侵占之客體包括：1.自己持有他人之物，係指行為人所持有他人之動產、不動產、電氣等。2.因公務所持有之物，係指公務員因執行公務而持有之公物或私人之物。3.因公益所持之物，係指辦理公益事務而持有公益有關之物。4.因從事業務所持有之物：係指執行業務而持有之他人之物，若僅因委任關係而持有者，即非屬本罪[181]。如甲將公司交給自己辦公用的公司電腦偷偷搬回家，據為己有[182]。又如甲是一間公司出納，其母乙炒股票被套牢，慫恿甲將公款暫時挪用，供乙償還銀行貸款，公務上或業務上侵占罪（刑法 336 Ⅰ、Ⅱ），係以「持有」身分為成立要件，另以「公務或業務」身分為加重處

---

[178] (D) 依刑法第 333 條規定，未受交戰國之允准或不屬於各國之海軍，而駕駛船艦，意圖施強暴脅迫於他船或他船之人或物者，稱為：(A)搶奪罪(B)竊盜罪可(C)強盜罪(D)海盜罪

[179] (B) 強盜後又當場殺人者，其法律效果為何？(A)犯強盜罪和殺人罪，二罪併罰(B)犯強盜故意殺人罪(C)為強盜罪和殺人罪的想像競合犯，從一重論以殺人罪(D)犯強盜致死罪

[180] (A) 甲利用機會將安眠藥滲入乙的飲料中，乙飲用後陷入沉睡。甲藉此機會取走乙皮包內的金錢後逃逸。甲的行為構成何種罪刑？(A)強盜罪(B)搶奪罪(C)竊盜罪(D)侵占罪

[181] (C) 公務上的侵占罪之侵占標的物，係下列何者？(A)僅公務上持有的公家物品(B)僅公務上持有的私人物品(C)公務上持有的公家及私人物品(D)公務上持有及非持有之物品

[182] (B) 甲將公司交給自己辦公用的公司電腦偷偷搬回家，據為己有，係觸犯何罪？(A)甲犯竊盜罪(B)甲犯業務侵占罪(C)甲犯公務侵占罪(D)甲犯普通侵占罪

罰要件，是謂雙重身分犯，不具備雙重身分犯之人（如本題之乙），加入有雙重身分。幫助犯之人（如本題之甲），已具雙重身分犯之罪（如本題業務侵占罪），不具備雙重身分之人，仍以正犯或共犯論（刑法 31 I ），是以本例甲、乙成立業務侵占罪之共同正犯[183]。5.遺失物、漂流物或其他離本人持有之物者。例如甲將撿到的錢私吞，就是侵占遺失物[184]。

(十一) 詐欺背信及重利罪（刑法 339～345）

意圖爲自己或第三人不法之所有，以詐術使人將本人或第三人之物交付者；乘他人急迫、輕率或無經驗貸以金錢或其他物品，而取得與原本顯不相當之重利者。

(十二) 恐嚇擄人勒贖罪（刑法 346～348-1）

意圖爲自己或第三人不法之所有，以恐嚇使人將本人或第三人之物交付者；意圖勒贖而擄人者。

(十三) 贓物罪（刑法 349～351）

收受贓物者；搬運、寄藏、故買贓物或爲牙保者；於直系血親、配偶或同財共居親屬之間，犯本章之罪者，得免除其刑。

(十四) 毀棄損害罪（刑法 352～357）

毀棄、損壞他人文書或致令不堪用，足以生損害於公眾或他人者，例如甲不小心砸壞乙的電腦[185]，因毀損器物罪無明文處罰過失犯，故不

183 (D) 甲是一間公司出納。其母乙因炒股票被套牢，慫恿甲將公款暫時挪用，供乙償還銀行貸款，下列關於甲乙兩人犯罪的敘述，何者正確？(A)甲乙成立普通侵占罪的共同正犯(B)甲成立業務侵占罪的正犯，乙成立普通侵占罪的正犯(C)甲成立業務侵占罪的正犯，乙不成立犯罪(D)甲乙成立業務侵占罪的共同正犯

184 (A) 甲撿到錢私吞，係觸犯何種罪？(A)甲犯侵占遺失物罪(B)甲犯隱匿不報罪(C)甲以竊盜論(D)甲犯詐欺罪

185 (A) 甲不小心砸壞乙的電腦，則：(A)甲犯過失毀損罪(B)甲犯侵權行為罪(C)甲犯不純正不作為毀損罪(D)甲不犯罪

成立本條犯罪；毀壞他人建築物、礦坑、船艦或致令不堪用者；意圖損害他人，以詐術使本人或第三人為財產上之處分，致生財產上之損害者。

(十五) 妨害電腦使用罪（刑法 358～363）

無故輸入他人帳號密碼、破解使用電腦之保護措施或利用電腦系統之漏洞，而入侵他人之電腦或其相關設備者。

第四節 性侵害犯罪防治法

一、立法目的

為防治性侵害犯罪及保護被害人權益，特制定本法。本法所稱性侵害犯罪，係指觸犯刑法第 221 條至第 227 條、第 228 條、第 229 條、第 332 條第 2 項第 2 款、第 334 條第 2 款、第 348 條第 2 項第 1 款及其特別法之罪。本法所稱加害人，係指觸犯前項各罪經判決有罪確定之人。

二、中央主管機關之職責

中央主管機關應辦理下列事項：(一)研擬性侵害防治政策及法規。(二)協調及監督有關性侵害防治事項之執行。(三)監督各級政府建立性侵害事件處理程序、防治及醫療網絡。(四)督導及推展性侵害防治教育。(五)性侵害事件各項資料之建立、彙整、統計及管理。(六)性侵害防治有關問題之研議。(七)其他性侵害防治有關事項。

中央主管機關辦理前項事項，應遴聘（派）學者專家、民間團體及相關機關代表提供諮詢；其中任一性別代表人數不得少於三分之一，學者專家、民間團體代表之人數不得少於二分之一（性侵害犯罪防治法 4）。

三、性侵害防治教育課程

各級中小學每學年應至少有四小時以上之性侵害防治教育課程（性侵害犯罪防治法 7）。

四、通報義務

醫事人員、社工人員、教育人員、保育人員、警察人員、勞政人員、移民業務人員，於執行職務時知有疑似性侵害犯罪情事者，應立即向當地直轄市、縣（市）主管機關通報，至遲不得超過二十四小時。通報之方式及內容，由中央主管機關定之（性侵害犯罪防治法8）。

五、醫療單位不得拒診或拒開驗傷診斷書

醫院、診所對於被害人，不得無故拒絕診療及開立驗傷診斷書。

六、驗傷取證、保全證物及鑑驗

對於被害人之驗傷及取證，除依刑事訴訟法、軍事審判法之規定或被害人無意識或無法表意者外，應經被害人之同意。被害人爲受監護宣告或未滿十二歲之人時，應經其監護人或法定代理人之同意。但監護人或法定代理人之有無不明、通知顯有困難或爲該性侵害犯罪之嫌疑人時，得逕行驗傷及取證（性侵害犯罪防治法11）。

七、被害人資料之保密

因職務或業務知悉或持有性侵害被害人姓名、出生年月日、住居所及其他足資識別其身分之資料者，除法律另有規定外，應予保密。警察人員必要時應採取保護被害人之安全措施。行政機關、司法機關及軍法機關所製作必須公示之文書，不得揭露被害人之姓名、出生年月日、住居所及其他足資識別被害人身分之資訊（性侵害犯罪防治法12）。

八、禁止新聞及文書揭露被害人身分之資訊

宣傳品、出版品、廣播、電視、網際網路內容或其他媒體，不得報導或記載被害人之姓名或其他足資辨別被害人身分之資訊。但經有行爲能力之被害人同意或犯罪偵查機關依法認爲有必要者，不在此限。違反前項規定者，由各該目的事業主管機關處新台幣六萬元以上六十萬元以下罰鍰，並得沒入前項物品、命其移除內容或下架或採行其他必要之處置；其經通知限期改正，屆期不改正者，得按次處罰。但被害人死亡，經目的事業主管機關權衡社會公益，認有報導必要者，不罰（性侵害犯罪防治法13）。

九、被害人之一定親屬及社工人員得陪同出庭

被害人之法定代理人、配偶、直系或三親等內旁系血親、家長、家屬、醫師、心理師、輔導人員或社工人員得於偵查或審判中，陪同被害人在場，並得陳述意見。前項規定，於得陪同在場之人爲性侵害犯罪嫌疑人

或被告時，不適用之。被害人爲兒童或少年時，除顯無必要者外，直轄市、縣（市）主管機關應指派社工人員於偵查或審判中陪同在場，並得陳述意見（性侵害犯罪防治法 15）。

十、被害人陳述得為證據之情形

被害人於審判中有下列情形之一，其於檢察事務官、司法警察官或司法警察調查中所爲之陳述，經證明具有可信之特別情況，且爲證明犯罪事實之存否所必要者，得爲證據：(一)因性侵害致身心創傷無法陳述者。(二)到庭後因身心壓力於訊問或詰問時無法爲完全之陳述或拒絕陳述者（性侵害犯罪防治法 17）。

十一、審判不公開

性侵害犯罪之案件，審判不得公開。但有下列情形之一，經法官或軍事審判官認有必要者，不在此限：(一)被害人同意。(二)被害人爲無行爲能力或限制行爲能力者，經本人及其法定代理人同意（性侵害犯罪防治法 18）。

第五節　家庭暴力防治法

一、家庭暴力

爲防治家庭暴力行爲及保護被害人權益，特制定本法，國家積極介入處理家庭暴力問題[186]。本法所稱家庭暴力者，謂家庭成員間實施身體或精神上不法侵害之行爲。本法所稱家庭暴力罪者，謂家庭成員間故意實施家庭暴力行爲而成立其他法律所規定之犯罪。本法所稱騷擾者，謂任何打擾、警告、嘲弄或辱罵他人之言語、動作或製造使人心生畏怖情境之行爲。

---

186 (C) 在我國目前國家怎麼面對家庭暴力？(A)這是夫對妻及父母對子女當然權力，國家並不干涉(B)法律對於家庭暴力行為未加以規定(C)法律明文規定，不可以有家庭暴力行為，必要時國家要積極介入處理(D)家庭暴力行為不應該，但國家並不積極介入處理

二、規範對象

家庭暴力防治法第 3 條：「本法所定家庭成員，包括下列各員及其未成年子女：一、配偶或前配偶。二、現有或曾有同居關係、家長家屬或家屬間關係者。三、現爲或曾爲直系血親或直系姻親。四、現爲或曾爲四親等以內之旁系血親或旁系姻親[187]。」

三、民事保護令

保護令分爲通常保護令及暫時保護令。家庭暴力防治法第 10 條第 1 項：「被害人得向法院聲請通常保護令、暫時保護令；被害人爲未成年人、身心障礙者或因故難以委任代理人者，其法定代理人、三親等以內之血親或姻親，得爲其向法院聲請之。」例如，甲女的婆婆經常在人前人後辱罵甲女，禁止她外出、與朋友交往或回娘家，使得她感到非常痛苦、尊嚴受創、喪失自信、與人群隔絕，甲女因此產生憂鬱症傾向。依照家庭暴力防治法，甲女可以採取向法院聲請核發保護令[188]。被害人、檢察官、警察機關或直轄市、縣（市）主管機關得向法院聲請保護令[189]。

四、執行

家庭暴力防治法第 21 條規定：「保護令核發後，當事人及相關機關應確實遵守，並依下列規定辦理：一、不動產之禁止使用、收益或處分行爲及金錢給付之保護令，得爲強制執行名義，由被害人依強制執行法聲請法院強制執行，並暫免徵收執行費。二、於直轄市、縣（市）主管機關所設處所爲未成年子女會面交往，及由直轄市、縣（市）主管機關或其所屬

---

187 (A) 下列何者之間的家庭暴力行為，屬於家庭暴力防治法所規範的對象？(A)已離婚之前配偶(B)往來十分密切的鄰居(C)無同居關係之男女朋友(D)無同居關係之同性伴侶

188 (A) 甲女的婆婆經常在人前人後辱罵甲女，禁止她外出、與朋友交往或回娘家，使得她感到非常痛苦、尊嚴受創、喪失自信、與人群隔絕，甲女因此產生憂鬱症傾向。依照家庭暴力防治法，甲女可以採取何種法律救濟途徑？(A)向法院聲請核發保護令(B)向警察局聲請核發保護令(C)向鄰里長請求核發保護令(D)向社會局請求核發保護令

189 (C) 父母之一方濫用其對於子女之權利時，下列何者無權請求法院宣告停止該父母一方之權利？(A)未成年子女(B)主管機關(C)戶政機關(D)其他利害關係人

人員監督未成年子女會面交往之保護令，由相對人向直轄市、縣（市）主管機關申請執行。三、完成加害人處遇計畫之保護令，由直轄市、縣（市）主管機關執行之。四、禁止查閱相關資訊之保護令，由被害人向相關機關申請執行。五、其他保護令之執行，由警察機關爲之。前項第 2 款及第 3 款之執行，必要時得請求警察機關協助之[190]。」

五、保護令有效期間

家庭暴力防治法第 15 條規定：「通常保護令之有效期間爲二年以下，自核發時起生效。通常保護令失效前，法院得依當事人或被害人之聲請撤銷、變更或延長之。延長保護令之聲請，每次延長期間爲二年以下。檢察官、警察機關或直轄市、縣（市）主管機關得爲前項延長保護令之聲請。通常保護令所定之命令，於期間屆滿前經法院另爲裁判確定者，該命令失其效力[191]。」第 16 條第 5 項：「暫時保護令、緊急保護令自核發時起生效，於聲請人撤回通常保護令之聲請、法院審理終結核發通常保護令或駁回聲請時失其效力。」

六、預定通知

家庭暴力防治法第 42 條規定：「矯正機關應將家庭暴力罪或違反保護令罪受刑人預定出獄之日期通知被害人、其住居所所在地之警察機關及家庭暴力防治中心。但被害人之所在不明者，不在此限。受刑人如有脫逃之事實，矯正機關應立即爲前項之通知[192]。」

---

[190] (B) 家庭暴力保護令的執行機關為何？(A)檢察機關(B)警察機關(C)社會局(D)衛生局

[191] (B) 家庭暴力保護令的有效期間為何？(A)最長六個月(B)二年以下(C)一年到三年(D)三年以下

[192] (A) 下列何者依家庭暴力防治法應對被害人通知家庭暴力罪受刑人預定出獄之日？(A)矯正機關(B)法官(C)社工人員(D)警察

第六節　兒童及少年性剝削防制條例

一、立法目的

爲防制兒童及少年遭受任何形式之性剝削，保護其身心健全發展，特制定本條例（兒童及少年性剝削防制條例 1）。

二、性交易之定義

本條例所稱兒童或少年性剝削，係指下列行爲之一：(一)使兒童或少年爲有對價之性交或猥褻行爲。(二)利用兒童或少年爲性交、猥褻之行爲，以供人觀覽。(三)拍攝、製造兒童或少年爲性交或猥褻行爲之圖畫、照片、影片、影帶、光碟、電子訊號或其他物品。(四)利用兒童或少年從事坐檯陪酒或涉及色情之伴遊、伴唱、伴舞等侍應工作。

本條例所稱被害人，係指遭受性剝削或疑似遭受性剝削之兒童或少年（兒童及少年性剝削防制條例 2）。

三、與未滿十六歲之人性交易

與未滿十六歲之人爲有對價之性交或猥褻行爲者，依刑法之規定處罰之。十八歲以上之人與十六歲以上未滿十八歲之人爲有對價之性交或猥褻行爲者，處三年以下有期徒刑、拘役或新台幣十萬元以下罰金。中華民國人民在中華民國領域外犯前二項之罪者，不問犯罪地之法律有無處罰規定，均依本條例處罰（兒童及少年性剝削防制條例 31）。

四、引誘、容留、媒介未滿十八歲之人為性交易

引誘、容留、招募、媒介、協助或以他法，使兒童或少年爲有對價之性交或猥褻行爲者，處一年以上七年以下有期徒刑，得併科新台幣三百萬元以下罰金。以詐術犯之者，亦同。意圖營利而犯前項之罪者，處三年以上十年以下有期徒刑，併科新台幣五百萬元以下罰金。媒介、交付、收受、運送、藏匿前二項被害人或使之隱避者，處一年以上七年以下有期徒刑，得併科新台幣三百萬元以下罰金。前項交付、收受、運送、藏匿行爲之媒介者，亦同。前四項之未遂犯罰之（兒童及少年性剝削防制條例 32）。

五、強暴、脅迫未滿十八歲人為性交易

以強暴、脅迫、恐嚇、監控、藥劑、催眠術或其他違反本人意願之方法，使兒童或少年爲有對價之性交或猥褻行爲者，處七年以上有期徒刑，得併科新台幣七百萬元以下罰金。意圖營利而犯前項之罪者，處十年以上有期徒刑，併科新台幣一千萬元以下罰金。媒介、交付、收受、運送、藏匿前二項被害人或使之隱避者，處三年以上十年以下有期徒刑，得併科新台幣五百萬元以下罰金。前項交付、收受、運送、藏匿行爲之媒介者，亦同。前四項之未遂犯罰之（兒童及少年性剝削防制條例 33）。

六、買賣人口

意圖使兒童或少年爲有對價之性交或猥褻行爲，而買賣、質押或以他法，爲他人人身之交付或收受者，處七年以上有期徒刑，併科新台幣七百萬元以下罰金。以詐術犯之者，亦同。以強暴、脅迫、恐嚇、監控、藥劑、催眠術或其他違反本人意願之方法，犯前項之罪者，加重其刑至二分之一。媒介、交付、收受、運送、藏匿前二項被害人或使之隱避者，處三年以上十年以下有期徒刑，併科新台幣五百萬元以下罰金。前項交付、收受、運送、藏匿行爲之媒介者，亦同。前四項之未遂犯罰之。預備犯第 1 項、第 2 項之罪者，處二年以下有期徒刑（兒童及少年性剝削防制條例 34）。

七、拍攝未成年性交影片

拍攝、製造兒童或少年爲性交或猥褻行爲之圖畫、照片、影片、影帶、光碟、電子訊號或其他物品，處六個月以上五年以下有期徒刑，得併科新台幣五十萬元以下罰金。招募、引誘、容留、媒介、協助或以他法，使兒童或少年被拍攝、製造性交或猥褻行爲之圖畫、照片、影片、影帶、光碟、電子訊號或其他物品，處一年以上七年以下有期徒刑，得併科新台幣一百萬元以下罰金。以強暴、脅迫、藥劑、詐術、催眠術或其他違反本人意願之方法，使兒童或少年被拍攝、製造性交或猥褻行爲之圖畫、照片、影片、影帶、光碟、電子訊號或其他物品者，處七年以上有期徒刑，得併科新台幣三百萬元以下罰金。意圖營利犯前三項之罪者，依各該條項之規定，加重其刑至二分之一。前四項之未遂犯罰之。第 1 項至第 4 項之物品，不問屬於犯人與否，沒收之（兒童及少年性剝削防制條例 36）。

八、散布播送未成年性交影片

散布、播送或販賣兒童或少年爲性交、猥褻行爲之圖畫、照片、影片、影帶、光碟、電子訊號或其他物品，或公然陳列，或以他法供人觀覽、聽聞者，處三年以下有期徒刑，得併科新台幣五百萬元以下罰金。意圖散布、播送、販賣或公然陳列而持有前項物品者，處二年以下有期徒刑，得併科新台幣二百萬元以下罰金。查獲之前二項物品，不問屬於行爲人與否，沒收之（兒童及少年性剝削防制條例 38）。

九、刊登性交易資訊

以宣傳品、出版品、廣播、電視、電信、網際網路或其他方法，散布、傳送、刊登或張貼足以引誘、媒介、暗示或其他使兒童或少年有遭受第 2 條第 1 項第 1 款至第 3 款之虞之訊息者，處三年以下有期徒刑，得併科新台幣一百萬元以下罰金。意圖營利而犯前項之罪者，處五年以下有期徒刑，得併科新台幣一百萬元以下罰金（兒童及少年性剝削防制條例 40）。

十、刊登性交易資訊之罰鍰

宣傳品、出版品、廣播、電視、網際網路或其他媒體，爲他人散布、傳送、刊登或張貼足以引誘、媒介、暗示或其他使兒童或少年有遭受第 2 條第 1 項第 1 款至第 3 款之虞之訊息者，由各目的事業主管機關處新台幣五萬元以上六十萬元以下罰鍰。各目的事業主管機關對於違反前項規定之媒體，應發布新聞並公開之。第 1 項網際網路或其他媒體若已善盡防止任何人散布、傳送、刊登或張貼使兒童或少年有遭受第 2 條第 1 項第 1 款至第 3 款之虞之訊息者，經各目的事業主管機關邀集兒童及少年福利團體與專家學者代表審議同意後，得減輕或免除其罰鍰（兒童及少年性剝削防制條例 50）。

第七節 犯罪被害人保護法

一、立法目的

爲保護因犯罪行爲被害而死亡者之遺屬、受重傷者及性侵害犯罪行爲被害人，以保障人民權益，促進社會安全，特制定本法（犯罪被害人保護法1）。

二、用詞定義（犯罪被害人保護法3）

(一) 犯罪行爲：指在中華民國領域內，或在中華民國領域外之中華民國船艦或航空器內，故意或過失侵害他人生命、身體，依中華民國法律有刑罰規定之行爲及刑法第18條第1項、第19條第1項及第24條第1項前段規定不罰之行爲。

(二) 性侵害犯罪行爲被害人：指犯刑法第221條、第222條、第224條、第224條之1、第225條、第226條、第226條之1、第228條、第229條、第332條第2項第2款、第334條第2項第2款、第348條第2項第1款與兒童及少年性剝削防制條例第33條、第34條第1項至第5項、第35條第2項或其未遂犯、第36條第3項或其未遂犯、第37條之罪之被害人。犯刑法第227條之罪而被害人有精神、身體障礙、心智缺陷或其他相類情形或因受利誘、詐術等不正當方法而被害，或加害人係利用權勢而犯之，或加害人與被害人爲家庭暴力防治法第3條所定之家庭成員者，亦同。

(三) 犯罪被害補償金：指國家依本法補償因犯罪行爲被害而死亡者之遺屬、受重傷者及性侵害犯罪行爲被害人所受財產及精神上損失之金錢。

三、犯罪被害補償金及其經費來源

因犯罪行爲被害而死亡者之遺屬或受重傷者及性侵害犯罪行爲被害人，得申請犯罪被害補償金。前項犯罪被害補償金，由地方法院或其分院檢察署支付；所需經費來源如下：(一)法務部編列預算。(二)監所作業者之勞作金總額提撥部分金額。(三)犯罪行爲人因犯罪所得或其財產經依法沒收變賣者。(四)犯罪行爲人因宣告緩刑、緩起訴處分或協商判決而應支付一定之金額總額提撥部分金額。(五)其他收入（犯罪被害人保護法4）。

四、補償之項目及其最高金額

(一) 因被害人受傷所支出之醫療費，最高金額不得逾新台幣四十萬元。

(二) 因被害人死亡所支出之殯葬費，最高金額不得逾新台幣三十萬元。

但申請殯葬費於二十萬元以內者，得不檢具憑證，即逕行核准，並優先於其他申請項目核發予遺屬。

(三) 因被害人死亡致無法履行之法定扶養義務，最高金額不得逾新台幣一百萬元。

(四) 受重傷或性侵害犯罪行爲之被害人所喪失或減少之勞動能力或增加之生活上需要，最高金額不得逾新台幣一百萬元。

(五) 精神慰撫金，最高金額不得逾新台幣四十萬元。因犯罪行爲被害而死亡者之遺屬，得申請前項第 1 款至第 3 款及第 5 款所定補償金；因犯罪行爲被害而受重傷或性侵害犯罪行爲而被害者，得申請前項第 1 款、第 4 款及第 5 款所定補償金。得申請補償金之遺屬有數人時，除殯葬費外，每一遺屬均得分別申請，其補償數額於第 1 項各款所定金額內酌定之（犯罪被害人保護法 9）。

五、補償審議及覆審委員會之設置

地方法院及其分院檢察署設犯罪被害人補償審議委員會（以下簡稱審議委員會），掌理補償之決定及其他有關事務。高等法院及其分院檢察署設犯罪被害人補償覆審委員會（以下簡稱覆審委員會），就有關犯罪被害人補償事務，指揮監督審議委員會，並受理不服審議委員會決定之覆議事件及逕爲決定事件。覆審委員會及審議委員會均置主任委員一人，分別由高等法院或其分院檢察署檢察長、地方法院或其分院檢察署檢察長兼任；委員六人至十人，由檢察長遴選檢察官及其他具有法律、醫學或相關專門學識之人士，報請法務部核定後聘兼之；職員由檢察署就其員額內調兼之（犯罪被害人保護法 14）。

六、申請補償金之期限

前條申請，自知有犯罪被害時起已逾二年或自犯罪被害發生時起已逾五年者，不得爲之（犯罪被害人保護法 16）。

第八節　少年事件處理法

一、立法目的

爲保障少年健全之自我成長，調整其成長環境，並矯治其性格，特制定本法。

二、適用範圍

少年保護事件及少年刑事案件之處理，依本法之規定；本法未規定者，適用其他法律[193]。

三、少年之定義

本法稱少年者，謂十二歲以上十八歲未滿之人[194]。例如李四欲考機車駕駛執照，但未達法定年齡，於是塗改其身分證上的出生年月日，應依少年事件處理法規定處理[195]。

四、禁戒治療

少年有下列情形之一者，得於爲保護處分之前或同時諭知下列處分：(一)少年染有煙毒或吸用麻醉、迷幻物品成癮，或有酗酒習慣者，令入相當處所實施禁戒。(二)少年身體或精神狀態顯有缺陷者，令入相當處所實施治療[196]。

---

[193] (C) 我國規範少年管訓處分及少年刑事案件處理之法律為：(A)少年福利法(B)少年管訓法(C)少年事件處理法(D)少年輔導法

[194] (A) 對於少年刑事案件應依「少年事件處理法」處理，該法所稱之少年，是指：(A)十二歲以上未滿十八歲之人(B)十二歲以上未滿十四歲之人(C)十二歲以下之人(D)二十歲以下之人

[195] (A) 李四欲考機車駕駛執照，但未達法定年齡，於是塗改其身分證上的出生年月日，他的違法行為適用何種法律來處理？(A)少年事件處理法(B)民事訴訟法(C)社會秩序維護法(D)民法

[196] (D) 依兒童及少年福利與權益保障法規定，下列何者為對少年之保護？(A)有父母陪同下可吸菸、飲酒、嚼檳榔(B)在父母、養父母或監護人同意下可吸菸、飲酒、嚼檳榔(C)可在不妨害身心原則下吸菸、飲酒、嚼檳榔(D)少年不得吸菸、飲酒、嚼檳榔

應考小叮嚀

刑法的考題仍然是考一些基本的刑法觀念，並搭配條文。包括總則裡面的故意與過失、責任能力、未遂犯、共犯、緩刑與假釋、時效等，都是常見的命題重點。分則部分，則較集中於個人法益之犯罪。另外，刑法修正條文須注意各條文之前後差異，例如沒收、易刑。

第十一章　民　法

本章學習重點

1. 民法總則
2. 債編
3. 物權編
4. 親屬編
5. 繼承編

第一節　序　說

一、民法之意義與範圍

狹義的民法係指於民國 18 年至 20 年所公布之民法而言，分別有總則、債、物權、親屬、繼承五編[1]。廣義的民法尚包括公司法、票據法、海商法、保險法、土地法等民事特別法。即凡規範私人間平等的權利義務爲內容，旨在規定平等的對待關係的相關法律皆屬之。我國民法之基本原則爲私法自治，契約自由爲其主要內涵[2]，例如勞動基準法規定最低勞動條件，以及勞動契約不得違反勞動基準法，即係對契約自由所作之

---

1 (D) 我國現行民法有：(A)總則、人法、債、物權、繼承五編(B)總則、債權、債各、物權、親屬、繼承六編(C)總則、人法、物法、訴訟四編(D)總則、債、物權、親屬、繼承五編

2 (A) 我國民法之基本原則為私法自治，下列何者為其主要內涵？(A)契約自由(B)不溯既往(C)審判獨立(D)依法行政

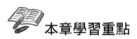

修正[3]。

二、商事法與民法之關係

(一) 民商分立制度

係指將民事與商事分開，分別立法，分別賦予不同的法律效果。其優點係商人間之商事行為適用商事法之規定，較能符合交易需要，平衡商人間之法益。

(二) 民商統一制度

1. 不分民事行為或商事行為，在立法例上只有民法而無商法，不論交易主體是否為商人，亦不論交易種類是否在其營業範圍內，都一律適用民法之規定。
2. 優點：法律體系統一，適用法律明確。

(三) 我國

1. 就法律內容及適用上而言採民商統一制度，不論法律行為主體之身分及法律行為的種類，均適用同樣的法律，決定法律效果。
2. 就立法例言，我國在民法債篇中規範部分商事行為（如經理人、代辦商、寄託等），但又制訂有公司法、海商法、票據法、保險法等，因此立法例上採分別立法方式，這些法律皆為民法的特別法，適用時，依特別法優於普通法原則。

(四) 私法三大原則

私法上三大原則：1.所有權絕對原則：所有權人可自由行使其權利，法律不得加以干涉。2.契約自由原則：尊重私人間締結契約之自由（與何人締約、契約內容為何）。3.過失責任原則：負私法上之責任者，以有故

---

[3] (B) 勞動基準法規定最低勞動條件，以及勞動契約不得違反勞動基準法，是對於何種原則的修正？(A)不溯及既往原則(B)契約自由原則(C)所有權絕對原則(D)過失責任原則

意或過失爲前提。

三大原則之修正：1.所有權社會化：所有權之行使，由絕對自由變成相對自由，所有權伴隨社會義務，是以基於公益之理由，政府得徵收人民之土地，惟應給予合理的補償[4]。2.契約自由之限制：對定型化契約條款之限制（民法 247-1）[5]、醫師對急症之病患不得無故不應招請或遲延、勞動契約不得違反勞動基準法等屬之[6]。3.過失責任原則之修正：旅客運送人責任（民法 654）、航空責任等改採無過失責任[7]。

第二節　民法總則篇

一、概說

民法總則者，係民法之通則性原則之規定，爲民法各編所共同適用外，其他各種特別民事法規，亦有其適用。

(一) 第一章法例：規定適用於全部民事法之通例。民法在法例之規定，計有民事法規適用之順序、法律行爲之方式及確定數量之標準。
(二) 第二章人：規定自然人及法人，即所謂權利之主體。
(三) 第三章物：規定支配物之共同原則，包括有體物及無體物。
(四) 第四章法律行爲：規定私人行爲，以意思表示爲要素，而以發生私法上效果爲目的之法律事實。

---

4 (C) 土地徵收是對於何種原則之修正？(A)不溯及既往原則(B)契約自由原則(C)所有權絕對原則(D)過失責任原則

5 (B) 某商店張貼「貨物出門，概不退換」之告示，則下列相關敘述何者錯誤？(A)該告示之性質為定型化契約條款(B)該告示有違平等互惠原則(C)消費者瞭解該告示，所以必須受到拘束(D)消費者可以主張該告示無效

6 (A) 醫師對於危急之病症不得無故不應招請或無故遲延，是對於何種原則之修正？(A)契約自由原則(B)不溯及既往原則(C)所有權絕對原則(D)過失責任原則

7 (D) 航空器失事致人死傷，或毀損他人財物時，航空器所有人應負損害賠償責任，其因不可抗力所生之損害亦應負責，是對於何種原則的修正？(A)不溯及既往原則(B)契約自由原則(C)所有權絕對原則(D)過失責任原則

(五) 第五章期日及期間：規定期間之計算方法。期日者，指不可分一整個之時間，如今天明天。而期間者，謂一定時間至另一時間，爲其經過之時間。如本年 1 月 1 日至本年 12 月 31 日之一年期間。

(六) 第六章消滅時效：規定由於一定期間內不行使權利，而發生請求權消滅之效果之原則。

(七) 第七章權利之行使：規定權利是否行使及如何行使。

二、法例

(一) 法律適用之順序

法律、習慣、法理。

(二) 使用文字之原則

民法第 3 條：「依法律之規定，有使用文字之必要者，得不由本人自寫，但必須親自簽名[8]。如有用印章代簽名者，其蓋章與簽名生同等之效力[9]。如以指印、十字或其他符號代簽名者，在文件上，經二人簽名證明，亦與簽名生同等之效力。」

(三) 確定數量之標準

1. 以文字為準

民法第 4 條：「關於一定之數量，同時以文字及其號碼表示者，文字與號碼有不符合時，如法院不能決定何者爲當事人之原意，應以文字爲

---

[8] (C) 法律行為須有一定履行為要式行為。要式行為中，有使用文字之必要時：(A)必須本人自行書寫(B)必須由本人之親友代替書寫(C)得由他人書寫，但本人一定要親自簽名(D)請他人代寫即可，本人不須親自簽名

[9] (C) 法律規定雙方當事人的契約應以書面方式為之時，下列敘述何者正確？(A)該書面的內容，應由當事人本人書寫(B)當事人無須簽名(C)蓋章與簽名效力相同(D)僅按指印即可代替簽名

準[10][11]。」

2. 以最低額為準

民法第 5 條：「關於一定之數量，以文字或號碼爲數次之表示者，其表示有不符合時，如法院不能決定何者爲當事人之原意，應以最低額爲準[12][13][14]。」

三、法律行為

(一) 意義

法律行爲是以意思表示爲要素，以發生私法上法律效果爲目的之一種法律要件，即法律行爲乃以欲發生私法上效果之意思表示爲要素之一種適法的行爲。可分以下各點述之：

---

10 (B) 關於一定之數量，同時以文字及號碼表示者，其文字與號碼有不符合時，如法院不能決定何者為當事人之原意，應以何者為準？(A)號碼(B)文字(C)最低額(D)最高額

11 (C) 甲向乙購買貨物一批，帳單上記載的金額為：新臺幣伍萬陸仟捌佰柒拾（65870）元整，如法院無法決定當事人的原意時，甲應支付乙多少錢？(A)65870 元(B)65078 元(C)56870 元(D)56078 元

12 (B) 甲經營機車行，由乙機車材料行供應零件，並約定每筆交易均應載明於字據。如甲向乙訂購某批零件的帳單記載「貨款總共肆萬陸仟參佰伍拾元（46530.00 元），……前開肆萬伍仟陸佰參拾元請於 12 月 1 日前付清。」如法院不能決定何者為當事人之原意，請問甲就該批零件對乙的付款義務，其金額應以下何者為準？(A)0 元。無付款之義務(B)肆萬伍仟陸佰參拾元(C)肆萬陸仟參佰參拾元(D)46530 元

13 (A) 關於一定之數量，以文字或號碼為數次之表示者，其表示有不符合時，如法院不能決定何者為當事人之原意，應以何者為準？(A)以最低額為準(B)以平均額為準(C)以最高額為準(D)由法官裁量

14 (B) 甲交付帳單於乙，其中載明「積欠貨款二萬五千三百元（23,500）。此三萬三千五百元貨款，應於×月×日償還」。如法院不能決定何者為當事人之原意，應以多少為準？(A)二萬三千五百元(B)二萬五千三百元(C)三萬三千五百元(D)二萬三千三百元

1. 法律行為是法律要件的一種

凡適用法律而能發生法律效果者稱爲法律要件，法律行爲是諸多足以發生法律效果的法律要件之一種。

2. 法律行為乃一種適法的行為

法律行爲係人之行爲，所謂行爲乃吾人身體上有意識的動靜。行爲有適法行爲（如買賣）與違法行爲（如侵權行爲）之分，法律行爲乃一種適法行爲。

3. 法律行為乃以意思表示為要素之適法行為

適法行爲可分爲以意思表示爲要素者，與不以意思表示爲要素者兩種，前者即法律行爲，後者如事實行爲。

4. 法律行為乃發生私法上法律效果之行為

吾人之行爲在公法上發生效果有之（如行使選舉之投票是），在私法上發生效果者有之，所謂之法律行爲即屬後者，例如買賣（一種契約，亦爲一種法律行爲）即發生民法之債權債務。

(二) 要件

1. 成立要件與有效要件

(1) 成立要件：爲法律成立所不可缺少之事實，若缺其事實，法律行爲即不能成立。

(2) 有效要件：爲已成立之法律行爲，發生效力所不可缺少之事實。

2. 兩者又各分一般要件與特別要件

(1) 特別要件爲各個法律行爲持有之成立與生效要件。

(2) 一般要件則均包括主體、客體與意思表示三要素，惟成立要件只著重於要素之是否具備，有效要件須更進一步注意其要素是否符合於法律行爲之要求。

3. 法律行為之共同生效要件

(1) 當事人須有行爲能力（詳見行爲能力之態樣）。

(2) 標的必須適當。法律行爲之標的，即是法律之內容，應具備下列條件始爲適當：

A. 標的必須確定：其確定不論自始確定或嗣後可得確定均可。

B. 標的必須適法：即法律行爲之內容不得違反法律之強制規定、禁止規定，或違反公共秩序或善良風俗。民法第 71 條：法律行爲，違反強制或禁止之規定者，無效。但其規定並不以之爲無效者，不在此限。民法第 72 條：法律行爲，有背於公共秩序或善良風俗者，無效。民法第 74 條（暴利行爲）：法律行爲，係乘他人之急迫、輕率或無經驗，使其爲財產上之給付，或爲給付之約定，依當時情形顯失公平者，法院得因利害關係人之聲請，撤銷其法律行爲，或減輕其給付。前項聲請，應於法律行爲後一年內爲之。身分行爲並無暴利行爲之適用[15]。

C. 標的必須可能：指法律行爲之內容須可能實現，否則無效，如民法第 246 條規定：「以不能之給付爲契約標的者，其契約爲無效[16]。但其不能情形可以除去，而當事人訂約時並預期於不能之情形除去後爲給付者，其契約仍爲有效。附停止條件或始期之契約，於條件成就或期限屆至前，不能之情形已除去者，其契約爲有效。」

(三) 意思表示

意思表示者，表意人欲發生一定私法上效果，而將意思表示於外部之行爲。其要件有三：1.須有效果意思：效果意思者，表意人之內心有欲爲法律行爲，使其發生法律效果之意思。2.須有表示意思：表示意思者，欲將內心之效果意思有意識的表示於外部之意思。3.須有表示行爲：表示行爲者，表意人以積極之作爲或消極之不作爲，將內心之效果意思表示於外部，使相對人得因表意人外觀之作爲或不作爲了解其所欲達到之效果

---

[15] (D) 下列何種行為無暴利行為之適用？(A)債權行為(B)物權行為(C)債權行為及物權行為(D)身分行為

[16] (C) 甲欲出售 A 屋給乙，締約之前三日該屋因故燒毀，甲仍與乙締約，此時雙方法律關係為：(A)給付標的自始主觀不能，買賣契約無效(B)給付標的雖自始主觀不能，買賣契約仍然有效(C)給付標的自始客觀不能，買賣契約無效(D)給付標的雖自始客觀不能，買賣契約仍然有效

意思。

1. 意思表示之不一致

意思表示之不一致，乃表意人內部之「意思」與外部之「表示」不合致。不一致之情形如下：

(1) 真意保留（單獨的虛偽意思表示）

乃表意人故意隱匿其內部之真意，而表示與真意不同意義之意思表示。民法第 86 條：「表意人無欲爲其意思表示所拘束之意，而爲意思表示者，其意思表示，不因之無效[17]。但其情形爲相對人所明知者，不在此限。」

(2) 虛偽表示（通謀虛偽意思表示）

乃表意人與相對人通謀所爲之虛僞的意思表示。民法第 87 條：「表意人與相對人通謀而爲虛僞意思表示者，其意思表示無效[18]。但不得以其無效，對抗善意第三人。虛僞意思表示，隱藏他項法律行爲者，適用關於該項法律行爲之規定。[19]」例如甲欠乙新台幣五百萬元，爲了逃避乙之查封拍賣，乃與丙通謀虛僞意思表示，將甲自己之房子登記於丙名下，實際上丙並未出任何價金，結果，丙趁機將登記於其名下之該房子賣給不知情之丁，則甲只能向丙請求損害賠償[20]。

---

[17] (C) 甲稱讚乙收藏之古玩好看，乙乃戲稱好看就送給你，但事實上內心並無相贈之意。此情形稱為：(A)錯誤(B)誤傳(C)心中保留(D)通謀虛偽表示

[18] (A) 表意人與相對人通謀而為虛偽意思表示者，其意思表示：(A)無效(B)無效但仍可以其無效對抗善意第三人(C)仍為有效(D)視為有效

[19] (B) 虛偽意思表示若有隱藏他項法律行為者，例如虛偽的表示贈與，但實際為買賣，則此時(A)贈與及買賣均無效(B)贈與無效，但買賣有效(C)買賣無效，但贈與仍有效(D)贈與及買賣均有效

[20] (A) 甲欠乙新台幣五百萬元，為了逃避乙之查封拍賣，乃與丙通謀虛偽意思表示，將甲自己之房子登記於丙名下，實際上丙並未出任何價金。結果，丙趁機將登記於其名下之該房子賣給不知情之丁。請問甲有何權利可以主張？(A)甲只能向丙請求損害賠償(B)甲可向丁索取房價(C)甲可向丁要回房子(D)甲可叫乙直接查封丁之房子

(3) 錯誤

乃表意人因誤認或不知，致其表示與其意思無意的不一致。民法第 88 條：「意思表示之內容有錯誤，或表意人若知其事情即不爲意思表示者，表意人得將其意思表示撤銷之[21]。但以其錯誤或不知事情，非由表意人自己之過失者爲限。當事人之資格，或物之性質，若交易上認爲重要者，其錯誤，視爲意思表示內容之錯誤。」民法第 90 條：「前二條之撤銷權，自意思表示後，經過一年而消滅。」

(4) 誤傳

民法第 89 條：「意思表示，因傳達人或傳達機關傳達不實者，得比照前條之規定，撤銷之。」

2. 意思表示之不自由

意思表示因他人之不當干涉，致爲意思表示者。

(1) 詐欺：詐欺人故意欺罔被詐欺人，使陷於錯誤，並因之而爲意思表示。

(2) 脅迫：故意不當的預告危害，使人發生恐怖，因而爲意思表示。

民法第 92 條：「因被詐欺或被脅迫，而爲意思表示者，表意人得撤銷其意思表示[22]。但詐欺係由第三人所爲者，以相對人明知其事實或可得而知者爲限，始得撤銷之。被詐欺而爲之意思表示，其撤銷不得以之對抗善意第三人。（因脅迫而爲之意思表示，得以對抗善意第三人）」除斥期間：民法第 93 條：「前條之撤銷，應於發見詐欺或脅迫終止後，一年內爲之。但自意思表示後，經過十年，不得撤銷。」

3. 意思表示之生效時期

民法第 94 條：「對話人爲意思表示者，其意思表示，以相對人了解

---

[21] (C) 甲向乙購買汽車時，誤將價金一百萬元寫成一百二十萬元，乙不知甲寫錯價金一事，向甲表示願意出賣汽車，則下列敘述，何者正確？(A)不得撤銷其意思表示(B)甲不論有無過失，均得撤銷意思表示(C)甲無過失時，可以撤銷意思表示(D)甲無須撤銷意思表示，因為該意思表示無效

[22] (C) 甲威脅乙，要求乙將房屋出賣於甲，否則要暴力相向，乙因此將房屋出賣於甲，該買賣之效力如何？(A)無效(B)效力未定(C)得撤銷(D)有效

時，發生效力[23]。」民法第 95 條：「非對話而爲意思表示者，其意思表示，以通知達到相對人時，發生效力。但撤回之通知，同時或先時到達者，不在此限。表意人於發出通知後死亡或喪失行爲能力或其行爲能力受限制者，其意思表示，不因之失其效力。」

四、行為能力

(一) 意義

行爲能力，指能獨自爲意思表示，從而使發生法律上一定效果（權利、義務）之資格，即能以自己名義爲有效法律行爲之資格[24]。民法第 6 條：「人之權利能力，始於出生，終於死亡。」民法第 7 條：「胎兒以將來非死產者爲限，關於其個人利益之保護，視爲既已出生[25][26]。」行爲能力，與權利能力不同：有無享受權利、負擔義務之資格，乃權利能力之問題；其行爲能否發生法律上一定的權利義務關係，乃行爲能力之問題。此外，與行爲能力有關者，尚有意思能力問題，所謂意思能力，指行爲人能判斷其行爲效果之能力。意思能力，乃意思表示之要件，非行爲能力之要件，欠缺意思能力，則只意思表示不生效力，而與行爲能力無關。

(二) 態樣

1. 完全行為能力人

於法律上能爲完全有效之法律行爲之人。滿二十歲者或未滿二十歲

---

[23] (B) 我國民法規定，對話人為意思表示者，其意思表示於何時發生效力？(A)通知達到相對人時(B)相對人了解時(C)相對人為承認之回覆時(D)相對人為拒絕之回覆時

[24] (A) 能以自己名義為有效法律行為之資格，稱為：(A)行為能力(B)權利能力(C)責任能力(D)意思能力

[25] (A) 胎兒甲在生父搭飛機罹難後，於出生時即可繼承其生父之遺產，係基於民法的何種規定？(A)權利能力(B)行為能力(C)意思能力(D)責任能力

[26] (C) 胎兒對於父親的遺產的繼承，下列敘述何者為正確？(A)不得繼承(B)最多僅能繼承遺產三分之一(C)以將來非死產者為限得繼承(D)至少得繼承四分之一

已結婚者皆有行爲能力[27][28]。

2. 無行為能力人

於法律上絕對不能爲有效之法律行爲之人。未滿七歲之未成年人或受監護宣告之人，其意思表示無效[29]，其爲意思表示或受領意思表示需由代理人代理爲之[30]。

3. 限制行為能力人[31]

行爲能力在法律上受有限制之人。包括七歲以上二十歲未滿之人，爲限制行爲能力人。但若未成年人已結婚者，有行爲能力。限制行爲能力人所爲之法律行爲，原則上須得法定代理人之事先允許或事後承認。下列三種情形限制行爲能力人之法律行爲自始有效：(1)純獲法律上利益之行爲。(2)依其年齡及身分，日常生活所必須之行爲。(3)使用詐術使人信其爲有行爲能力或已得法定代理人之允許之行爲。

4. 死亡

死亡又分爲自然死亡與死亡宣告[32]。民法第 8 條規定：「失蹤人失蹤滿七年後，法院得因利害關係人或檢察官之聲請，爲死亡之宣告。失蹤人爲八

---

[27] (A) 依民法規定，滿幾歲為成年，具有行為能力？(A)二十歲(B)十四歲(C)十六歲(D)二十歲

[28] (D) 甲男十八歲，與十七歲之乙女結婚，婚後不久，乙不幸因難產死亡，甲是否具有行為能力？(A)因婚姻關係消滅，甲喪失行為能力(B)甲已年滿十八歲，故有行為能力(C)如甲、乙所生小孩為活產，則甲具有行為能力(D)不因乙之死亡，而影響甲之行為能力

[29] (A) 甲童六歲，向乙購買電動玩具，價金一千元，該買賣契約：(A)無效(B)效力未定，須視乙之父母是否同意(C)乙之父母得撤銷之(D)有效

[30] (D) 未滿幾歲的人，在法律上的行為，須完全由法定代理人代為處理？(A)二十歲(B)十八歲(C)十四歲(D)七歲

[31] (C) 曉惠今年十七歲，下列哪些行為她必須得到法定代理人同意才可以產生法律上之效力？①把貴重珠寶送給同學②接受學校贈送的獎品③搭乘計程車④買房地產⑤和男朋友訂婚(A)①②④(B)②③④(C)①④⑤(D)①③⑤

[32] (B) 依我國法律規定，死亡：(A)僅有自然死亡一種(B)包括自然死亡，死亡宣告(C)包括自然死亡，死亡宣告及失蹤(D)僅有死亡宣告一種

十歲以上者，得於失蹤滿三年後，爲死亡之宣告[33][34][35][36][37][38]。失蹤人爲遭遇特別災難者，得於特別災難終了滿一年後，爲死亡之宣告。[39][40][41][42]」民法第 9 條：「受死亡宣告者，以判決內所確定死亡之時，推定其爲死亡[43]。前項死亡之時，應爲前條各項所定期間最後日終止之時。但有反證者，不在此限。」失蹤人之財產管理依民法第 10 條：「失蹤人失蹤後，未

---

[33] (A) 民法規定，失蹤人失蹤滿若干年（普通期間）後，法院因利害關係人或檢察官之聲請為死亡宣告？(A)七年(B)五年(C)三年(D)十年

[34] (B) 甲離去住所，音訊全無，生死不明，甲的太太可利用哪種制度，以結束甲在住所的法律關係？(A)禁治產宣告(B)死亡宣告(C)失蹤宣告(D)無權利能力宣告

[35] (D) 我國民法規定，失蹤人失蹤滿七年後，除利害關係人以外，還有誰可向法院聲請死亡宣告？(A)最近親屬二人(B)法官(C)本人(D)檢察官

[36] (C) 甲（五十歲）於郵輪上失足落水，下落不明，其配偶乙於甲失蹤後，滿幾年，得聲請對甲為死亡宣告？(A)三年(B)一年(C)七年(D)十年

[37] (D) 甲男三十歲搭乘遊輪，於航行途中，疑似落入海中，從此下落不明，乙為其妻，何時得申請為死亡之宣告？(A)失蹤時(B)失蹤後滿一年(C)失蹤後滿三年(D)失蹤後滿七年

[38] (B) 民法第 8 條規定，失蹤人失蹤滿七年後，法院得因利害關係人或檢察官之聲請，為死亡之宣告。此處所謂利害關係人，依司法院之解釋不包括：(A)配偶(B)遺產稅徵收機關(C)死亡保險受益人(D)債權人

[39] (B) 依民法規定，死亡宣告，特別災難的失蹤法定期間為：(A)三年(B)一年(C)五年(D)十年

[40] (A) 失蹤人如遭遇特別災難者，依我國民法規定，得於特別災難終了滿幾年後為死亡之宣告？(A)一年(B)二年(C)三年(D)四年

[41] (D) 失蹤人因遇海嘯之特別災難者，得於特別災難終了滿幾年後為死亡之宣告？(A)七年(B)五年(C)三年(D)一年

[42] (D) 失蹤人生死不明經過相當期間後，法院得因利害關係人之聲請宣告該失蹤人死亡，稱之為何？(A)禁治產宣告(B)無行為能力宣告(C)失蹤宣告(D)死亡宣告

[43] (D) 受死亡宣告者，其死亡之時間如何推定？(A)以聲請人所記載之時間，推定其為死亡之時(B)以失蹤第一日，視為其為死亡(C)以檢察官認定之時，推定其為死亡之時(D)以判決內所確定死亡之時，推定其為死亡

受死亡宣告前，其財產之管理，依非訟事件法之規定[44]。」民法第 11 條：「二人以上同時遇難，不能證明其死亡之先後時，推定其爲同時死亡[45][46][47]。」

5. **監護宣告與輔助宣告**

民法第 14 條：「對於因精神障礙或其他心智缺陷，致不能爲意思表示或受意思表示，或不能辨識其意思表示之效果者，法院得因本人、配偶、四親等內之親屬、最近一年有同居事實之其他親屬、檢察官、主管機關或社會福利機構之聲請，爲監護之宣告。受監護之原因消滅時，法院應依前項聲請權人之聲請，撤銷其宣告。法院對於監護之聲請，認爲未達第 1 項之程度者，得依第 15 條之 1 第 1 項規定，爲輔助之宣告。受監護之原因消滅，而仍有輔助之必要者，法院得依第 15 條之 1 第 1 項規定，變更爲輔助之宣告。」

民法第 15 條：「受監護宣告之人，無行爲能力。」

民法第 15 條之 1：「對於因精神障礙或其他心智缺陷，致其爲意思表示或受意思表示，或辨識其意思表示效果之能力，顯有不足者，法院得因本人、配偶、四親等內之親屬、最近一年有同居事實之其他親屬、檢察官、主管機關或社會福利機構之聲請，爲輔助之宣告。受輔助之原因消滅時，法院應依前項聲請權人之聲請，撤銷其宣告。受輔助宣告之人有受監護之必要者，法院得依第 14 條第 1 項規定，變更爲監護之宣告。」

民法第 15 條之 2：「受輔助宣告之人爲下列行爲時，應經輔助人同意。但純獲法律上利益，或依其年齡及身分、日常生活所必需者，不在此限：

---

[44] (B) 失蹤人失蹤後，未受死亡宣告前之財產如何管理？(A)依繼承之規定(B)依非訟事件法之規定(C)由父母管理(D)由配偶、子女共同管理

[45] (B) 我國民法規定，二人以上同時遇難，不能證明其死亡之先後時，應如何處理？(A)推定年長者先死亡(B)推定同時死亡(C)視為同時死亡(D)視為年幼者先死亡

[46] (C) 父子二人同時遇難，如無法證明二者死亡的先後時，二者死亡的時間點應如何推定？(A)父先死(B)子先死(C)父子同時死亡(D)患病者先死

[47] (B) 甲乙夫妻因車禍而死亡，且不能證明其死亡之先後，則甲乙：(A)視為同時死亡(B)推定同時死亡(C)視為非同時死亡(D)推定非同時死亡

一、爲獨資、合夥營業或爲法人之負責人。

二、爲消費借貸、消費寄託、保證、贈與或信託。

三、爲訴訟行爲。

四、爲和解、調解、調處或簽訂仲裁契約。

五、爲不動產、船舶、航空器、汽車或其他重要財產之處分、設定負擔、買賣、租賃或借貸。

六、爲遺產分割、遺贈、拋棄繼承權或其他相關權利。

七、法院依前條聲請權人或輔助人之聲請，所指定之其他行爲。

第 78 條至第 83 條規定，於未依前項規定得輔助人同意之情形，準用之。

第 85 條規定，於輔助人同意受輔助宣告之人爲第 1 項第 1 款行爲時，準用之。

第 1 項所列應經同意之行爲，無損害受輔助宣告之人利益之虞，而輔助人仍不爲同意時，受輔助宣告之人得逕行聲請法院許可後爲之。」

6. 住所

民法第 20 條：「依一定事實，足認以久住之意思，住於一定之地域者，即爲設定其住所於該地。一人同時不得有兩住所[48]。」

(三) 保護

1. 能力之保護

權利能力及行爲能力，不得拋棄。

2. 自由之保護

民法第 17 條：「自由不得拋棄。自由之限制，以不背於公共秩序或善良風俗者爲限。」

3. 人格權之保護

民法第 18 條：「人格權受侵害時，得請求法院除去其侵害；有受侵害之虞時，得請求防止之。前項情形，以法律有特別規定者爲限，得請求

---

[48] (D) 關於自然人之住所，民法規定：(A)由個人自行決定住所之數量(B)並無規定(C)其住所數量並無限制規定(D)一人同時不得有兩住所

損害賠償或慰撫金。」即慰撫金係屬非財產上損害賠償，以法律有明文規定者爲限[49]。

4. 姓名權之保護

民法第 19 條：「姓名權受侵害者，得請求法院除去其侵害，並得請求損害賠償。」例如冒用他人姓名[50]。

(四) 限制行為能力人法律行為之效力

1.須經允許之法律行為

(1) 個別允許

指就某一特定的法律行爲加以允許。民法第 77 條（前段）：限制行爲能力人爲意思表示及受意思表示，應得法定代理人之允許[51]。

A. 單獨行爲：民法第 78 條：「限制行爲能力人未得法定代理人之允許，所爲之單獨行爲，無效[52][53]。」

B. 契約：民法第 79 條：「限制行爲能力人未得法定代理人之允許，所訂立之契約，須經法定代理人之承認，始生效力。」學

---

49 (D) 甲因過失將乙心愛的車子撞壞，乙不可對甲為下列何種主張？(A)請求修理車子(B)請求給付修理車子所須之費用(C)請求賠償車子減少之價值(D)請求賠償慰撫金

50 (C) 有關冒用姓名的民法規定或學理，下列敘述何者正確？(A)冒用他人姓名而為法律行為者，為無權代理(B)冒用他人姓名而為法律行為者，為無因管理(C)冒用他人姓名係侵害他人姓名權的一種形態(D)姓名被他人冒用者，可依民法規定更改姓名

51 (C) 未成年人甲於其滿二十歲生日前一週，未得其父母之同意，即私自向乙購買汽車乙輛。此一買賣契約：(A)其父母可撤銷該契約(B)絕對無效(C)經其父母承認後則為自始有效(D)自始無效

52 (D) 依我國民法之規定，未得法定代理人允許所為單獨行為之效力如何？(A)得撤銷(B)效力未定(C)有效(D)無效

53 (B) 甲十六歲，事前未得父母同意所為之下列法律行為，何者無效？(A)契約(B)單獨行為(C)純獲法律上利益之行為(D)依其年齡及身分，日常生活所必需之行為

理上稱之「效力未定之法律行爲[54][55]」，給予相對人兩種權利，以資確定：

(A)催告權：民法第 80 條：前條契約相對人，得定一個月以上期限，催告法定代理人，確答是否承認。於前項期限內，法定代理人不爲確答者，視爲拒絕承認。(B)撤回權：民法第 82 條：限制行爲能力人所訂立之契約，未經承認前，相對人得撤回之。但訂立契約時，知其未得有允許者，不在此限。

(2) 限定允許

指法定代理人允許限制行爲能力人處分某種財產，或允許其爲某種營業，就此行爲無須一一再經法定代理人之允許。民法第 84 條：「法定代理人，允許限制行爲能力人處分之財產，限制行爲能力人，就該財產有處分之能力。」民法第 85 條：「法定代理人允許限制行爲能力人獨立營業者，限制行爲能力人，關於其營業，有行爲能力[56][57]。限制行爲能力人，就其營業有不勝任之情形時，法定代理人得將其允許撤銷或限制之。但不得對抗善意第三人。」

2. 無須允許之法律行為

(1) 獨立生效者

民法第 77 條（但書）：「但純獲法律上之利益，或依其年齡及身分，

---

[54] (C) 未婚的未成年人甲，未得法定代理人同意所訂立之契約，其效力如何？(A)有效(B)無效(C)效力未定(D)不成立

[55] (C) 甲十八歲，為大學新鮮人，參觀電腦展，一時禁不起業務員推銷，當場簽下購買價值五萬元筆記型電腦之契約，此一契約效力如何？(A)無效(B)有效(C)效力未定(D)貨款已付清就算無效也於事無補

[56] (A) 法定代理人允許限制行為能力人獨立營業者，限制行為能力人，關於其營業範圍：(A)有行為能力(B)仍為限制行為能力(C)交易前必須獲得法定代理人允許(D)視情形而定

[57] (B) 法定代理人允許限制行為能力人獨立營業者，限制行為能力人，關於其營業範圍：(A)仍為限制行為能力(B)有行為能力(C)交易前必須獲得法定代理人允許(D)交易後必須獲得法定代理人承認

日常生活所必需者，不在此限（即無須法定代理人之同意）[58]。」

(2) 強制有效者

民法第 83 條：「限制行爲能力人用詐術使人信其爲有行爲能力人或已得法定代理人之允許者，其法律行爲爲有效[59]。」

(五) 比較

權利能力：得享受權利、負擔義務之資格，爲法律上地位，即法律上所謂人格。行爲能力：能依自己行爲享用權利、負擔義務之資格，爲法律規定問題。意思能力：識別其行爲效果之能力，指行爲人之精神狀態，屬事實問題。

五、條件及期限

法律行爲除其主要內容外，尚可附加條款，是爲法律行爲之附款，法律行爲之附款有三：條件、期限及負擔（負擔於討論贈與時說明）。

1. 條件之意義

當事人以將來客觀上不確定事實之成否，決定其法律行爲效力之一種法律行爲附款。

2. 條件之分類：停止條件與解除條件

民法第 99 條：「附停止條件之法律行爲，於條件成就時，發生效力。附解除條件之法律行爲，於條件成就時，失其效力[60]。依當事人之特

---

58 (B) 甲男現年十八歲未婚在學，其為下列何種行為時，無須經其法定代理人同意，即可生效？(A)購買汽車一部，價金一百萬元(B)搭乘公車上學(C)將所有電腦一部贈與乙(D)訂購預售屋

59 (A) 十五歲的小明以偽造的身分證件出示大華，致大華誤以為小明已成年，而將所有之機車一部出售予小明。該項買賣契約是否有效？(A)有效(B)無效(C)於小明成年後有效(D)於小明之法定代理人承認後有效

60 (B) 法律行為於條件成就時失其效力者，係指：(A)附停止條件之法律行為(B)附解除條件之法律行為(C)附始期之法律行為(D)附終期之法律行為

約，使條件成就之效果，不於條件成就之時發生者，依其特約[61]。」

停止條件：如(1)本年律師及格即贈與汽車一部[62]。(2)本年不上班而進修，則贈與生活費。(3)甲對乙表示說：「若你一年內戒除抽菸習慣，就帶你去日本北海道玩五天。」甲允受之[63]。

解除條件：如(1)贈與生活費，進修後一年即返還。(2)贈與生活費，如入學考試未獲通過即返還。

3. 條件之效力

民法第 100 條：「附條件之法律行爲當事人，於條件成否未定前，若有損害相對人因條件成就所應得利益之行爲者，負賠償損害之責任。」民法第 101 條：「因條件成就而受不利益之當事人，如以不正當行爲阻其條件之成就者，視爲條件已成就[64]。因條件成就而受利益之當事人，如以不正當行爲促其條件之成就者，視爲條件不成就。」

4. 期限之意義

以將來確定事實之到來爲內容，以限制法律行爲效力之發生或消滅，而由當事人任意所加之一種法律行爲附款[65]。（條件是以不確定事實爲內容）

5. 期限之效力

民法第 102 條：「附始期之法律行爲，於期限屆至時，發生效力。附

---

61 (C) 下列何種法律行為可以附條件？(A)選擇權的行使(B)拋棄繼承 (C)土地所有權的移轉(D)認領非婚生子女

62 (B) 甲向乙表示，待乙普考及格，即贈與乙汽車一部，乙答應之。此為何種法律行為？(A)附解除條件(B)附停止條件(C)附始期(D)附負擔

63 (A) 甲對乙表示說：「若你一年內戒除抽菸習慣，就帶你去日本北海道玩五天。」甲允受之。則甲乙之間的法律行為係為：(A)附消極條件之停止條件(B)附積極條件之停止條件(C)附積極條件之解除條件(D)附消極條件之解除條件

64 (C) 甲與乙約定若乙於三個月內不生病，則贈送歐洲來回機票乙張，但甲利用各種不正當方法致乙生病，請問該約定之效力為何？(A)甲不需贈送機票(B)甲乙間之約定無效(C)甲仍應給付機票(D)甲只要給付單程機票

65 (B) 當事人以將來確定事實之到來，決定法律行為效力的發生或消滅的附款，是為：(A)條件(B)期限(C)負擔(D)期日

終期之法律行爲，於期限屆滿時，失其效力。第100條之規定，於前二項情形準用之。(即期待權)」

六、代理

(一) 意義

代理人於代理權限內，以本人（被代理人）名義（稱顯名主義），向第三人爲意思表示，或由第三人受意思表示，而直接對本人發生效力之行爲[66]。民法第 103 條：「代理人於代理權限內，以本人名義所爲之意思表示，直接對本人發生效力[67]。前項規定，於應向本人爲意思表示，而向其代理人爲之者，準用之。」

(二) 自己代理及雙方代理之禁止

民法第 106 條：「代理人非經本人之許諾，不得爲本人與自己之法律行爲，亦不得既爲第三人之代理人，而爲本人與第三人之法律行爲[68]。但其法律行爲，係專履行債務者，不在此限。」

---

66 (B) 下列有關民事法上，常常被用作比較之代理與代表二者，就其分別在性質與定義之描述上，何者正確？(A)代理，係一種由代理人於其代理權限內，以自己（代理人）之名義向第三人表示，或由第三人受意思表示，而直接對本人發生法律效力之行為(B)代理，係一種由代理人於其代理權限內，以本人（被代理人）之名義向第三人為意思表示，或由第三人受意思表示，而直接對本人發生法律效力之行為(C)代表，就代表人之行為，係代表自己之行為，僅就其所為代表行為之效力，在效果上直接歸納屬於本人(D)代表，僅得針對法律行為或準法律行為為之，故不包含事實行為在內

67 (A) 下列有關授與代理權之敘述，何者錯誤？(A)代理權之授與應以書面為之，故應為要式行為(B)代理權之授與得以書面或口頭為之(C)代理權之授與得為明示或默示之意思表示(D)代理權之授與以意思表示為之即可，不必為一定之方式

68 (A) 甲以乙之代理人身分，將自己之房屋出租於乙。此種行為稱為：(A)自己代理(B)無權代理(C)雙方代理(D)表見代理

(三) 意定代理權之授與

民法第 167 條：「代理權係以法律行爲授與者，其授與應向代理人或向代理人對之爲代理行爲之第三人，以意思表示爲之。」

(四) 共同代理

民法第 168 條：「代理人有數人者，其代理行爲應共同爲之。但法律另有規定或本人另有意思表示者，不在此限。」

(五) 無權代理

民法第 170 條：「無代理權人以代理人之名義所爲之法律行爲，非經本人承認，對於本人，不生效力[69][70][71]。前項情形，法律行爲之相對人，得定相當期限，催告本人確答是否承認，如本人逾期未爲確答者，視爲拒絕承認[72]。」民法第 171 條：「無代理權人所爲之法律行爲，其相對人於本人未承認前，得撤回之。但爲法律行爲時，明知其無代理權者，不在此限。」

(六) 表見代理

實際上係無權代理，表面上有使人相信有代理權之事實者。民法第 169 條：「由自己之行爲表示以代理權授與他人，或知他人表示爲其代理人而不爲反對之表示者，對於第三人應負授權人之責任，但第三人明知其

---

[69] (B) 無權代理人以代理人之名義所為之法律行為，其效力為何？(A)無效(B)非經本人承認，對本人不生效力(C)本人得撤銷之(D)相對人善意時，對本人發生效力

[70] (C) 無代理權人以代理人之名義所為的法律行為，其法律效果為：(A)無效(B)得撤銷(C)效力未定(D)有效

[71] (B) 甲無代理權，擅自以乙之名義向丙購買汽車一部，則下列選項何者正確？(A)若丙善意，買賣契約對甲生效(B)須乙承認，買賣契約始對乙生效(C)不論乙是否承認，丙可向甲請求損害賠償(D)不論乙是否承認，買賣契約皆對乙生效，但丙可向甲請求損害賠償

[72] (D) 乙無代理權，卻以甲之代理人的名義與丙締結契約，則該契約之效力為何？(A)有效(B)無效(C)得撤銷(D)效力未定

無代理權或可得而知者，不在此限。[73]」

七、無效與撤銷

(一) 無效

無效的法律行爲，當然的、確定的不發生效力。無須當事人有何主張，亦無庸法院爲無效之宣告，其法律行爲即自始不發生效力。民法第 72 條：「法律行爲，有背於公共秩序或善良風俗者，無效[74]。」民法第 111 條：「法律行爲之一部分無效者，全部皆爲無效。但除去該部分亦可成立者，則其他部分，仍爲有效。」民法第 113 條：「無效法律行爲之當事人，於行爲當時，知其無效或可得而知者，應負回復原狀或損害賠償之責任。」

(二) 撤銷

有撤銷權人行使撤銷權，使已生效力之法律行爲，歸於無效。民法第 89 條：「意思表示，因傳達人或傳達機關傳達不實者，得比照前條之規定撤銷之[75]。」民法第 92 條：「因被詐欺或被脅迫而爲意思表示者，表意人得撤銷其意思表示[76]。但詐欺係由第三人所爲者，以相對人明知其事實或可得而知者爲限，始得撤銷之。被詐欺而爲之意思表示，其撤銷不得以

---

[73] (A) 民法第 169 條本文規定，由自己之行為表示以代理權授與他人，或知他人表示為其代理人而不為反對之表示者，對於第三人應負授權人之責任。此在學理上之名稱為何？(A)表見代理(B)狹義無權代理(C)隱名代理(D)表示代理

[74] (C) 下列何種行為違反公序良俗？(A)繼承人拋棄繼承(B)人格權之被害人與加害人和解，約定加害人僅須登報道歉，不須金錢賠償(C)公司與員工約定，除非公司破產，否則員工不得辭職(D)租約當事人約定，承租人應負擔租賃標的物之稅捐

[75] (C) 被傳達人誤傳的意思表示，其效力如何？(A)有效(B)無效(C)得撤銷(D)效力未定

[76] (C) 甲威脅乙，要求乙將精華地段之土地出售於甲，否則要暴力相向，乙心生恐懼而將土地出售於甲。請問該買賣契約之效力如何？(A)無效(B)有效(C)得撤銷(D)效力未定

之對抗善意第三人[77]。」民法第 116 條：「撤銷及承認，應以意思表示爲之。如相對人確定者，前項意思表示，應向相對人爲之。」民法第 114 條：「法律行爲經撤銷者，視爲自始無效。當事人知其得撤銷，或可得而知者，其法律行爲撤銷時，準用前條之規定。（即負回復原狀及損害賠償之責）」

(三) 效力未定

1. 意義

法律行爲發生效力與否尙未確定，必須有另一事實使之確定。「另一事實」即指承認或拒絕。

2. 承認或拒絕之方法

民法第 116 條：「撤銷及承認，應以意思表示爲之。如相對人確定者，前項意思表示，應向相對人爲之。」民法第 117 條：「法律行爲，須得第三人之同意，始生效力者，其同意或拒絕，得向當事人之一方爲之。」

3. 承認之效力

民法第 115 條：「經承認之法律行爲，如無特別訂定，溯及爲法律行爲時，發生效力。」民法第 118 條（無權處分）：「無權利人就權利標的物所爲之處分，經有權利人之承認始生效力[78]。無權利人就權利標的物爲處分後，取得其權利者，其處分自始有效[79]。但原權利人或第三人已取得之利益，不因此而受影響。前項情形，若數處分相牴觸時，以其最初之處分爲有效。」

---

[77] (D) 下列各項撤銷權之行使中，何者不需聲請法院為之？(A)暴利行為之撤銷(B)有害債權人權利之撤銷(C)社團總會決議之撤銷(D)被詐欺或被脅迫所為意思表示之撤銷

[78] (D) 無權利人就權利標的物所為之處分，效力如何？(A)無效(B)有效(C)得撤銷(D)效力未定

[79] (C) 甲將乙暫時寄放在其住處的畫作一幅，未經乙之同意，出賣給丙，甲丙間所締結的買賣契約：(A)無效(B)若丙不知情才有效(C)有效(D)乙同意才有效

八、期日與期間

(一) 曆法計算法

民法第 123 條第 1 項：「稱月或年者，依曆計算。」如自 1 月 1 日起算二個月，則計至 2 月 28 日止[80]。

(二) 自然計算法

民法第 123 條第 2 項：「月或年，非連續計算者，每月為三十日。每年為三百六十五日。」

(三) 始點及終點

1. 始點

民法第 120 條：「以時定期間者，即時起算。以日、星期、月或年定期間者，其始日不算入。」

2. 終點

民法第 121 條：「以日、星期、月或年定期間者，以期間末日之終止，為期間之終止。期間不以星期、月或年之始日起算者，以最後之星期、月或年，與起算日相當日之前一日，為期間之末日。但以月或年定期間，於最後之月，無相當日者，以其月之末日，為期間之末日。」民法第 122 條：「於一定期日或期間內，應為意思表示或給付者，其期日或其期間之末日，為星期日、紀念日或其他休息日時，以其休息日之次日代之[81]。」

(四) 年齡之計算

民法第 124 條：「年齡，自出生之日起算。出生之月日，無從確定

---

[80] (B) 民國 99 年 9 月 9 日上午 9 點至下午 9 點止，在民法上稱為：(A)期末(B)期間(C)期日(D)期限

[81] (A) 於一定期日應為意思表示或給付者，若該期日為星期日、紀念日或其他休息、日時，應以何日為準？(A)休息日之次日(B)休息日之前一日(C)仍為休息日當天(D)休息日後之一個星期

時，推定其爲七月一日出生[82][83]。知其出生之月，而不知其出生之日者，推定其爲該月十五日出生[84][85]。」

九、消滅時效

(一) 意義

乃請求權之不行使，繼續達法定期間，則該權利即歸消滅之一種時效。除消滅時效的客體，限於財產上之請求權，不及於身分上之請求權，例如配偶同居請求權[86]。

(二) 消滅時效與除斥期間

	消滅時效	除斥時間
對象	以請求權爲對象	撤銷權（形成權）爲對象
期間	常因時效之中斷及時效之不完成等事由延長	固定不變，亦稱不變期間或預定期間
適用	非經當事人援用，法院不得依職權以之爲裁判之資料	當事人縱不援用，法院得依職權以之爲裁判資料

消滅時效，係指權利不行使所形成之無權利狀態繼續達一定期間而發生請求權效力減損之效果而言：1.消滅時效，若當事人未主張，法院不

[82] (D) 依民法規定，如某甲出生之月日無從確定時，應推定其為何月何日出生？(A)一月一日(B)四月一日(C)七月十五日(D)七月一日

[83] (C) 甲出生於民國（下同）七十二年八月十日上午十點，則甲於何時成年？(A)九十年八月九日零時(B)九十年八月十日上午十時(C)九十二年八月十日零時(D)九十二年八月十日上午十時

[84] (A) 依民法規定，只知某甲出生之月，而不知其出生之日者，應推定其何日出生？(A)十五日(B)一日(C)二十日(D)三十日

[85] (C) 若有某人之出生月日無從確定時，依民法規定推定其為何時出生？(A)元月一日(B)十二月三十一日(C)七月一日(D)七月十五日

[86] (D) 下述權利，何者不是消滅時效的客體？(A)不當得利請求權(B)價金給付請求權(C)侵權行為之損害賠償請求權(D)配偶同居請求權

得依職權援用。2.消滅時效所消滅之權利多爲請求權。

除斥期間，乃指權利所預定存續之期間，此一期間經過後，權利當然消滅，當事人不得再重新主張，又除斥期間所消滅之權利多爲形成權[87]。

(三) 消滅時效之期間

1. 一般期間：民法第 125 條：請求權，因十五年間不行使而消滅[88][89][90]。但法律所定期間較短者，依其規定[91]。
2. 特別期間

(1) 五年：民法第 126 條：「利息、紅利、租金[92]、贍養費、退職金及其他一年或不及一年之定期給付債權，其各期給付請求權，因五年間不行使而消滅[93][94][95]。」

---

87 (C) 所稱之消滅時效與除斥期間二者，就下列關於此二者之比較與描述，何者正確？(A)所謂之消滅時效若當事人並未加以主張援用，則法院仍然應當依據職權，親自將之援用，以作為裁判之依據(B)除斥期間者，乃指權利所預定存續之期間，此一期間過後，權利當然消滅，但若當事人重新主張，則該期間許以展期，故不屬於不變期間之一種(C)消滅時效與除斥期間二者在比較上：消滅時效之起算點於民法上設有一般規定，以請求權可行使時或為行為時充作起算點；除斥期間之起算點，除於各該法條有所規定外，未設有一般性之規定，解釋上乃以權利完全成立之時作為起算點(D)消滅時效所消滅之權利多為形成權；除斥期間所消滅之權利多為請求權

88 (B) 我國民法規定，一般的請求權至遲因幾年間不行使而消滅？(A)十年(B)十五年(C)二十年(D)三十年

89 (D) 民法規定之消滅時效期間最長者為幾年？(A)三年(B)五年(C)十年(D)十五年

90 (A) 買賣土地請求土地所有權移轉，其時效消滅期間為幾年？(A)十五年(B)十年(C)五年(D)二年

91 (B) 除法律另有特別規定外，一般請求權之消滅時效期間為幾年？(A)二年(B)十五年(C)十年(D)五年

92 (B) 租金之請求權，因幾年間不行使而消滅？(A)十五年(B)五年(C)十年(D)二年

93 (B) 甲的房屋出租給乙，乙上個月的租金五萬元尚未支付，請問甲對該月租金請求權的消滅時效，應為多少？(A)十五年(B)五年(C)二年(D)一年

94 (D) 貸與金錢所生利息請求權，因多久不行使而消滅？(A)六個月(B)一年(C)二年(D)五年

(2) 二年：民法第 127 條：「左列各款請求權，因二年間不行使而消滅：一、旅店、飲食店及娛樂場之住宿費、飲食費、座費、消費物之代價及其墊款[96]。二、運送費及運送人所墊之款。三、以租賃動產爲營業者之租價。四、醫生、藥師、看護生之診費、藥費、報酬及其墊款。五、律師、會計師、公證人之報酬及其墊款。六、律師、會計師、公證人所收當事人物件之交還。七、技師、承攬人之報酬及其墊款。八、商人、製造人、手工業人所供給之商品及產物之代價。」

(四) 消滅時效之起算點

民法第 128 條：「消滅時效，自請求權可行使時起算。以不行爲爲目的之請求權，自爲行爲時起算。」

(五) 消滅時效中斷

1. 時效中斷之事由

民法第 129 條第 1 項之規定：「消滅時效，因下列事由而中斷：一、請求。二、承認。三、起訴。[97] [98]左列事項，與起訴有同一效力：一、依督促程序，聲請發支付命令。二、聲請調解或提付仲裁。三、申報和解債權或破產債權[99]。四、告知訴訟。五、開始執行行爲或聲請強制執行。」民法第 130 條：「時效因請求而中斷者，若於請求後六個月內不起訴，視

---

[95] (A) 各期租金之給付請求權，會因為多久未行使而消滅？(A)五年(B)十五年(C)二年(D)一年

[96] (D) 甲到乙的店裡白吃白喝，乙對甲飲食費用之請求權，其消滅時效之期間為何？(A)十五年(B)十年(C)五年(D)二年

[97] (C) 下列何者並非消滅時效中斷之事由？(A)請求(B)承認(C)拒絕(D)起訴

[98] (B) 下列有關消滅時效中斷的敘述，何者正確？(A)消滅時效，因權利人死亡而中斷(B)申報和解債權或破產債權，與起訴有同一效力(C)時效因告知訴訟而中斷者，若於訴訟終結後，三個月內不起訴，視為不中斷(D)時效中斷者，自中斷之事由開始時，重行起算

[99] (D) 下列何者不發生中斷消滅時效之效力？(A)債權人依督促程序，聲請發支付命令(B)債務人承認(C)債權人申報和解債權或破產債權(D)發生天災或其他不可避免之事變

爲不中斷[100]。」

2. 時效中斷之效力

民法第 137 條：「時效中斷者，自中斷之事由終止時，重行起算。因起訴而中斷之時效，自受確定判決，或因其他方法訴訟終結時，重行起算。經確定判決或其他與確定判決有同一效力之執行名義所確定之請求權，其原有消滅時效期間不滿五年者，因中斷而重行起算之時效期間爲五年。」

(六) 消滅時效之不完成

1. 意義

時效期間行將完成之際，因有請求無法或不便行使之事由存在，法律上乃使本應完成之時效，延至該事由終止後，一定期間內，暫緩完成，使權利人得於該一定期間內，仍得行使權利。

2. 時效不完成之事由

(1) 不可避事變之存在

民法第 139 條：「時效之期間終止時，因天災或其他不可避之事變，致不能中斷其時效者，自其妨礙事由消滅時起，一個月內，其時效不完成。」

(2) 權利人或義務人不確定

民法第 140 條：「屬於繼承財產之權利或對於繼承財產之權利，自繼承人確定或管理人選定或破產之宣告時起，六個月內，其時效不完成。」

(3) 法定代理人之欠缺

民法第 141 條：「無行爲能力人或限制行爲能力人之權利，於時效期間終止前六個月內，若無法定代理人者，自其成爲行爲能力人或其法定代

---

100 (C) 時效因請求而中斷者，應於請求後多久期限內起訴，否則即視為不中斷？(A)五年(B)三年(C)六個月(D)一個月

理人就職時起，六個月內，其時效不完成[101]。」

(4) 法定代理關係之存續

民法第 142 條：「無行爲能力人或限制行爲能力人，對於其法定代理人之權利，於代理關係消滅後一年內，其時效不完成。」

(5) 婚姻關係之存續

民法第 143：「夫對於妻或妻對於夫之權利，於婚姻關係消滅後一年內，其時效不完成。」

3. 時效不完成之效力

時效中斷，時效重行起算；時效不完成，已經經過之期間仍有效。

(七) 消滅時效之效力

民法第 144 條：「時效完成後，債務人得拒絕給付[102][103]。請求權已經時效消滅，債務人仍爲履行之給付者，不得以不知時效爲理由，請求返還。其以契約承認該債務，或提出擔保者，亦同。」民法第 145 條：「以抵押權、質權或留置權擔保之請求權，雖經時效消滅，債權人仍得就其抵

---

[101] (C) 下列有關消滅時效不完成的敘述，何者正確？(A)消滅時效不完成，是指時效期間因法定事由而重行起算(B)時效之期間終止時，因天災或其他不可避之事變，致不能中斷其時效者，自其妨礙事由消滅時起，三個月內，其時效不完成(C)屬於繼承財產之權利或對於繼承財產之權利，自繼承人確定或管理人選定或破產之宣告時起，六個月內，其時效不完成(D)夫對於妻或妻對於夫之權利，於婚姻關係消滅後，九個月內，其時效不完成

[102] (C) 請求權之消滅時效期間經過後，請求權之效力如何？(A)請求權消滅(B)債權人不得請求給付(C)債務人得拒絕給付(D)請求權不受影響

[103] (C) 消滅時效完成後：(A)債權消滅，債務人無需給付(B)債權消滅，債務人仍需給付(C)債權並未消滅，但債務人得拒絕給付(D)債權並未消滅，故債務人不得拒絕給付

押物、質物或留置物取償[104]。前項規定，於利息及其他定期給付之各期給付請求權，經時效消滅者，不適用之。」

第三節　民法債篇

一、債之意義

特定人（債權人與債務人）間得請求一定行爲（作爲與不作爲）之法律關係。得請求爲特定行爲之權利，稱爲債權；滿足其請求行爲之義務，稱爲債務。

二、債之發生

發生債的關係，其原因有五：契約、代理權之授與、無因管理、不當得利[105]及侵權行爲。

---

[104] (B) 有關消滅時效完成的民法規定或學理，下列敘述何者正確？(A)時效完成後，債務人不得拋棄時效之利益(B)以抵押權、質權或留置權擔保之請求權，經時效消滅者，抵押物、質物或留置物之所有人不得拒絕債權人之取償(C)請求權已經時效消滅，債務人以契約承認該債務或提出擔保者，其承認或擔保無效(D)主權利因時效消滅者，從權利不因此而受影響

[105] (B) 下列有關民法第 179 條所規定之「不當得利」之各個敘述，何者正確？(A)「不當得利」係一種有名契約，屬於各種債之類型之一(B)「不當得利」係屬於債之發生之情形之一(C)據民法第 179 條之說明意旨，不當得利之成立無須就所受利益與導致他人之損害，在相互間具有因果關係(D)有關「不當得利」之受領人，只須返還所受之利益即可，至於本於該利益而更有所得者，則係屬無須返還

(一) 契約

1. 意義

(1) 最廣義

泛指以發生私法上效果爲目的之一切合意，無論債權契約、物權契約以至身分契約均屬之。

(2) 廣義

指債的契約，包括債之發生契約、債之變更契約（如債權讓與契約）及債之消滅契約（如代物清償契約）在內。

(3) 狹義

專指債之發生契約，即以發生債之關係爲目的，而由兩個以上相對立之意思表示所合致之法律行爲。如買賣契約、租賃契約、保證契約、代理權授與[106]等。

2. 契約之成立

(1) 依要約與承諾而成立契約：為最普遍方法

A. 要約

以訂立契約爲目的，而喚起相對承諾之意思表示。要約的方法，法律並無限制，要約一旦生效，要約人即需受其拘束，不得任意改變，此爲要約之拘束力，但預先聲明不受拘束，或依其情形或事件之性質，可認當事人無受其拘束之意思者，要約即無拘束力。民法第 154 條：「契約之要約人，因要約而受拘束[107]。但要約當時預先聲明不受拘束，或依其情形或事件之性質，可認當事人無受其拘束之意思者，不在此限。貨物標定賣

---

[106] (B) 關於代理權之授與，下列敘述何者錯誤？(A)代理權為一種法律上資格(B)其為債之發生原因之一(C)其為單獨行為(D)代理權之授與與其基本法律關係係屬二事

[107] (C) 下列有關契約之要約敘述，何者錯誤？(A)契約之要約人因要約而受拘束(B)價目表之寄送得視為要約(C)要約經拒絕者，失其拘束力(D)對話為要約者非立時承諾，失其拘束力

價陳列者，視爲要約[108][109][110]。但價目表之寄送，不視爲要約。」要約因下列原因失其拘束力：(A)要約之拒絕：要約經拒絕者，失其效力（民 155）。(B)承諾期限之已過：要約定有承諾期限者，非於期限內爲承諾，失其拘束力（民 158）。(C)要約之撤回：非對話而爲意思表示者，其意思表示，以通知達到相對人時，發生效力。但撤回之通知，同時或先時到達者，不在此限。表意人於發出通知後死亡或喪失行爲能力或其行爲能力受限制者，其意思表示，不因之失其效力[111]（民 95）。

B.　承諾

乃答覆要約之同意的意思表示，亦即表明願照要約之內容，與要約人成立契約之意思表示。要約有承諾期限者，須於其期限內爲承諾，方可成立契約。

(2)　**要約與承諾一旦合致，契約即成立**

A.　因要約交錯而成立契約：要約交錯亦稱要約吻合，乃當事人互爲要約，而偶然內容一致之謂。民法第 153 條：當事人互相表示意思一致者，無論其爲明示或默示，契約即爲成立。

B.　因意思實現而成立契約：意思實現乃承諾無須通知，而有可以認爲承諾事實時，其契約即爲成立[112]（民 161）。

C.　契約方式之約定：契約當事人約定其契約須用一定方式者，在

---

108 (B) 百貨公司標價陳列之商品，其法律上之效力為何？(A)要約之引誘(B)視為要約(C)預約(D)承諾

109 (D) 下列何者為要約？(A)價目表之寄送(B)房屋出租招貼(C)報紙刊登徵才廣告(D)貨物標定賣價陳列

110 (A) 下列何者有要約之拘束力？(A)貨物標定賣價陳列(B)價目表之寄送(C)對話為要約，而相對人非立時承諾(D)要約當時，預先聲明不受拘束

111 (C) 甲發函聘請乙為法文老師，並教授其法文會話。但甲於發函後即死亡，則甲之意思表示效力為何？(A)失去效力(B)效力未定(C)有效(D)得撤銷

112 (A) 意思實現，契約於何時成立？(A)在相當時期內，有可認為承諾之事實時(B)承諾意思表示通知達到時(C)承諾意思表示被了解時(D)經法院公證時

該方式未完成前，推定其契約不成立[113][114]（民 166）。

3. 契約之分類

(1) 懸賞廣告之效力

民法第 164 條：「以廣告聲明對完成一定行爲之人給與報酬者，爲懸賞廣告。廣告人對於完成該行爲之人，負給付報酬之義務。數人先後分別完成前項行爲時，由最先完成該行爲之人，取得報酬請求權；數人共同或同時分別完成行爲時，由行爲人共同取得報酬請求權。前項情形，廣告人善意給付報酬於最先通知之人時，其給付報酬之義務，即爲消滅。前三項規定，於不知有廣告而完成廣告所定行爲之人，準用之。[115]」

(2) 定型化契約

係指依照當事人一方預定用於同類契約之條款而訂定之契 約[116]。民法第 247 條之 1：「依照當事人一方預定用於同類契約之條款而訂定之契約，爲左列各款之約定，按其情形顯失公平者，該部分約定無效：一、免除或減輕預定契約條款之當事人之責任者。二、加重他方當事人之責任者。三、使他方當事人拋棄權利或限制其行使權利者。四、其他於他方當事人有重大不利益者。」

(3) 第三人負擔契約

民法第 268 條：「契約當事人之一方，約定由第三人對於他方爲給付

---

[113] (B) 契約當事人約定其契約須用一定方式者，在該方式未完成前，契約之效力為何？(A)推定其契約成立(B)推定其契約不成立(C)視為其契約成立(D)視為其契約不成立

[114] (B) 甲乙約定其買賣契約一定要公證，則未公證前該買賣契約之效力為何？(A)視為不成立(B)推定不成立(C)效力未定(D)已成立，不過須待公證始生效

[115] (A) 甲懸賞廣告，乙先完成工作，丙雖較後完成工作，但先通知甲，則下列之敘述何者正確？(A)甲須支付報酬給乙，因為乙先完成行為(B)甲不須支付報酬給乙，因為丙先通知甲(C)甲須支付報酬給丙，因為丙先通知甲(D)甲不論是否善意，一旦支付報酬給丙，即不須再支付報酬給乙

[116] (B) 依照當事人一方預定用於同類契約之條款而訂定之契約，其名稱為何？(A)一方契約(B)定型化契約(C)同型契約(D)預約

者，於第三人不爲給付時，應負損害賠償責任[117]。」

4. **定金**

民法第 248 條：「訂約當事人之一方，由他方受有定金時，推定其契約成立。」民法第 249 條：「定金，除當事人另有訂定外，適用左列之規定：一、契約履行時，定金應返還或作爲給付之一部。二、契約因可歸責於付定金當事人之事由，致不能履行時，定金不得請求返還。三、契約因可歸責於受定金當事人之事由，致不能履行時，該當事人應加倍返還其所受之定金[118]。四、契約因不可歸責於雙方當事人之事由，致不能履行時，定金應返還之。」

(二) 侵權行為

1. **一般侵權行為之成立**

民法第 184 條：「因故意或過失，不法侵害他人之權利者，負損害賠償責任[119]。故意以背於善良風俗之方法，加損害於他人者亦同。違反保護他人之法律，致生損害於他人者，負賠償責任。但能證明其行爲無過失者，不在此限。」例如開車過失撞傷他人者，該被害人得主張侵權行爲之損害賠償[120][121]。

---

[117] (D) 甲向乙購屋，甲並與乙約定由丙向乙支付買賣價金，下列敘述，何者正確？(A)此為第三人利益契約(B)丙不得拒絕支付買賣價金(C)丙未表示願意支付前，乙得撤銷契約(D)丙未支付時，乙得向甲請求損害賠償

[118] (D) 甲將珍藏之葡萄酒一瓶賣給乙，乙並支付一萬元訂金。後來該瓶酒在交付於乙之前被打破，則下列敘述何者正確？(A)不論是否可歸責於甲，乙皆不得請求返還訂金(B)不論是否可歸責於甲，乙僅得請求返還訂金一萬元(C)不論是否可歸責於甲，乙皆得請求加倍返還訂金(D)可歸責於甲時，乙得請求加倍返還訂金

[119] (B) 我國法律規定，一個人對自己下列何種行為，對他人要負侵權賠償責任？(A)僅限故意行為(B)故意及過失行為(C)故意、過失及無過失行為(D)故意及無過失行為

[120] (D) 開車過失撞傷他人者，該被害人得主張下列何權利？(A)不當得利(B)傷害罪(C)不完全給付(D)侵權行為

(1) 客觀要件

A. 須有加害行爲：包括積極的作爲及消極的不作爲。

B. 行爲須不法：不僅指違背強行法規，即違背善良風俗之行爲亦包括在內。若具有違法阻卻事由時，則不構成不法，違法阻卻事由有：(A)正當防衛（民 149），須無過當。(B)緊急避難（民 150）。(C)自助行爲（民 151、152）。(D)權利之行使（民 148），但其行使須無權利之濫用。(E)無因管理（民 172）。(F)被害人之允諾。(G)正當業務。(H)公序良俗所認許之行爲（如因競技而傷及對手）。

C. 須侵害他人之權利或利益：加害之對象，須爲他人之權利（如人格權、財產權），或利益（如占有、通信秘密）。

D. 須致生損害：損害與加害行爲間須有相當因果關係。

(2) 主觀要件

A. 須有責任能力：指侵權行爲人有負擔損害賠償之資格，凡人在行爲當時有識別能力者，即有責任能力。

B. 須有故意或過失：爲過失責任主義，故意或過失事實，由原告負舉證責任。

2. 特殊侵權行為之成立

(1) 共同侵權行為

民法第 185 條：「數人共同不法侵害他人之權利者，連帶負損害賠償責任[122]；不能知其中孰爲加害人者亦同。造意人及幫助人，視爲共同行爲人。」例如甲乙開車，均有過失而對撞，在現場路邊停放之丙車亦被撞

---

[121] (B) 超速駕車致撞傷他人時，該受害人得依下列何一法律規定請求損害賠償？(A)不完全給付(B)侵權行為(C)不當得利(D)損益相抵

[122] (D) 甲、乙、丙三人同時向丁丟擲石頭，丁因此而受傷，但不知該侵害行為由何人所為，甲、乙、丙之責任為：(A)不須負責(B)各自按比例負責(C)以最具危險可能者負責(D)共同負連帶責任

毀，但無法證明是甲車或乙車所撞，則丙得向甲乙要求連帶負責[123]。

(2) 公務員之侵權行為

民法第 186 條：「公務員因故意違背對於第三人應執行之職務，致第三人受損害者，負賠償責任。其因過失者，以被害人不能依他項方法受賠償時為限，負其責任[124]。前項情形，如被害人得依法律上之救濟方法，除去其損害，而因故意或過失不為之者，公務員不負賠償責任。」

(3) 法定代理人之責任

民法第 187 條：「無行為能力人或限制行為能力人，不法侵害他人之權利者，以行為時有識別能力為限，與其法定代理人連帶負損害賠償責任[125]。行為時無識別能力者，由法定代理人負損害賠償責任。前項情形，法定代理人如其監督並未疏懈，或縱加以相當之監督，而仍不免發生損害者，不負賠償責任。如不能依前二項規定受損害賠償時，法院因被害人之聲請，得斟酌行為人及其法定代理人與被害人之經濟狀況，令行為人或其法定代理人為全部或一部之損害賠償。前項規定，於其他之人，在無意識或精神錯亂中所為之行為致第三人受損害時，準用之。」

---

[123] (B) 甲乙開車，均有過失而對撞，在現場路邊停放之丙車亦被撞毀，但無法證明是甲車或乙車所撞。甲乙之責任為何？(A)丙僅得分別向甲乙要求一半的損害賠償(B)丙得向甲乙要求連帶負責(C)丙既無法證明是甲乙何人所撞，甲乙皆無庸負責(D)必須先確定甲乙之過失程序，丙再依其過失程度分別向各人請求負部分責任

[124] (C) 關於公務員侵權行為之救濟方式，下列敘述何者錯誤？(A)公務員職務外行為，依一般侵權行為救濟(B)公務員職務上私法行為侵害人民時，依一般侵權行為救濟(C)公務員之違背職務出於故意者，受害人應先依他法求償(D)公務員之公法上職務行為致加害被害人時，可依國家賠償法救濟

[125] (C) 無行為能力人或限制行為能力人。不法侵害他人之權利者，若行為時有識別能力時，則：(A)由行為人自負損害賠償責任(B)由法定代理人負損害賠償責任(C)由行為人與其法定代理人連帶負損害賠償責任(D)行為人及法定代理人均無須負責

(4) 其他

A. 僱用人之責任

民法第 188 條：「受僱人因執行職務，不法侵害他人之權利者，由僱用人與行爲人連帶負損害賠償責任[126]。但選任受僱人及監督其職務之執行，已盡相當之注意或縱加以相當之注意而仍不免發生損害者，僱用人不負賠償責任[127]。如被害人依前項但書之規定，不能受損害賠償時，法院因其聲請，得斟酌僱用人與被害人之經濟狀況，令僱用人爲全部或一部之損害賠償。僱用人賠償損害時，對於爲侵權行爲之受僱人，有求償權。」例如甲僱用乙爲司機送貨，某日乙於執行職務途中撞傷丙，則甲乙連帶負損害賠償責任[128]。

B. 定作人之責任

民法第 189 條：「承攬人因執行承攬事項，不法侵害他人之權利者，定作人不負損害賠償責任。但定作人於定作或指示有過失者，不在此限。」

C. 動物占有人之責任

民法第 190 條：「動物加損害於他人者，由其占有人負損害賠償責任。但依動物之種類及性質已爲相當注意之管束，或縱爲相當注意之管束而仍不免發生損害者，不在此限。動物係由第三

---

[126] (B) 受僱人於執行職務時，不法侵害他人權利者，僱用人應與受僱人負連帶責任，因此，下列敘述何者正確？(A)被害人僅得對僱用人請求給付一半之償金額(B)僱用人單獨賠償後，得向受僱人請求返還全部之賠償價額(C)僱用人不得向受僱人求償(D)僱用人單獨賠償後，僅得向受僱人請求返還一半之賠償價額

[127] (C) 因遭受僱人執行職務時不法侵害之受害人，由於僱用人已盡監督義務，而無法對僱用人請求賠償者，法院得因其聲請，斟酌僱用人與被害人之經濟情況，令僱用人為全部或一部之損害賠償，其法律性質為：(A)過失責任(B)中間責任(C)衡平責任(D)絕對責任

[128] (C) 甲僱用乙為司機送貨，某日乙於執行職務途中撞傷丙，則：(A)乙負全部損害賠償責任，甲不負任何責任(B)甲乙各負一半損害賠償責任(C)甲乙連帶負損害賠償責任(D)甲負全部損害賠償責任，乙不負任何責任

人或他動物之挑動，致加損害於他人者，其占有人對於該第三人或該他動物之占有人，有求償權。」

D. 工作物所有人之責任

民法第 191 條：「土地上之建築物或其他工作物所致他人權利之損害，由工作物之所有人負賠償責任[129]。但其對於設置或保管並無欠缺，或損害非因設置或保管有欠缺，或於防止損害之發生，已盡相當之注意者，不在此限。前項損害之發生，如別有應負責任之人時，賠償損害之所有人，對於該應負責者，有求償權。」

E. 商品製造人之責任

民法第 191 條之 1：「商品製造人因其商品之通常使用或消費所致他人之損害，負賠償責任。但其對於商品之生產、製造或加工、設計並無欠缺或其損害非因該項欠缺所致或於防止損害之發生，已盡相當之注意者，不在此限。前項所稱商品製造人，謂商品之生產、製造、加工業者。其在商品上附加標章或其他文字、符號，足以表彰係其自己所生產、製造、加工者，視爲商品製造人。商品之生產、製造或加工、設計，與其說明書或廣告內容不符者，視爲有欠缺。商品輸入業者，應與商品製造人負同一之責任。」例如：(A)甲是商品製造商人，將商品買給零售商人乙，乙又將商品賣給丙，丙通常使用商品時卻受損害，則甲在未盡法律上應盡的注意義務時，要負賠償責任[130]。(B)甲從大賣場中購買一台全新電視，並依據其使用說明書安裝妥當，卻在使用後不久爆炸造成甲眼睛失明，則大賣場與製造

---

[129] (A) 民法第 191 條規定，土地上之建築物或其他工作物所致他人權利之損害，其賠償責任應由何人負擔？(A)所有人(B)占有人(C)所有人與占有人各負擔二分之一(D)所有人負擔三分之二，占有人負擔三分之一

[130] (D) 甲是商品製造商人，將商品買給零售商人乙，乙又將商品賣給丙，丙通常使用商品時卻受損害，請問：(A)甲無論如何要負賠償責任(B)丙只能向乙請求賠償(C)丙只能自認倒楣(D)甲在未盡法律上應盡的注意義務時，要負賠償責任

商均應負責[131]。

F. 動力車輛駕駛人之責任

民法第 191 條之 2：「汽車、機車或其他非依軌道行駛之動力車輛，在使用中加損害於他人者，駕駛人應賠償因此所生之損害。但於防止損害之發生，已盡相當之注意者，不在此限。」

G. 一般危險之責任

民法第 191 條之 3：「經營一定事業或從事其他工作或活動之人，其工作或活動之性質或其使用之工具或方法有生損害於他人之危險者，對他人之損害應負賠償責任。但損害非由於其工作或活動或其使用之工具或方法所致，或於防止損害之發生已盡相當之注意者，不在此限。」

3. 侵權行為損害賠償

侵權行爲一旦成立，則發生損害賠償問題。被害人取得損害賠償請求權，加害人則負有損害賠償義務。賠償之範圍及方法，因被害之對象而不相同：

(1) 生命之侵害：加害人需賠償殯葬費、扶養費及慰撫金（民法 192、194）。

(2) 身體健康名譽或自由之侵害：不法侵害他人之身體或健康者，對於被害人因此喪失或減少勞動能力或增加生活上之需要時，應負損害賠償責任。前項損害賠償，法院得因當事人之聲請，定爲支付定期金。但須命加害人提出擔保（民法 193）。

(3) 不法侵害他人之身體、健康、名譽、自由、信用[132]、隱私、貞操，或不法侵害其他人格法益而情節重大者，被害人雖非財產上之損害，亦得請求賠償相當之金額。其名譽被侵害者，並得請求回復名譽之適當處分。前項請求權，不得讓與或繼承。但以金額賠償之請求權已依契

---

131 (D) 甲從大賣場中購買一台全新電視，並依據其使用說明書安裝妥當，卻在使用後不久爆炸造成甲眼睛失明。關於其責任之敘述，下列何者正確？(A)由大賣場承擔一半責任(B)僅由製造商負全責(C)僅由大賣場負全責(D)大賣場與製造商均應負責

132 (B) 下列何者非特別人格權？(A)信用(B)信仰(C)姓名(D)自由

約承諾，或已起訴者，不在此限。前二項規定，於不法侵害他人基於父、母、子、女或配偶關係之身分法益而情節重大者，準用之（民法195）。但人格權的損害賠償，僅限於自然人才能請求，法人不可請求[133]。

(4) 不法毀損他人之物者，被害人得請求賠償其物因毀損所減少之價額（民法196）[134]。

(5) 請求權之時效：自請求人知有損害及賠償義務人時起，二年間不行使而消滅[135][136]；自有侵權行爲時起，逾十年者亦同[137]。

(6) 債務履行之拒絕：因侵權行爲對於被害人取得債權者，被害人對該債權之廢止請求權，雖因時效而消滅，仍得拒絕履行[138]（民法198）。

(三) 無因管理

1. 意義

乃未受委任，並無義務，而爲他人管理事務之行爲（若係受委託爲

---

[133] (C) 下列何種情形，被害人乙不得請求甲賠償慰撫金？(A)甲綁架乙之小孩(B)甲不法侵害孕婦乙之胎兒致死(C)甲不法侵害乙公司之信譽(D)甲將乙送修電腦中硬碟所儲存的私密淫照曝光

[134] (C) 甲因過失而將乙之愛犬撞死，乙傷心至極，得主張何權利？(A)請求慰撫金(B)請求回復名譽(C)僅得請求金錢賠償(D)請求懲罰性賠償

[135] (C) 因侵權行為所生之損害賠償請求權，自請求權人知有損害及賠償義務人時起，幾年間不行使而消滅？(A)一年(B)五年(C)二年(D)三年

[136] (C) 因侵權行為所生之損害賠償請求權，因下列何種情形而消滅？(A)自損害發生時起，二年間不行使(B)自侵權行為時起，五年間不行使(C)自請求權人知有損害及賠償義務人時起，二年間不行使(D)自請求權發生時起，十五年間不行使

[137] (C) 侵權行為損害賠償請求權之消滅時效最長為：(A)二年(B)五年(C)十年(D)十五年

[138] (A) 甲受乙脅迫，而將土地一筆賤賣與乙，若甲對該買賣契約之廢止請求權已因時效而消滅者，其法律效果如何？(A)甲得拒絕履行(B)甲可聲請法院撤銷(C)甲可主張買賣契約無效(D)甲可主張買賣契約效力未定

之者，謂之委任；民法 528）[139] [140]。例如無法律上義務而爲鄰人修繕遭颱風摧毀之房屋[141]。

2. 無因管理之成立

民法第 172 條：「未受委任，並無義務，而爲他人管理事務者，其管理應依本人明示或可得推知之意思，以有利於本人之方法爲之[142]。」

3. 效力

(1) 阻卻違法

未經他人同意，擅自干涉他人事務，本屬違法行爲，但係幫助他人之義舉，故阻卻違法。

(2) 發生債權債務關係

A. 管理人之義務

(A) 適當管理之義務

管理應依本人明示或可得推知之意思，以有利於本人之方法爲之。民法第 174 條：「管理人違反本人明示或可得推知之意思，而爲事務之管理者，對於因其管理所生之損害，雖無過失，亦應負賠償之責。前項之規定，如其管理係爲本人盡公益上之義務，或爲其履行法定扶養義務，或本人之意思違反公共秩序善良風俗者，不適用之。」民法第 175 條：「管理人爲免除本人之生命、身體或財產上之急迫危險而爲事務之管理者，對於因其管理所生之損害，除有惡意或重大過失者外，不負賠償之責。」

---

[139] (B) 未受委任，並無義務，而為他人管理事務者，稱之為：(A)不當得利(B)無因管理(C)侵權行為(D)法定委任

[140] (C) 未受委任，並無義務，而為他人管理事務之行為。是為下列何者？(A)自助行為(B)自救行為(C)無因管理(D)侵權行為

[141] (B) 無法律上義務而為鄰人修繕遭颱風摧毀之房屋。此係：(A)侵權行為(B)無因管理(C)委任(D)承攬

[142] (A) 依民法第 172 條規定，未受委任，並無義務，而為他人管理事務者，稱為：(A)無因管理(B)有因管理(C)不當得利(D)無權代理

(B) 通知義務

民法第 173 條第 1 項：「管理人開始管理時，以能通知爲限，應即通知本人，如無急迫之情事，應俟本人之指示。」

(C) 計算義務（交代義務）

即管理人對本人應有所交代。民法第 173 條第 2 項：「第 540 條至第 542 條關於委任之規定，於無因管理準用之。」

B. 管理人之權利

民法第 176 條第 1 項：「管理事務，利於本人，並不違反本人明示或可得推知之意思者，管理人爲本人支出必要或有益之費用，或負擔債務，或受損害時，得請求本人償還其費用及自支出時起之利息，或清償其所負擔之債務，或賠償其損害。」

賠償範圍有：(A)費用償還請求權。(B)負債清償請求權。(C)損害賠償請求權。

(四) 不當得利

1. 意義

民法第 179 條前段：無法律上之原因而受利益，致他人受損害者……[143][144][145]。例如甲乙兩人之間本無債之關係，乙因誤信對甲負有債務，遂向甲爲清償，甲亦貿然受領乙之給付[146]。

---

[143] (C) 無法律上之原因而受利益，致他人受損害者，稱為：(A)應當得利(B)無因管理(C)不當得利(D)先占

[144] (B) 甲誤認為乙之自行車為自己所有，而將該車交由丙修理，甲對於所支出之修理費用，應如何依據法律規定向乙求償？(A)無因管理(B)不當得利(C)所有物返還(D)契約責任

[145] (C) 無法律上原因而受利益，致他人受損害者，法律上之名稱為何？(A)無因管理(B)侵權行為(C)不當得利(D)契約行為

[146] (C) 甲乙兩人之間本無債之關係，乙因誤信對甲負有債務，遂向甲為清償，甲亦貿然受領乙之給付。請問甲之行為該當：(A)契約行為(B)無因管理(C)不當得利(D)視為強盜

2. 不得請求返還之不當得利

民法第 180 條：「給付，有左列情形之一者，不得請求返還：一、給付係履行道德上之義務者。二、債務人於未到期之債務因清償而爲給付者。三、因清償債務而爲給付，於給付時明知無給付之義務者。四、因不法之原因而爲給付者。但不法之原因僅於受領人一方存在時，不在此限[147] [148]。」

3. 不當得利之標的

(1) 返還標的（質的問題）

民法第 181 條：不當得利之受領人，除返還其所受之利益外，如本於該利益更有所取得者，並應返還[149] [150] [151]。但依其利益之性質或其他情形不能返還者，應償還其價額。

(2) 返還之範圍（量的問題：多寡的問題）

A. 善意受領人

民法第 182 條第 1 項：「不當得利之受領人，不知無法律上之原因，而其所受之利益已不存在者，免負返還或償還價額之責

---

[147] (D) 當事人於清償賭債後，能否再請求對方返還？(A)可以，依不當得利之規定(B)可以，依侵權行為之規定(C)可以，依無因管理之規定(D)不得請求返還

[148] (B) 依法賭債需償還嗎？(A)需要(B)不需要(C)由當事人自行約定(D)由法官依個案判決

[149] (B) 贈與撤銷後，贈與人請求返還贈與物之法律依據為：(A)所有物返還請求(B)不當得利(C)準用解除契約之規定(D)依債務不履行之規定

[150] (B) 甲出售 A 書給乙，並已交付。其後發現該買賣契約無效，甲該如何？(A)甲向乙請求侵權行為，損害賠償(B)甲向乙請求不當得利，返還 A 書(C)甲向乙請求所有物（A 書）返還(D)甲不得向乙作任何請求

[151] (C) 甲持一百元向乙購買汽水，乙誤認為仟元，多找了九百元給甲，甲即為：(A)無因管理(B)侵權行為(C)不當得利(D)甲不負返還義務

任[152]。善意受領人僅就現存之利益，負返還之責任。」例如甲至 7-11（統一）便利超商購買飲料一瓶，工讀生多找五元零錢給 甲[153]。

B.　惡意受領人

民法第 182 條第 2 項：「受領人於受領時，知無法律上之原因或其後知之者，應將受領時所得之利益，或知無法律上之原因時，所現存之利益，附加利息，一併償還；如有損害，並應賠償。」

4. 特殊不當得利

民法第 180 條：「給付，有左列情形之一者，不得請求返還：一、給付係履行道德上之義務者。二、債務人於未到期之債務，因清償而為給付者。三、因清償債務而為給付，於給付時明知無給付之義務者。四、因不法之原因而為給付者。但不法之原因僅於受領人一方存在時，不在此限。」

三、債之效力：給付、遲延、契約、保全

(一) 給付

給付乃債務人之行為（作為或不作為），與債之履行同義。

1. 債務人注意之義務

債務人履行債務，應盡相當注意，勿使債權人遭受損害，否則應負債務不履行之責任。債務不履行之責任原則上以故意或過失為要件。例如甲同意出售 A 畫給乙後，第二天又將該畫出售給丙並交付之，則乙僅得

152 (A) 甲受乙委任代為收取房租，甲因投資需要，將所收房租先挪為自用，則：(A)甲應支付利息。乙如有損害，甲並應賠償(B)甲僅於乙因此受到損害時，始應支付利息及賠償(C)乙如因此受到損害，甲應賠償。但甲不用支付利息(D)甲僅須支付利息，但對乙因此所受之損害，無須賠償

153 (A) 甲至 7-11（統一）便利超商購買飲料一瓶，工讀生多找五元零錢給甲，7-11（統一）便利超商可依據哪一個理由請求返還五元？(A)不當得利(B)無因管理(C)契約不履行(D)侵權行為

向甲主張債務不履行之損害賠償[154]。

2. 債務人不給付之責任

債務人不給付乃債務人不依債之本旨而爲給付，其情形有：給付不能、給付拒絕、不完全給付。

3. 給付不能

(1) 意義

給付不能者乃債務人不能依債之本旨履行債務。惟此不能，指嗣後不能而言，自始不能則契約無效，並非債務不履行的問題。

(2) 效力

因不可歸責於債務人之事由，致給付不能者，債務人免給付之義務。如，非因債務人之故意或過失，而係因第三人之行爲，致給付不能時，債務人即可免給付義務。債務人因前項給付不能之事由，對第三人有損害賠償請求權者（如，給付物被第三人毀壞，債務人對該第三人有損害賠償請求權），債權人得向債務人請求讓與其損害賠償請求權，或交付其所受領之賠償物（債權人之代償請求權）（民法 225）。因可歸責於債務人之事由，致給付不能者，債權人得請求損害賠償。若給付一部不能者，若其他部分履行，於債權人無利益時，債權人得拒絕該部之給付，請求全部不履行之損害賠償（民法 226）。

4. 給付拒絕

能爲給付，而表示不爲給付。債權人依法取得執行名義，聲請法院強制執行，並得請求法院損害賠償。

5. 不完全給付

債務人不依債之本旨，所爲之給付。如，包裝不善，致給付物毀損，債權人得聲請法院強制執行，並得請求法院損害賠償。民法第 227

---

154 (A) 甲同意出售 A 畫給乙後，第二天又將該畫出售給丙並交付之。此三人之法律關係為何？(A)乙僅得向甲主張債務不履行之損害賠償(B)乙因承購在先，可向丙主張侵害債權之損害(C)丙得向乙主張自己為善意第三人，故善意取得該畫所有權(D)乙因承購在先，可向丙請求交畫

條：「因可歸責於債務人之事由，致爲不完全給付者，債權人得依關於給付遲延或給付不能之規定行使其權利。」由於瑕疵可補正，應允許債務人補正，而適用給付遲延之規定[155]。

(二) 遲延

1. 債務人遲延

債務人已屆履行期，能給付而不爲給付者，亦稱給付遲延。債務人遲延有以下效力：

(1) 債務人方面：損害賠償與支付遲延利息。

(2) 債權人方面：延遲之給付，於債權人無利益者，債權人得拒絕其給付，並得請求賠償因不履行而生之損害[156]。

2. 債權人遲延

債權人對於已提出之給付，拒絕受領或不能受領，亦稱受領遲延。其效力：

(1) 債務人責任減輕：免付利息等。

(2) 債務人責任免除：提存後免除義務。

民法第 236 條：「給付無確定期限，或債務人於清償期前得爲給付者，債權人就一時不能受領之情事，不負遲延責任[157]。但其提出給付，由於債權人之催告，或債務人已於相當期間前預告債權人者，不在此

---

155 (B) 因可歸責於債務人之事由，致為不完全給付，但其瑕疵可為補正者，債務人應依何規定負其責任？(A)依給付不能負責(B)依給付遲延負責(C)依受領遲延負責(D)依侵權行為負責

156 (B) 甲在乙商場挑選某廠牌電冰箱一台，雙方約定於該月十五日上午送交甲之住所，十五日過後甲詢問乙何以未依約送貨，乙答以商場發生火災，電冰箱亦遭祝融波及，無一倖免，甲、乙問之法律關係如何？(A)甲對乙可請求給付不能之損害賠償(B)甲對乙可主張給付遲延責任(C)甲對乙可主張不完全給付之責任(D)甲對乙可主張侵權行為損害賠償

157 (C) 甲向乙訂購原料一批，雙方未約定給付期限，乙接獲訂單後未經通知甲，隨即將貨送至甲廠，甲由於廠房暫無空間存放，而請求乙將該貨攜回，甲、乙間之法律關係為何？(A)甲應負受領遲延責任(B)甲應負給付遲延責任(C)甲不負任何責任(D)甲為與有過失

限。」

(三) 契約

1. 契約之標的

契約之標的須可能，以不能之給付爲契約標的，其契約無效。

2. 契約之確保

(1) 定金

以確保契約之履行爲目的，由當事人之一方交付他方之金錢。契約當事人之一方，由他方受有定金時，其契約視爲成立[158]。

(2) 違約金

以確保債務之履行爲目的，由當事人約定債務人不履行債務時，所應支付之金錢。

3. 契約之解除

當事人一方行使解除權，使契約效力溯及地歸於消滅之意思表示。解除權之行使須向他方當事人以意思表示爲之。例如民法第 254 條：「契約當事人之一方遲延給付者，他方當事人得定相當期限催告其履行，如於期限內不履行時，得解除其契約[159][160][161]。」民法第 255 條：「依契約之

---

[158] (C) 契約當事人一方為確保契約履行之目的，交付他方之金錢或替代物稱為：(A)押金(B)違約金(C)定金(D)前金

[159] (C) 甲向乙購買房屋一間，雙方約定房屋過戶後次日甲應給付剩餘款項，但甲並未依約付款，乙得如何主張其權利？(A)立刻解除契約(B)終止契約(C)定期催告(D)撤銷契約

[160] (C) 債務人於約定期日不為給付而給付遲延者，債權人於何時得解除契約？(A)債權人催告債務人立即清償債務後(B)債權人不須催告債務人，隨時得解除契約(C)債權人定期催告債務人清償債務後(D)債權人應以存證信函催告債務人清償債務後

[161] (D) 甲乙訂立契約，甲給付遲延，乙主張解除契約者，下列敘述何者正確？(A)乙應向法院請求解除契約(B)乙不須為任何表示，即發生解除契約之效力(C)乙解除契約後，由甲方所受領之給付，視為損害賠償(D)乙解除契約，不妨礙損害賠償之請求

性質或當事人之意思表示，非於一定時期為給付不能達其契約之目的，而契約當事人之一方不按照時期給付者，他方當事人得不為前條之催告，解除其契約[162]。」

(1) 解除權之發生：給付遲延、給付不能。

(2) 效力：溯及於契約訂立時而消滅，當事人雙方因此有回復原狀之義務。

(3) 契約之終止：當事人之一方行使終止權，使契約之效力向將來消滅。

(4) 情事變更之原則：契約成立後，情事變更，非當時所得預料，而依其原有效果顯失公平者，當事人得聲請法院增、減其給付或變更其他原有之效果。前項規定，於非因契約所發生之債，準用之[163]（民227-2）。

4. 雙務契約之效力

雙務契約乃當事人雙方互負對價關係之債務之契約。雙務契約，在發生、履行及消滅上均有牽連性[164]。即一方債務不發生，他方亦不發生；一方不履行，他方得拒絕履行；一方因不可歸責於自己之事由，致免給付之義務時，他方倘亦無可歸責者，亦免對待給付義務。

(1) 同時履行抗辯權

因契約互負債務者，於他方當事人未為對待給付前，得拒絕自己之

---

162 (C) 甲向某飯店業者訂購年菜，供除夕夜全家團圓飯之用，但飯店業者因為疏失，以致須於大年初三始可送達，甲應如何行使其權利？(A)先經催告後，始得解除契約(B)主張不完全給付之損害賠償(C)不須催告直接解除契約(D)只能主張給付遲延，不能主張解除契約

163 (C) 甲借錢給乙，約定五年後返還，孰料清償日屆至時，通用貨幣劇烈貶值，僅為原來價值的 1%，甲可本於何原則請求法院為救濟？(A)損益相抵原則(B)暴利行為原則(C)情事變更原則(D)公序良俗原則

164 (B) 雙務契約之一方，應可歸責於自己之事由，以致於給付不能者，須對他方負損害賠償責任，但他方當事人之義務為何？(A)應免為給付(B)應為對待給付(C)應為減輕給付(D)應為加重給付

給付[165][166]。

(2) 不安抗辯權

民法第 265 條：「當事人之一方，應向他方先爲給付者，如他方之財產，於訂約後顯形減少，有難爲對待給付之虞時，如他方未爲對待給付或提出擔保前，得拒絕自己之給付[167]。」

(3) 危險負擔

A. 狹義危險負擔：債務人負擔主義

因不可歸責於雙方當事人之事由，致一方之給付全部不能者，他方免爲對待給付之義務，如僅一部不能者，應按其比例減少對待給付[168]。前項情形，已爲全部或一部之對待給付者，得依關於不當得利之規定，請求返還（民法 266）。

B. 廣義危險負擔

當事人之一方，因可歸責於他方當事人之事由，致不能給付者，得請求對待給付。其因免給付義務所得之利益或應得之利益，均應由其所得請求之對待給付中扣除之（民法 267）。

---

165 (D) 因為契約而互負債務者，在他方未為對待給付之前，可以拒絕自己的給付，這種權利稱為：(A)先訴抗辯權(B)先訴請求權(C)對待履行請求權(D)同時履行抗辯權

166 (B) 因契約互負債務者，於他方當事人未為對待給付前，得拒絕自己之給付，此為：(A)不安抗辯權(B)同時履行抗辯權(C)對待履行抗辯權(D)先訴抗辯權

167 (B) 當事人一方，應向他方先為給付，如他方之財產，於訂約後顯形減少，有難為對待給付之處時，如他方未為對待給付或提出擔保前，得拒絕自己之給付，通稱為：(A)遲延抗辯(B)不安抗辯(C)窮困抗辯(D)同時履行抗辯

168 (D) 設甲向乙購買一輛機車已經簽約，約定第二天交車並交付價金，未料當天晚上機車被無名火波及致全毀。下列敘述何者正確？(A)甲仍應支付價金給乙(B)乙仍應交付機車給甲(C)若甲已支付價金給乙時，不得請求返還(D)甲乙皆可免交車及交付價金之義務

(四) 保全

1. 代位權

(1) 債權人代位權

民法第 242 條：「債務人怠於行使其權利時，債權人因保全債權，得以自己之名義，行使其權利[169]。但專屬於債務人本身者，不在此限。」

(2) 代位權行使時期

民法第 243 條：「前條債權人之權利，非於債務人負遲延責任時，不得行使。但專為保存債務人權利之行為，不在此限。」

2. 撤銷權

(1) 債權人撤銷權

民法第 244 條：「債務人所為之無償行為，有害及債權者，債權人得聲請法院撤銷之。債務人所為之有償行為，於行為時明知有損害於債權人之權利者，以受益人於受益時亦知其情事者為限，債權人得聲請法院撤銷之。債務人之行為非以財產為標的，或僅有害於以給付特定物為標的之債權者，不適用前二項之規定。債權人依第 1 項或第 2 項之規定聲請法院撤銷時，得並聲請命受益人或轉得人回復原狀。但轉得人於轉得時不知有撤銷原因者，不在此限。」

(2) 撤銷權之除斥期間

民法第 245 條：「前條撤銷權，自債權人知有撤銷原因時起，一年間不行使，或自行為時起，經過十年而消滅。」

四、多數債務人及債權人

(一) 可分之債

1. 意義

可分之債亦稱為分割之債，乃以同一可分之給付為債之標的，而債

---

[169] (C) 債務人怠於行使其權利時，債權人因保全債權，得以自己名義，行使之權利稱為：(A)代理權(B)代償權(C)代位權(D)代求權

之權利及義務由多數之債權人或債務人承擔。可分之債需爲債之標的如經分割，其性質或價值不會減損而言。

2. 可分之債平均分擔或分受之認定

民法第 271 條：「數人負同一債務或有同一債權，而其給付可分者，除法律另有規定或契約另有訂定外，應各平均分擔或分受之；其給付本不可分而變爲可分者亦同。」

3. 可分之債之成立

(1)債之主體爲多數。(2)須以同一給付爲內容。(3)給付可分。(4)債之關係由同一原因而生。

4. 可分之債之效力

對外須各自獨立，債權或債務平均分之。對內若未有約定，準用民法第 271 條規定。

(二)連帶之債

1. 連帶債務

數人負同一債務，明示對於債權人各負全部給付之責任者，爲連帶債務。民法第 273 條：「連帶債務之債權人，得對於債務人中之一人或數人或其全體，同時或先後請求全部或一部之給付[170]。連帶債務未全部履行前，全體債務人仍負連帶責任[171]。」

2. 連帶債權

數人有同一債權，而各債權人各得向債務人請求全部之給付。民法第 282 條：「連帶債務人中之一人，不能償還其分擔額者，其不能償還之部分，由求償權人與他債務人按照比例分擔之。但其不能償還，係由求償

---

[170] (B) 甲、乙為丙之連帶債務人，則下列敘述何者正確？(A)丙未就甲之財產強制執行無效果前，乙得拒絕清償(B)丙得向甲或乙請求清償全部之債務(C)丙僅得向甲或乙請求清償一半債務(D)甲之清償對乙不生效力

[171] (D) 甲、乙、丙三人向債權人丁借了九十萬元，並願共負連帶債務之責，其後甲已經償還三十萬元給丁，試問丁應向何人要求剩餘款項之返還？(A)乙(B)丙(C)乙、丙(D)甲、乙、丙

權人之過失所致者，不得對於他債務人請求其分擔。前項情形，他債務人中之一人應分擔之部分已免責者，仍應依前項比例分擔之規定，負其責任[172]。」民法第 283 條：「數人依法律或法律行爲，有同一債權，而各得向債務人爲全部給付之請求者，爲連帶債權。」

(三) 不可分之債

1. 不可分債務

民法第 292 條：「數人負同一債務，而其給付不可分者，準用關於連帶債務之規定。」

2. 不可分債權

民法第 293 條：「數人有同一債權，而其給付不可分者，各債權人僅得請求向債權人全體爲給付，債務人亦僅得向債權人全體爲給付。除前項規定外，債權人中之一人與債務人間所生之事項，其利益或不利益，對他債權人不生效力。債權人相互間，準用第 291 條之規定。」

五、債之標的

(一) 意義

債之標的乃係指債權之客體，亦即債務人之行爲，法典名詞稱「給付」。民法第 199 條第 1 項：「債權人基於債之關係，得向債務人請求給付。」

(二) 種類之債

1. 概說

給付物僅以種類及數量指示者稱之。

---

172 (B) 甲、乙、丙、丁經法院判決須對戊連帶負 100 萬元之損害賠償責任，但甲於賠償 100 萬元後，欲請求乙、丙、丁各自償還 25 萬元之分擔額時，乙已不能償還，就乙不能償還之部分，應由何人承擔？(A)由甲自行承擔(B)由甲與丙、丁按照比例分擔(C)由戊與甲、丙、丁按照比例分擔(D)由戊與丙、丁按照比例分擔

2. 法律上之意義

民法第 200 條第 1 項：「給付物僅以種類指示者，依法律行為之性質或當事人之意思不能定其品質時，債務人應給以中等品質之物。」

3. 種類之債特定

民法第 200 條第 2 項：「前項情形，債務人交付其物之必要行為完結後，或經債權人之同意指定其應交付之物時，其物即為特定給付物[173]。」

4. 種類之債特定之效力

民法第 373 條：「買賣標的物之利益及危險，自交付時起，均由買受人承受負擔，但契約另有訂定者，不在此限。」

(三) 貨幣之債

係一種金錢債務。不同一般種類之債，因為債務人只須為一定金額之給付，不必也無法給付中等品質之物。

(四) 利息之債

1. 意義

以給付利息為標的之債，利息之債必先有原本之債，故利息之債具有從債務之性質。非原本之債，則利息之債無從發生。原本債權移轉時，利息債權原則上亦隨同移轉（民法 295）；原本債權消滅時，利息債權亦隨同消滅（民法 307）。

2. 計算

(1) 約定利息

A. 較高利率之限制

民法第 204 條：「約定利率逾週年百分之十二者，經一年後，債務人得隨時清償原本。但須於一個月前預告債權人。前項清償之權利，不得以契約除去或限制之。」

---

173 (A) 買賣雙方約定「賣方應交付高梁二千公斤」此為：(A)種類之債(B)連帶之債(C)選擇之債(D)不可分之債

B. 最高利率之限制

民法第 205 條：「約定利率，超過週年百分之二十者，債權人對於超過部分之利息，無請求權[174][175][176][177]。」

C. 巧取利益之禁止

民法第 206 條：「債權人除前條限定之利息外，不得以折扣或其他方法，巧取利益。」如借款一萬元，雖約定利率不高，但只交付八千元當作一萬元原本，而再生利息，即爲巧取利益。

D. 複利之禁止

民法第 207 條：「利息不得滾入原本，再生利息。但當事人以書面約定，利息遲付逾一年後，經催告而不償還時，債權人得將遲付之利息，滾入原本者依其規定。前項規定，如商業上另有習慣者，不適用之。」

(2) 法定利率

A. 民法上之法定利率

民法第 203 條：「應付利息之債務，其利率未經約定，亦無法律可據者，週年利率爲百分之五。」

B. 票據法上之法定利率

票據法第 28 條第 2 項：「利率未經載明者，定爲年率六釐。」

---

[174] (A) 依我國民法規定，約定利率超過週年百分之幾，債權人對於超過部分的利息，無請求權？(A)百分之二十(B)百分之十(C)百分之五(D)百分之三十

[175] (D) 民法對約定利率之限制為年利率不得超過：(A)百分之十五(B)百分之三十(C)百分之二十五(D)百分之二十

[176] (B) 我國民法規定，約定利率超過多少者，債權人對於超過部分之利息，無請求權？(A)週年百分之十(B)週年百分之二十(C)週年百分之三十(D)週年百分之四十

[177] (B) 約定利率，超過週年百分之二十者，則下列關於債權人對於超過部分之敘述，何者正確？(A)其約定為無效(B)債權人受領有效(C)其約定效力未定(D)債權人得請求強制執行

(五) 選擇之債

指債權雖存在於數個不同之標的，只能就其中之一爲給付。特定後爲特定之債。

(六) 損害賠償之債[178]

民法第 213 條：「負損害賠償責任者，除法律另有規定或契約另有訂定外，應回復他方損害發生前之原狀。因回復原狀而應給付金錢者，自損害發生時起，加給利息。第 1 項情形，債權人得請求支付回復原狀所必要之費用，以代回復原狀。」民法第 214 條：「應回復原狀者，如經債權人定相當期限催告後，逾期不爲回復時，債權人得請求以金錢賠償其損害。」民法第 215 條：「不能回復原狀或回復顯有重大困難者，應以金錢賠償其損害。」

六、債之移轉

(一) 債權讓與

1. 債權之讓與性

民法第 294 條：「債權人得將債權讓與於第三人[179]。但左列債權，不在此限：一、依債權之性質，不得讓與者。二、依當事人之特約，不得讓與者。三、債權禁止扣押者。前項第 2 款不得讓與之特約，不得以之對抗善意第三人。[180]」

---

[178] (A) 侵權行為人須負損害賠償責任時，其損害賠償之方法為：(A)以回復原狀為原則，金錢賠償為例外(B)以金錢賠償為原則，回復原狀為例外(C)只能採取回復原狀，不能採取金錢賠償(D)只能採取金錢賠償，不能採取回復原狀

[179] (A) 甲對乙有新台幣 100 萬元之債權，雙方有不得讓與之特約，甲仍擅自將該債權讓與不知情之丙，其讓與之效力如何？(A)有效(B)無效(C)效力未定(D)須經乙之承認始生效力

[180] (D) 違反債權不得讓與之特約者，其法律效果為何？(A)絕對無效(B)絕對有效(C)效力未定(D)不得對抗善意第三人

2. 債權讓與之效力

民法第 295 條：「讓與債權時，該債權之擔保及其他從屬之權利，隨同移轉於受讓人。但與讓與人有不可分離之關係者，不在此限。未支付之利息，推定其隨同原本移轉於受讓人。」民法第 296 條：「讓與人應將證明債權之文件，交付受讓人，並應告以關於主張該債權所必要之一切情形。」民法第 297 條：「債權之讓與，非經讓與人或受讓人通知債務人，對於債務人不生效力[181]。但法律另有規定者，不在此限。受讓人將讓與人所立之讓與字據提示於債務人者，與通知有同一之效力。」

(二) 債務之承擔

1. 免責之債務承擔

民法第 300 條：「第三人與債權人訂立契約承擔債務人之債務者，其債務於契約成立時，移轉於該第三人。」民法第 301 條：「第三人與債務人訂立契約承擔其債務者，非經債權人承認，對於債權人不生效力。」

2. 併存的債務承擔

可分為：(1)約定之併存債務承擔；(2)法定之併存債務承擔（概括的債務承擔）。

七、債之消滅：清償、提存、抵銷、免除、混同[182][183]

(一) 清償

1. 意義

債務人或其他得為清償之人，向債權人或其他有受領權人，依債務之本旨，實現債務內容之行為，俗稱還債。清償之行為有作為及不作為。

---

[181] (A) 甲欠乙新臺幣 100 萬元之借款，到期後甲無法清償債務，乙遂擅自將該債權讓與丙，甲不知悉，該債權讓與之效力如何？(A)有效(B)無效(C)效力未定(D)須通知甲始生效力

[182] (C) 下列何者並非債之消滅原因？(A)清償(B)混同(C)解除(D)提存

[183] (B) 下列何者不是債之消滅原因？(A)抵銷(B)扣押(C)提存(D)免除

2. 主體

(1) 清償人

通常爲債務人，但有時第三人亦得爲清償人。如當事人另有訂定或依其性質不得由第三人清償者，必須由債務人自行清償。民法第 311 條：「債之清償，得由第三人爲之。但當事人另有訂定或依債之性質不得由第三人清償者，不在此限。第三人之清償，債務人有異議時，債權人得拒絕其清償。但第三人就債之履行有利害關係者，債權人不得拒絕。[184]」

(2) 受領清償人

原則上爲債權人，有時第三人亦得爲有效之受領。

3. 客體

即清償之內容。

4. 抵充

一人負擔數宗債務，而其給付之種類相同者，如清償人所提出之給付，不足清償全部債額時，由清償人於清償時，指定其應抵充之債務（民法 321）。

5. 清償地

民法第 314 條：「清償地，除法律另有規定或契約另有訂定，或另有習慣，或得依債之性質或其他情形決定者外，應依左列各款之規定：一、以給付特定物爲標的者，於訂約時，其物所在地爲之。二、其他之債，於債權人之住所地爲之[185] [186]。」

---

[184] (C) 甲欠乙錢，丙出面願代替甲清償債務，甲嚴正拒絕丙之好意，但乙卻仍然私下收受丙之給付，關於當事人間之法律關係，下列敘述何者正確？(A)乙之受領給付，對甲不生效力(B)乙應得甲之同意，始得受領給付(C)甲縱然反對，但對乙之債務仍然消滅(D)乙為不當得利，應返還丙之給付

[185] (A) 種類之債，除法律另有規定或契約另有訂定，或得依債之性質或其他情形決定者外，其清償地應為：(A)債權人住所地(B)債務人住所地(C)第三人住所地(D)保證人住所地

[186] (B) 債務人應將標的物攜帶到債權人之住所地，使得債權人處於隨時受領之狀態，其性質為：(A)往取債務(B)赴償債務(C)代送買賣(D)送付債務

6. **清償費用之負擔**

民法第 317 條：「清償債務之費用，除法律另有規定或契約另有訂定外，由債務人負擔[187]。但因債權人變更住所或其他行爲，致增加清償費用者，其增加之費用，由債權人負擔。」

(二) 提存

1. **意義**

乃清償人將其給付物，爲債權人寄託於提存所之行爲，凡得爲清償之人，均得爲提存人。提存所乃地方法院所設辦理提存事務之機構。提存應於清償地之提存所爲之。

2. **原因**

(1)債權人受領遲延[188]。(2)不能確知孰爲債權人而難爲給付（民法 326）。

3. **方法**

應作成提存書一式二份，連同提存物一併提交提存物保管機構，並應附具提存通知書。提存人於提存後應即通知債權人，如怠於通知，致生損害時，負賠償責任，但不能通知者，不在此限。提存所亦應將提存通知書送達債權人。

4. **效力**

(1) 提存與債權人間之效力：提存依債務本旨並向有受領權人爲之者，其債之關係消滅。因此提存後：A.給付物毀損滅失之危險，由債權人負擔。B.債務人無須支付利息，或賠償其孳息未收取之損害。

(2) 債權人與提存所間之效力：債權人得隨時受領提存物。但如債務人之

---

187 (B) 清償債務之費用，除法律另有規定，或契約另有訂定外，應如何負擔？(A)由債權人負擔(B)由債務人負擔((C)債權人及債務人各負擔一半(D)由法院裁定負擔之義務人

188 (B) 甲欲清償對乙積欠之貨款，乙卻藉故受領遲延，甲應如何處置其給付之貨款以消滅該債務？(A)拋棄該貨款(B)提存該貨款(C)逕自投入乙之住宅(D)公示催告

清償，係對債權人之給付而爲之者，在債權人未爲對待給付，或提出相當擔保前，得阻止其受領提存物。

(3) 債權人關於提存物之權利，自提存後十年間不行使而消滅，其提存物屬於國庫[189][190]。

(三) 抵銷

民法第 334 條：「二人互負債務，而其給付種類相同，並均屆清償期者，各得以其債務，與他方之債務，互爲抵銷[191]。但依債之性質不能抵銷或依當事人之特約不得抵銷者，不在此限。前項特約，不得對抗善意第三人。」

八、各種之債

(一) 買賣

1. **定義**

稱買賣者，謂當事人約定一方移轉財產權於他方，他方支付價金之契約[192]。當事人就標的物及其價金互相同意時，買賣契約即爲成立。

2. **瑕疵擔保**[193]

出賣人應擔保第三人就買賣之標的物，對於買受人不得主張任何權利。民法第 354 條：「物之出賣人對於買受人，應擔保其物依第 373 條之

---

189 (B) 債權人關於提存物之權利，應於提存後十年內行使之，逾期則提存物屬於：(A)債務人(B)國庫(C)債權人(D)國庫與債務人各二分之一

190 (C) 依民法第 330 條之規定，債權人所提存之物，經十年無人請領，其提存物歸屬於何人？(A)債權人(B)慈善團體(C)國庫(D)債務人

191 (D) 債務屆清償期，債務人縱未經債權人同意，仍有下述何種權利可為主張？(A)一部清償之權利(B)代物清償之權利(C)分期給付之權利(D)抵銷之權利

192 (B) 當事人約定，一方移轉財產權於他方，他方支付價金之契約，稱為：(A)互易(B)買賣(C)租賃(D)交互計算

193 (B) 於買賣契約中，出賣人應擔保第三人就買賣標的物對買受人不得主張任何權利。此為下列何者？(A)物的瑕疵擔保責任(B)權利瑕疵擔保責任(C)不安之抗辯(D)同時履行抗辯

規定危險移轉於買受人時無滅失或減少其價值之瑕疵，亦無滅失或減少其通常效用或契約預定效用之瑕疵[194]。但減少之程度，無關重要者，不得視為瑕疵。出賣人並應擔保其物於危險移轉時，具有其所保證之品質。」

3. 買受人之檢查義務

民法第 356 條：「買受人應按物之性質，依通常程序從速檢查其所受領之物。如發見有應由出賣人負擔保責任之瑕疵時，應即通知出賣人。買受人怠於為前項之通知者，除依通常之檢查不能發見之瑕疵外，視為承認其所受領之物。」

4. 物之瑕疵擔保

民法第 355 條：「買受人於契約成立時，知其物有前條第 1 項所稱之瑕疵者，出賣人不負擔保之責。買受人因重大過失，而不知有前條第 1 項所稱之瑕疵者，出賣人如未保證其無瑕疵時，不負擔保之責。但故意不告知其瑕疵者，不在此限。[195]」民法第 360 條：「買賣之物，缺少出賣人所保證之品質者，買受人得不解除契約或請求減少價金，而請求不履行之損害賠償；出賣人故意不告知物之瑕疵者亦同[196]。」

5. 標的物利益與危險之承受負擔

民法第 373 條：「買賣標的物之利益及危險，自交付時起，均由買受人承受負擔，但契約另有訂定者，不在此限。」

---

[194] (B) 買賣標的物之利益及危險，除契約另有訂定外，自何時起，由買受人承受負擔？(A)買賣契約訂立時(B)標的物交付時(C)所有權移轉時(D)價金支付時

[195] (D) 下列何種情形，出賣人應負物之瑕疵擔保責任？(A)買受人於契約成立時，知物具有瑕疵(B)買受人於契約成立時，知物具有瑕疵，但出賣人故意不告知瑕疵(C)買受人因重大過失而不知物有瑕疵，且出賣人並未保證無瑕疵(D)買受人因重大過失而不知物有瑕疵，且出賣人並未保證無瑕疵，但出賣人故意不告知瑕疵

[196] (C) 甲向乙購買筆記型電腦，乙保證該筆記型電腦具有無線上網及燒錄功能，後來甲發現該筆記型電腦不具備上述功能，下列敘述，何者正確？(A)甲得撤銷契約，不得請求損害賠償(B)甲得請求減少價金，不得解除契約(C)甲得不解除契約或請求減少價金，而請求不履行之損害賠償(D)甲得不請求損害賠償，而終止契約

6. 解除權或請求權之消滅

民法第 365 條：「買受人因物有瑕疵，而得解除契約或請求減少價金者，其解除權或請求權，於買受人依第 356 條規定爲通知後六個月間不行使或自物之交付時起經過五年而消滅[197]。前項關於六個月期間之規定，於出賣人故意不告知瑕疵者，不適用之。」

(二) 互易

當事人雙方約定互相移轉金錢以外之財產權者，準用關於買賣之規定。

(三) 交互計算

稱交互計算者，謂當事人約定以其相互間之交易所生之債權、債務爲定期計算，互相抵銷，而僅支付其差額之契約。交互計算之計算期，如無特別訂定，每六個月計算一次。

(四) 贈與

1. 意義：稱贈與者，謂當事人約定，一方以自己之財產無償給與他方，他方允受之契約。
2. 贈與物之權利未移轉前，贈與人得撤銷其贈與。其一部已移轉者，得就其未移轉之部分撤銷之。
3. 贈與人僅就其故意或重大過失，對於受贈人負給付不能之責任[198][199]。贈與之物或權利如有瑕疵，贈與人不負擔保責任。但贈與人故意不告知其瑕疵或保證其無瑕疵者，對於受贈人因瑕疵所生之損害，負賠償

---

197 (B) 買受人發現物有瑕疵，而通知出賣人時，最遲應於通知後多久內主張物之瑕疵擔保責任？(A)三個月(B)六個月(C)一年(D)二年

198 (A) 下列何者無須盡善良管理人之注意義務？(A)贈與人(B)受任人(C)承租人(D)無因管理人

199 (C) 甲乙約定甲將珍藏之葡萄酒贈與給乙，後來葡萄酒於交付乙之前遺失，則下列敘述，何者正確？(A)甲不論有無過失，均應負責(B)甲有輕過失，即應負責(C)甲僅就故意或重大過失負責(D)甲無庸負責

之義務。所謂債務人之重大過失，是指顯然欠缺普通一般人之注意義務[200]。

(五) 租賃

1. 稱租賃者，謂當事人約定，一方以物租與他方使用收益，他方支付租金之契約[201]。
2. 不動產之租賃契約，其期限逾一年者，應以字據訂立之，未以字據訂立者，視爲不定期限之租賃[202][203]。
3. 租用基地建築房屋者，承租人於契約成立後，得請求出租人爲地上權之登記。
4. 出租人應以合於所約定使用收益之租賃物，交付承租人，並應於租賃關係存續中，保持其合於約定使用、收益之狀態。
5. 買賣不破租賃原則：出租人於租賃物交付後，承租人占有中，縱將其所有權讓與第三人，其租賃契約，對於受讓人仍繼續存在[204][205]。前項規定，於未經公證之不動產租賃契約，其期限逾五年或未定期限者，

---

[200] (B) 所謂債務人之重大過失，是指：(A)欠缺自己之注意義務(B)顯然欠缺普通一般人之注意義務(C)欠缺善良管理人之注意義務(D)顯然欠缺任何人之注意義務

[201] (B) 甲將自家門前的人行道出租給乙擺攤，則該租賃契約效力為何？(A)有效(B)無效(C)得撤銷(D)效力未定

[202] (B) 不動產之租賃契約，其期限逾一年者，應以字據訂立之，未以字據訂立者，效力如何？(A)無效(B)視為不定期限之租賃(C)效力未定(D)得撤銷

[203] (C) 不動產之租賃，其期限逾一年者，應以字據訂立。未以字據訂立者，其法律效果為何？(A)無效(B)效力未定(C)視為不定期限租賃(D)視為一年期之租賃

[204] (D) 出租人於租賃物交付後，承租人占有中，縱將其所有權讓與第三人，其租賃契約之效力為何？(A)無效(B)對於受讓人不生效力(C)效力未定(D)對於受讓人仍繼續存在

[205] (C) 民法第 425 條第 1 項規定：「出租人於租賃物交付後，承租人占有中，縱將其所有權讓與第三人，其租賃契約，對於受讓人仍繼續存在。」此即為：(A)誠實信用原則(B)公序良俗原則(C)買賣不破租賃原則(D)租賃不破買賣原則

不適用[206]。

6. 就租賃物應納之一切稅捐，由出租人負擔；租賃物爲動物者，其飼養費由承租人負擔。租賃物之修繕，除契約另有訂定或另有習慣外，由出租人負擔[207]。
7. 租用基地建築房屋之優先購買權：租用基地建築房屋，出租人出賣基地時，承租人有依同樣條件優先承買之權[208]。承租人出賣房屋時，基地所有人有依同樣條件優先承買之權。前項情形，出賣人應將出賣條件以書面通知優先承買權人。優先承買權人於通知達到後十日內未以書面表示承買者，視爲放棄。出賣人未以書面通知優先承買權人而爲所有權之移轉登記者，不得對抗優先承買權人（民法 426-2）。
8. 出租人爲保存租賃物所爲之必要行爲，承租人不得拒絕。
9. 承租人租金支付有遲延者，出租人得定相當期限，催告承租人支付租金，如承租人於期限內不爲支付，出租人得終止契約。
10. 租賃物爲房屋者，遲付租金之總額，非達二個月之租額，不得依前項之規定，終止契約。其租金約定於每期開始時支付者，並應於遲延給付逾二個月時，始得終止契約。
11. 租用建築房屋之基地，遲付租金之總額，達二年之租額時，適用前項之規定。租賃契約之期限，不得逾二十年[209][210]。逾二十年者，縮短爲二十年。

---

[206] (D) 未經公證之不動產租賃契約，其期限超過幾年者，不得主張買賣不破租賃原則之適用？(A)一年(B)二十年(C)十年(D)五年

[207] (C) 下列有關租賃的敘述，何者錯誤？(A)租賃物有修繕之必要時，應由出租人負擔(B)租賃物之修繕得約定由承租人負擔(C)若租金便宜有修繕之必要時，雖未約定，亦應由承租人負修繕之責(D)未約定租賃物之修繕由何人負責，即使租金便宜亦應由出租人負擔

[208] (A) 甲承租乙之土地建築房屋，其後乙將土地出售與丙，但並未以書面通知甲而將土地所有權移轉登記與丙，其移轉之效力為何？(A)不得對抗甲(B)效力未定(C)無效(D)得撤銷

[209] (D) 民法上之租賃契約，原則上最長期限為：(A)十年(B)無限制(C)三十年(D)二十年

[210] (D) 租賃契約之期限，不得逾下列何期限？(A)五年(B)十年(C)十五年(D)二十年

12. 租賃物因承租人之重大過失，致失火而毀損、滅失者，承租人對於出租人負損害賠償責任[211]。
13. 承租人應以善良管理人之注意，保管租賃物，租賃物有生產力者，並應保持其生產力。承租人違反前項義務，致租賃物毀損、滅失者，負損害賠償責任。但依約定之方法或依物之性質而定之方法爲使用、收益，致有變更或毀損者，不在此限。
14. 租金之續付：承租人因自己之事由，致不能爲租賃物全部或一部之使用、收益者，不得免其支付租金之義務[212]（民法 441）。
15. 轉租之效力：承租人非經出租人承諾，不得將租賃物轉租於他人[213]。但租賃物爲房屋者，除有反對之約定外，承租人得將其一部分轉租於他人。承租人違反前項規定，將租賃物轉租於他人者，出租人得終止契約（民法 443）。承租人依前條之規定，將租賃物轉租於他人者，其與出租人間之租賃關係，仍爲繼續。因次承租人應負責之事由所生之損害，承租人負賠償責任（民法 444）。

(六) 借貸

1. 稱使用借貸者，謂當事人一方以物交付他方，而約定他方於無償使用後返還其物之契約。
2. 稱消費借貸者，謂當事人一方移轉金錢或其他代替物之所有權於他方，而約定他方以種類、品質、數量相同之物返還之契約。當事人之

---

[211] (C) 租賃物因失火而毀損或滅失者，承租人如何負賠償責任？(A)承租人無論有無過失皆須負責(B)承租人有輕過失時，即須負責(C)承租人重大過失時，始須負責(D)承租人故意時，始須負責

[212] (D) 甲向乙承租停車位一年，租賃關係存續中，甲因公事須出國三個月，則：(A)甲得免支付三個月租金(B)甲須於一個月前通知乙，始得免支付三個月租金(C)乙另將停車位出租，甲始得免支付三個月租金(D)甲不得免支付三個月租金

[213] (A) 甲向乙承租房屋，下列何者為是？(A)除有反對之約定外，甲得將其一部分轉租於他人(B)非經乙之承諾，甲不得將其一部分轉租於他人(C)租賃期限逾五年或未定期限者，甲得將其一部分轉租於他人(D)租賃期限逾五年或未定期限者，甲不得將其一部分轉租於他人

一方對他方負金錢或其他代替物之給付義務而約定以之作爲消費借貸之標的者，亦成立消費借貸[214]。

(七) 僱傭

1. 稱僱傭者，謂當事人約定，一方於一定或不定之期限內爲他方服勞務，他方給付報酬之契約[215]。勞動基準法主要是規範勞工與雇主間之法律關係，在性質上，可以說是民法的僱傭契約[216]。
2. 受僱人服勞務，因非可歸責於自己之事由，致受損害者，得向僱用人請求賠償。
3. 受領遲延之報酬請求：僱用人受領勞務遲延者，受僱人無補服勞務之義務，仍得請求報酬[217]。但受僱人因不服勞務所減省之費用，或轉向他處服勞務所取得，或故意怠於取得之利益，僱用人得由報酬額內扣除之（民法 487）。

(八) 承攬

1. 稱承攬者，謂當事人約定，一方爲他方完成一定之工作，他方俟工作完成，給付報酬之契約[218]。約定由承攬人供給材料者，其材料之價額，推定爲報酬之一部。例如僱請工人粉刷油漆[219][220]。

---

[214] (B) 甲向乙借款，此為：(A)使用借貸(B)消費借貸(C)用益借貸(D)隱名合夥

[215] (D) 當事人約定，一方於一定或不定之期限內，為他方服勞務，他方給付報酬之契約，稱為：(A)委任(B)承攬(C)寄託(D)僱傭

[216] (B) 勞動基準法主要是規範勞工與雇主間之法律關係，在性質上，可以說是民法何種契約的特別法規？(A)承攬契約(B)僱傭契約(C)委任契約(D)非典型契約

[217] (C) 下列敘述，何者為錯誤？(A)僱用人非經受僱人同意，不得將其勞務請求權讓與第三人(B)受僱人非經僱用人同意，不得使第三人代服勞務(C)僱用人受領勞務遲延者，受僱人應補服勞務(D)受僱人默示保證其有特種技能，如無此技能時，僱用人得終止契約

[218] (D) 依民法第 490 條規定，當事人約定，一方為他方完成一定之工作，他方俟工作完成，給付報酬之契約，稱為：(A)出版(B)租賃(C)僱傭(D)承攬

[219] (A) 僱請工人粉刷油漆的法律關係是：(A)承攬(B)租賃(C)委任(D)買賣

[220] (D) 發包工人粉刷油漆的法律關係是：(A)買賣(B)租賃(C)委任(D)承攬

2. 稱旅遊營業人者，謂以提供旅客旅遊服務爲營業而收取旅遊費用之人。前項旅遊服務，係指安排旅程及提供交通、膳宿、導遊或其他有關之服務。
3. 旅遊開始前，旅客得變更由第三人參加旅遊。旅遊營業人非有正當理由，不得拒絕。
4. 旅遊營業人非有不得已之事由，不得變更旅遊內容。旅遊營業人依前項規定變更旅遊內容時，其因此所減少之費用，應退還於旅客；所增加之費用，不得向旅客收取[221]。旅遊營業人依第 1 項規定變更旅程時，旅客不同意者，得終止契約[222]。
5. 旅遊服務不具備前條之價值或品質者，旅客得請求旅遊營業人改善之。旅遊營業人不爲改善或不能改善時，旅客得請求減少費用。其有難於達預期目的之情形者，並得終止契約。
6. 旅遊營業人安排旅客在特定場所購物，其所購物品有瑕疵者，旅客得於受領所購物品後一個月內，請求旅遊營業人協助其處理。
7. 旅客在旅遊中發生身體或財產上之事故時，旅遊營業人應爲必要之協助及處理[223]。前項之事故，係因非可歸責於旅遊營業人之事由所致者，其所生之費用，由旅客負擔。

(九) 出版

稱出版者，謂當事人約定，一方以文學、科學、藝術或其他之著作，爲出版而交付於他方，他方擔任印刷或以其他方法重製及發行之契

---

[221] (B) 旅遊營業人因有不得已之事由，必須變更旅遊內容時，因此所增加之費用，依民法規定應如何處理？(A)得向旅客全額收取(B)不得向旅客收取(C)依法只能向旅客收取一半(D)依法得向旅客收取四分之三

[222] (B) 某旅行社招攬日本五日遊，出國後因遇有不得已之事由，必須變更既定之旅遊行程者，若有旅客不同意時，則依民法規定該旅客有何權利可以主張？(A)解除契約(B)終止契約(C)旅客無不同意之權(D)得請求返還全額團費

[223] (B) 甲參加乙旅行社舉辦之日本五日遊，於東京旅遊時，甲發生車禍受傷，下列何者為是？(A)車禍不可歸責於甲時，乙始應為必要之協助及處理(B)不論是否可歸責於甲，乙應為必要之協助及處理(C)可歸責於乙時，乙應為必要之協助及處理(D)不可歸責於乙時，乙不須為必要之協助及處理

約。投稿於新聞紙或雜誌經刊登者，推定成立出版契約。

(十) 委任

稱委任者，謂當事人約定，一方委託他方處理事務，他方允爲處理之契約。關於勞務給付之契約，不屬於法律所定其他契約之種類者，適用關於委任之規定。

受任人處理委任事務，應依委任人之指示，並與處理自己事務爲同一之注意，其受有報酬者，應以善良管理人之注意爲之（民法 535）[224]。

(十一) 經理人及代辦商

1. 稱經理人者，謂由商號之授權，爲其管理事務及簽名之人。前項經理權之授與，得以明示或默示爲之。經理權得限於管理商號事務之一部或商號之一分號或數分號。
2. 稱代辦商者，謂非經理人而受商號之委託，於一定處所或一定區域內，以該商號之名義，辦理其事務之全部或一部之人。代辦商對於第三人之關係，就其所代辦之事務，視爲其有爲一切必要行爲之權。代辦商，除有書面之授權外，不得負擔票據上之義務，或爲消費借貸，或爲訴訟。

(十二) 居間

稱居間者，謂當事人約定，一方爲他方報告訂約之機會或爲訂約之媒介，他方給付報酬之契約。

(十三) 行紀

稱行紀者，謂以自己之名義，爲他人之計算，爲動產之買賣或其他商業上之交易，而受報酬之營業。行紀，除本節有規定者外，適用關於委任之規定。

---

224 (A) 甲受乙委任代為購買房屋，甲未受有報酬，甲應負何種注意義務？(A)甲應與處理自己事務為同一之注意(B)甲應以善良管理人之注意為之(C)除有重大過失外，甲不負損害賠償責任(D)除有故意外，甲不負損害賠償責任

(十四) 寄託

1. 稱寄託者，謂當事人一方以物交付他方，他方允爲保管之契約。受寄人除契約另有訂定或依情形非受報酬即不爲保管者外，不得請求報酬。
2. 受寄人保管寄託物，應與處理自己事務爲同一之注意，其受有報酬者，應以善良管理人之注意爲之。
3. 寄託之專屬性：受寄人應自己保管寄託物。但經寄託人之同意或另有習慣或有不得已之事由者，得使第三人代爲保管[225]（民法 592）。
4. 消費寄託：寄託物爲金錢時，推定其爲消費寄託（民法 603）。例如客戶與銀行間所訂立之活期存款契約[226]。
5. 場所主人之責任：旅店或其他供客人住宿爲目的之場所主人，對於客人所攜帶物品之毀損、喪失，應負責任。但因不可抗力或因物之性質或因客人自己或其伴侶、隨從或來賓之故意或過失所致者，不在此限（民法 606）。依上開規定，旅店除民法第 606 條但書之情形外均應負責，是故旅店所負責任爲事變責任（當然包括故意、過失責任）[227]。

(十五) 倉庫

稱倉庫營業人者，謂以受報酬而爲他人堆藏及保管物品爲營業之人。倉庫，除本節有規定者外，準用關於寄託之規定。

(十六) 運送

1. 稱運送人者，謂以運送物品或旅客爲營業而受運費之人。
2. 關於物品之運送，因喪失、毀損或遲到而生之賠償請求權，自運送終了，或應終了之時起，一年間不行使而消滅。

---

225 (A) 下列何情形，受寄人得使第三人代為保管寄託物？(A)經寄託人同意(B)經該第三人同意(C)受寄人認為有必要時(D)寄託人死亡時

226 (B) 客戶與銀行間所訂立之活期存款契約為一種：(A)使用借貸契約(B)消費寄託契約(C)消費借貸契約(D)一般寄託契約

227 (D) 旅店對於客人所攜帶物品之毀損，應負何種責任？(A)過失責任(B)重大過失責任(C)不可抗力責任(D)事變責任

3. 關於旅客之運送，因傷害或遲到而生之賠償請求權，自運送終了，或應終了之時起，二年間不行使而消滅。

(十七) 承攬運送

稱承攬運送人者，謂以自己之名義，為他人之計算，使運送人運送物品而受報酬為營業之人。承攬運送，除本節有規定外，準用關於行紀之規定。

(十八) 合夥

1. 稱合夥者，謂二人以上互約出資以經營共同事業之契約。前項出資，得為金錢或其他財產權，或以勞務、信用或其他利益代之。金錢以外之出資，應估定價額為其出資額。未經估定者，以他合夥人之平均出資額視為其出資額。
2. 合夥人除有特別訂定外，無於約定出資之外增加出資之義務。因損失而致資本減少者，合夥人無補充之義務。合夥財產不足清償合夥之債務時，各合夥人對於不足之額，連帶負其責任。

(十九) 隱名合夥

1. 稱隱名合夥者，謂當事人約定，一方對於他方所經營之事業出資，而分受其營業所生之利益，及分擔其所生損失之契約。
2. 稱合會者，謂由會首邀集二人以上為會員，互約交付會款及標取合會金之契約。其僅由會首與會員為約定者，亦成立合會。前項合會金，係指會首及會員應交付之全部會款。
3. 會款得為金錢或其他代替物。會首及會員，以自然人為限。會首不得兼為同一合會之會員。無行為能力人及限制行為能力人不得為會首，亦不得參加其法定代理人為會首之合會。
4. 因會首破產、逃匿或有其他事由致合會不能繼續進行時，會首及已得標會員應給付之各期會款，應於每屆標會期日平均交付於未得標之會員。但另有約定者，依其約定。會首就已得標會員依前項規定應給付之各期會款，負連帶責任。會首或已得標會員依第 1 項規定應平均交付於未得標會員之會款遲延給付，其遲付之數額已達兩期之總額時，該未得標會員得請求其給付全部會款。第 1 項情形，得由未得標之會員共同推選一人或數人處理相關事宜。

(二十) 指示證券

稱指示證券者，謂指示他人將金錢、有價證券或其他代替物給付第三人之證券。前項爲指示之人，稱爲指示人。被指示之他人，稱爲被指示人，受給付之第三人，稱爲領取人。

(二一) 無記名證券

稱無記名證券者，謂持有人對於發行人，得請求其依所記載之內容爲給付之證券。

(二二) 終身定期金

稱終身定期金契約者，謂當事人約定，一方於自己或他方或第三人生存期內，定期以金錢給付他方或第三人之契約。

(二三) 和解

稱和解者，謂當事人約定，互相讓步，以終止爭執或防止爭執發生之契約。

(二四) 保證

1. 稱保證者，謂當事人約定，一方於他方之債務人不履行債務時，由其代負履行責任之契約保證人於債權人未就主債務人之財產強制執行而無效果前，對於債權人得拒絕清償。
2. 有下列各款情形之一者，保證人不得主張前條之權利：(1)保證人拋棄前條之權利者。(2)保證契約成立後，主債務人之住所、營業所或居所有變更，致向其請求清償發生困難者。(3)主債務人受破產宣告者。(4)主債務人之財產不足清償其債務者。

3. 數人保證同一債務者，除契約另有訂定外，應連帶負保證責任[228][229]。
4. 稱人事保證者，謂當事人約定，一方於他方之受僱人將來因職務上之行爲而應對他方爲損害賠償時，由其代負賠償責任之契約。前項契約，應以書面爲之。
5. 人事保證約定之期間，不得逾三年[230]。逾三年者，縮短爲三年。前項期間，當事人得更新之。人事保證未定期間者，自成立之日起有效期間爲三年[231][232]。
6. 先訴抗辯權之喪失：有下列各款情形之一者，保證人不得主張前條之權利：(1)保證人拋棄前條之權利。(2)主債務人受破產宣告。(3)主債務人之財產不足清償其債務[233]（民法 746）。

---

228 (A) 甲向乙借款一百萬元，由丙丁共同保證，則除契約另有訂定外，其負責之情形為何？(A)丙丁連帶負保證責任(B)丙丁各負五十萬元之保證責任(C)甲丙丁各負三分之一保證責任(D)丙丁之保證責任依其訂約次序定之

229 (C) 甲向乙借款，甲為借用人，乙有貸與人，丙為保證人。保證契約成立於何人之間？(A)甲乙(B)甲丙(C)乙丙(D)甲乙丙

230 (C) 人事保證為民法於民國 88 年增訂，依該規定人事保證約定之期間最長為：(A)一年(B)五年(C)三年(D)十年

231 (B) 我國現行民法規定，人事保證所約定之期間，不得超過幾年？(A)一年(B)三年(C)五年(D)半年

232 (C) 關於人事保證契約，下列敘述何者正確？(A)應經公證人公證，始生效力(B)約定之期間不得逾五年(C)未約定期間者，自成立之日起，有效期間為三年(D)未約定期間者，保證人自成立之日起一年後得隨時終止契約

233 (D) 甲向乙借款一百萬元，丙為甲乙連帶保證人，屆期甲不履行債務，乙之下列求償，何者正確？(A)乙應先向甲請求清償，對甲之財產強制執行而無效時，再向丙請求(B)須先對甲起訴請求履行債務後，乙始得直接向丙請求(C)丙非債務人，乙不得向其請求(D)乙得直接向丙請求清償，丙不得拒絕

第四節　民法物權篇

一、物之意義

(一) 意義

物權乃直接管領特定物之權利。物權法與債法，雖同爲財產法，但債法爲規定債權人與債務人間關係之法，而物權則規定物權人對物支配關係之法；債法以任意爲多，而物權多爲強行法，蓋以物權法與國家經濟制度關係密切之故。

(二) 特性

1. 優先性：物權優先於債權，且先發生之物權其效力優先於後發生之物權效力。
2. 排他性：同一標的物上，不容許性質上不相容之兩物權併存，即一物一權主義。
3. 追及性：乃不問標的物落於何人之手，物權人均得追隨其物而主張權利。
4. 無因性：物權行爲不因債權行爲無效而無效，債權行爲與物權行爲是二種不同性質之法律行爲，故當事人如同時作成債權行爲與物權行爲時，該物權行爲是否成立、生效，應單就該物權行爲判斷之，此即物權行爲之獨立性[234]。

二、物權概況

(一) 章節內容

1. 第一章：通則

規定物權之創設、得喪變更及消滅等共通適用之原則。

---

[234] (B) 物權行為不因債權行為無效而無效，此為物權的何種特性？(A)物權行為獨立性(B)物權行為無因性(C)物權行為從屬性(D)物權行為特定性

2. 第二章：所有權

乃所有人於法令限制之範圍內，得自由使用、收益、處分其所有物，並排除他人之干涉之權利也（民法 765）。

3. 第三章：地上權

謂以在他人土地之上下有建築物或其他工作物爲目的而使用其土地之權（民法 832）。

4. 第四章（刪除）；第四章之一：農育權

謂在他人土地爲農作、森林、養殖、畜牧、種植竹木或保育之權（民法 850-1）。

5. 第五章：不動產役權

謂以他人不動產供自己不動產通行、汲水、採光、眺望、電信或其他以特定便宜之用爲目的之權（民法 851）。

6. 第六章：抵押權

謂對於債務人或第三人不移轉占有而供擔保之不動產，得就其賣得價金受清償之權（民法 860）。

7. 第七章：質權

謂債權人爲其債權之擔保，占有債務人之物，且就其物而有優先受償之權利也。質權有不動產質權、動產質權與權利質權。我國素有典權之存立，不動產質權，於社會上向不習見，故民法僅設動產質權與權利質權之規定：

(1) 動產質權：謂因擔保債權，占有由債務人或第三人移交之動產，得就其賣得價金，受清償之權（民法 884）。

(2) 權利質權：謂所有權以外，凡可讓與之債權及其他權利爲標的之質權也（民法 900）。

8. 第八章：典權

謂支付典價，占有他人之不動產，而爲使用及收益之權（民法 911）。

9. 第九章：留置權

謂債權人占有屬於債務人之動產，就其物所生之債權未受清償以前，有留置其物之權利也（民法 928）[235]。

10. 第十章：占有

謂對於物在事實上有管領力之狀態（民法 940）。

(二) 類型

1. 所有權[236]

所有人於法令限制範圍內，得自由使用、收益、處分其所有物，並排除他人干涉之權益。

2. 用益物權[237]

(1) 地上權：在他人土地之上下，有建築物或其他工作物爲目的，而使用其土地之權利[238]。

(2) 農育權：在他人土地，爲農作、森林、養殖、畜牧、種植竹木或保育之權。

(3) 不動產役權：以他人不動產供自己不動產便宜之用的權利。

(4) 典權：支付典價，占有他人之不動產，而爲使用收益之權利。

3. 擔保物權[239]

(1) 抵押權：對於債務人或第三人（不移轉占有而供擔保之不動產），得就其賣價受清償之權利[240]。

(2) 質權：因擔保債權，占有債務人或第三人移交之動產或權利證書，得

---

235 (B) 甲有 A 車，因車禍交乙修繕，費用 10 萬元。乙在甲清償前，可以對 A 車主張何種權利？(A)質權(B)留置權(C)典權(D)地上權

236 (A) 在路上撿到他人遺失的物品，依法應如何處理？(A)送警察機關招領，逾期沒人認領，由拾得人取得所有權(B)在原處等一陣子，無人回來找，就取得所有權(C)拾得馬上取得所有權，因此若還給遺失人就是拾金不昧，應加以表揚(D)要送警察機關招領，若逾期無人認領，就由政府取得所有權

237 (D) 下列何者非用益物權？(A)不動產役權(B)地上權(C)農育權(D)留置權

238 (C) 在他人土地之上下有建築物或其他工作物為目的而使用其土地之權稱為：(A)承租權(B)不動產役權(C)地上權(D)典權

239 (A) 下列何者不屬於擔保物權？(A)典權(B)質權(C)留置權(D)抵押權

240 (C) 對於債務人或第三人不移轉占有而供擔保之不動產，得就其賣得價金受清償之權，稱為：(A)質權(B)典權(C)抵押權(D)農育權

就其賣價受清償之權利。

(3) 留置權：債權人占有屬於債務人之動產，於未受清償前，得予留置之權利

4. 占有

對於物有管領力之事實狀態，非權利，而爲權利存在之標誌事實[241]。

(三) 物權法定主義

1. 民法第 757 條規定：「物權除依法律或習慣外，不得創設。」此項「物權法定主義」的規定，目的在確保物權內容的明確與安定，並保障交易的安全[242][243]。
2. 申言之，除民法或其他法律（如動產擔保交易法）明文規定的物權外，當事人不得創設新的類型或內容的物權，此項規定具有強行法的性質，故當事人的法律行爲如違反物權法定主義，例如設定與法定物權內容相異的物權時，原則上應認爲無效。
3. 現行民法物權編依物權法定主義的精神，共規定所有權、地上權、農育權、不動產役權、抵押權、質權、典權及留置權等八種物權，並對占有（性質上屬於事實）設有專章規定。由於物權的類型與內容的創設自由受到法律的限制，如何在法律上提供足夠的物權類型供當事人選擇，以免破壞私法自治的制度，已成爲重要課題。

(四) 物權變動之要件

1. 物權變動的原則

(1) 公示原則

當物權變動之際，須有一足由外界可以辨認之徵象，此即物權公示

---

[241] (B) 民法規定之占有性質是：(A)一種本權(B)一種事實(C)一種權利(D)一種支配權

[242] (C) 物權，除民法或其他法律另有規定外，不得創設。此一法則，稱為：(A)物權創設主義(B)物權公示主義(C)物權法定主義(D)物權公信主義

[243] (D) 依據物權法定原則，下列敘述何者正確？(A)當事人得創設物權種類(B)當事人得創設物權之權利內容(C)當事人得對物權賦加一定條件(D)當事人須依法適用一定種類的物權

原則。在不動產以「登記」爲其徵象；在動產以「交付」(即移轉占有)爲其徵象。換言之「登記」，乃不動產權變動之公示方法；而「交付」乃動產物權變動之公示方法。

(2) **公信原則**

物權之存在既以登記或占有爲其徵象，則信賴此徵象而有所作爲者，縱令其徵象與實質的權利不符，但對此信賴者亦不生任何影響，俾維護交易之安全，此即公信原則。

2. **物權得喪變更之發生**

(1) **原始取得**

係指依據他人既存的權利而取得物權，例如善意取得、添附、無主物先占及時效取得[244]。以所有之意思，占有無主之動產者，取得其所有權，此時取得之所有權爲原始取得[245]。

A. 不動產之一般取得時效

民法第 769 條：「以所有之意思，二十年間和平、公然、繼續占有他人未登記之不動產者，得請求登記爲所有人[246]。」

B. 不動產之特別取得時效

民法第 770 條：「以所有之意思，十年間和平、公然、繼續占有他人未登記之不動產，而其占有之始爲善意並無過失者，得請求登記爲所有人。」

(2) **繼受取得**

係指他人的權利而取得物權，又可分爲移轉取得與創設取得。

---

244 (B) 動產取得可分為原始與繼受取得，下列何者並非原始取得？(A)善意取得(B)受贈取得(C)添附(D)無主物先占

245 (D) 民法規定，以所有之意思，占有無主之動產者，取得其所有權。此時取得之所有權為：(A)概括繼承(B)特定繼承(C)創設繼受(D)原始取得

246 (C) 以所有之意思，二十年間和平繼續占有他人未登記之不動產者，得主張何權利？(A)取得該不動產之所有權(B)取得地上權(C)請求登記為所有權人(D)請求登記為地上權人

A.　移轉取得

係指就他人的物權依其原狀而取得，如基於買賣或贈與而受讓某物之所有權，此為特定繼受取得。且基於繼受而取得被繼承人的一切物權，此則為概括繼受取得。

B.　創設取得

指於他人的權利上設定用益物權（如地上權）或擔保物權（如動產質權及權利抵押）。

3.　不動產物權之變動

(1)　設權登記

依民法第 758 條規定：「不動產物權，依法律行為而取得、設定、喪失及變更者，非經登記，不生效力。前項行為，應以書面為之。」是此種登記，具有創設物權之效力，當事人間所為物權變動之事實，如不踐行登記，在法律上絕對不生效力，故亦稱絕對的登記。例如甲出售 A 屋予乙，並完成交付後，甲又出售 A 屋且移轉其所有權於善意之丙。因不動產物權之移轉，非經登記不生效力（民法 758），乙尚未取得 A 屋所有權。甲一屋兩賣（兩個買賣契約，均為債權契約），並不影響丙取得房屋所有權。又丙為善意第三人，是故乙對丙不得主張任何權利，僅得依債務不履行對甲請求損害賠償[247]。

不動產物權之移轉權或設定，應以書面為之。不動產之借貸契約，無須作成書面[248]。

(2)　宣示登記

因繼承（自法院發給權利移轉證書時起取得不動產物權）、強制執行、公用徵收（自補償費發放完時起，由徵收人取得所有權）、法院之判決（專指分割共有物之判決），於登記前已取得不動產物權者，非經登

---

[247] (D) 甲出售 A 屋予乙，並完成交付後，甲又出售 A 屋且移轉其所有權於善意之丙。乙對丙主張權利的情形為何？(A)得主張不當得利(B)得行使撤銷權(C)得行使代位權(D)不得主張任何權利

[248] (B) 下列何者無須作成書面？(A)法人之章程(B)不動產之借貸契約(C)人事保證契約(D)兩願離婚

記，不得處分其物權（民 759）[249]。當違章建築已成為一「定著物」時，即已成為「物」，亦為「不動產」，可成為民法所承認的權利（所有權）客體[250]。違章建築因欠缺建造執照或使用執照，無法向地政事務所請求作所有權登記，是以出資興建之人雖可在興建完成時取得違章建築之所有權，卻無法將之移轉於他人，蓋其無法符合民法第 759 條之「登記」要件。

是故，違章建築之讓與，僅有事實處分權讓與之效力。

(3) **混同**

民法第 762 條：「同一物之所有權及其他物權，歸屬於一人者，其他物權因混同而消滅。但其他物權之存續，於所有人或第三人有法律上之利益者，不在此限。」民法第 763 條：「所有權以外之物權，及以該物權為標的物之權利，歸屬於一人者，其權利因混同而消滅[251]。前條但書之規定，於前項情形準用之。」

4. **動產物權**

動產物權之讓與，非將動產交付，不生效力；但受讓人已占有動產者，於讓與與合意時，即生效力[252]。

---

[249] (A) 因下列原因而取得不動產物權，何者非經登記，不生效力？(A)法院之給付判決(B)公用徵收(C)強制執行(D)繼承

[250] (A) 違章建築之讓與，受讓人與讓與人之間如無相反之約定，應認為：(A)讓與人已將該違章建築之事實處分權讓與受讓人(B)受讓人已取得該違章建築之所有權(C)該違章建築之買賣契約無效(D)該讓與係屬無權處分，效力未定

[251] (C) 甲將其對 A 地的地上權設定抵押權給乙後，乙又繼承取得甲的地上權。下列敘述何者正確？(A)甲乙權利抵押的設定無效(B)乙一直未取得抵押權(C)抵押權消滅(D)地上權消滅

[252] (B) 下列何種法律行為僅須當事人意思表示合致，民法並未規定尚須以書面為之？(A)捐助章程(B)動產買賣契約(C)兩願離婚(D)不動產租賃契約期限逾一年者

三、地上權

(一) 意義

地上權乃係在他人土地之上下有建築物或其他工作物爲目的而使用其土地之權，屬於一用益物權（民法 832）。性質屬於不動產物權[253]。

(二) 地上權之取得

1. 基於法律行為取得

(1) 地上權的設定

民法第 758 條：「不動產物權，依法律行爲而取得、設定、喪失及變更者，非經登記，不生效力。前項行爲，應以書面爲之[254]。」

(2) 基地租賃所生地上權設定

民法第 422 條：「不動產之租賃契約，其期限逾一年者，應以字據訂立之，未以字據訂立者，視爲不定期限之租賃。」土地法第 102 條：「租用基地建築房屋，應由出租人與承租人於契約訂立後二個月內，聲請該管直轄市或縣（市）地政機關爲地上權之登記。」

(3) 地上權之讓與

民法第 838 條：「地上權人得將其權利讓與他人或設定抵押權。但契約另有約定或另有習慣者，不在此限。前項約定，非經登記，不得對抗第三人。地上權與其建築物或其他工作物，不得分離而爲讓與或設定其他權利。」

2. 基於法律行為以外之事實而取得

(1) 繼承

民法第 759 條：「因繼承、強制執行、徵收、法院之判決或其他非因法律行爲，於登記前已取得不動產物權者，應經登記，始得處分其物

---

[253] (C) 地上權其法律性質為：(A)準物權(B)擔保物權(C)不動產物權(D)債權

[254] (C) 甲乙相互約定甲在乙的土地上有地上權，請問甲何時取得地上權？(A)地上權約定成立時(B)地上權設定契約書完成時(C)辦理登記後(D)甲付清地租後

權。」

(2) 時效取得

民法第 772 條：「前五條之規定，於所有權以外財產權之取得，準用之。於已登記之不動產，亦同。」

(3) 法定地上權

民法第 876 條：「設定抵押權時，土地及其土地上之建築物，同屬於一人所有，而僅以土地或僅以建築物爲抵押者，於抵押物拍賣時，視爲已有地上權之設定，其地租、期間及範圍由當事人協議定之[255]。不能協議者，得聲請法院以判決定之。設定抵押權時，土地及其土地上之建築物，同屬於一人所有，而以土地及建築物爲抵押者，如經拍賣，其土地與建築物之拍定人各異時，適用前項之規定。」

3. 地上權之永續性

民法第 841 條：「地上權不因建築物或其他工作物之滅失而消滅[256]。」

(三) 區分地上權

係指於土地上下之一定空間範圍內設定之地上權。

四、所有權

(一) 意義

於法令限制內，得永久地、全面地、彈性地支配標的物之權利。不屬於從權利[257]。

---

255 (C) 甲擁有土地及土地上的建築物，甲向乙借錢並以土地設定抵押。日後土地被拍賣時，建築物應如何處理？(A)視為已有買賣約定(B)視為已有抵押權設定(C)視為已有地上權設定(D)視為已有租賃約定

256 (B) 下列何者非地上權消滅事由？(A)地上權人拋棄地上權(B)建築物或其他工作物之滅失(C)定有期限之地上權，期限屆滿(D)設定地上權之土地遭公用徵收

257 (A) 下列何者不屬於從權利？(A)所有權(B)抵押權(C)利息之債(D)地上權

1. 永久性

所有權具有永久性，無預訂之存續期間，此與地上權、典權等限定物權有預訂之存續期間者不同。

2. 全面性

所有權具有全面性的權能，集使用、收益、處分等權能而成，此與限定物權之權能只限於某一或某些特定權能者不同。

3. 彈性

所有權之權能具有彈性，當所有權被設定限定物權後，於限定物權之權能範圍內，所有權之權能受到限制；反之，當限定物權消滅時，所有權之權能又自動回復到原來完滿狀態。

(二) 權能（效力）

民法第 765 條規定：「所有人於法令限制之範圍內，得自由使用、收益、處分其所有物，並排除他人之干涉。」其中所稱「使用、收益、處分」三者，乃所有權之之積極權能，而「排除他人之干涉」乃指所有權之消極權能也，惟就本條言，不問所有權人主張積極權能，抑或消極權能，要均受法令之限制，則不待言。分述如下：

1. 積極權能

(1) 使用：乃指不毀損物體，亦不變更其物之性質，而依物之用法以供生活及事實之需也。例如：居住自己房屋、使用自己車輛是。

(2) 收益：乃指所有權人可收取所有物之「天然孳息」及「法定孳息」而言，例如：收取出租物之租金、收取自己種植之稻米是。

(3) 處分：包括事實上之處分（例如：毀損其物）及法律上之處分（例如：變更、限制或消滅其物之權利）二者，例如：將己有土地爲他人設定地上變更。

(4) 占有：占有雖爲事實作用，但所有權人對於物之占有具有排除他人干涉之權能，故亦屬之。

2. 消極權能

乃指「排除他人干涉」，亦即權利人得排斥除去他人不法之干擾、妨害或侵奪，惟此種權能，須於受他人不法之妨害等行爲時，始能表現排除其侵害之效果，否則僅消極存在，故稱爲消極權能。我國民法第 767 條規定：「所有人對於無權占有或侵奪其所有物者，得請求返還之。對於妨害其所有權者，得請求除去之。有妨害其所有權之虞者得請求防止之。」即指此而言，故所謂消極權能有三：

(1) 所有物返還請求權：所有人對於無權占有或侵奪其所有物者，得請求返還之。

(2) 除去妨害請求權：所有人對於妨害其所有權之行使者，得請求除去其妨害。例如未經允許，在他人的牆壁上張貼廣告，係侵犯他人之所有權，法院因人民提起訴訟，防止、除去其侵害[258]。

(3) 防止妨害請求權：所有權人對於有妨害其所有權之虞者，得請求防止之。

(三) 不動產所有權

土地所有權，除法令有限制外，於其行使有利益之範圍內，及於土地之上下，如他人之干涉，無礙其所有權之行使者，不得排除之（民法 773）。

1. 因尋查取回物品或動物之允許侵入

民法第 791 條：「土地所有人，遇他人之物品或動物偶至其地內者，應許該物品或動物之占有人或所有人入其地內，尋查取回。前項情形，土地所有人受有損害者，得請求賠償。於未受賠償前，得留置其物品或動物。[259]」

2. 越界建屋之異議

民法第 796 條：「土地所有人建築房屋非因故意或重大過失逾越地界

---

[258] (D) 未經允許，在他人的牆壁上張貼廣告，係侵犯他人之：(A)隱私(B)占有(C)自由(D)所有權

[259] (D) 甲之菜園，遭乙飼養的雞隻進入，種植的菜一部分毀損，乙進入菜園欲取回該雞隻，甲應如何處置？(A)須先賠償損害，否則不允許進入(B)不允許進入，且得請求損害賠償(C)允許取回，但須先提供擔保(D)允許取回，但未受賠償則留置雞隻

者，鄰地所有人如知其越界而不即提出異議，不得請求移去或變更其房屋。但土地所有人對於鄰地因此所受之損害，應支付償金。前項情形，鄰地所有人得請求土地所有人，以相當之價額購買越界部分之土地及因此形成之畸零地，其價額由當事人協議定之[260]；不能協議者，得請求法院以判決定之。[261]」

3. 鄰地之果實獲得權

民法第 798 條：「果實自落於鄰地者，視爲屬於鄰地所有人。但鄰地爲公用地者，不在此限[262]。」

4. 相鄰關係

袋地通行權（民法 787）[263]、餘水給與請求權（民法 783）、越界建築之異議（民法 796）均屬於我國現行民法中所定之相鄰關係[264]。

5. 添附種類

民法上之添附種類有三：(1)附合；(2)混合（民法 813）；(3)加工（民法 814），其中附合又分爲不動產上之附合（民法 811）及動產上之附合（民法 812）二種。民法上之添附，謂物之結合，或基於人工之改造，使

---

[260] (C) 甲乙之地相鄰，甲在其土地上建築房屋，因疏忽逾越乙的土地，乙知悉後並無反對意見。針對本題，下列敘述何者正確？(A)乙可請求甲拆屋還地(B)乙依相鄰關係有容忍之義務(C)乙得請求甲購買房屋越界之土地(D)乙縱有損害，對甲亦無損害賠償請求權

[261] (B) 土地所有人建築房屋逾越疆界，鄰地所有人知其越界而不即提出異議者，應如何主張其權利？(A)請求拆屋還地，並得請求損害賠償(B)不得請求拆除，但得請求購買越界部分之土地(C)請求損害賠償，並請求就越界部分支付租金(D)請求承租越界部分，但不得請求拆除房屋

[262] (A) 甲自家庭園中植有芒果樹一棵。若果實自落於鄰地，則：(A)視為鄰地所有人所有(B)仍為甲所有(C)鄰地為公用地者，視為無主物(D)甲與鄰地所有人共有

[263] (B) 土地因與公路無適宜之聯絡，致不能為通常使用者，土地所有人得通行周圍地以至公路。但對於通行地因此所受之損害應支付償金。學說上稱為：(A)地上權(B)袋地通行權(C)不動產役權(D)留置權

[264] (B) 下列何者不屬於我國現行民法中所定之相鄰關係？(A)袋地通行權(B)採光權(C)餘水給與請求權(D)越界建築

某人取得合成物、混合物或加工物全部之所有權。係屬動產（水泥）因附合而爲不動產之重要成分（即不動產土之附合），由不動產所有人（甲）取得動產（水泥）所有權（民法 811）[265]。加工於他人之動產者，其加工物之所有權屬於材料所有人（乙）。但因加工所增之價值顯逾材料之價值者，其加工物之所有權，屬於加工人（甲）（民法 814）[266]。

(四) 動產所有權

動產所有權之取得原因除因法律行爲而移轉，必須交付，始生效力者外，其他主要原因有：[267]

1. 無主物先占

以所有之意思，占有無主之不動產者，取得其所有權。

2. 遺失物的拾得

拾得遺失物，不得據爲己有，應從速通知遺失人、所有人、其他有受領權之人或報告警察、自治機關。報告時，應將其物一併交存[268]。若有人認領時，拾得人、招領人、警察或自治機關於通知、招領及保管之費用受償後，應將其物返還之。拾得人得請求報酬，但不得超過其物財產上價值十分之一；其不具有財產上價值者，拾得人亦得請求相當之報酬。

3. 善意受讓

民法第 801 條：「動產之受讓人占有動產，而受關於占有規定之保

---

[265] (B) 甲以乙之水泥修繕自己房屋之屋頂，構成民法上之：(A)動產與不動產混合(B)動產與不動產之附合(C)動產與動產之混合(D)動產與不動產之混同

[266] (A) 甲擅自將乙所有價值新臺幣（下同）1 萬元之檀木雕刻成法相莊嚴市價 50 萬元之觀音佛像，該觀音佛像所有權應歸屬於何人所有？(A)甲所有(B)乙所有(C)甲乙二人依價值比例共有(D)甲、乙二人平均共有

[267] (B) 動產取得可分為原始與繼受取得，下列何者並非原始取得？(A)善意取得(B)受贈取得(C)添附(D)無主物先占

[268] (B) 下列何人不屬於依法律規定而得取得動產所有權？(A)漂流物拾得人(B)遺失物先發現人(C)無主物先占人(D)埋藏物先發現人

護者，縱讓與人無移轉所有權之權利，受讓人仍取得其所有權[269][270]。」如甲將其所有之隨身聽收錄音機借給乙使用，乙未經甲之同意，將之賣予不知情的丙，並已爲交付，丙即取得該隨身聽所有權，但乙須對甲負債務不履行及侵權行爲之損害賠償責任。法律所以有善意取得之規定，其目的在保障交易的安全，讓善意相信占有外觀而與占有人爲交易行爲之人受到保護，但占有人違背契約，無權處分，應對所有人負損害賠償責任。

4. 取得時效及占有時效

民法第 768 條：「以所有之意思，十年間和平、公然、繼續占有他人之動產者，取得其所有權。」民法第 768 條之 1：「以所有之意思，五年間和平、公然、繼續占有他人之動產，而其占有之始爲善意並無過失者，取得其所有權。」

5. 埋藏物之發現

民法第 808 條：「發見埋藏物而占有者，取得其所有權。但埋藏物係在他人所有之動產或不動產中發見者，該動產或不動產之所有人與發見人，各取得埋藏物之半[271]。」

6. 動產之附合

民法第 812 條：「動產與他人之動產附合，非毀損不能分離，或分離需費過鉅者，各動產所有人，按其動產附合時之價值，共有合成物。前項附合之動產，有可視爲主物者，該主物所有人，取得合成物之所有

---

[269] (C) 甲未經乙、丙之同意，擅自挖起乙的鐵樹，種植在丙的土地上，鐵樹屬於何人所有？(A)甲(B)乙(C)丙(D)乙、丙共有

[270] (A) 動產之受讓人占有動產，而受關於占有規定之保護者，如讓與人無移轉所有權之權利時，則下列關於受讓人的敘述，何者正確？(A)仍取得其所有權(B)仍取得其法定質權(C)得撤銷其受讓之意思表示(D)不受任何保護

[271] (D) 甲欲將乙之土地占為己有種植蔬菜，甲在整地時，挖掘出一袋不知物主為何人的民國初年銀元，該銀元應屬於何人所有？(A)甲(B)乙(C)國庫(D)甲乙各得一半

權[272][273]。」

(五) 共有

共有者，一物屬於二人以上所有也，可分為分別共有與公同共有：

1. 分別共有

(1) 意義：數人按其應有部分，共有一物之所有權，其權利人，稱為共有人。應有部分，即共有人就一所有權所享有之分量，亦即共有人就所有權能享有之抽象比例，但非具體分割共有物之比例。

(2) 共有物之處分、變更及設定負擔，應得共有人全體之同意，但在共有物為土地及建築改良物之情形，優先適用土地法第 34 條之 1：共有土地或建築改良物，其處分、變更及設定地上權、農育權、不動產役權或典權，應以共有人過半數及其應有部分合計過半數之同意行之。但其應有部分合計逾三分之二者，其人數不予計算。

(3) 分別共有，原則上得隨時請求分割。

(4) 公有物之管理：共有物之管理，除契約另有約定外，應以共有人過半數及其應有部分合計過半數之同意行之。但其應有部分合計逾三分之二者，其人數不予計算。依前項規定之管理顯失公平者，不同意之共有人得聲請法院以裁定變更之。前二項所定之管理，因情事變更難以繼續時，法院得因任何共有人之聲請，以裁定變更之。共有人依第 1 項規定為管理之決定，有故意或重大過失，致共有人受損害者，對不同意之共有人連帶負賠償責任。共有物之簡易修繕及其他保存行為，

---

272 (B) 下列何種情形屬於動產與動產之附合？(A)將他人輪胎換裝於自己車上(B)將他人的漆修補自己的車身(C)將他人的汽車座椅裝置於自己車上(D)將他人的引擎裝置於自己車上

273 (B) 甲、乙、丙三人共有一筆土地，甲之應有部分占十分之一，甲得如何就共有物為使用收益？(A)就該土地之十分之一(B)就該土地之全部(C)就符合十分之一比例之特定部分土地(D)甲自行選擇土地之十分之一

得由各共有人單獨爲之[274] [275]（民法 820）。

(5) 共有物之分割與限制：各共有人，除法令另有規定外，得隨時請求分割共有物。但因物之使用目的不能分割或契約訂有不分割之期限者，不在此限[276]。前項約定不分割之期限，不得逾五年；逾五年者，縮短爲五年。但共有之不動產，其契約訂有管理之約定時，約定不分割之期限，不得逾三十年；逾三十年者，縮短爲三十年。前項情形，如有重大事由，共有人仍得隨時請求分割（民法 823）。

2. **公同共有**

(1) 意義：數人基於公同關係而共有一物，所謂公同關係，謂依法律規定或契約約定而成立之公同關係，如遺產之繼承、合夥契約等。

(2) 公同共有物之處分及其他權利之行使，除公同關係所由規定之法律或契約另有規定外，應得公同共有人全體之同意。因此，若公同共有物爲第三人所侵奪，必須由全體公同共有人共同行使請求權。

(3) 公同關係存續中，各共有人原則上不得請求分割共有物。

五、抵押權

(一) 意義

對於債務人或第三人不移轉占有之不動產，得就其價金受清償之

---

274 (B) 甲、乙、丙共有房屋一間，每人有三分之一應有部分，若該屋窗戶玻璃因颱風而毀損，共有人欲加以修繕，其要件為何？(A)共有人全體同意(B)各共有人得自行為之(C)過半數共有人之同意(D)三分之二共有人之同意

275 (D) 下列關於共有物管理之敘述，何者錯誤？(A)除契約或法律另有訂定外，共有物由共有人共同管理之(B)共有物之簡易修繕，得由各共有人單獨為之(C)共有物之改良，非經共有人過半數，並其應有部分合計已過半數者之同意，不得為之(D)共有物之保存，非經共有人過半數，並其應有部分合計已過半數者之同意，不得為之

276 (D) 共有人如就共有物約定有不可分割之期限者，各共有人不得請求分割共有物之最長期限為：(A)一年(B)二年(C)三年(D)五年

權，方式應以書面爲之並經登記始生效力[277]。抵押權之標的物是土地或其定著物，債權人是抵押權人，抵押人爲抵押物之所有人，可能爲債務人，亦可能爲第三人，其爲第三人者，該第三人稱爲物上保證人[278]。其意義詳述如下：

1. 抵押權為擔保物權

抵押權以擔保債之履行爲目的，債務人於清償期屆至不爲清償時，債權人得聲請法院，取得執行名義，實行抵押權，並就其賣得價金優先受償[279]。

2. 抵押權效力及於標的物之範圍[280]

民法第 862 條：「抵押權之效力，及於抵押物之從物與從權利。第三人於抵押權設定前，就從物取得之權利，不受前項規定之影響。以建築物爲抵押者，其附加於該建築物而不具獨立性之部分，亦爲抵押權效力所及。但其附加部分爲獨立之物，如係於抵押權設定後附加者，準用第 877 條之規定。」民法第 862 條之 1：「抵押物滅失之殘餘物，仍爲抵押權效力所及。抵押物之成分非依物之通常用法而分離成爲獨立之動產者，亦同。前項情形，抵押權人得請求占有該殘餘物或動產，並依質權之規定，行使其權利。」民法第 863 條：「抵押權之效力，及於抵押物扣押後自抵押物分離，而得由抵押人收取之天然孳息。」

3. 抵押權之順位

民法第 865 條：「不動產所有人，因擔保數債權，就同一不動產，設

---

277 (D) 設定抵押權時，應以下列何一方式為之？(A)應訂立書面，但不需要登記就生效力(B)不需以書面為之，僅登記就生效力(C)債權人只要要求債務人交付不動產所有權狀，就生效力(D)應以書面為之並經登記始生效力

278 (B) 甲欲向乙借款一百萬元，但乙要求甲必須提供擔保，甲乃商請友人丙提供其所有之 A 屋設定抵押權予乙。試問：丙在法律上地位如何？(A)抵押權人(B)物上保證人(C)連帶債務人(D)共同債務人

279 (B) 下列何種物權，不得在設定時，定有存續時間？(A)地上權(B)抵押權(C)不動產役權(D)典權

280 (D) 依民法關於抵押權效力及於標的物之範圍規定，抵押權之效力，不及於：(A)抵押物之從物(B)抵押物之附合物(C)抵押物之代位物(D)抵押物扣押前之孳息

定數抵押權者，其次序依登記之先後定之。」

4. **地上權或其他物權之設定**

民法第 866 條：「不動產所有人設定抵押權後，於同一不動產上，得設定地上權或其他以使用收益爲目的之物權，或成立租賃關係[281]。但其抵押權不因此而受影響[282]。前項情形，抵押權人實行抵押權受有影響者，法院得除去該權利或終止該租賃關係後拍賣之。不動產所有人設定抵押權後，於同一不動產上，成立第 1 項以外之權利者，準用前項之規定。[283]」

5. **抵押權人就抵押標的物賣得之價金有優先受償權**

所謂優先受償權，有數點應注意：

(1) 取得執行名義、強制執行費用及土地增值稅等仍優先於第一順位抵押權所擔保之債權而優先受償。

(2) 同一抵押物上存在數個不同順位抵押權時，就實行抵押權之價金，應依抵押權之優先順位受償。

(3) 抵押權人就抵押物之價金，優先於普通債權人受償。

(4) 抵押權人就抵押物之價金受償後，若有不足，仍得拍賣債務人之其他財產，以普通債權人身分受償。

(二) 種類

依其發生原因，係由於法律規定或由於當事人意思而發生爲區別標準，分爲：

---

281 (B) 甲將自己所有之 A 土地設定抵押權予乙之後，甲可否再將 A 地出租予丙？(A)否，因甲之處分權受到限制(B)可，因甲之使用收益權並未受到影響(C)否，因乙之抵押權具有排他性(D)否，因丙之租賃權具有對世性

282 (D) 甲將其 A 地設定抵押權予乙後，甲所為之下列行為，何者將有害於乙？(A)再將 A 地設定抵押權予丙(B)再將 A 地設定地上權予丁(C)再將 A 地讓與戊(D)再就 A 地為事實上之處分

283 (D) 甲將 A 屋設定抵押權於乙後，甲所為之下列何種行為，乙有阻止之權利？(A)A 屋設定地上權予丙(B)將 A 屋出租予丁(C)將 A 屋所有權讓與戊(D)將 A 屋改建

1. **法定抵押權**

抵押權因法律之規定而產生，如民法第 513 條：承攬之工作為建築物或其他土地上之工作物，或為此等工作物之重大修繕者，承攬人就承攬關係所生之債權，對於其工作所附之定作人之不動產，有抵押權。

2. **意定抵押權**

當事人以法律行為方法設定之抵押權，意定抵押權之設定須書面文字且辦妥登記，始生效力，若只將土地所有權狀或建築改良物所有權狀交給債權人占有，仍未設定抵押權。

3. **最高額抵押**

民法第 881 條之 1：「稱最高限額抵押權者，謂債務人或第三人提供其不動產為擔保，就債權人對債務人一定範圍內之不特定債權，在最高限額內設定之抵押權。最高限額抵押權所擔保之債權，以由一定法律關係所生之債權或基於票據所生之權利為限。基於票據所生之權利，除本於與債務人間依前項一定法律關係取得者外，如抵押權人係於債務人已停止支付、開始清算程序，或依破產法有和解、破產之聲請或有公司重整之聲請，而仍受讓票據者，不屬最高限額抵押權所擔保之債權。但抵押權人不知其情事而受讓者，不在此限。」

民法第 881 條之 8：「原債權確定前，抵押權人經抵押人之同意，得將最高限額抵押權之全部或分割其一部讓與他人[284]。原債權確定前，抵押權人經抵押人之同意，得使他人成為最高限額抵押權之共有人。」

民法第 881 條之 12：「最高限額抵押權所擔保之原債權，除本節另有規定外，因下列事由之一而確定：一、約定之原債權確定期日屆至者。二、擔保債權之範圍變更或因其他事由，致原債權不繼續發生者。三、擔

---

[284] (C) 甲對乙有五百萬元之債權，乙將其 A 屋設定抵押權予甲，以資擔保。嗣後甲將該債權讓與丙並通知乙，惟疏未提及抵押權一事。試問：在甲將債權讓與丙之後，抵押權歸屬於誰？(A)甲(B)乙(C)丙(D)甲丙共有

保債權所由發生之法律關係經終止或因其他事由而消滅者[285]。四、債權人拒絕繼續發生債權，債務人請求確定者。五、最高限額抵押權人聲請裁定拍賣抵押物，或依第 873 條之 1 之規定為抵押物所有權移轉之請求時，或依第 878 條規定訂立契約者。六、抵押物因他債權人聲請強制執行經法院查封，而為最高限額抵押權人所知悉，或經執行法院通知最高限額抵押權人者。但抵押物之查封經撤銷時，不在此限。七、債務人或抵押人經裁定宣告破產者。但其裁定經廢棄確定時，不在此限。第 881 條之 5 第 2 項之規定，於前項第 4 款之情形，準用之。第 1 項第 6 款但書及第 7 款但書之規定，於原債權確定後，已有第三人受讓擔保債權，或以該債權為標的物設定權利者，不適用之。」

4. 其他抵押權

民法第 882 條：「地上權、農育權及典權，均得為抵押權之標的物[286]。」

六、質權

(一) 動產質權

動產質權係以他人之動產為標的物。

1. 意定質權[287]

(1)出質人與債權人設定質權之意思表示合致。(2)出質人對質物有處分權。(3)債權人占有標的物。(4)有擔保債權存在。

2. 法定質權

民法第 886 條：「動產之受質人占有動產，而受關於占有規定之保護

---

285 (A) 甲將房屋為丙設定抵押權，擔保乙對丙之債務，其後丁與丙約定獨自承擔該債務，乙退出債之關係，甲得知後，不願為丁擔保該債務，當事人間法律關係有何影響？(A)抵押權消滅(B)抵押權不受影響(C)抵押權不得對抗善意第三人(D)抵押權效力未定

286 (D) 下列何者不可為抵押權之標的？(A)地上權(B)農育權(C)典權(D)不動產役權

287 (C) 甲向乙借錢並以其汽車設定質權給乙。那麼，乙何時取得質權？(A)消費借貸成立時可(B)乙交付金錢時(C)甲交付汽車時(D)設定質權時

者，縱出質人無處分其質物之權利，受質人仍取得其質權。」

(二) 權利質權

係以可讓與之債權，或「其他權利」爲標的物之質權。

七、典權

稱典權者，謂支付典價在他人之不動產爲使用、收益，於他人不回贖時，取得該不動產所有權之權（民法911）[288]。

八、占有

係指對於物有事實上管領之力者，爲占有人（民法940）[289] [290]。

1. **間接占有人**

民法第 941 條：「地上權人、農育權人、典權人、質權人、承租人、受寄人，或基於其他類似之法律關係，對於他人之物爲占有者，該他人爲間接占有人。」

2. **占有輔助人**

民法第 942 條：「受僱人、學徒、家屬或基於其他類似之關係，受他人之指示，而對於物有管領之力者，僅該他人爲占有人。」

第五節　民法親屬篇

一、意義

1. 親屬者，乃以配偶爲中心，推而至於血親及姻親，以確定身分關係之

---

288 (C) 下列何種物權一定要對價？(A)地上權(B)不動產役權(C)典權(D)質權

289 (D) 下列何者不是物權？(A)農育權(B)不動產役權(C)典權(D)占有

290 (B) 甲將A地設定地上權於乙，供乙在其上興建B屋居住，乙僱用丙幫忙管理A地及B屋，試問何人為A地之直接占有人？(A)甲(B)乙(C)丙(D)甲及乙

總稱。

2. 親屬法者，係規定親屬之身分，及基此身分所發生之權利義務關係之法律。親屬法以強行規定爲多，因親屬關係，多係自然發生，有固定性，非如財產權，可任意拋棄。

二、親屬篇概況

親屬編分七章，共一七一條：

1. **第一章：通則**

規定親屬之分類、親系、親等與親屬關係之發生及消滅等項。

2. **第二章：婚姻**

規定婚約、結婚、婚姻之普通效力、夫妻財產制與離婚等項。

3. **第三章：父母子女**

規定子女之姓氏及住所、婚生子女、非婚生子女、認領、收養、及親權等項。

4. **第四章：監護**

規定未成年之監護及受監護宣告人之監護等有關事項。

5. **第五章：扶養**

規定扶養之範圍及順序，扶養之要件、程度及方法與扶養義務之消滅等項。

6. **第六章：家**

規定家之組織、家長及家屬之權利義務等項。

7. **第七章：親屬會議**

規定親屬會議之組織、權限、與親屬會議之開會決議等項。

三、親系與親等

(一) 親系

乃親屬間彼此聯繫之系別，可分爲血親之親系及姻親之親系：

1. 血親之親系

(1) 直系血親

乃己身所從出，或從己身所出之血親[291]，前者，如父母、祖父母，稱爲直系血親尊親屬；後者如子女、孫子女，稱爲直系血親卑親屬。

(2) 旁系血親

乃與己身出於同源之血親，如伯叔祖父、伯叔父（三等親）[292]、兄弟姊妹（二等親）[293]、姪子女等。

2. 姻親之親系

(1) 血親之配偶

血親之配偶，從其配偶之親系，如子爲血親，則媳爲直系姻親。

(2) 配偶之血親

配偶之血親，從其與配偶之親系，如妻之父母爲妻之直系血親，則己身與妻之父母即爲直系姻親。

(3) 配偶之血親之配偶

配偶之血親之配偶，從其與配偶之親系，如妻之兄弟之妻爲妻之旁系姻親，亦爲夫之旁系姻親。

(二) 親等

乃測定親屬間親疏遠近之尺度，我民法之計算方法採用羅馬法主義。

1. 血親親等之計算

(1) 血親親等之計算

A. 直系血親，從己身上下數，以一世爲一親等，如父與子爲一親

---

[291] (D) 己身所從出，或從己身所出之血親，稱為：(A)擬制血親(B)旁系血親(C)姻親(D)直系血親

[292] (A) 自己與叔父間是幾親等之親屬？(A)三親等(B)四親等(C)二親等(D)五親等

[293] (C) 計算親屬關係之標準，稱為親等，自己與兄弟之親等為：(A)一親等(B)三親等(C)二親等(D)四親等

等，祖與孫爲二親等。

B. 旁系血親，從己身數至同源之直系血親，在由同源之直系血親，數至與之計算親等之血親，以其總世數爲親等數，如己身與兄計算親等時，則數至同源之父（一世），再由父數至兄（一世），共計二世，則己身與兄爲二親等。

(2) **姻親親等之計算**

A. 血親之配偶，從其配偶之親等，如子爲一親等直系血親，則媳爲一親等直系姻親。

B. 配偶之血親，從其與配偶之親等，如夫之父爲夫之一親等直系血親，則爲妻之一親等直系姻親。

C. 配偶之血親之配偶[294]，從其與配偶之親等，如妻之兄弟之妻，爲妻之二親等旁系姻親，即爲夫之二親等旁系姻親。

四、結婚之要件

結婚爲男女雙方結爲夫妻之法律行爲，合法的結婚，須具備下列要件：

(一) 實質要件

1. 須達結婚年齡：男子須滿十八歲[295]，女子須滿十六歲[296]。男未滿十七歲，女未滿十五歲者，不得訂定婚約[297]，且婚約不得請求強迫履行[298]。

---

[294] (A) 所謂姻親，謂血親之配偶、配偶之血親及何者？(A)配偶之血親之配偶(B)配偶(C)血親之配偶之血親(D)親家公、親家母

[295] (B) 依民法規定，男未滿幾歲，不得結婚？(A)十五歲(B)十八歲(C)十七歲(D)十六歲

[296] (C) 女性法定結婚年齡為：(A)二十歲(B)十八歲(C)十六歲(D)二十二歲

[297] (B) 男未滿幾歲，不得訂定婚約？(A)十五歲(B)十七歲(C)十六歲(D)十八歲

[298] (D) 甲男與乙女訂定婚約後，乙女無正當理由而拒絕履行婚約，甲男不得主張下列何者？(A)解除婚約(B)請求慰撫金(C)請求返還訂婚鑽戒(D)請求強制乙女結婚

2. 須有結婚之合意：未成年人結婚，應得法定代理人之同意。
3. 須非近親結婚：與下列親屬不得結婚（民法 983）：(1)直系血親與直系姻親。(2)旁系血親在六親等以內者。但因收養而成立之四親等及六親等旁系血親，輩分相同者，不在此限。(3)旁系姻親在五親等以內，輩分不相同者。(4)姻親結婚之限制，於結婚關係消滅後，亦適用之。(5)直系血親及直系姻親結婚之限制，於因收養而成立之直系親屬間，在收養關係終止後，亦適用之。
4. 須無監護關係（民法 984）：監護人與受監護人，於監護關係存續中，不得結婚，但經受監護人父母之同意者，不在此限。
5. 須非重婚或同時結婚：有配偶者不得重婚，重婚者，無效[299] [300]；一人不得同時與二人以上結婚（民法 985）[301]。但重婚之雙方當事人因善意且無過失信賴一方前婚姻消滅之兩願離婚登記或離婚確定判決而結婚者，不在此限（民法 988 I ③但書）。民法第 988 條之 1 前條第 3 款但書之情形，前婚姻自後婚姻成立之日起視爲消滅。前婚姻視爲消滅之效力，除法律另有規定外，準用離婚之效力。但剩餘財產已爲分配或協議者，仍依原分配或協議定之，不得另行主張。依第 1 項規定前婚姻視爲消滅者，其剩餘財產差額之分配請求權，自請求權人知有剩餘財產之差額時起，二年間不行使而消滅。自撤銷兩願離婚登記或廢棄離婚判決確定時起，逾五年者，亦同。前婚姻依第 1 項規定視爲消滅者，無過失之前婚配偶得向他方請求賠償。前項情形，雖非財產上之損害，前婚配偶亦得請求賠償相當之金額。前項請求權，不得讓與或繼承。但已依契約承諾或已起訴者，不在此限。民法第 997 條：「因被詐欺或被脅迫而結婚者，得於發見詐欺或脅迫終止後，六個月

---

[299] (B) 重婚，在現行民法中之效果為：(A)得撤銷(B)無效(C)效力未定(D)以上皆非

[300] (D) 甲男與乙女於民國八十八年二月一日公開結婚，但未向戶政事務所辦理結婚登記。八十八年五月五日甲再與丙女結婚。請問甲丙間之婚姻效力如何？(A)有效(B)得撤銷(C)效力未定(D)無效

[301] (A) 甲男同時與乙女及丙女結婚，問其婚姻之效力如何？(A)甲乙之間及甲丙之間，均無效(B)甲乙之間無效，甲丙之間有效(C)甲乙之間及甲丙之間，均有效(D)甲乙之間有效，甲丙之間無效

內向法院請求撤銷之[302]。」

(二) 形式要件（登記主義）

民法第 982 條：「結婚應以書面爲之，有二人以上證人之簽名，並應由雙方當事人向戶政機關爲結婚之登記。」

五、婚姻之效力

1. 夫妻之冠姓

夫妻各保有其本姓。但得書面約定以其本姓冠以配偶之姓，並向戶政機關登記。冠姓之一方得隨時回復其本姓。但於同一婚姻關係存續中以一次爲限。

2. 同居義務及住所決定權

夫妻互負同居之義務。但有不能同居之正當理由者，不在此限。夫妻之住所，由雙方共同協議之[303]；未爲協議或協議不成時，得聲請法院定之。法院爲前項裁定前，以夫妻共同戶籍地推定爲其住所。

3. 相互代理權

夫妻於日常家務，互爲代理人，夫妻之一方濫用此項代理權時，他方得限制之，但不得對抗善意第三人。

4. 扶養義務

夫妻互負扶養義務，其負扶養義務之順序與直系血親卑親屬同，其受扶養權利之順序與直系血親尊親屬同。

5. 貞操義務

夫妻互負貞操義務，民法並無直接規定，但以重婚及通姦爲離婚請求原因。

---

[302] (A) 因被詐欺或被脅迫而結婚者，得於發見詐欺或脅迫終止後，六個月內得向何處請求撤銷之？(A)法院(B)另造當事人(C)地方法院檢察署(D)律師

[303] (B) 夫妻之住所，應如何認定？(A)妻之住所，以夫之住所為住所(B)由夫妻共同協議(C)夫之住所，以妻之住所為住所(D)由法院裁定以夫之住所為住所

6. **夫妻財產制**

夫妻財產制乃夫妻間就其財產問題，應遵循之法則。

(1) **法定財產制**

夫妻爲登記依據民法之法定財產制。包括：婚前財產與婚後財產均各自所有使用；婚姻結束，婚後財產應平均分配（扣除債務及個人受贈所得）；夫妻家事得要求給予工作費（稱自由處分金）

(2) **約定財產制**

以共同財產制、分別財產制爲約定財產制。夫妻得於結婚前或後，以契約就約定財產制中選擇其一爲夫妻財產制。民法第 1008 條：「夫妻財產制契約之訂立、變更或廢止，非經登記，不得以之對抗第三人[304]。前項夫妻財產制契約之登記，不影響依其他法律所爲財產權登記之效力。第 1 項之登記，另以法律定之。」例如甲男乙女婚後，於民國 90 年 2 月買有房屋一棟，登記於乙女名義之下，該房屋屬乙所有[305]。

六、離婚

(一) 意義

乃完全有效成立之婚姻，於夫妻生存中予以消滅。

(二) 方式

1. **兩願離婚**

夫妻雙方以書面合意消滅婚姻關係，依戶籍登記而發生效力。夫妻兩願離婚者，得自行離婚，但未成年人應得法定代理人之同意。兩願離婚

---

304 (A) 一對夫妻結婚後，如何訂定夫妻財產制契約？(A)要有書面契約並向法院登記始得對抗第三人(B)只要口頭約定即可(C)只要有書面契約便可對抗第三人(D)只要向親友表示即可

305 (B) 甲男乙女婚後，於民國九十年二月買有房屋一棟，登記於乙女名義之下，該房屋屬何人所有？(A)甲乙共有(B)乙所有(C)甲所有(D)如乙無外出工作，則為甲所有

應以書面爲之，有兩人以上證人之簽名並應向戶政機關爲離婚之登記[306]。

2. 判決離婚

於有民法所定之離婚原因時，夫妻之一方對於他方提起離婚之訴，法院認爲有理由時，以判決消滅婚姻關係之離婚方式，亦稱裁判離婚。

(三) 離婚原因（民法 1052）

1. 具體離婚原因

(1)重婚者。(2)與人通姦者。(3)夫妻之一方受他方不堪同居之虐待者。(4)夫妻之一方對於他方之直系尊親屬爲虐待，或受他方之直系尊親屬之虐待，致不堪爲共同生活者。(5)夫妻之一方以惡意遺棄他方在繼續狀態中者。(6)夫妻之一方意圖殺害他方者。(7)有不治之惡疾者。(8)有重大不治之精神病者。(9)生死不明已逾三年者。(10)被處三年以上徒刑或因犯不名譽之罪被處徒刑者。

2. 抽象離婚原因

有前述原因以外重大事由，難以維持婚姻者，夫妻之一方得請求離婚，但其事由應由夫妻之一方負責者，僅他方得請求離婚。

(四) 效力

因離婚夫妻間由婚姻所發生身分上、財產上之一切法律關係，向將來消滅。例如甲夫與乙妻協議離婚後，乙於隔日立即與丙男結婚，其婚姻效力有效[307]。此外亦發生損害賠償（民法 1056）、贍養費之給與（民法 1057）、財產之取回（民法 1058）等問題。

民法第 1055 條：「夫妻離婚者，對於未成年子女權利義務之行使或負擔，依協議由一方或雙方共同任之。未爲協議或協議不成者，法院得依夫妻之一方、主管機關、社會福利機構或其他利害關係人之請求或依職權

---

306 (C) 依我國民法規定，夫妻結婚後，如欲兩願離婚，其方式為：(A)僅雙方口頭約定後即可(B)雙方分開居住二年即可(C)應以書面為之，有二以上證人之簽名並應向戶政機關為離婚之登記(D)應以書面為之，有二以上證人之簽名

307 (B) 甲夫與乙妻協議離婚後，乙於隔日立即與丙男結婚，其婚姻效力如何？(A)無效(B)有效(C)得撤銷(D)效力未定

酌定之。前項協議不利於子女者，法院得依主管機關、社會福利機構或其他利害關係人之請求或依職權爲子女之利益改定之[308]。行使、負擔權利義務之一方未盡保護教養之義務或對未成年子女有不利之情事者，他方、未成年子女、主管機關、社會福利機構或其他利害關係人得爲子女之利益，請求法院改定之。前三項情形，法院得依請求或依職權，爲子女之利益酌定權利義務行使負擔之內容及方法。法院得依請求或依職權，爲未行使或負擔權利義務之一方酌定其與未成年子女會面交往之方式及期間。但其會面交往有妨害子女之利益者，法院得依請求或依職權變更之。」

七、婚生子女與非婚生子女

(一) 婚生子女（民法 1062）

乃由婚姻關係受胎而生之子女。從子女出生日回溯第 181 日起至 302 日爲止爲受胎期間，於此期間有一日在婚姻關係持續中，其所生之子女即爲婚生子女。若能證明受胎回溯至第 302 日以前者，以其期間爲受胎期間。妻之受胎，係在婚姻關係存續中者，推定期所生子女，爲婚生子女。此項推定，如夫妻之一方能證明妻非自夫受胎者，得提起否認之訴，但應於知悉子女出生之日起，一年內爲之。

(二) 非婚生子女

俗稱私生子，即非由婚姻關係受胎兒生之子女，非婚生子女與其生母，法律上視爲婚生子女，無須認領，其與生父，依下列程序發生父子關係：

1. 準正

非婚生子女，其生父與生母結婚者，視爲婚生子女（民法 1064）[309]。

---

[308] (A) 夫妻離婚時，對未成年子女權利義務之行使，如協議不成時，應由誰行使？(A)由法院酌定(B)原則上由妻行使(C)原則上由夫行使(D)由未成年子女自行選擇

[309] (D) 非婚生子女，因其生父與生母嗣後結婚，視為婚生子女者，稱之為何？(A)收養(B)認領(C)認養(D)準正

此種情形學說上稱之準正，被準正之子女，在法律上，受與婚生子女完全相同之待遇，且應溯及出生時。

2. 認領

生父承認其非婚生子女爲自己之子女，謂之認領[310]，非婚生子女經認領者，視爲婚生子女，其經生父撫育者，視爲認領，無須另爲認領之表示。但非婚生子女或其生母，對於生父之認領，得否認之。

民法第 1067 條：「有事實足認其爲非婚生子女之生父者，非婚生子女或其生母或其他法定代理人，得向生父提起認領之訴。前項認領之訴，於生父死亡後，得向生父之繼承人爲之。生父無繼承人者，得向社會福利主管機關爲之。」

3. 收養

民法第 1072 條：「收養他人之子女爲子女時，其收養者爲養父或養母，被收養者爲養子或養女。」民法第 1073 條：「收養者之年齡，應長於被收養者二十歲以上[311]。但夫妻共同收養時，夫妻之一方長於被收養者二十歲以上，而他方僅長於被收養者十六歲以上，亦得收養。夫妻之一方收養他方之子女時，應長於被收養者十六歲以上。」

八、父母子女之權利義務

(一) 父母之親權

父母對於未成年子女以保護教養爲中心之權利義務，稱爲親權。其內容爲：

1. 保護及教養：父母對於未成年子女有保護及教養之權利與義務（民法 1084）。
2. 懲戒：父母於必要範圍內懲戒其子女（民法 1085）。
3. 代理：父母爲其未成年子女之法定代理人（民法 1086）。

---

[310] (D) 生父承認非婚生子女為其親生子女之意思表示，稱為：(A)準正(B)承認(C)收養(D)認領

[311] (C) 收養者之年齡，應長於被收養者幾歲以上？(A)十八歲(B)二十二歲(C)二十歲(D)三十歲

4. 子女特有財產之管理用益：未成年子女因繼承、贈與或其他無償取得之財產，為其特有財產，未成年子女之特有財產，由父母共同管理；父母對未成年子女之特有財產有使用、收益之權，但非為子女之利益，不得處分之（民法 1087、1088）。

(二) 子女之義務

1. 孝敬父母：子女，不論成年或未成年，均應孝敬父母（民法 1084），未成年子女應服從父母之親權。孝敬父母不僅為道德上之義務，亦為法律上之義務。
2. 扶養父母：成年子女對於父母有扶養之義務，即使父母有謀生能力亦然（民法 1117）。因扶養父母而不能維持生活者，亦不能免除其義務，僅得減輕（民法 1118）

第六節　民法繼承篇

一、意義

繼承者，乃一定親屬，因一方之死亡，而由他方承受其財產上之一切權利義務之謂。繼承法之性質為私法兼強行法。

二、繼承篇概況

繼承編分三章，共八十八條：

1. **第一章：遺產繼承人**

規定繼承之順序、應繼分、繼承權之取得、喪失、回復及代位繼承等項。

2. **第二章：遺產之繼承**

規定遺產繼承之效力、限定之繼承、遺產之分割、繼承之拋棄與無人承認之繼承等項。

3. 第三章：遺囑

規定遺囑之通則、遺囑之方式、效力、執行、撤銷與特留分等項。

三、繼承篇重要內容

(一) 繼承之意義

乃人死亡時，法律上由一定親屬，當然的概括承繼其遺產之謂，死亡者稱爲被繼承人，承繼人稱爲繼承人。

(二) 遺產繼承人之範圍及其順序

遺產繼承人爲配偶、直系血親卑親屬、父母、兄弟姊妹、祖父母[312]；其順序，除配偶爲當然繼承人外，第一順序爲直系血親卑親屬[313][314]，第二順序爲父母，第三順序爲兄弟姊妹，第四順序爲祖父母（民法 1138）[315]。此四種順序血親繼承人不得同時爲繼承人，如有第一順序之直系血親卑親屬，則第二順序以下之繼承人不得繼承；有第二順序之父母時，第三順序以下之繼承人即不得繼承。

1. 直系血親卑親屬

以親等近者爲優先，養子女其繼承順序亦列在第一，其應繼分與親生子女同，但於收養關係終止前，對於本生父母無繼承權。孫子被招贅或女、孫女出嫁時，對於父母、祖父母仍有繼承權。

2. 父母

包括親生父母與養父母，但本生父母對於養子女之遺產無繼承權。

---

312 (D) 當一個人死亡後，其財產依法：(A)僅兒子得繼承(B)僅兒子及未結婚之女兒得繼承(C)僅父母可繼承(D)配偶、兒子、女兒均可第一順位繼承

313 (A) 遺產繼承人，除了配偶外，第一順位者是：(A)直系血親卑親屬(B)祖父母(C)父母(D)兄弟姊妹

314 (A) 遺產繼承人，除了配偶外，誰有優先繼承權？(A)子女(B)父母(C)兄弟姊妹(D)祖父母

315 (A) 遺產繼承人，除配偶外，其決定之順序為下列何者？①祖父母②父母③兄弟姊妹④直系血親卑親屬(A)④②③①(B)②①④③(C)①②③④(D)④③②①

父母對於出贅之子、已嫁之女之遺產，則有繼承權。繼父母子女，只是直系姻親，其相互間並無繼承權。

3. **兄弟姊妹**

包括同父母之兄弟姊妹，同父異母或同母異父之兄弟姊妹。堂兄弟姊妹不包括。親生子女與養子女，及養子女相互間，亦係兄弟姊妹，自互有繼承權。

4. **祖父母**

包括外祖父母，養父母之父母在內。

5. **配偶**

配偶有相互繼承之權，所謂配偶，須繼承開始時爲合法結婚之妻或夫。夫或妻，於妻或夫死亡後，即使再婚，仍不喪失其繼承權。

(三) 應繼分

乃繼承人爲數人時，各繼承人對於遺產上之一切權利義務，所得繼承之比例。應繼分之規定如下：

1. **同一順序繼承人之應繼分**

同一順序之繼承人有數人時，按人數平均繼承[316]（民法 1141）。

2. **配偶之應繼分（民法 1141）**

(1) 與其死亡配偶之直系血親卑親屬同爲繼承時，其應繼分與其他繼承人平均。

(2) 與其死亡配偶之父母、兄弟姊妹同爲繼承時，其應繼分爲遺產二分之一。

(3) 與其死亡配偶之祖父母同爲繼承時，其應繼分爲遺產三分之二。

(4) 其死亡配偶無各順序血親繼承人時，其應繼分爲遺產全部。

---

316 (B) 配偶與被繼承人直系血親卑親屬同為繼承時，其應繼分為：(A)應繼分為遺產二分之一(B)應繼分與他繼承人平均(C)應繼分為遺產三分之二(D)遺產全歸配偶所有

(四) 代位繼承

乃被繼承人之直系血親卑親屬中，有於繼承開始前死亡或喪失繼承權者，由其直系血親卑親屬，代位繼承其應繼分（民法 1140）。代位繼承，習慣上亦稱子承父分。得代位繼承者，並不限於自然直系血親卑親屬，即養子女之婚生子女、養子女之養子女，以及婚生子女之養子女，亦均得為代位繼承。如以喪妻之甲有子乙、丙、丁，乙有子戊、己，丙有子庚、辛，如乙先甲死亡，由戊、己代位乙（甲死亡時有財產十二萬元，則乙、丙、丁共同繼承各得四萬元遺產，但乙先甲而死，由戊、己代位繼承乙之應繼分，各得二萬元；若乙、丙、丁全部先於甲死亡，則甲之遺產由戊、己、庚、辛依其人數平均繼承，此時即非代位繼承）。

(五) 採限定繼承為原則

民法第 1148 條：「繼承人自繼承開始時，除本法另有規定外，承受被繼承人財產上之一切權利、義務。但權利、義務專屬於被繼承人本身者，不在此限。（第 1 項）繼承人對於被繼承人之債務，以因繼承所得遺產為限，負清償責任。（第 2 項）」

民法第 1154 條：「繼承人對於被繼承人之權利、義務，不因繼承而消滅。」

民法第 1156 條：「繼承人於知悉其得繼承之時起三個月內開具遺產清冊陳報法院。前項三個月期間，法院因繼承人之聲請，認為必要時，得延展之。繼承人有數人時，其中一人已依第 1 項開具遺產清冊陳報法院者，其他繼承人視為已陳報。」

民法第 1156 條之 1：「債權人得向法院聲請命繼承人於三個月內提出遺產清冊。法院於知悉債權人以訴訟程序或非訟程序向繼承人請求清償繼承債務時，得依職權命繼承人於三個月內提出遺產清冊。前條第 2 項及第 3 項規定，於第 1 項及第 2 項情形，準用之。」

民法第 1173 條：「繼承人中有在繼承開始前因結婚、分居或營業，已從被繼承人受有財產之贈與者，應將該贈與價額加入繼承開始時被繼承人所有之財產中，爲應繼遺產[317]。但被繼承人於贈與時有反對之意思表示者，不在此限。前項贈與價額，應於遺產分割時，由該繼承人之應繼分中扣除。贈與價額，依贈與時之價值計算。」

(六) 拋棄繼承

民法第 1174 條：「繼承人得拋棄其繼承權。前項拋棄，應於知悉其得繼承之時起三個月內，以書面向法院爲之[318]。拋棄繼承後，應以書面通知因其拋棄而應爲繼承之人。但不能通知者，不在此限。」民法第 1175 條：「繼承之拋棄，溯及於繼承開始時發生效力。」民法第 1176 條：「第 1138 條所定第一順序之繼承人中有拋棄繼承權者，其應繼分歸屬於其他同爲繼承之人。第二順序至第四順序之繼承人中，有拋棄繼承權者，其應繼分歸屬於其他同一順序之繼承人。與配偶同爲繼承之同一順序繼承人均拋棄繼承權，而無後順序之繼承人時，其應繼分歸屬於配偶。配偶拋棄繼承權者，其應繼分歸屬於與其同爲繼承之人。第一順序之繼承人，其親等近者均拋棄繼承權時，由次親等之直系血親卑親屬繼承。先順序繼承人均拋棄其繼承權時，由次順序之繼承人繼承。其次順序繼承人有無不明或第四順序之繼承人均拋棄其繼承權者，準用關於無人承認繼承之規定。因他人拋棄繼承而應爲繼承之人，爲限定繼承或拋棄繼承時，應於知悉其得繼承之日起三個月內爲之。」

(七) 遺囑

1. 意義

自然人年滿十六歲以上，依法定方式所爲於其死亡後始發生效力之單獨行爲，遺囑人於不違反關於特留分規定之範圍內，得以遺囑自由處分

---

317 (C) 繼承人中有在繼承開始前因結婚、分居或營業，已從被繼承人受有財產之贈與者，應將該增與價額加入繼承開始時被繼承人所有之財產中為應繼遺產。此所謂：(A)找貼(B)留置(C)歸扣(D)特留分

318 (C) 拋棄繼承，應於知悉其得繼承之時起幾個月內以書面向法院為之？(A)二個月(B)一個月(C)三個月(D)六個月

財產[319][320]（民法 1187）。

2. 方式

遺囑應依下列方式之一爲之：自書遺囑、公證遺囑、密封遺囑、代書遺囑、口授遺囑（民法 1189）。

民法第 1190 條：「自書遺囑者，應自書遺囑全文，記明年、月、日，並親自簽名；如有增減、塗改，應註明增減、塗改之處所及字數，另行簽名。」

民法第 1191 條：「公證遺囑，應指定二人以上之見證人，在公證人前口述遺囑意旨，由公證人筆記、宣讀、講解，經遺囑人認可後，記明年、月、日，由公證人、見證人及遺囑人同行簽名：遺囑人不能簽名者，由公證人將其事由記明，使按指印代之。前項所定公證人之職務，在無公證人之地，得由法院書記官行之，僑民在中華民國領事駐在地爲遺囑時，得由領事行之。」

民法第 1192 條：「密封遺囑，應於遺囑上簽名後，將其密封，於封縫處簽名，指定二人以上之見證人，向公證人提出，陳述其爲自己之遺囑，如非本人自寫，並陳述繕寫人之姓名、住所，由公證人於封面記明該遺囑提出之年、月、日及遺囑人所爲之陳述，與遺囑人及見證人同行簽名。前條第 2 項之規定，於前項情形準用之。」

民法第 1194 條：「代筆遺囑，由遺囑人指定三人以上之見證人，由遺囑人口述遺囑意旨，使見證人中之一人筆記、宣讀、講解，經遺囑人認可後，記明年、月、日及代筆人之姓名，由見證人全體及遺囑人同行簽名，遺囑人不能簽名者，應按指印代之。」

民法第 1195 條：「遺囑人因生命危急或其他特殊情形，不能依其他方式爲遺囑者，得依左列方式之一爲口授遺囑：一、由遺囑人指定二人以上之見證人，並口授遺囑意旨，由見證人中之一人，將該遺囑意旨，據實作成筆記，並記明年、月、日，與其他見證人同行簽名。二、由遺囑人指定二人以上之見證人，並口授遺囑意旨、遺囑人姓名及年、月、日，由見證

---

[319] (B) 民法規定未滿幾歲人不得為遺囑？(A)二十歲(B)十六歲(C)十八歲(D)十四歲

[320] (D) 滿幾歲之自然人未經禁治產宣告者為有遺囑能力之人？(A)二十二歲(B)十八歲(C)二十歲(D)十六歲

人全體口述遺囑之爲真正及見證人姓名，全部予以錄音，將錄音帶當場密封，並記明年、月、日，由見證人全體在封縫處同行簽名。」

民法第 1196 條：「口授遺囑，自遺囑人能依其他方式爲遺囑之時起，經過三個月而失其效力。」

3. 遺贈

遺囑人於遺囑中，表示對於他人無償給與財產利益，謂之遺贈。

4. 特留分

遺囑人以遺囑無償處分遺產時，法律上爲法定繼承人所保留之部分[321]。特留分依民法 1223 條之規定，直系血親卑親屬、父母及配偶之特留分，均各爲其應繼分二分之一；兄弟姊妹及祖父母之特留分，均應爲其應繼分三分之一。

第七節　消費者保護法

(一) 立法目的

爲保護消費者權益，促進國民消費生活安全，提升國民消費生活品質，特制定本法。所謂消費者：指以消費爲目的而爲交易、使用商品或接受服務者。機關、團體或法人組織亦得爲消費者[322]。

(二) 企業經營者產品責任

依據消費者保護法第 7 條規定：「從事設計、生產、製造商品或提供服務之企業經營者，應確保其提供之商品或服務無安全衛生上之危險」。

---

[321] (D) 我國法律規定被繼承人在以遺囑處理死後遺產的同時，需保留遺產一定比例予法定繼承人。此之制度為何？(A)應繼分(B)應有部分(C)專有部分(D)特留分

[322] (C) 就我國消費者保護法上之商品責任而言，下列有關消費者之敘述何者不正確？(A)消費者不以契約關係之相對人為限(B)消費者不以自然人為限(C)機關、團體或法人組織不得為消費者(D)企業經營者有時亦為消費者

此規定意指商品製造人與服務提供人對於消費者都要負起無過失責任[323]。例如台灣某公司所製造之果凍，因疑似導致幼童食用窒息，遭美國法院判決應予賠償，在我國如遇到類似案件，其賠償請求之依據本法或民法請求救濟[324]。

消費者保護法第 10 條：「企業經營者於有事實足認其提供之商品或服務有危害消費者安全與健康之虞時，應即回收該批商品或停止其服務。但企業經營者所爲必要之處理，足以除去其危害者，不在此限。商品或服務有危害消費者生命、身體、健康或財產之虞，而未於明顯處爲警告標示，並附載危險之緊急處理方法者，準用前項規定[325]。」

(三) 定型化契約

定型化契約：指以企業經營者提出之定型化契約條款作爲契約內容之全部或一部而訂定之契約。定型化契約條款：指企業經營者爲與不特定多數消費者訂立同類契約之用，所提出預先擬定之契約條款。定型化契約條款不限於書面，其以放映字幕、張貼、牌示、網際網路、或其他方法表示者，亦屬之。例如停車場收費牌告、電影院以字幕放映之規定、公車儲值卡片上之約款[326]。個別磋商條款：指契約當事人個別磋商而合意之契

---

323 (C) 依據消費者保護法第 7 條規定：「從事設計、生產、製造商品或提供服務之企業經營者，應確保其提供之商品或服務無安全衛生上之危險」。此規定意指商品製造人與服務提供人對於消費者都要負起：(A)過失責任(B)擬制無過失責任(C)無過失責任(D)具體輕過失責任

324 (C) 台灣某公司所製造之果凍，因疑似導致幼童食用窒息，遭美國法院判決應予賠償，在我國如遇到類似案件，其賠償請求之依據係何種法律？(A)公平交易法(B)刑法(C)消費者保護法及民法(D)食品衛生法

325 (A) 企業經營者於有事實足認其提供之商品有危害消費者安全之虞時，應如何處理？(A)應主動立即回收商品(B)應等主管機關命令後再回收(C)應等主管機關於媒體公告後再回收(D)應等法院判決後再回收

326 (B) 下列何者非屬定型化契約條款？(A)停車場收費牌告(B)個別磋商條款(C)電影院以字幕放映之規定(D)公車儲值卡片上之約款

約條款[327]。

消費者保護法第 12 條：「定型化契約中之條款違反誠信原則，對消費者顯失公平者[328]，無效[329]。定型化契約中之條款有下列情形之一者，推定其顯失公平：一、違反平等互惠原則者。二、條款與其所排除不予適用之任意規定之立法意旨顯相矛盾者。三、契約之主要權利或義務，因受條款之限制，致契約之目的難以達成者。」

(四) 郵購或訪問買賣之解約

通訊交易：指企業經營者以廣播、電視、電話、傳真、型錄、報紙、雜誌、網際網路、傳單或其他類似之方法，消費者於未能檢視商品或服務下而與企業經營者所訂立之契約[330]。

訪問交易：指企業經營者未經邀約而與消費者在其住居所、工作場所、公共場所或其他場所所訂立之契約。

消費者保護法第 19 條：「通訊交易或訪問交易之消費者，得於收受商品或接受服務後七日內，以退回商品或書面通知方式解除契約，無須說明理由及負擔任何費用或對價。但通訊交易有合理例外情事者，不在此限。前項但書合理例外情事，由行政院定之。企業經營者於消費者收受商品或接受服務時，未依前條第 1 項第 3 款規定提供消費者解除契約相關資訊者，第 1 項七日期間自提供之次日起算。但自第 1 項七日期間起算，已逾四個月者，解除權消滅。消費者於第 1 項及第 3 項所定期間內，已交運

---

327 (B) 契約當事人個別磋商而合意之契約條款，謂之：(A)一般條款(B)個別磋商條款(C)定型化契約條款(D)附合條款

328 (D) 下列關於定型化契約條款之敘述，何者錯誤？(A)不以書面為限(B)字體難以辨識者，消費者可主張不構成契約內容(C)視條款內容決定其有效或無效(D)一律無效

329 (B) 消費者保護法規定，定型化契約中之條款違反誠信原則，對消費者顯失公平者，其效力為：(A)得撤銷(B)無效(C)效力未定(D)仍為有效，但企業經營者一方得主張無效

330 (A) 企業經營者以廣播、電視、電話、傳真、型錄、報紙、雜誌、網際網路、傳單或其他類似之方法，使消費者未能檢視商品而與企業經營者所為之買賣，稱之為：(A)通訊交易(B)訪問交易(C)分期付款(D)現物要約

商品或發出書面者，契約視爲解除。通訊交易或訪問交易違反本條規定所爲之約定，其約定無效[331]。」例如甲在電視購物頻道上看到瘦身廣告，訂貨後很後悔，甲可以在法定七日內退回商品或以書面通知業者解約[332]。

消費者保護法第 20 條：「未經消費者要約而對之郵寄或投遞之商品，消費者不負保管義務。前項物品之寄送人，經消費者定相當期限通知取回而逾期未取回或無法通知者，視爲拋棄其寄投之商品。雖未經通知，但在寄送後逾一個月未經消費者表示承諾，而仍不取回其商品者，亦同。消費者得請求償還因寄送物所受之損害，及處理寄送物所支出之必要費用。」例如某週刊直接將雜誌寄給消費者，並於一個月後寄送帳單，消費者可依消費者保護法規定，將未經邀約之商品寄送，且無收受義務[333]。

(五) 分期付款買賣

分期付款：指買賣契約約定消費者支付頭期款，餘款分期支付，而企業經營者於收受頭期款時，交付標的物與消費者之交易型態[334]。

(六) 不實廣告

消費者保護法第 22 條：「企業經營者應確保廣告內容之真實，其對消費者所負之義務不得低於廣告之內容。企業經營者之商品或服務廣告內容，於契約成立後，應確實履行。」事業在商品或該商品之包裝上印刷極

---

[331] (C) 消費者於網路中購物可以有幾天之猶豫期？(A)三天(B)五天(C)七天(D)十四天

[332] (B) 甲在電視購物頻道上看到瘦身廣告，訂貨後很後悔，甲可以在法定期間內以何種方式行使權利？(A)以打電話之方式解約(B)退回商品或以書面通知業者解約(C)請業者到府取回商品(D)請求更換他種商品

[333] (D) 某週刊直接將雜誌寄給消費者，並於一個月後寄送帳單，請問消費者是否需付費？(A)是，因消費者沒有通知該公司不要週刊(B)是，因消費者沒有寄還雜誌(C)不必，這是未經邀約之商品寄送，只要寄還雜誌即可(D)不必，依消費者保護法規定，這是未經邀約之商品寄送，消費者並無收受義務

[334] (C) 買賣契約約定消費者支付頭期款，餘款分期支付，而企業經營者於收受頭期款時，交付標的物予消費者之交易型態，謂之：(A)郵購買賣(B)訪問買賣(C)分期付款(D)現物要約

爲誇張之用途及功能之文字，致使許多消費者因此受其誤導而進行交易受騙之行爲，亦稱爲不實廣告[335]。

第 23 條：「刊登或報導廣告之媒體經營者明知或可得而知廣告內容與事實不符者，就消費者因信賴該廣告所受之損害與企業經營者負連帶責任。」例如電視公司在得知或可得知其所傳播報導之廣告有引人錯誤之虞仍予廣播報導時，應與廣告主連帶負擔民事責任[336]。

(七) 消費者保護官與消費者保護團體

消費者保護法第 39 條：「行政院、直轄市、縣（市）政府應置消費者保護官若干名。消費者保護官任用及職掌之辦法，由行政院定之[337]。」

消費者保護團體：指以保護消費者爲目的而依法設立登記之法人。消費者保護團體有中華民國消費者文教基金會、台灣消費者保護協會、中華婦女消費者協會等[338]。

(八) 救濟

我國消費者保護法提供受損害之消費者之救濟管道有：1.申訴與調解；2.消費者個別訴訟；3.消費者集體訴訟[339]。

---

335 (C) 事業在商品或該商品之包裝上印刷極為誇張之用途及功能之文字，致使許多消費者因此受其誤導而進行交易受騙之行為，稱為：(A)不實銷售(B)不實誘買(C)不實廣告(D)不實競銷

336 (B) 電視公司在得知或可得知其所傳播報導之廣告有引人錯誤之虞仍予廣播報導時，應與廣告主連帶負擔何種責任？(A)刑事責任(B)民事責任(C)行政責任(D)沒有責任

337 (D) 下列何者並未設置消費者保護官？(A)行政院消費者保護委員會(B)直轄市政府(C)縣（市）政府(D)消費者保護團體

338 (B) 下列何者不是消費者保護團體？(A)中華民國消費者文教基金會(B)中華民國旅行業品質保障協會(C)台灣消費者保護協會(D)中華婦女消費者協會

339 (C) 我國消費者保護法提供受損害之消費者有哪些救濟管道？①申訴與調解②消費者個別訴訟③消費者集體訴訟④向仲裁委員會投訴⑤向律師公會投訴(A)①④⑤(B)①③④(C)①②③(D)①②④

1. 申訴之處理期限

消費者保護法第 43 條：「消費者與企業經營者因商品或服務發生消費爭議時，消費者得向企業經營者、消費者保護團體或消費者服務中心或其分中心申訴。企業經營者對於消費者之申訴，應於申訴之日起十五日內妥適處理之。消費者依第 1 項申訴，未獲妥適處理時，得向直轄市、縣（市）政府消費者保護官申訴[340 341]。」

2. 縣（市）政府所設消費爭議調解委員會

消費者保護法第 45 條：「直轄市、縣（市）政府應設消費爭議調解委員會，置委員七名至二十一名。 前項委員以直轄市、縣（市）政府代表、消費者保護官、消費者保護團體代表、企業經營者所屬或相關職業團體代表、學者及專家充任之，以消費者保護官為主席，其組織另定之[342]。」

3. 消費者求償之訴訟

消費者保護法第 51 條：「依本法所提之訴訟，因企業經營者之故意所致之損害，消費者得請求損害額五倍以下之懲罰性賠償金；但因重大過失所致之損害，得請求三倍以下之懲罰性賠償金，因過失所致之損害，得請求損害額一倍以下之懲罰性賠償金[343]。」

4. 訴訟之免繳裁判費

消費者保護法第 53 條：「消費者保護官或消費者保護團體，就企業經營者重大違反本法有關保護消費者規定之行為，得向法院訴請停止或禁

---

[340] (B) 消費者第一次申訴，企業經營者未能妥善處理時，可向下列何者提出第二次申訴？(A)縣（市）政府消費者服務中心(B)消費者保護官(C)行政院(D)法官

[341] (B) 企業經營者對於消費者之申訴，應於申訴之日起幾日內妥適處理？(A)十日(B)十五日(C)二十日(D)三十日

[342] (B) 縣（市）政府所設消費爭議調解委員會，以下列何人為其主席？(A)縣、市長(B)消費者保護官(C)法官(D)檢察官

[343] (B) 依消費者保護法所提起之訴訟，如因企業經營者之故意所致之損害，消費者得另請求損害額幾倍以下之懲罰性賠償金？(A)四倍(B)五倍(C)二倍(D)一倍

止之。前項訴訟免繳裁判費[344]。」

5. **停止營業之情形**

消費者保護法第 60 條：「企業經營者違反本法規定，生產商品或提供服務具有危害消費者生命、身體、健康之虞者，影響社會大眾經中央主管機關認定爲情節重大，中央主管機關或行政院得立即命令其停止營業，並儘速協請消費者保護團體以其名義，提起消費者損害賠償訴訟。」

應考小叮嚀

民法是法學緒論、法學知識、法學大意考題裡面最重要的部分，多集中在民法中基本中要觀念，近年來則會有在選擇題內設計實例題，不過考的還是基本觀念。同學需要搭配條文，配合複習各種民法觀念。而 96 年新增訂、修正之物權、親屬編條文，也須特別留意。

---

344 (D) 企業經營者有重大違反消費者保護法有關保護消費者規定之行為時，下列何者得向法院訴請停止或禁止之？(A)公設辯護人(B)檢察官(C)任何公益團體(D)消費者保護官

第十二章　商事法及智慧財產權

本章學習重點

1. 公司法
2. 票據法
3. 海商法
4. 保險法
5. 智慧財產權

我國之商事法並非一部獨立的法典，而是所有與商業相關法規的總稱。主要包括公司法、保險法、海商法、票據法等四種特別民法。此四種法律特別民法係以民法的規定爲基礎，但就幾個特別事項而另有詳細規定，因此若公司法、保險法、海商法及票據法有特別規定時，則適用上開法律之規定，在上開法律無規定時，則回歸民法規定[1]。

第一節　公司法

一、公司的意義

公司法第 1 條揭示，所謂的公司係以營利爲目的，依照公司法組織、登記、成立之社團法人[2]。我國民法第 45 條至第 58 條對社團法人有所規定，惟民法第 45 條規定：「以營利爲目的之社團，其取得法人之資

---

1 (D) 下列何者通常不包括於一般所稱商事法之概念中？(A)公司法(B)海商法(C)保險法(D)稅法

2 (A) 依公司法之規定，公司設立後之性質為何？(A)社團法人(B)財團法人(C)公益法人(D)非法人團體

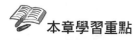

格，依特別法之規定。」而公司法便是此特別法之一種，另銀行法、保險法亦對營利社團法人有所規定。

公司設立方式，所採取之立法主義如下：

(一) 放任（自由）主義：全憑當事人之自由，法律不設任何規定。

(二) 特許主義：國家先制定特許條例，而後依該特許條例設立。

(三) 核准（許可）主義：須先由主管機關核准始得設立。

(四) 準則主義：只要符合法律規定之條件，即可申請登記設立，又可分嚴格、單純之準則主義。

我國採嚴格之準則主義，除嚴格規定設立程序，並加重設立人之責任[3]。依公司法第 1、4、371 條規定如下[4]：

(一) 公司法第 1 條：「本法所稱公司，謂以營利爲目的，依照本法組織、登記、成立之社團法人。」

(二) 公司法第 4 條：「本法所稱外國公司，謂以營利爲目的，依照外國法律組織登記，並經中華民國政府認許，在中華民國境內營業之公司。」

(三) 公司法第 371 條：「外國公司非在其本國設立登記營業者，不得申請認許。非經認許，並辦理分公司登記者，不得在中華民國境內營業。」

二、公司之種類及投資方式

(一) 無限公司

指二人以上股東所組織，對公司債務負連帶無限清償責任之公司。

---

3 (C) 我國公司之設立，原則上採何種方式？(A)特許主義(B)許可主義(C)準則主義(D)自由主義

4 (C) 依我國公司法之規定，所謂具有中華民國國籍之公司係指下列何者而言？(A)該公司之董事長具中華民國國籍(B)該公司之最大股東具中華民國國籍(C)該公司依中華民國公司法設立(D)該公司之住址在中華民國

(二) 有限公司

由一人以上股東所組織，就其出資額爲限，對公司負其責任之公司[5][6][7]。公司法第 108 條第 1 項規定：「公司應至少置董事一人執行業務並代表公司，最多置董事三人，應經三分之二以上股東之同意，就有行爲能力之股東中選任之。董事有數人時，得以章程特定一人爲董事長，對外代表公司[8]。」

(三) 兩合公司

指一人以上無限責任股東，與一人以上有限責任股東所組織，其無限責任股東對公司債務負連帶無限清償責任；有限責任股東就其出資額爲限，對公司負其責任之公司。

(四) 股份有限公司

指二人以上股東或政府、法人股東一人所組織，全部資本分爲股份；股東就其所認股份，對公司負其責任之公司。此爲針對現代工商企業經營之需，得成爲公開發行公司，並於日後上櫃或上市，並向社會大眾募集資金的公司類型[9][10][11]。股份有限公司每一股份享有一個表決權，此爲

---

[5] (C) 有限公司的股東對公司僅負有限責任，依公司法的規定，其所負的責任係以下列哪一種標準為限？(A)所認股份(B)所分配的股息(C)出資額(D)所分配的紅利

[6] (C) 設立有限公司最少應有幾名股東？(A)五名(B)二名(C)一名(D)七名

[7] (A) 我國公司法經修正後，現行規定幾人以上股東即可組織有限公司？(A)一人(B)三人(C)五人(D)七人

[8] (D) 有限公司應設置董事執行業務，並對外代表公司，其董事人數應為：(A)最多一人(B)最多二人(C)最少三人，最多五人(D)最少一人，最多三人

[9] (B) 針對現代工商企業經營之需，並向社會大眾募集資金的公司類型是：(A)無限公司(B)股份有限公司(C)兩合公司(D)有限公司

[10] (D) 下列何種公司得成為公開發行公司，並於日後上櫃或上市？(A)無限公司(B)兩合公司(C)有限公司(D)股份有限公司

股份平等原則[12]。票股之性質爲有價證券[13]。

股份有限公司，其出資種類有：1.股東之出資除現金外，得以對公司所有之貨幣債權，或公司所需之技術、商譽抵充之（公司法 156Ⅳ 前段）。2.公司公開發行新股時，應以現金爲股款。但由原有股東認購或由特定人協議認購，而不公開發行者，得以公司事業所需之財產爲出資（公司法 272）[14]。

股份有限公司股份轉讓限制，依公司法第 163 條規定：「公司股份之轉讓，不得以章程禁止或限制之。但非於公司設立登記後，不得轉讓。發起人之股份非於公司設立登記一年後，不得轉讓。但公司因合併或分割後，新設公司發起人之股份得轉讓[15]。」再按公司法第 165 條規定：「股份之轉讓，非將受讓人之姓名或名稱及住所或居所，記載於公司股東名簿，不得以其轉讓對抗公司（此項行爲稱爲過戶）。前項股東名簿記載之變更，於股東常會開會前三十日內，股東臨時會開會前十五日內，或公司決定分派股息及紅利或其他利益之基準日前五日內，不得爲之。公開發行股票之公司辦理第 1 項股東名簿記載之變更，於股東常會開會前六十日內，股東臨時會開會前三十日內，不得爲之。前二項期間，自開會日或基

---

[11] (B) 由二人以上的股東或政府、法人股東一人組成，將公司全部資本分為股份，股東就其所認股份，對公司負其責任之公司，為下列何者？(A)有限公司(B)股份有限公司(C)無限公司(D)兩合公司

[12] (B) 股份有限公司每一股份享有一個表決權，此為下列何種原則之具體規定？(A)股份轉讓自由原則(B)股份平等原則(C)股東有限責任原則(D)股份禁止回籠原則

[13] (D) 下列何者不是股票的性質：(A)要式證券(B)指定證券(C)有價證券 (D)物權證券

[14] (D) 下列何者不能作為股份有限公司之出資種類？(A)金錢(B)公司所需之機器設備(C)公司所需之土地(D)勞務

[15] (C) 股份有限公司發起人之股份轉讓有何限制？(A)發起設立完成才可轉讓(B)創立會決議通過才可轉讓(C)公司設立登記一年後才可轉讓(D)股份自由轉讓，並無限制

準日起算[16]。」

(五) 關係企業

所謂「企業」專指「公司」而言。關係企業亦稱集團企業，係指企業相互間存有特定「關係」。至其關係之形成，主要在於公司間之指揮監督，而具有控制、從屬關係或藉公司間相互投資而達成。例如依公司法，甲公司持有乙公司有表決權之股份，超過乙公司已發行之有表決權股份總數半數者，甲乙兩公司間之關係稱為關係企業[17]。

(六) 外國公司

係指依據外國法律組織登記，而經由我國政府特許者，至於一般所稱的「外資企業」不一定皆是「外國公司」，若係由外資投資而依據我國公司法所成立之公司，其本質正本國公司無異，所以並非公司法所稱之「外國公司」[18]。

	有限公司	無限公司	兩合公司	股份有限公司
股東人數	一人以上	二人以上	無限股東一人以上；有限股東一人以上	二人或政府、法人股東一人以上
股東責任	僅就股東出資額為限	負連帶無限清償責任	無限股東負連帶無限清償責任；有限股東僅就股東出資額為限	僅就股東所認股份負責

---

16 (C) 股份之轉讓，必須將受讓人之姓名及住所記載於股東名簿，一般稱為：(A)交割(B)背書(C)過戶(D)註記

17 (D) 依公司法，甲公司持有乙公司有表決權之股份，超過乙公司已發行之有表決權股份總數半數者，甲乙兩公司間之關係稱為：(A)合資企業(B)聯盟企業(C)連鎖企業(D)關係企業

18 (C) 外國公司，必須符合哪些要件，始可在中華民國境內營業？(A)申請許可，並辦理分公司登記(B)直接辦理分公司登記(C)須經認許，並辦理分公司登記(D)無須辦理任何程序

	有限公司	無限公司	兩合公司	股份有限公司
業務執行機關	董事（無董事會設置）	原則爲各股東，例外爲章程另訂	無限股東	董事會
監察機關	不執行業務的股東	不執行業務的股東	有限股東	監察人、檢察人，此外董事會業務執行也有監督權
對外代表機關	董事、董事長	原則各股東，例外爲章程另訂	無限股東	原則董事長，例外爲監察人

三、其他規定

1. 主管機關：公司法第 5 條第 1 項規定：「本法所稱主管機關：在中央爲經濟部；在直轄市爲直轄市政府。中央主管機關得委任所屬機關、委託或委辦其他機關辦理本法所規定之事項[19]。」
2. 裁定解散：公司法第 11 條第 1 項規定：「公司之經營，有顯著困難或重大損害時，法院得據股東之聲請，於徵詢主管機關及目的事業中央主管機關意見，並通知公司提出答辯後，裁定解散[20]。」
3. 股份有限公司股東會，原則上由董事會召集（公司法 171）。
4. 公開發行股票或公司債之公司，若因財務困難、暫停營業或有停業之虞，而有重建更生之可能者，得向法院聲請重整（公司法 282 I）[21][22]。

---

[19] (B) 公司法所稱中央主管機關，是指下列何者？(A)財政部(B)經濟部(C)內政部(D)行政院金融監督管理委員會

[20] (C) 公司之經營，有顯著困難或重大損害時，法院得據誰之聲請，於經法定程序，包括通知該公司提出答辯後，以裁定解散之？(A)董事長(B)監察人(C)股東(D)總經理

[21] (D) 公開發行股票或公司債的公司，因財務困難、暫停營業或有暫停營業之虞，但仍有重建價值者，可以經法院裁定後，進行：(A)解散(B)清算(C)破產(D)重整

[22] (B) 公開發行股票之公司，若因財務困難、暫停營業或有停業之虞，而有重建更生之可能者，得向法院聲請下列何種行為？(A)破產(B)重整(C)停業(D)解散

5. 外國公司非經認許，並辦理分公司登記者，不得在中華民國境內營業（公司法 371 Ⅱ）。
6. 公司法第 232 條規定：「公司非彌補虧損及依本法規定提出法定盈餘公積後，不得分派股息及紅利。公司無盈餘時，不得分派股息及紅利。公司負責人違反第 1 項或前項規定分派股息及紅利時，各處一年以下有期徒刑、拘役或科或併科新臺幣六萬元以下罰金[23]。」

四、股份有限公司資本管理三原則[24]

(一) 資本確定原則（法定資本制）

股票係指在我國法上，一種顯示股份，表彰股東權的要式有價證券[25]。公司設立時應於章程中確定公司資本總額，並予以認足或募足。我國公司法並未嚴採「法定資本制」，僅原則採行，並兼採英美法的授權資本制。公司法對此有以下主要規定：1.公司章程應載明股份總額及每股金額。2.同次發行之股份，其發行條件相同者，價格應歸一律（目前每股為 10 元）。3.公司股份雖可分次發行，但第一次應發行之股份不得少於股份總數四分之一。

(二) 資本充實（維持）原則

公司應維持與資本總額相當的財產，故有以下主要規定：1.公司於完納一切稅捐後，應提撥 10% 之盈餘為法定盈餘公積。2.股票發行之價格不得低於票面金額，但公開發行股票之公司，證券管理機關另有規定者，不在此限。3.公司不得將自己股份收回、收買或收為質物，但有以下例外（公司得收回自己股份之情況）：(1)收回特別股。(2)公司合併時，收買反

---

23 (D) 下列何者不是公司分派股息及紅利前，必為之程序？(A)彌補虧損(B)提出法定盈餘公積(C)完納稅捐(D)提供捐助

24 (A) 大陸法系的國家，對於股份有限公司的資本，採取三項原則，我國公司法亦採相同規定。請問下列哪一項原則不屬這三種原則？(A)最低資本原則(B)資本不變原則(C)資本維持原則(D)資本確定原則

25 (A) 在我國法上，一種顯示股份，表彰股東權的要式有價證券稱之為：(A)股票(B)認股權證(C)股單(D)股東登記名簿

對公司股份。(3)公司營業政策重大變更決議時，收買反對股東之股份。唯此項收買反對股東應於六個月內售出。(4)股東受清算或破產宣告時。(5)公司無償取得自己股份，如股東拋棄股份。(6)減資。(7)執行「庫藏股」。

(三) 資本不變原則

程序變更章程，不得任意調整或移為他用，故有以下規定：

1. 轉投資之限制（公司法 13）：(1)公司不得為其他公司無限責任股東或合夥人。(2)對其他公司之轉投資總額原則不得超過本公司實收股本40%。
2. 貸放款之限制（公司法 15）：公司資金，不得貸與股東或任何人，但有例外：(1)公司業務交易行為有短期融通資金之必要。(2)公司間或與行號間有業務往來。
3. 為保證人之限制（公司法 16）：公司除依法律或公司章程得為保證外，不得為任何保證人。

五、公司機關

股份有限公司是營利的社團法人，依據公司法規定，在通常營運狀況下，由機關來運作，公司的機關有股東會、董事及董事會、監察人、經理人等。依據性質來探討，股東會為意思機關，董事及董事會和經理人為執行機關，而監察人為監督機關。

(一) 股東會

股東會是全體股東的組織，替公司內部決定公司意思的法定最高機關。可以分為股東常會和股東臨時會。股東常會與股東臨時會是以召集時期不同所做的分類，最大的區別實益在股東會召集權人與召集程序的不同[26]。另外，所謂可轉換公司債，係指公司債之債權人得轉換成為公司之

---

[26] (A) 下列何者為股份有限公司之最高意思機關？(A)股東會(B)董事會(C)監察人(D)董事長

股東[27]。決議之權限依公司法第 202 條規定：「公司業務之執行，除本法或章程規定應由股東會決議之事項外，均應由董事會決議行之。」

1. 股東會決議

股東會之決議分爲普通決議、假決議與特別決議，內容如下：

(1) 普通決議

公司法第 174 條規定：「股東會之決議，除本法另有規定外，應有代表已發行股份總數過半數股東之出席，以出席股東表決權過半數之同意行之。」

(2) 假決議

公司法第 175 條規定：「出席股東不足前條定額，而有代表已發行股份總數三分之一以上股東出席時，得以出席股東表決權過半數之同意，爲假決議，並將假決議通知各股東，於一個月內再行召集股東會，其發有無記名股票者，並應將假決議公告之。前項股東會，對於假決議，如仍有已發行股份總數三分之一以上股東出席，並經出席股東表決權過半數之同意，視同前條之決議。」

(3) 特別決議[28]

A. 轉投資不受實收股本 40%之限制

公司法第 13 條第 1 項規定：「公司不得爲他公司無限責任股東或合夥事業之合夥人；如爲他公司有限責任股東時，其所有投資總額，除以投資爲專業或公司章程另有規定或經依左列各款規定，取得股東同意或股東會決議者外，不得超過本公司實收股本百分之四十：一、無限公司、兩合公司經全體無限責任股東同意。二、有限公司經全體股東同意。三、股份有限公司經代表已發行股份總數三分之二以上股東出席，以出席股東表決

---

[27] (D) 所謂可轉換公司債，係指公司債之債權人得轉換成為公司中何種成員？(A)員工(B)董事(C)優先債權人(D)股東

[28] (C) 下列何者不是股東會普通決議之事項？(A)董事之選任及其報酬(B)監察人之選任及其報酬(C)董事競業禁止之許可(D)董事違反競業禁止之所得由公司行使歸入權

權過半數同意之股東會決議。」

例如 A 股份有限公司章程所定之資本總額爲二千萬元，公司之實收資本爲一千萬元，今爲求多角化經營以分散風險，公司董事會決議以五百萬元投資成立 B 有限公司。此種情況應依公司法轉投資限制，A 公司之轉投資金額已占公司實收資本的二分之一，對於股東影響甚大，故除公司章程另有規定外，應經股東會之特別決議始得進行之[29]。

B. 營業或財產重大變更行爲

公司法第 185 條規定：「公司爲左列行爲，應有代表已發行股份總數三分之二以上股東出席之股東會，以出席股東表決權過半數之同意行之：一、締結、變更或終止關於出租全部營業，委託經營或與或他人經常共同經營之契約。二、讓與全部或主要部分之營業或財產。三、受讓他人全部營業或財產，對公司營運有重大影響者。公開發行股票之公司，出席股東之股份總數不足前項定額者，得以有代表已發行股份總數過半數股東之出席，出席股東表決權三分之二以上之同意行之。前二項出席股東股份總數及表決權數，章程有較高之規定者，從其規定。

第 1 項行爲之要領，應記載於第 172 條所定之通知及公告。第 1 項之議案，應由有三分之二以上董事出席之董事會，以出席董事過半數之決議提出之。」

C. 許可董事競業

公司法第 209 條第 1、2 項規定：「董事爲自己或他人爲屬於公司營業範圍內之行爲，應對股東會說明其行爲之重要內容並取

---

29 (C) A 股份有限公司章程所定之資本總額為二千萬元，公司之實收資本為一千萬元，今為求多角化經營以分散風險，公司董事會決議以五百萬元投資成立 B 有限公司。則下列敘述，何者正確？(A)依公司法規定公司不得進行轉投資行為，以保障股東與債權人之權益(B)A 公司之轉投資金額僅占公司章程所定資本總額的四分之一，對於股東影響較小，故董事會決議即可，無須經股東會同意以求時效(C)A 公司之轉投資金額已占公司實收資本的二分之一，對於股東影響甚大，故除公司章程另有規定外，應經股東會之特別決議始得進行之(D)以上皆非

得其許可。股東會為前項許可之決議，應有代表已發行股份總數三分之二以上股東之出席，以出席股東表決權過半數之同意行之。」

D. 股息、紅利之分派以股份分派及公積撥充資本

公司法第 240 條：「公司得由有代表已發行股份總數三分之二以上股東出席之股東會，以出席股東表決權過半數之決議，將應分派股息及紅利之全部或一部，以發行新股方式為之；不滿一股之金額，以現金分派之。」

E. 變更章程

公司法第 277 條規定：「公司非經股東會決議，不得變更章程。前項股東會之決議，應有代表已發行股份總數三分之二以上之股東出席，以出席股東表決權過半數之同意行之。公開發行股票之公司，出席股東之股份總數不足前項定額者，得以有代表已發行股份總數過半數股東之出席，出席股東表決權三分之二以上之同意行之。前二項出席股東股份總數及表決權數，章程有較高之規定者，從其規定。」

F. 合併、解散分割

公司法第 316 條規定：「股東會對於公司解散、合併或分割之決議，應有代表已發行股份總數三分之二以上股東之出席，以出席股東表決權過半數之同意行之。公開發行股票之公司，出席股東之股份總數不足前項定額者，得以有代表已發行股份總數過半數股東之出席，出席股東表決權三分之二以上之同意行之。前二項出席股東股份總數及表決權數，章程有較高之規定者，從其規定。公司解散時，除破產外，董事會應即將解散之要旨，通知各股東，其有發行無記名股票者，並應公告之。」

2. 股東會召集[30]

(1) 股東會除本法另有規定外，由董事會召集之（公司法 171）[31]。

---

[30] (A) 下列何者沒有股東會召集權？(A)董事長(B)監察人(C)董事會(D)符合一定條件的少數股東

(2) 繼續一年以上，持有已發行股份總數百分之三以上股份之股東，得以書面記明提議事項及理由，請求董事會召集股東臨時會（公司法 173 Ⅰ），前項請求提出後十五日內，董事會不為召集之通知時，股東得報經主管機關許可，自行召集（公司法 173Ⅱ）。
(3) 監察人除董事會不為召集或不能召集股東會外，得為公司利益，於必要時，召集股東會（公司法 220）。

(二) 董事及董事會

依據公司法規定，董事是董事會的成員，董事不可以少於三人，是法定的最低額限制，董事的任期不可以超過三年，可以連選連任。董事會是由全體董事所組成的會議體，是股份有限公司法定、必備、常設的集體業務執行機關[32]。董事會的權限有：1.就公司業務的決定和執行權限。2.有代表公司的權限。3.公司法列舉的權限及章程訂定的權限。公司發行新股時，應由董事會以董事三分之二以上之出席，及出席董事過半數同意之決議行之（公司法 266Ⅱ）[33]。

(三) 經理人

依據公司法的規定，經理人是屬於公司任意的業務執行機關，經理人的設置必須依據章程的規定，並且只要設置了經理人，就屬於公司的常務業務執行機關，而經理人的職稱，由公司自己決定。經理人的職權是替公司管理事務和簽名，但是實務上，一般公司章程對於經理人的授權範圍，大都未加以詳細的規定，因此，對於交易的相對人，如何判斷經理人的權限在哪裡，有很大的困難。就經理人替公司對外所做的法律行為，而該法律行為的效力如何歸屬公司，與民法的代理關係有關，所以解釋上要

---

[31] (C) 股份有限公司股東會的召集，依公司法規定，原則上由誰召集？(A)董事長(B)總經理(C)董事會(D)常務董事

[32] (B) 在股份有限公司的機關中，執行公司業務的機關是：(A)股東會(B)董事會(C)債權人(D)監察人

[33] (B) 公司發行新股須經下列何種程序？(A)由董事長決定(B)董事會特別決議(C)股東會特別決議(D)監察人同意

回歸民法的規範。

股份有限公司經理人選任，依公司法第 29 條第 1 項第 3 款規定：「股份有限公司應由董事會以董事過半數之出席，及出席董事過半數同意之決議行之[34]。」

(四) 監察人

設立股份有限公司的監察人最主要的目的在於監督公司業務的執行，產生的方式是由股東會遴選，監察人當中必須至少有一個人在國內有住所。依據公司法規定，監察人可以藉由下列方式行使監察權：1.監察人可以隨時調查公司的業務及財務狀況，查核簿冊文件，並要求董事會或經理人提出報告。2.監察人可以列席董事會表達意見，假若董事會或者是董事執行業務時，有違背法令、章程或股東會決議的行爲，監察人則會通知董事會或董事停止其行爲。3.監察人對於董事會編造提出股東會的各種表冊，應該予以查核，並且在股東會提出報告的意見。4.監察人爲了公司的利益，在必要的時候，可以召開股東會。5.董事替自己或他人與公司有法律的行爲時，這時，監察人是公司的代表。

第二節　證券交易法

一、立法目的

證券交易法第 1 條：「爲發展國民經濟，並保障投資，特制定本法。」

二、法律適用

證券交易法第 2 條：「有價證券之募集、發行、買賣，其管理、監督依本法之規定；本法未規定者，適用公司法及其他有關法律之規定。」投

---

[34] (C) 股份有限公司之總經理，係由下列何機關選任？(A)股東會(B)監察人(C)董事會(D)工會

資人依證券交易法相關規定，以融資或融券方式買賣證券者，屬於信用交易[35]。

三、證券承銷商

證券交易法第 10 條：「本法所稱承銷，謂依約定包銷或代銷發行人發行有價證券之行爲。」證券交易法第 15 條：「依本法經營之證券業務，其種類如左：一、有價證券之承銷及其他經主管機關核准之相關業務。二、有價證券之自行買賣及其他經主管機關核准之相關業務。三、有價證券買賣之行紀、居間、代理及其他經主管機關核准之相關業務。」證券交易法第 16 條：「經營前條各款業務之一者爲證券商，並依左列各款定其種類：一、經營前條第 1 款規定之業務者，爲證券承銷商。二、經營前條第 2 款規定之業務者，爲證券自營商。三、經營前條第 3 款規定之業務者，爲證券經紀商[36]。」

四、申報生效制

發行人爲募集與發行有價證券，依規定檢齊相關書件向金管會提出申報，除因申報書件應行記載事項不充分、爲保護公益有必要或經金管會退回外，其案件自申報之日起屆滿一定期間，即可生效[37]。

五、強制公開收購

公開收購公開發行公司有價證券管理辦法第 11 條：「任何人單獨或與

---

[35] (C) 投資人依證券交易法相關規定，以融資或融券方式買賣證券者，係指下列何種交易？(A)現貨交易(B)現實交易(C)信用交易(D)行紀交易

[36] (A) 下列何者係以包銷或代銷發行人發行之有價證券為營業？(A)證券承銷商(B)證券自營商(C)證券經紀商(D)證券交易所

[37] (C) 下列何種制度係指發行人為募集與發行有價證券，依規定檢齊相關書件向金管會提出申報，除因申報書件應行記載事項不充分、為保護公益有必要或經金管會退回外，其案件自申報之日起屆滿一定期間，即可生效？(A)申請核准制(B)申報核准制(C)申報生效制(D)申請生效制

他人共同預定於五十日內取得公開發行公司已發行股份總額百分之二十以上股份者，應採公開收購方式為之。符合下列條件者，不適用前項應採公開收購之規定：一、與第 3 條關係人間進行股份轉讓。二、依臺灣證券交易所股份有限公司受託辦理上市證券拍賣辦法取得股份。三、依臺灣證券交易所股份有限公司辦理上市證券標購辦法或依財團法人中華民國證券櫃檯買賣中心辦理上櫃證券標購辦法取得股份。四、依本法第 22 條之 2 第 1 項第 3 款規定取得股份。五、依公司法第 156 條第 6 項或企業併購法實施股份交換，以發行新股作為受讓其他公開發行公司股份之對價。六、其他符合本會規定[38]。」

六、上市之終止

證券交易法第 144 條：「證券交易所得依法令或上市契約之規定終止有價證券上市，並應報請主管機關備查[39]。」證券交易法第 145 條：「於證券交易所上市之有價證券，其發行人得依上市契約申請終止上市。證券交易所應擬訂申請終止上市之處理程序，報請主管機關核定；修正時，亦同。」

七、有價證券之買賣場所及例外

證券交易法第 150 條：「上市有價證券之買賣，應於證券交易所開設之有價證券集中交易市場為之[40]。但左列各款不在此限：一、政府所發行債券之買賣。二、基於法律規定所生之效力，不能經由有價證券集中交易市場之買賣而取得或喪失證券所有權者。三、私人間之直接讓受，其數量

---

[38] (B) 任何人單獨或與他人共同預定於五十日內取得公開發行公司已發行股份總額多少以上有價證券者，應以公開收購方式為之？(A)百分之十(B)百分之二十(C)百分之三十(D)百分之五十

[39] (A) 下列何者係指對於特定的上市有價證券為永久停止交易的行為？(A)終止上市(B)停止上市(C)撤銷止市(D)廢止上市

[40] (D) 下列何種有價證券之買賣，應於證券交易所開設之有價證券集中交易市場為之？(A)公開發行之有價證券(B)公開招募之有價證券(C)上櫃之有價證券(D)上市之有價證券

不超過該證券一個成交單位；前後兩次之讓受行為，相隔不少於三個月者。四、其他符合主管機關所定事項者。」

八、短線交易[41]

證券交易法第 25 條：「公開發行股票之公司於登記後，應即將其董事、監察人、經理人及持有股份超過股份總額百分之十之股東，所持有之本公司股票種類及股數，向主管機關申報並公告之。前項股票持有人，應於每月五日以前將上月份持有股數變動之情形，向公司申報，公司應於每月十五日以前，彙總向主管機關申報。必要時，主管機關得命令其公告之。第 22 條之 2 第 3 項之規定，於計算前二項持有股數準用之。第 1 項之股票經設定質權者，出質人應即通知公司；公司應於其質權設定後五日內，將其出質情形，向主管機關申報並公告之。」

證券交易法第 157 條之 1：「下列各款之人，實際知悉發行股票公司有重大影響其股票價格之消息時，在該消息明確後，未公開前或公開後十八小時內，不得對該公司之上市或在證券商營業處所買賣之股票或其他具有股權性質之有價證券，自行或以他人名義買入或賣出：

一、該公司之董事、監察人、經理人及依公司法第 27 條第 1 項規定受指定代表行使職務之自然人。

二、持有該公司之股份超過百分之十之股東。

三、基於職業或控制關係獲悉消息之人。

四、喪失前三款身分後，未滿六個月者。

五、從前四款所列之人獲悉消息之人。

前項各款所定之人，實際知悉發行股票公司有重大影響其支付本息能力之消息時，在該消息明確後，未公開前或公開後十八小時內，不得對該公司之上市或在證券商營業處所買賣之非股權性質之公司債，自行或以他人名義賣出。

違反第 1 項或前項規定者，對於當日善意從事相反買賣之人買入或

---

41 (B) 有關董事、監察人持有股票之申報，其立法目的除實現公開原則外，係在輔助證券交易法何種法律規定之執行？(A)內線交易(B)短線交易(C)場外交易(D)公開交易

賣出該證券之價格，與消息公開後十個營業日收盤平均價格之差額，負損害賠償責任；其情節重大者，法院得依善意從事相反買賣之人之請求，將賠償額提高至三倍；其情節輕微者，法院得減輕賠償金額。

第 1 項第 5 款之人，對於前項損害賠償，應與第 1 項第 1 款至第 4 款提供消息之人，負連帶賠償責任。但第 1 項第 1 款至第 4 款提供消息之人有正當理由相信消息已公開者，不負賠償責任。

第 1 項所稱有重大影響其股票價格之消息，指涉及公司之財務、業務或該證券之市場供求、公開收購，其具體內容對其股票價格有重大影響，或對正當投資人之投資決定有重要影響之消息；其範圍及公開方式等相關事項之辦法，由主管機關定之。

第 2 項所定有重大影響其支付本息能力之消息，其範圍及公開方式等相關事項之辦法，由主管機關定之。

第 22 條之 2 第 3 項規定，於第 1 項第 1 款、第 2 款，準用之；其於身分喪失後未滿六個月者，亦同。第 20 條第 4 項規定，於第 3 項從事相反買賣之人準用之。」

第三節　票據法

一、票據的意義

票據是發票人依票據法之規定，簽發以無條件支付一定金額爲目的之有價證券。爲民法之特別法，如票據法第 7 條規定：票據上記載金額之文字與號碼不符時，以文字爲準。此與民法第 4 條與第 5 條之規定有所不同。票據之效用爲：1.匯兌；2.信用；3.支付。

二、票據之種類（票據法 1）[42][43][44]

1. 匯票（票據法 2）

係發票人簽發一定之金額，委託付款人於指定之到期日，無條件支付與受款人或執票人之票據[45]。

2. 本票（票據法 3）

係發票人簽發一定之金額，於指定之到期日，由自己無條件支付與受款人或執票人之票據。[46]執票人向發票人行使追索權，請求給付票據金額時，執票人可以於申請法院裁定後強制執行[47][48]。

3. 支票（票據法 4）

係發票人簽發一定之金額，委託金融業者，於見票時，無條件支付與受款人或執票人之票據[49]。

平行線支票係由發票人、背書人或執票人在支票正面劃兩道平行線，使付款人僅可對金融業支付款項，不得由執票人直接爲付款提示之支票。[50]其種類有二：(1)普通平行線支票：支票正面所劃之平行線間未有其他文字記載，執票人得向任何往來銀行委託取款者。(2)特別平行線支

---

[42] (D) 我國票據法所稱的票據包括哪些類型？(A)匯票、國庫券、本票(B)匯票、本票、公司債(C)股票、公司債、匯票(D)匯票、本票、支票

[43] (B) 下列何者非票據法所稱之票據：(A)本票(B)股票(C)匯票(D)支票

[44] (C) 以下何者不屬於有價證券？(A)公債(B)公司股票(C)電影院入場券(D)支票

[45] (B) 發票人簽發一定之金額委託付款人於指定之到期日，無條件支付與受款人或執票人之票據，稱為：(A)本票(B)匯票(C)股票(D)支票

[46] (C) 發票人簽發一定之金額，於指定之到期日，由自己無條件支付與受款人或執票人之票據，稱為：(A)支票(B)匯票(C)本票(D)文書

[47] (C) 於執票人向發票人行使追索權，請求給付票據金額時，哪一種票據的執票人可以於申請法院裁定後強制執行？(A)匯票(B)支票(C)本票(D)以上皆非

[48] (B) 何種票據可直接向法院聲請裁定後強制執行？(A)匯票(B)本票(C)支票(D)股票

[49] (A) 發票人簽發一定之金額，委託金融業者，於見票時，無條件支付與受款人或執票人之票據，稱之為：(A)支票(B)本票(C)匯票(D)外匯水單

[50] (D) 根據票據法規定，付款人僅得對金融業者支付票據金額之支票，稱為：(A)商業本票(B)特種支票(C)保付支票(D)平行線支票

票：支票正面所劃之平行線間有特定金融業之記載，執票人僅可將此支票存入該特定金融業，透過其提示取款。

注意事項：

1. 票據上雖有無行爲能力人或限制行爲能力人之簽名，不影響其他簽名之效力（票據法 8）[51]。
2. 票據到期不獲付款時，執票人可以向在票據上簽名背書者，請求給付票款的權利，是謂追索權[52]。
3. 執票人喪失票據時，應向法院爲公示催告之聲請[53]。
4. 票據法第 125 條第 1 項：「支票應記載左列事項，由發票人簽名：一、表明其爲支票之文字。二、一定之金額。三、付款人之商號。四、受款人之姓名或商號。五、無條件支付之委託。六、發票地。七、發票年、月、日。八、付款地[54]。」

三、票據行為之特性[55]

(一) 定型性

即票據行爲須有一定之書面與要式，前者指票據行爲應以書面作成，不能以口頭表示；後者指票據行爲須具備一定之形式要件，方發生效力。票據法第 11 條：「欠缺本法所規定票據上應記載事項之一者，其票據無效。但本法別有規定者，不在此限。執票人善意取得已具備本法規定應

---

[51] (B) 票據上若有無行為能力人或限制行為能力人之簽名，則該票據之效力為何？(A)無效(B)不影響其他簽名之效力(C)視金額多寡決定效力(D)由持票人決定效力

[52] (C) 票據到期不獲付款時，執票人可以向在票據上簽名背書者，請求給付票款的權利，稱為：(A)付款請求權(B)利益償還請求權(C)追索權(D)補償請求權

[53] (B) 執票人喪失票據時，應向何者為公示催告之聲請？(A)銀行(B)法院(C)付款人(D)發票人

[54] (B) 下列何者為支票發票之任意記載事項？(A)一定金額(B)禁止背書轉讓(C)發票年月日(D)發票人的簽名

[55] (D) 下列何者不是票據法上票據之性質？(A)無因證券(B)要式證券(C)文義證券(D)證權證券

記載事項之票據者，得依票據文義行使權利；票據債務人不得以票據原係欠缺應記載事項爲理由，對於執票人，主張票據無效。票據上之記載，除金額外，得由原記載人於交付前改寫之。但應於改寫處簽名[56]。」

(二) 文義性

票據行爲之內容，應以票據上所記載之文義定之，該項記載即使與行爲人之真意不符，亦不許當事人以票據以外之方法，變更或補充票據之文義。票據法第 5 條：在票據上簽名者，依票上所載文義負責。

(三) 獨立性

同一票據上之各個票據行爲，各依票據上所記載之文義，分別獨立，一行爲之無效，不影響他行爲之效力。故票據法第 8 條規定：票據上雖有無行爲能力人或限制行爲能力人之簽名，不影響其他簽名之效力。

(四) 無因性

票據行爲成立後，其實質關係縱有瑕疵或無效，票據行爲之效力不受其影響。票據法第 13 條：票據債務人不得以自己與發票人或執票人之前手間所存抗辯之事由，對抗執票人。

四、票據時效

票據法第 22 條：「票據上之權利，對匯票承兌人及本票發票人，自到期日起算；見票即付之本票，自發票日起算；三年間不行使，因時效而消滅。對支票發票人自發票日起算，一年間不行使，因時效而消滅。匯票、本票之執票人，對前手之追索權，自作成拒絕證書日起算，一年間不行使，因時效而消滅。支票之執票人，對前手之追索權，四個月間不行使，因時效而消滅。其免除作成拒絕證書者，匯票、本票自到期日起算；支票自提示日起算。匯票、本票之背書人，對於前手之追索權，自爲清償之日或被訴之日起算，六個月間不行使，因時效而消滅。支票之背書人，

---

56 (A) 票據之發票，欠缺票據法所規定票據上絕對必要應記載事項之一者，其票據之效力如何？(A)全部無效(B)一部分無效(C)全部有效(D)一部分有效

對前手之追索權，二個月間不行使，因時效而消滅。票據上之債權，雖依本法因時效或手續之欠缺而消滅，執票人對於發票人或承兌人，於其所受利益之限度，得請求償還。」

五、票據行為

(一) 發票

所謂的發票，是指票據上須由發票人簽名、記載一定的事項，並將票據付給受款人或是執票人的行爲，對於匯票、本票及支票在票據法上都有詳細的規定。

(二) 背書

所謂的背書，是指執票人將票據上的權利，移轉給他人，並且對票據上的權利做承諾，表示會負責的一種附屬票據行爲。背書必須經過背書人的簽名或者是蓋章，在票據上背書的文字或者是簽名，必須與抬頭一致才行。依據票據法規定，背書除了須由背書人在票據的背面或黏單上做成，另在匯票的複本或謄本所做的背書，也會有相同的效力。票據法第 37 條規定：「執票人應以背書之連續，證明其權利，但背書中有空白背書時，其次之背書人，視爲前空白背書之被背書人。塗銷之背書，不影響背書之連續者，對於背書之連續，視爲無記載。塗銷之背書，影響背書之連續者，對於背書之連續，視爲未塗銷[57]。」

(三) 承兌

所謂的承兌，是指匯票的付款人對於發票人的委託，表示承諾，並且願意負擔付款的義務，在票據上所做的一種附屬票據行爲。承兌是匯票的特有制度，但是並不是所有的匯票都需要承兌，只有應該請求承兌記載的匯票或者是見票後定期付款的匯款，才須要請求承兌。依據票據法規定，承兌必須在匯票的正面做成，由承兌人簽名，並且應載明一定的事

---

[57] (D) 塗銷之背書，影響背書之連續時，對於背書之連續，應以下列何者為妥？(A)視為無記載(B)視為無效(C)視為塗銷(D)視為未塗銷

項。

(四) 參加承兌

所謂的參加承兌，是指匯票無法獲得承兌的時候，爲了保護票據債務人的利益和防止期前追索的行使，由第三人加入票據的關係，所做的一種附屬的票據行爲。參加承兌人在參加付款後，被參加人的後手，對於票據必須付的責任，就因此獲得免除。舉例來說：拿到匯票的順序爲 A→B→C→D→E，A 是參加承兌人，B 是被參加人，所以 C 和 D 的責任就免除了。

(五) 保證

所謂的保證，是指票據債務以外的第三人，爲了擔保票據債務的履行，在票據上所做的附屬票據行爲。保證人的資格，除了票據債務人以外，任何人都可以成爲保證人。

(六) 到期日

所謂的到期日，是指票據債務人依據票據文義的記載，必須履行付款義務的日期，與民法上對於清償日的性質雷同。

(七) 付款

所謂的付款，是指付款人向執票人支付票據上的金額，讓票據的權利義務關係消滅。

(八) 參加付款

所謂的參加付款，是指付款人或承兌人拒絕付款者拒絕承兌的時候，由付款人擔當付款人以外的人，爲了特定票據債務人的利益，對執票人付款，以防止執票人行使追索權爲行爲。

(九) 追索權

所謂的追索權，是指執票人在票據到期日無法獲得付款、承兌或者是說有其他的法定原因，執票人可以向前手請求票據上的金額、利息和其他費用的權利。

(十) 拒絕證書

所謂的拒絕證書，是用來證明執票人已經在法定或者約定的時間內，依法行使或保全票據上的權利而被拒絕，由法定機關所做成的一種要式公證書。

六、票據權利之取得

(一)原始取得[58]

1. 發票

發票人簽發票據之行爲。票據權利依此而創設，故票據又稱爲「設權證券」。

2. 善意受讓

票據之受讓人，依我國票據法規定之轉讓方法善意地從無處分權人手中取得票據，因而得享受票據上之權利。其要件與效果敘述如下：

(1) 要件有：A.自無處分權人手中取得票據。係指直接前手係無處分權人，若自有處分權人手中受讓票據，屬於票據法第 13 條之抗辯限制之問題。B.受讓時無惡意或重大過失。C.依票據法規定之轉讓方法受讓票據。係指背書、交付方式受讓，若因繼承、合併、普通債權讓與取得票據者，無善意受讓之適用。D.須給付相當對價。E.須票據債務經有效成立。

(2) 效果有：A.票據上一切負擔均歸消滅，執票人取得完全而無瑕疵之權利。B.無論原始執票人喪失票據原因如何，均不得向善意取得人請求返還。

(二) 繼受取得

1. 票據法上方法有轉讓背書及轉讓交付及其他方式，其他方式如下：票

---

58 (D) 下列何者，屬於票據之原始取得？(A)背書取得(B)被追索人因償還取得(C)公司合併取得(D)票據之善意取得

據法第 64 條：「保證人清償債務後，得行使執票人對承兌人、被保證人及其前手之追索權。」票據法第 84 條第 1 項：「參加付款人，對於承兌人、被參加付款人及其前手，取得執票人之權利。但不得以背書更為轉讓。」票據法第 96 條第 4 項：「被追索者已為清償時，與執票人有同一權利。」

2. 非票據法上方法有繼承、合併及債權讓與。

第四節 保險法

一、定義

(一) 保險之定義

保險法第 1 條：「本法所稱保險，謂當事人約定，一方交付保險費於他方，他方對於因不可預料，或不可抗力之事故所致之損害，負擔賠償財物之行為。

根據前項所訂之契約，稱為保險契約。」

(二) 保險人

保險法第 2 條：「本法所稱保險人，指經營保險事業之各種組織，在保險契約成立時，有保險費之請求權；在承保危險事故發生時，依其承保之責任，負擔賠償之義務。」

(三) 被保險人

保險法第 4 條：「本法所稱被保險人，指於保險事故發生時，遭受損害，享有賠償請求權之人；要保人亦得為被保險人。」

(四) 要保人

保險法第 3 條：「本法所稱要保人，指對保險標的具有保險利益，向保險人申請訂立保險契約，並負有交付保險費義務之人。」

(五) 受益人

保險法第 5 條：「本法所稱受益人，指被保險人或要保人約定享有賠償請求權之人，要保人或被保險人均得爲受益人[59]。」

(六) 保險經紀人

基於被保險人之利益，代向保險人洽訂保險契約，而向承保之保險業收取佣金之人（保險法 9），是謂保險經紀人[60]。

二、保險之種類

保險法依據保險標的之不同，而分爲財產保險與人身保險兩種（保險法 13 I ）：

(一) 財產保險：又稱產物保險，即以物或其他財產利益所受損害爲標的之保險。包括火災保險、海上保險、陸空保險、責任保險、保證保險及經主管機關核准之其他保險（保險法 13 II ）。

(二) 人身保險：即以人身爲標的物之保險。人身保險包括人壽保險、健康保險、傷害保險及年金保險，如公務人員保險、軍人保險、勞工保險、學生保險等，也可併列入人身保險（保險法 13 III ）[61]。

保險種類各自介紹如下：

1. 財產保險

財產保險是以財產或者責任爲保險標的，也就是說，因爲財產發生毀損滅失，或是要保人對第三人依法應該負責賠償的情況發生時，由保險人以金錢或是實物賠償的保險。

---

[59] (A) 依據保險法第 5 條規定，被保險人或要保人約定享有賠償請求權之人，稱之為何？(A)受益人(B)保險人(C)被保險人(D)要保人

[60] (B) 基於被保險人之利益，代向保險人洽訂保險契約，而向承保之保險業者收取佣金之人，稱為：(A)保險代理人(B)保險經紀人(C)保險業務員(D)保險業務士

[61] (D) 下列何者屬於人身保險之一種？(A)火災保險(B)陸空保險(C)責任保險(D)傷害保險

2. 火災保險

所謂的火災保險，是指火災保險人，對於由火災所導致保險標的之毀損或滅失，負賠償責任的保險。保險法第 76 條規定：「保險金額超過保險標的價值之契約，係由當事人一方之詐欺而訂立者，他方得解除契約。如有損失，並得請求賠償。無詐欺情事者，除定值保險外，其契約僅於保險標的價值之限度內爲有效。

無詐欺情事之保險契約，經當事人一方將超過價值之事實通知他方後，保險金額及保險費，均應按照保險標的之價值比例減少[62]。」所謂超額保險，係指保險金額大於保險事故發生時保險標的物的價值。

3. 海上保險

海上保險，又稱爲水上保險、水險。海上保險，是指海上保險人，對於保險標的物，因爲海上的一切事變和災害所造成的毀損滅失及費用，負賠償責任的保險。

4. 陸空保險

所謂的陸空保險，是指陸上、內河及航空保險人，對於保險標的物，除契約另有訂定外，因陸上、內河及航空的一切事變及災害所造成的毀損滅失及費用，負賠償責任的保險。

5. 責任保險

所謂的責任保險，是指責任保險人在被保險人對於第三人，依法應該負賠償責任，而受賠償的請求時候，負賠償責任的保險。

6. 保證保險

所謂的保證保險，是指保險人在被保險人因爲受僱人的不誠實行爲或債務人的履行債務所導致的損失，負賠償責任的保險。

7. 其他財產保險

所謂的其他財產保險，是指不屬於火災保險、海上保險、陸空保險、責任保險及保證保險的範圍，而以財物或無形利益做爲保險標的的各

---

62 (D) 所謂超額保險是指下列何者而言？(A)保險金額小於訂約時保險標的物的價值(B)保險金額小於保險事故發生時保險標的物的價值(C)保險金額大於訂約時保險標的物的價值(D)保險金額大於保險事故發生時保險標的物的價值

種保險。

8. 人身保險

所謂的人身保險，是指被保險人生存、死亡、疾病導致殘廢或死亡、傷害或傷害導致殘廢或死亡保險事故的保險，也就是說，人身保險所保護的內容是被保險人的生命、身體的完整或不受侵害。

9. 人壽保險

所謂的人壽保險，是指被保險人在契約規定年限內死亡，或契約規定年限到期，而仍然繼續生存時，依照契約約定負給付保險金額責任的契約。

10. 健康保險

所謂的健康保險，是指健康保險人在被保險人疾病、分娩及其他原因導致殘廢或死亡的時候，負給付保險金額責任的契約。

11. 傷害保險

所謂的傷害保險，是指傷害保險人在被保險人遭受意外傷害及其他原因導致殘廢或死亡的時候，負給付保險金額責任的契約。

12. 年金保險

所謂的年金保險，是指年金保險人在被保險人的生存期間或者特定期間內，依照契約負一次或分期給付一定金額責任的契約。

三、複保險之限制

(一) 複保險之定義

保險法第 35 條：「複保險，謂要保人對於同一保險利益，同一保險事故，與數保險人分別訂立數個保險之契約行爲。」與再保險定義不同。保險法第 39 條規定：「再保險，謂保險人以其所承保之危險，轉向他保險人爲保險之契約行爲[63]。」

---

63 (A) 保險人以其所承保之危險，轉向他保險人為保險之契約行為，稱為：(A)再保險(B)複保險(C)合併保險(D)共同保險

(二) 複保險之限制

保險法第 36 條：「複保險，除另有約定外，要保人應將他保險人之名稱及保險金額通知各保險人。」

保險法第 37 條：「要保人故意不為前條之通知，或意圖不當得利而為複保險者，其契約無效[64]。」

四、保險契約基本條款

(一) 應記載事項

保險法第 55 條規定：「保險契約，除本法另有規定外，應記載左列各款事項：一、當事人之姓名及住所。二、保險之標的物。三、保險事故之種類。四、保險責任開始之日時及保險期間。五、保險金額。六、保險費。七、無效及失權之原因。八、訂約之年月日。」

(二) 變更或恢復效力之通知

保險法第 56 條規定：「變更保險契約或恢復停止效力之保險契約時，保險人於接到通知後十日內不為拒絕者，視為承諾。但本法就人身保險有特別規定者，從其規定。」

(三) 怠於通知之解約

保險法第 57 條規定：「當事人之一方對於他方應通知之事項而怠於通知者，除不可抗力之事故外，不問是否故意，他方得據為解除保險契約之原因。」

(四) 危險發生之通知義務

保險法第 58 條規定：「要保人、被保險人或受益人，遇有保險人應負保險責任之事故發生，除本法另有規定，或契約另有訂定外，應於知悉後五日內通知保險人。」

---

[64] (D) 意圖不當得利而為複保險者，其契約的效力如何？(A)得撤銷(B)得解除(C)有效(D)無效

(五) 危險增加之通知義務

保險法第 59 條規定：「要保人對於保險契約內所載增加危險之情形應通知者，應於知悉後通知保險人。危險增加，由於要保人或被保險人之行爲所致，其危險達於應增加保險費或終止契約之程度者，要保人或被保險人應先通知保險人。危險增加，不由於要保人或被保險人之行爲所致者，要保人或被保險人應於知悉後十日內通知保險人。危險減少時，被保險人得請求保險人重新核定保費。」

(六) 危險增加之效果

保險法第 60 條規定：「保險遇有前條情形，得終止契約，或提議另定保險費。要保人對於另定保險費不同意者，其契約即爲終止。但因前條第 2 項情形終止契約時，保險人如有損失，並得請求賠償。保險人知危險增加後，仍繼續收受保險費，或於危險發生後給付賠償金額，或其他維持契約之表示者，喪失前項之權利。」

(七) 危險增加通知義務之例外

保險法第 61 條規定：「危險增加如有左列情形之一時，不適用第 59 條之規定：一、損害之發生不影響保險人之負擔者。二、爲防護保險人之利益者。三、爲履行道德上之義務者。」

(八) 不負通知義務者

保險法第 62 條規定：「當事人之一方對於左列各款，不負通知之義務：一、爲他方所知者。二、依通常注意爲他方所應知，或無法諉爲不知者。三、一方對於他方經聲明不必通知者。」

(九) 怠於通知之賠償

保險法第 63 條規定：「要保人或被保險人不於第 58 條，第 59 條第 3 項所規定之限期內爲通知者，對於保險人因此所受之損失，應負賠償責任。」

(十) 要保人據實說明之義務

保險法第 64 條規定：「訂立契約時，要保人對於保險人之書面詢問，應據實說明。要保人有為隱匿或遺漏不為說明，或為不實之說明，足以變更或減少保險人對於危險之估計者，保險人得解除契約；其危險發生後亦同。但要保人證明危險之發生未基於其說明或未說明之事實時，不在此限。前項解除契約權，自保險人知有解除之原因後，經過一個月不行使而消滅；或契約訂立後經過二年，即有可以解除之原因，亦不得解除契約[65]。」

(十一) 消滅時效

保險法第 65 條規定：「由保險契約所生之權利，自得為請求之日起，經過二年不行使而消滅。有左列各款情形之一者，其期限之起算，依各該款之規定：一、要保人或被保險人對於危險之說明，有隱匿、遺漏或不實者，自保險人知情之日起算。二、危險發生後，利害關係人能證明其非因疏忽而不知情者，自其知情之日起算。三、要保人或被保險人對於保險人之請求，係由於第三人之請求而生者，自要保人或被保險人受請求之日起算。」

第五節　海商法

一、船舶之意義

海商法係規範船舶在海上或與海相通之水面或水中航行所生之法律關係。海商法共計八章一五三條，分別規定：通則、船舶（包括船舶所有權、海事優先權、船舶抵押權）、運送（包括貨物運送、旅客運送、船舶拖帶）、船舶碰撞、海難救助、共同海損、海上保險與附則。

---

[65] (A) 依保險法規定，要保人據實說明義務在內容上的範圍如何？(A)只限於保險人書面詢問事項(B)只限於要保人知悉事項(C)只限於重要事項(D)只限於要保人可得知悉事項

二、主要規定

(一) 海商法第 9 條：船舶所有權之移轉，非經登記，不得對抗第三人[66]。第 36 條：船舶抵押權之設定，非經登記，不得對抗第三人。

(二) 下列各款為海事優先權擔保之債權，有優先受償之權：1.船長、海員及其他在船上服務之人員，本於僱傭契約所生之債權。2.因船舶操作直接所致人身傷亡，對船舶所有人之賠償請求。3.救助之報酬、清除沉船費用及船舶共同海損分擔額之賠償請求。

(三) 海商法第 109 條：船長於不甚危害其船舶、海員、旅客之範圍內，對於淹沒或其他危難之人應盡力救助。

(四) 海商法第 110 條：稱共同海損者，謂在船舶航程期間，為求共同危險中全體財產之安全所為故意及合理處分，而直接造成之犧牲及發生之費用。

(五) 海商法第 53 條：運送人或船長於貨物裝載後，因託運人之請求，應發給載貨證券[67]。

(六) 海商法第 58 條：載貨證券有數份者，在貨物目的港請求交付貨物之人，縱僅持有載貨證券一份，運送人或船長不得拒絕交付。不在貨物目的港時，運送人或船長非接受載貨證券之全數，不得為貨物之交付。二人以上之載貨證券持有人請求交付貨物時，運送人或船長應即將貨物按照第 51 條之規定寄存，並通知曾為請求之各持有人，運送人或船長，已依第 1 項之規定，交付貨物之一部後，他持有人請求交付貨物者，對於其賸餘之部分亦同。載貨證券之持有人有二人以上者，其中一人先於他持有人受貨物之交付時，他持有人之載

---

[66] (B) 關於船舶所有權之移轉登記之效力，下列敘述何者為正確？(A)登記始生效力(B)登記得對抗第三人(C)不登記得對抗第三人(D)不登記得對抗善意第三人

[67] (A) 運送人或船長於貨物裝載後，因何人之請求，應發給載貨證券？(A)託運人(B)受貨人(C)租船人(D)仲介

貨證券對運送人失其效力[68]。

三、損害賠償

因船舶操作直接所致陸上或水上財物毀損滅失，對船舶所有人基於侵權行爲之賠償請求。

四、港埠費、運河費、其他水道費及引水費

(一) 海商法第 21 條：「船舶所有人對下列事項所負之責任，以本次航行之船舶價值、運費及其他附屬費爲限[69]：

一、在船上、操作船舶或救助工作直接所致人身傷亡或財物毀損滅失之損害賠償。

二、船舶操作或救助工作所致權益侵害之損害賠償。但不包括因契約關係所生之損害賠償。

三、沉船或落海之打撈移除所生之債務。但不包括依契約之報酬或給付。

四、爲避免或減輕前二款責任所負之債務。

前項所稱船舶所有人，包括船舶所有權人、船舶承租人、經理人及營運人。

第 1 項所稱本次航行，指船舶自一港至次一港之航程；所稱運費，不包括依法或依約不能收取之運費及票價；所稱附屬費，指船舶因受損害應得之賠償。但不包括保險金。

第 1 項責任限制數額如低於下列標準者，船舶所有人應補足之：

一、對財物損害之賠償，以船舶登記總噸，每一總噸爲國際貨幣基

---

[68] (D) 二人以上之載貨證券持有人請求交付貨物時，運送人或船長不得將貨物寄存下列何者？(A)寄存於港埠管理機關之倉庫，並通知受貨人(B)寄存於合法經營之倉庫，並通知受貨人(C)寄存於港埠管理機關或合法經營之倉庫，並通知受貨人(D)寄存於報關行，並通知受貨人

[69] (C) 船舶所有人限制責任之標的，以下列何者為限？(A)本航行之船舶價值、運費及保險賠償金(B)本航行之船舶價值、保險賠償金及其他附屬費(C)本航行之船舶價值、運費及其他附屬費(D)本航行之船舶保險賠償金、運費及其他附屬費

金，特別提款權五四計算單位，計算其數額。

二、對人身傷亡之賠償，以船舶登記總噸，每一總噸特別提款權一六二計算單位計算其數額。

三、前二款同時發生者，以船舶登記總噸，每一總噸特別提款權一六二計算單位計算其數額。但人身傷亡應優先以船舶登記總噸，每一總噸特別提款權一〇八計算單位計算之數額內賠償，如此數額不足以全部清償時，其不足額再與財物之毀損滅失，共同在現存之責任限制數額內比例分配之。

四、船舶登記總噸不足三百噸者，以三百噸計算。」

(二) 海商法第 24 條：「下列各款為海事優先權擔保之債權，有優先受償之權：

一、船長、海員及其他在船上服務之人員，本於僱傭契約所生之債權。

二、因船舶操作直接所致人身傷亡，對船舶所有人之賠償請求。

三、救助之報酬、清除沉船費用及船舶共同海損分擔額之賠償請求。

四、因船舶操作直接所致陸上或水上財物毀損滅失，對船舶所有人基於侵權行為之賠償請求。

五、港埠費、運河費、其他水道費及引水費。

前項海事優先權之位次，在船舶抵押權之前。」

(三) 海商法第 31 條：「海事優先權，不因船舶所有權之移轉而受影響。」

五、不適用海商法之船舶

下列船舶除因碰撞外，不適用海商法之規定：(一)軍事建制之艦艇；(二)專用於公務之船舶；(三)海商法第 1 條規定以外之其他船舶。

六、海上事故

(一) 運送

依海商法第 41 條規定：「以船舶之全部或一部供運送之契約，不因船舶所有權之移轉而受影響。」此指傭船契約於該契約於當事人繼續存在[70]。運送可以分爲貨物運送及旅客運送。所謂的海上貨物運送契約，是指以運送貨物爲目的，一方支付運費，他方則利用船舶將貨物由甲地運送至乙地，因此，是由運送人和託運人所訂立的契約。根據海商法的規定，海上貨物運送契約可以分爲以件貨運送契約和傭船契約。所謂的旅客運送，就是將旅客從甲地運送至乙地的契約，在性質來看，與運送貨物契約相同，只是運送標的是人，而不是貨物。在旅客運送契約中，受貨人的概念不存在，而裝卸貨物的概念，在這裡就轉變成旅客的上船與下船的問題了。

(二) 船舶碰撞

所謂的船舶碰撞，是指兩艘或者是兩艘以上的船舶，在海上或與海相通的水面或水中相互接觸，導致一方或是雙方發生損害的情形。依據海商法規定，因爲船舶碰撞所產生的請求權，從碰撞日開始起算，經過兩年不行使的話，就會歸於消滅。請求權的範圍廣泛，包含了船舶損害賠償請求權、船員及旅客的物品損害賠償請求權、人身傷亡損害賠償請求權等。

(三) 海難救助

所謂的海難救助，是指對於在海上或與海相通的水面或水中處於危險的船舶、船舶上的貨物及其他海上的財務或人命，給予救助的行爲。海上救助可以分爲對人救助和對物救助兩種，所謂的對人救助，是指對於淹沒或者其他陷於危難的人施予救助行爲，因爲這是基於人道的行爲，所

---

70 (A) 以船舶之全部或一部供運送之契約，不因船舶所有權之移轉而受影響，係指下列何狀況而言？(A)傭船契約於該契約於當事人繼續存在(B)傭船契約於該契約於當事人不存在(C)傭船契約移轉於新船舶所有人(D)傭船契約存於原船舶所有人與新船舶所有人

以，原則上沒有報酬請求權的基礎。所謂的對物救助，則是指對於船舶或是貨物所施予的救助行爲，就這個部分而言，有報酬請求權的基礎。

(四) 共同海損

所謂的共同海損，依據海商法規定，是指在船舶航行期間，爲了在共同危險中全體財產安全，所做的故意和合理處分，而直接造成的犧牲和發生的費用。依據海商法規定，如果共同海損是由利害關係人的過失所導致情形下，各個關係人仍然應該分擔，但是不影響其他關係人對有過失的負責人請求賠償的權利。

(五) 海上保險

海上保險，又稱爲水上保險、水險。所謂的海上保險，是指海上保險人，對於保險標的物，因爲海上的一切事變和災害所造成的毀損滅失及費用，負賠償責任的保險。海商法有規定，保險人的金額返還請求權，以給付日後開始計算，經過一年不行使，請求權就會消滅。

第六節　智慧財產權

一、著作權法

(一) 受著作權保護之著作

著作權法一共保護十種著作，包括語文著作、戲劇舞蹈著作、美術著作、攝影著作、圖形著作、音樂著作、錄音著作、視聽著作、建築著作、電腦程式著作。

(二) 不得為著作權之標的

著作權法第 9 條：「下列各款不得爲著作權之標的：一、憲法、法律、命令或公文。二、中央或地方機關就前款著作作成之翻譯物或編輯物。三、標語及通用之符號、名詞、公式、數表、表格、簿冊或時曆。

四、單純爲傳達事實之新聞報導所作成之語文著作。五、依法令舉行之各類考試試題及其備用試題。前項第1款所稱公文，包括公務員於職務上草擬之文告、講稿、新聞稿及其他文書[71][72]。」

(三) 著作權取得

除法律另有規定外，著作人於著作完成時，取得著作物之著作權（著作權法10）[73]。

(四) 著作權歸屬

著作權歸屬，可分爲受僱關係和受聘關係。所謂受僱關係就是一般正式員工。著作權法第11條：「受雇人於職務上完成之著作，以該受雇人爲著作人。但契約約定以雇用人爲著作人者，從其約定。依前項規定，以受雇人爲著作人者，其著作財產權歸雇用人享有[74]。但契約約定其著作財產權歸受雇人享有者，從其約定。前二項所稱受雇人，包括公務員。」而受聘關係則是接案子作，案子做完著作權的歸屬，原則上依契約約定。

(五) 保護期間

著作權法採取「創作完成主義」，亦即只要創作完成，就受到保護，

---

[71] (D) 下列何者不受著作權法保護？(A)表演人對於既有著作或民俗創作之表演(B)編輯人對於資料之選擇及編排具有原創性者(C)就原作加以改作之創作(D)單純為傳達事實之新聞報導所作成之語文著作

[72] (D) 下列著作中，何者不得為著作權法所保護之著作權標的？(A)演講之語文著作(B)歌詞之音樂著作(C)舞蹈著作(D)公務機關之命令或公文著作

[73] (B) 除法律另有規定外，著作人於何時取得著作物之著作權？(A)著手創作時(B)著作完成時(C)著作發表時(D)著作有被改成衍生著作之需要時

[74] (C) 受僱人於職務上完成之著作，若未以契約約定著作權之歸屬，依著作權法之規定，著作財產權應歸屬於下列何者？(A)由法官決定(B)受僱人(C)僱用人(D)僱用人與受僱人共有

不需要向政府申請或審查[75]。因而，只要是著作權法保護的著作種類（文學、電影、音樂、電腦程式等），幾乎都受到著作權保護。著作權有保護期間的限制。就著作人格權而言，受永久保護，但若是著作財產權，一般保護至著作人死後五十年，如果著作人不是自然人，則保護至著作公開發表後五十年[76]。

(六) 著作人格權

著作權的體系，大概可以分為著作人格權和著作財產權。著作人格權有三種，著作財產權則有十一種。著作人格權不涉及財產，但是乃是保障著作人的個人的名譽、風格。其包括公開發表權[77]、姓名表示權和禁止不當修改權[78]。

(七) 著作財產權

我國著作權法中有十一種著作財產權。這十一種著作財產權，簡單地說，就是十一種賺錢的方式。例如，一部電影，一開始一定是在電影院上映，為了保護電影院上映的權利，於是就規定了「公開上映權」。在電影院上映完後，一定是變成到出租店出租，因而也規定了「出租權」。在出租店出租一陣子後，就可能在電視台上播放，因而也規定了「公開播送權」。將來，電影也可能在網路上直接收費播放，因而，也需要網路上的「公開傳輸權」。最後，電影也可能製造成盒裝的 DVD 直接在商店中販售，因而也需要「重製權」來保護這片 DVD 不會任意被他人盜拷。另外

---

[75] (A) 下列關於著作權保護期間之敘述，何項錯誤？(A)著作人於著作公開發表時享有著作權(B)攝影著作之著作財產權存續至公開發表後五十年(C)著作人格權之保護為永久(D)共同著作之著作財產權，存續至最後死亡之著作人死後五十年

[76] (A) 著作財產權原則上於著作人死亡後幾年內仍存續？(A)五十年(B)三十年(C)四十年(D)二十年

[77] (C) 下列何者不屬於著作財產權？(A)公開口述權(B)公開展示權(C)公開發表權(D)公開上映權

[78] (D) 下列何者非屬著作人格權？(A)著作人就其著作享有公開發表之權(B)著作人於著作上有表示姓名之權(C)著作人有禁止他人以歪曲之方法改變其著作內容之權(D)著作人享有重製權

還有「散布權」，誰能夠散布這些 DVD，也是受到限制的[79]。以下詳細說明各種著作財產權：

1. 重製：指以印刷、複印[80]、錄音、錄影、攝影、筆錄或其他方法直接、間接、永久或暫時之重複製作。於劇本、音樂著作或其他類似著作演出或播送時予以錄音或錄影；或依建築設計圖或建築模型建造建築物者，亦屬之[81]。
2. 公開口述：指以言詞或其他方法向公眾傳達著作內容。
3. 公開播送：指基於公眾直接收聽或收視爲目的，以有線電、無線電或其他器材之廣播系統傳送訊息之方法，藉聲音或影像，向公眾傳達著作內容。由原播送人以外之人，以有線電、無線電或其他器材之廣播系統傳送訊息之方法，將原播送之聲音或影像向公眾傳達者，亦屬之。
4. 公開上映：指以單一或多數視聽機或其他傳送影像之方法於同一時間向現場或現場以外一定場所之公眾傳達著作內容。
5. 公開演出：指以演技、舞蹈、歌唱、彈奏樂器或其他方法向現場之公眾傳達著作內容。以擴音器或其他器材，將原播送之聲音或影像向公眾傳達者，亦屬之。
6. 公開傳輸：指以有線電、無線電之網路或其他通訊方法，藉聲音或影像向公眾提供或傳達著作內容，包括使公眾得於其各自選定之時間或地點，以上述方法接收著作內容。
7. 改作：指以翻譯、編曲、改寫、拍攝影片或其他方法就原著作另爲創

---

79 (B) 下列何種情形可能侵害著作權？(A)買到一本名作家小說之人未經作者同意將該書賣給同班同學(B)小說出租店老闆未經著作權人同意將買來的音樂光碟出租他人(C)購買正版軟體之人未經著作權人同意為備份之需重製一份(D)未經著作權人同意從國外帶回原版 CD 一片

80 (C) 甲於今年剛成為大學新鮮人，對於昂貴的教科書頗多抱怨，甲因此向同學借了教科書請影印店代為全本影印。該行為之法律上效果為下列何者？(A)老師是有錢人，不會跟學生計較，所以沒關係(B)只要不裝訂成冊就沒關係(C)違反著作權法之規定(D)只要不印封面就沒關係

81 (A) 由建築設計圖建造建築物，著作權法上將之稱為：(A)重製(B)發行(C)改作(D)散布

作[82]。

8. 散布：指不問有償或無償，將著作之原件或重製物提供公眾交易或流通。
9. 公開展示：指向公眾展示著作內容。

(八) 合理使用

雖然著作權法規定了這麼多種的財產權，想要儘量保護著作人的所有賺錢的機會，不過，著作權法為了調和公益，在某些情況下，規定為了達到公共利益的目的，可以不需要取得著作權人的授權，而直接使用，稱之為「合理使用」。合理使用規定於我國著作權法第 44 條到第 66 條。

1. 概括條款

第 44 條至第 64 條，將具體的公益大於私利的情況寫出來，而規定不需取得著作權人的授權。第 65 條則是一個概括規定，講出抽象的標準：「一、利用之目的及性質，包括係為商業目的或非營利教育目的。二、著作之性質。三、所利用之質量及其在整個著作所占之比例。四、利用結果對著作潛在市場與現在價值之影響。」

除了概括條文外，尚有二十種明文規定的合理使用。

2. 教育合理使用

第 46 條：「依法設立之各級學校及其擔任教學之人，為學校授課需要，在合理範圍內，得重製他人已公開發表之著作。第 44 條但書規定，於前項情形準用之。」

第 47 條：「為編製依法令應經教育行政機關審定之教科用書，或教育行政機關編製教科用書者，在合理範圍內，得重製、改作或編輯他人已公開發表之著作。前項規定，於編製附隨於該教科用書且專供教學之人教學用之輔助用品，準用之。但以由該教科用書編製者編製為限。依法設立之各級學校或教育機構，為教育目的之必要，在合理範圍內，得公開播送他人已公開發表之著作。前三項情形，利用人應將利用情形通知著作財產權人並支付使用報酬。使用報酬率，由主管機關定之。」

---

[82] (C) 下列何者並非著作權法所明定之改作行為？(A)翻譯(B)編曲(C)演唱(D)改寫

3. 新聞報導合理使用

第 49 條：「以廣播、攝影、錄影、新聞紙、網路或其他方法爲時事報導者，在報導之必要範圍內，得利用其報導過程中所接觸之著作。」

4. 非營利合理使用

第 51 條：「供個人或家庭爲非營利之目的，在合理範圍內，得利用圖書館及非供公眾使用之機器重製已公開發表之著作。」

第 55 條：「非以營利爲目的，未對觀眾或聽眾直接或間接收取任何費用，且未對表演人支付報酬者，得於活動中公開口述、公開播送、公開上映或公開演出他人已公開發表之著作。」

5. 引用

第 52 條：「爲報導、評論、教學、研究或其他正當目的之必要，在合理範圍內，得引用已公開發表之著作。」

6. 美術著作之使用

第 57 條：「美術著作或攝影著作原件或合法重製物之所有人或經其同意之人，得公開展示該著作原件或合法重製物。前項公開展示之人，爲向參觀人解說著作，得於說明書內重製該著作。」

第 58 條：「於街道、公園、建築物之外壁或其他向公眾開放之戶外場所長期展示之美術著作或建築著作，除下列情形外，得以任何方法利用之：一、以建築方式重製建築物。二、以雕塑方式重製雕塑物。三、爲於本條規定之場所長期展示目的所爲之重製。四、專門以販賣美術著作重製物爲目的所爲之重製。」

7. 電腦程式之備份或修改

第 59 條：「合法電腦程式著作重製物之所有人得因配合其所使用機器之需要，修改其程式，或因備用存檔之需要重製其程式。但限於該所有人自行使用。前項所有人因滅失以外之事由，喪失原重製物之所有權者，除經著作財產權人同意外，應將其修改或重製之程式銷燬之。[83]」

8. 第一次銷售原則（權利耗盡原則）

第 59 條之 1：「在中華民國管轄區域內取得著作原件或其合法重製物所有權之人，得以移轉所有權之方式散布之。」

第 60 條：「著作原件或其合法著作重製物之所有人，得出租該原件或重製物。但錄音及電腦程式著作，不適用之。附含於貨物、機器或設備之電腦程式著作重製物，隨同貨物、機器或設備合法出租且非該項出租之主要標的物者，不適用前項但書之規定。」

(九) 著作權之授權

第 37 條：「著作財產權人得授權他人利用著作，其授權利用之地域、時間、內容、利用方法或其他事項，依當事人之約定；其約定不明之部分，推定為未授權。前項授權不因著作財產權人嗣後將其著作財產權讓與或再為授權而受影響。非專屬授權之被授權人非經著作財產權人同意，不得將其被授與之權利再授權第三人利用。專屬授權之被授權人在被授權範圍內，得以著作財產權人之地位行使權利，並得以自己名義為訴訟上之行為。著作財產權人在專屬授權範圍內，不得行使權利[84]。」

(十) 共同著作

第 8 條：「二人以上共同完成之著作，其各人之創作，不能分離利用者，為共同著作。」

第 31 條：「共同著作之著作財產權，存續至最後死亡之著作人死亡後五十年。」

第 19 條：「共同著作之著作人格權，非經著作人全體同意，不得行使之。共同著作之著作人，得於著作人中選定代表人行使著作人格權。」

第 40 條：「共同著作各著作人之應有部分，依共同著作人間之約定定之；無約定者，依各著作人參與創作之程度定之。各著作人參與創作之程度不明時，推定為均等。共同著作之著作人拋棄其應有部分者，其應有

---

[84] (C) 下列有關著作權之授權，何者符合著作權法之規定？(A)非專屬授權之被授權人得任意再授權予第三人(B)專屬授權之被授權人不得以自己名義為訴訟上行為，著作財產權人方得為訴訟上行為(C)授權契約約定不明之部分，推定為未授權(D)著作權之授權須以書面並經公證始生效力

部分由其他共同著作人依其應有部分之比例分享之[85]。前項規定，於共同著作之著作人死亡無繼承人或消滅後無承受人者，準用之。」

第 41 條之 1：「共有之著作財產權，非經著作財產權人全體同意，不得行使之；各著作財產權人非經其他共有著作財產權人之同意，不得以其應有部分讓與他人或爲他人設定質權。各著作財產權人，無正當理由者，不得拒絕同意。共有著作財產權人，得於著作財產權人中選定代表人行使著作財產權。對於代表人之代表權所加限制，不得對抗善意第三人。前條第 2 項及第 3 項規定，於共有著作財產權準用之。」

二、專利法

(一) 取得方式（先申請主義）

專利權之取得，原則上以申請案提出之先後決定之，此爲先申請主義（first-to-file）。我國採先申請主義，即同一發明有二以上之專利申請案時，僅得就其最先申請者准予發明專利。但後申請者所主張之優先權日早於先申請者之申請日者，以主張優先權日者准予發明專利（專利法 31 Ⅰ）。申請日或優先權日爲同日者，應通知申請人協議定之，協議不成時，均不予發明專利；其申請人爲同一人時，應通知申請人限期擇一申請，屆期未擇一申請者，均不予發明專利（專利法 31Ⅱ）。各申請人爲協議時，專利專責機關應指定相當期間通知申請人申報協議結果，屆期未申報者，視爲協議不成（專利法 31Ⅲ）。同一發明或創作分別申請發明專利及新型專利者，準用之（專利法 31Ⅳ）。

(二) 專利申請權人

1. 發明人

專利申請權人（applicant for a patent），除本法另有規定或契約另有約

---

85 (A) 甲、乙、丙三人共同創作一部小說，該共同著作之應有部分，由各該共同著作人均分。倘若甲拋棄其應有部分者，其應有部分該如何處理？(A)由乙丙依其應有部分之比例分享(B)公共所有(C)依民法取得時效規定辦理(D)依民法無主物先占法理處置

定外，指發明人、創作人或其受讓人或繼承人（專利法 5 II）。

2. 出資聘人

一方出資聘請他人從事研究開發者，其專利申請權及專利權之歸屬依雙方契約約定；契約未約定者，屬於發明人或創作人。但出資人得實施其發明、新型或新式樣（專利法 7 III）。

3. 僱用關係

受僱人於職務上所完成之發明、新型或新式樣，其專利申請權及專利權屬於僱用人，僱用人應支付受僱人適當之報酬。但契約另有約定者，從其約定（專利法 7 I）。

受僱人於非職務上所完成之發明、新型或新式樣，其專利申請權及專利權屬於受僱人。但其發明、新型或新式樣係利用僱用人資源或經驗者，僱用人得於支付合理報酬後，於該事業實施其發明、新型或新式樣（專利法 8 I）。僱用人與受僱人間所訂契約，使受僱人不得享受其發明、新型或新式樣之權益者，無效（專利法 9）。

(三) 專利之種類

1. 發明專利

所謂發明者（invention），係指利用自然法則（rules of nature）之技術思想之創作（專利法 21）。自該定義以觀，專利法所指之發明必須具有技術性（technical character）。自然法則者，係指自然界存在之原理原則。

2. 新型專利

所謂新型（new model），指利用自然法則之技術思想，對物品之形狀、構造或裝置之創作，其保護之標的在於技術之成果（專利法 93）。

3. 設計專利

新式樣者（new design or industrial design），係指對物品之形狀、花紋、色彩或其結合，透過視覺訴求（eye-appeal）之創作。

(四) 專利要件

專利要件者（patent ability），係指一發明或創作得授與專利之法定要件，其主要包括：專利適格標的、產業利用性、新穎性及進步性等要件。

1. 產業上利用性

所謂產業上利用性者，或稱實用性（utility or industrial applicability），係指能供產業之利用價值，於產業上得以實施及利用者。其應符合「合於實用」及「達到產業上實施之階段」。

2. 新穎性

新穎性（novelty or new）係指發明或創作者，於專利申請前未被公開，並未形成公知或公用之技術（state of art）而言。我國專利法以負面表列之方式，列舉喪失新穎性之原因有三：(1)申請前已見於刊物或公開使用者。(2)申請前已爲公眾知悉者。(3)發明先申請案之地位。其中發明先申請案之地位，係指先申請案所附說明書或圖式載明之內容，經公告或公開後，即以法律擬制（legal fiction）爲先前技術，倘後申請案之申請專利範圍與先申請案所附說明書所載之技術相同時，則擬制喪失新穎性。

3. 進步性

所謂進步性者（inventive step），係指該發明或創作，並非運用申請前既有之技術及知識，而爲其所屬技術領域中具有通常知識者或熟悉該項技術之人（a person skilled in the art）所輕易完成者。換言之，該發明或創作具有非顯而易見之性質（non-obviousness），該申請專利範圍與先前技術（prior art）比較，擁有突出之技術特徵或明顯優越之功效（superior results），非熟悉該項技術者所顯而易知者。

(五) 優先權

優先權係指申請人就相同發明或創作，於提出第一次申請案後，在特定期間內向其他國家提出專利申請案時，得主張以第一次申請案之申請日作爲優先權日，作爲審查是否符合專利要件之基準日。優先權原則（The principle of priority）係源自保護工業財產權之巴黎公約（Pairs Convention）第 4 條。

申請人就相同發明在世界貿易組織會員或與中華民國相互承認優先權之外國第一次依法申請專利。發明或新型申請人須於第一次申請專利之日起十二個月內，設計則於六個月向中華民國申請專利者，得主張優先權。申請人於一申請案中主張二項以上優先權時，其優先權期間之起算日爲最早之優先權日之次日。

(六) 專利權期間與效力

1. 期間

發明專利權期限，自申請日起算二十年屆滿。新型專利權期限，自申請日起算十年屆滿。設計專利權期限，自申請日起算十二年屆滿。而申請專利經核准審定後，申請人應於審定書送達後三個月內，繳納證書費及第一年年費後，始予公告；屆期未繳費者，不予公告。因此，專利權生效日係自公告之日起算，其與專利權期限之始日不同。

2. 專利權效力

物品專利權人，除本法另有規定者外，專有排除他人未經其同意而製造、爲販賣之要約、販賣、使用或爲上述目的而進口該物品之權[86]。方法專利權人，除本法另有規定者外，專有排除他人未經其同意而使用該方法及使用、爲販賣之要約、販賣或爲上述目的而進口該方法直接製成物品之權。發明專利權範圍，以說明書所載之申請專利範圍爲準，於解釋申請專利範圍時，並得審酌發明說明及圖式[87]。

三、商標法

(一) 立法目的

商標法第 1 條：「爲保障商標權、證明標章權、團體標章權、團體商標權及消費者利益，維護市場公平競爭，促進工商企業正常發展，特制定

---

[86] (B) 禁止他人製造、販賣或使用其發明之權利，是為：(A)商標權(B)專利權(C)著作權(D)專用權

[87] (A) 發明專利權範圍，以下列何者為準，於解釋時，並得審酌發明說明及圖式？(A)申請專利範圍(B)發明摘要(C)發明名稱(D)圖說

本法。」商標權之地域範圍，僅以申請註冊之地區爲限，此稱屬地原則[88]。

(二) 註冊

商標法第 2 條：「欲取得商標權、證明標章權、團體標章權或團體商標權者，應依本法申請註冊。」甲公司爲販賣皮包，設計圖樣而作爲表彰其皮包之商品標識，得申請商標註冊[89]。

(三) 不得註冊情形

商標法第 29 條：「商標有下列不具識別性情形之一，不得註冊：一、僅由描述所指定商品或服務之品質、用途、原料、產地或相關特性之說明所構成者。二、僅由所指定商品或服務之通用標章或名稱所構成者。三、僅由其他不具識別性之標識所構成者。有前項第 1 款或第 3 款規定之情形，如經申請人使用且在交易上已成爲申請人商品或服務之識別標識者，不適用之。」

第 30 條：「商標有下列情形之一，不得註冊：一、僅爲發揮商品或服務之功能所必要者。二、相同或近似於中華民國國旗、國徽、國璽、軍旗、軍徽、印信、勳章或外國國旗，或世界貿易組織會員依巴黎公約第 6 條之 3 第 3 款所爲通知之外國國徽、國璽或國家徽章者。三、相同於國父或國家元首之肖像或姓名者。四、相同或近似於中華民國政府機關或其主辦展覽會之標章，或其所發給之褒獎牌狀者。五、相同或近似於國際跨政府組織或國內外著名且具公益性機構之徽章、旗幟、其他徽記、縮寫或名稱，有致公眾誤認誤信之虞者。六、相同或近似於國內外用以表明品質管制或驗證之國家標誌或印記，且指定使用於同一或類似之商品或服務

---

88 (A) 商標權之地域範圍，僅以申請註冊之地區為限，此稱之為：(A)屬地原則(B)域外原則(C)普通原則(D)世界原則

89 (A) 甲公司為販賣皮包，設計圖樣而作為表彰其皮包之商品標識，得申請下列何種之註冊？(A)商標(B)證明標章(C)團體商標(D)團體標章

者[90]。七、妨害公共秩序或善良風俗者。八、使公眾誤認誤信其商品或服務之性質、品質或產地之虞者。九、相同或近似於中華民國或外國之葡萄酒或蒸餾酒地理標示，且指定使用於與葡萄酒或蒸餾酒同一或類似商品，而該外國與中華民國簽訂協定或共同參加國際條約，或相互承認葡萄酒或蒸餾酒地理標示之保護者。十、相同或近似於他人同一或類似商品或服務之註冊商標或申請在先之商標，有致相關消費者混淆誤認之虞者。但經該註冊商標或申請在先之商標所有人同意申請，且非顯屬不當者，不在此限。十一、相同或近似於他人著名商標或標章，有致相關公眾混淆誤認之虞，或有減損著名商標或標章之識別性或信譽之虞者。但得該商標或標章之所有人同意申請註冊者，不在此限。十二、相同或近似於他人先使用於同一或類似商品或服務之商標，而申請人因與該他人間具有契約、地緣、業務往來或其他關係，知悉他人商標存在，意圖仿襲而申請註冊者。但經其同意申請註冊者，不在此限。十三、有他人之肖像或著名之姓名、藝名、筆名、字號者。但經其同意申請註冊者，不在此限。十四、有著名之法人、商號或其他團體之名稱，有致相關公眾混淆誤認之虞者。但經其同意申請註冊者，不在此限。十五、商標侵害他人之著作權、專利權或其他權利，經判決確定者。但經其同意申請註冊者，不在此限。」

(四) 混淆誤認

以相關事業或消費者所普遍認知之他人商品表徵爲相同或類似之使用，致與他人商品混淆者，稱爲仿冒[91]。

按商標圖樣在讀音、外觀或觀念上有一近似音，即爲近似之商標，亦即，商標近似之態樣有三種，敘明如下：1.讀音近似：指商標之稱呼構成近似，致一般購買人聽聞後有發生混淆誤認之虞者。2.外觀近似：指依一般購買人之視覺，將商標圖樣隔分別觀察該等商標之外觀形象有使其發生混淆誤認之虞者。3.觀念近似：指兩商標圖樣所欲表達之意念或構想同

---

[90] (C) 商標圖樣相同或近似下列圖樣時，何者可能獲得商標註冊？(A)國際紅十字會之標章(B)正字標記(C)蘋果牌游泳衣(D)聯合國之徽章

[91] (C) 以相關事業或消費者所普遍認知之他人商品表徵為相同或類似之使用，致與他人商品混淆者，稱為：(A)偽造(B)變造(C)仿冒(D)抄襲

或近似，縱使兩商標圖樣在讀音上外觀上均無構成近似，惟仍造成一般大眾因其觀念雷同而混淆誤認之虞者。例如皇冠與王冠兩商標如構成近似，即為觀念近似[92]。

(五) 商標權期間

商標法第 33 條：「商標自註冊公告當日起，由權利人取得商標權，商標權期間為十年[93]。」但可不斷延展。

(六) 權利變動登記

商標法第 42 條：「商標權之移轉，應向商標專責機關登記；未經登記者，不得對抗第三人[94]。」

四、公平交易法

(一) 立法宗旨

公平交易法第 1 條：「為維護交易秩序與消費者利益，確保自由與公平競爭，促進經濟之安定與繁榮，特制定本法。」

(二) 獨占

公平交易法第 7 條：「本法所稱獨占，指事業在相關市場處於無競爭狀態，或具有壓倒性地位，可排除競爭之能力者[95]。二以上事業，實際上不為價格之競爭，而其全體之對外關係，具有前項規定之情形者，視為獨

---

[92] (C) 皇冠與王冠兩商標如構成近似，是為何種近似？(A)構造近似(B)外觀近似(C)觀念近似(D)品質近似

[93] (A) 商標權期間係自註冊公告當日起算多少年？(A)十年(B)二十年(C)三十年(D)五十年

[94] (A) 商標權之移轉，應向商標專責機關登記。如未經登記者，則產生下列何種效力？(A)不得對抗第三人(B)不發生效力(C)效力未定(D)構成無權處分

[95] (C) 事業之設立或提供商品或服務進入特定市場，受法令、技術限制，而有其他足以影響市場供需並可排除競爭之能力者，仍可稱為何種事業？(A)結合事業(B)聯合事業(C)獨占事業(D)寡占事業

占。」

公平交易法第 9 條：「獨占之事業，不得有下列行爲：一、以不公平之方法，直接或間接阻礙他事業參與競爭。二、對商品價格或服務報酬，爲不當之決定、維持或變更。三、無正當理由，使交易相對人給予特別優惠。四、其他濫用市場地位之行爲。」

(三) 事業結合之許可申請

公平交易法第 11 條：「事業結合時，有下列情形之一者，應先向主管機關提出申報：一、事業因結合而使其市場占有率達三分之一。二、參與結合之一事業，其市場占有率達四分之一。三、參與結合之事業，其上一會計年度銷售金額，超過主管機關所公告之金額。

前項第 3 款之銷售金額，應將與參與結合之事業具有控制與從屬關係之事業及與參與結合之事業受同一事業或數事業控制之從屬關係事業之銷售金額一併計入，其計算方法由主管機關公告之。對事業具有控制性持股之人或團體，視爲本法有關結合規定之事業。

前項所稱控制性持股，指前項之人或團體及其關係人持有他事業有表決權之股份或出資額，超過他事業已發行有表決權之股份總數或資本總額半數者。

前項所稱關係人，其範圍如下：一、同一自然人與其配偶及二親等以內血親。二、前款之人持有已發行有表決權股份總數或資本總額超過半數之事業。三、第 1 款之人擔任董事長、總經理或過半數董事之事業。四、同一團體與其代表人、管理人或其他有代表權之人及其配偶與二親等以內血親。五、同一團體及前款之自然人持有已發行有表決權股份總數或資本總額超過半數之事業。

第 1 項第 3 款之銷售金額，得由主管機關擇定行業分別公告之。

事業自主管機關受理其提出完整申報資料之日起算三十日內，不得爲結合。但主管機關認爲必要時，得將該期間縮短或延長，並以書面通知申報事業。

主管機關依前項但書延長之期間，不得逾六十日；對於延長期間之申報案件，應依第 13 條規定作成決定。

主管機關屆期未爲第 7 項但書之延長通知或前項之決定者，事業得逕行結合。但有下列情形之一者，不得逕行結合：一、經申報之事業同意再延長期間。二、事業之申報事項有虛僞不實。」

第 12 條：「前條第 1 項之規定，於下列情形不適用之：一、參與結合之一事業或其百分之百持有之子公司，已持有他事業達百分之五十以上之有表決權股份或出資額，再與該他事業結合者。二、同一事業所持有有表決權股份或出資額達百分之五十以上之事業間結合者。三、事業將其全部或主要部分之營業、財產或可獨立營運之全部或一部營業，讓與其獨自新設之他事業者[96]。四、事業依公司法第 167 條第 1 項但書或證券交易法第 28 條之 2 規定收回股東所持有之股份，致其原有股東符合第 10 條第 1 項第 2 款之情形者。五、單一事業轉投資成立並持有百分之百股份或出資額之子公司者。六、其他經主管機關公告之類型。」

(四) 聯合行為

公平交易法第 15 條：「事業不得爲聯合行爲。但有下列情形之一，而有益於整體經濟與公共利益，經申請主管機關許可者，不在此限：一、爲降低成本、改良品質或增進效率，而統一商品或服務之規格或型式。二、爲提高技術、改良品質、降低成本或增進效率，而共同研究開發商品、服務或市場。三、爲促進事業合理經營，而分別作專業發展。四、爲確保或促進輸出，而專就國外市場之競爭予以約定。五、爲加強貿易效能，而就國外商品或服務之輸入採取共同行爲。六、因經濟不景氣，致同一行業之事業難以繼續維持或生產過剩，爲有計畫適應需求而限制產銷數量、設備或價格之共同行爲。七、爲增進中小企業之經營效率，或加強其競爭能力所爲之共同行爲。八、其他爲促進產業發展、技術創新或經營效率所必要之共同行爲。主管機關收受前項之申請，應於三個月內爲決定；必要時得延長一次。」

---

[96] (B) 事業將其全部或主要部分之營業、財產或獨立營運之全部或一部營業讓與其獨自新設之他事業者，應否申報？(A)應該申報(B)免除申報(C)法未規定(D)已屬違法

(五) 不公平競爭

公平交易法第 21 條：「事業不得在商品或廣告上，或以其他使公眾得知之方法，對於與商品相關而足以影響交易決定之事項，為虛偽不實或引人錯誤之表示或表徵。

前項所定與商品相關而足以影響交易決定之事項，包括商品之價格、數量、品質、內容、製造方法、製造日期、有效期限、使用方法、用途、原產地、製造者、製造地、加工者、加工地，及其他具有招徠效果之相關事項。

事業對於載有前項虛偽不實或引人錯誤表示之商品，不得販賣、運送、輸出或輸入。

前三項規定，於事業之服務準用之。

廣告代理業在明知或可得而知情形下，仍製作或設計有引人錯誤之廣告，與廣告主負連帶損害賠償責任。廣告媒體業在明知或可得而知其所傳播或刊載之廣告有引人錯誤之虞，仍予傳播或刊載，亦與廣告主負連帶損害賠償責任。廣告薦證者明知或可得而知其所從事之薦證有引人錯誤之虞，而仍為薦證者，與廣告主負連帶損害賠償責任。但廣告薦證者非屬知名公眾人物、專業人士或機構，僅於受廣告主報酬十倍之範圍內，與廣告主負連帶損害賠償責任。

前項所稱廣告薦證者，指廣告主以外，於廣告中反映其對商品或服務之意見、信賴、發現或親身體驗結果之人或機構。」

公平交易法第 23 條：「事業不得以不當提供贈品、贈獎之方法，爭取交易之機會。前項贈品、贈獎之範圍、不當提供之額度及其他相關事項之辦法，由主管機關定之。」

公平交易法第 24 條：「事業不得為競爭之目的，而陳述或散布足以損害他人營業信譽之不實情事。」

公平交易法第 25 條：「除本法另有規定者外，事業亦不得為其他足以影響交易秩序之欺罔或顯失公平之行為。」

(六) 獨占、聯合之處罰

公平交易法第 34 條：「違反第 9 條或第 15 條規定，經主管機關依第

40 條第 1 項規定限期令停止、改正其行爲或採取必要更正措施，而屆期未停止、改正其行爲或未採取必要更正措施，或停止後再爲相同違反行爲者，處行爲人三年以下有期徒刑、拘役或科或併科新臺幣一億元以下罰金[97]。」

應考小叮嚀

本章在考試中命題的比率較低，但由於涉及條文眾多，較難準備。故除了先需具備基本觀念外，複習時優先複習考古題，搭配閱讀相關的條文即可。另外，近年來智慧財產權的考題有增加趨勢，尤其是著作權的部分，也須掌握基本觀念。

---

97 (A) 違反公平交易法規定受科處罰金之最高金額為新台幣多少元？(A)一億元(B)五千萬元(C)二千五百萬元(D)五十萬元

國家圖書館出版品預行編目資料

法學概要 / 陳意著； —二版. —臺北市：五南，
2017.09
面； 公分.
ISBN: 978-957-11-9398-4（平裝）

1. 法學

580 106015801

IQH4

法學概要

作 者 — 陳意（317.3）
發 行 人 — 楊榮川
總 經 理 — 楊士清
副總編輯 — 劉靜芬
責任編輯 — 吳肇恩
封面設計 — 姚孝慈
出 版 者 — 五南圖書出版股份有限公司
地 址：106 台北市大安區和平東路二段 339 號
電 話：(02)2705-5066 傳 真：(02)270
網 址：http://www.wunan.com.tw
電子郵件：wunan@wunan.com.tw
劃撥帳號：01068953
戶 名：五南圖書出版股份有限公司

法律顧問 林勝安律師事務所 林勝安律師

出版日期 2011 年 5 月初版一刷
2017 年 9 月二版一刷
定 價 新臺幣 580 元